O LEXUS E A OLIVEIRA

OBJETIVA

THOMAS L. FRIEDMAN

O LEXUS E A OLIVEIRA

Tradução
AFONSO CELSO DA CUNHA SERRA

OBJETIVA

Título original
The Lexus and the Olive Tree

Todos os direitos desta edição reservados à
EDITORA OBJETIVA LTDA., rua Cosme Velho, 103
Rio de Janeiro – RJ – Cep: 22241-090
Tel.: (21) 556-7824 – Fax: (21) 556-3322
www.objetiva.com.br

Capa
Anna Feith

Revisão
Tereza da Rocha
Fátima Fadel
Antônio dos Prazeres

Editoração Eletrônica
Textos & Formas Ltda.

F8991
Friedman, Thomas L.
O lexus e a oliveira / Thomas L. Friedman. – Rio de Janeiro : Objetiva, 2001

474 p. ISBN 85-7302-254-X
Tradução de : *The Lexus and the Olive Tree*

1. Globalização. 2. Guerra Fria. 3. Economia – Relações internacionais. I. Título

CDD 339

Para Ann

Sumário

Cena de Abertura:
O Mundo Tem Dez Anos

A situação está ficando séria — nada temos a fazer com relação à Rússia ou à Ásia. Somos uma pequena empresa nacional tentando crescer, mas não estamos conseguindo, pela maneira como esses governos dirigem os países.

— *Douglas Hanson, CEO da Rocky Mountain Internet, Inc., numa entrevista ao* The Wall Street Journal, *depois que o colapso dos mercados em 1998 forçou-o a adiar uma emissão de títulos de alto risco* (junk bond), *no valor de US$ 175 milhões.*

Na manhã de 8 de dezembro de 1997, o governo da Tailândia anunciou que estava fechando 56 das 58 principais empresas financeiras do país. Quase que da noite para o dia, esses bancos privados faliram com a queda desastrosa da moeda tailandesa, o baht. As instituições financeiras haviam contraído vultosos empréstimos em dólares americanos e repassaram esses dólares a empresas tailandesas, para a construção de hotéis, prédios de escritórios, apartamentos de luxo e fábricas. As instituições financeiras, em geral, se consideravam seguras, pois o governo tailandês se comprometera a manter o baht a uma taxa fixa em relação ao dólar. Mas quando o governo não conseguiu sustentar a moeda, no rastro de uma especulação global maciça contra o baht — desencadeada pela conscientização que se formava de que a economia tailandesa não era tão forte quanto se acreditava de início —, a moeda tailandesa despencou em 30%. Isso significava que as empresas que haviam tomado empréstimos em dólar teriam que pagar 30% a mais em baht para amortizar cada dólar da dívida. Muitas empresas não foram capazes de pagar os empréstimos às instituições financeiras, muitas dessas instituições financeiras não tiveram condições de liquidar suas dívidas junto aos credores externos, e todo o sistema ficou paralisado, causando a demissão de 20 mil empregados de escritório. No dia seguinte, por acaso, eu descia a Asoke Street, em Bangcoc, equivalente tailandês da Wall Street, onde se situava a maioria das empresas financeiras, em direção ao local onde tinha um compromisso. À medida que passávamos vagarosamente por cada uma das empresas falidas, o motorista do táxi as apontava e declarava: "Morta!... morta!... morta!... morta!... morta!"

Na época, eu ainda não sabia — ninguém sabia —, mas essas instituições investidoras tailandesas eram as peças iniciais do dominó que se transformaria na primeira crise financeira mundial na era da globalização — a era que se seguiu à Guerra Fria. A crise financeira detonou uma fuga de capitais maciça de praticamente todos os mercados emergentes do Sudeste Asiático, derrubando as moedas da Coréia do Sul, da Malásia e da Indonésia. Os investidores globais e locais começaram a investigar mais de perto essas economias, descobriram suas carências e transferiram o dinheiro para portos mais seguros ou exigiram taxas de juros mais altas, para compensar o maior risco. Logo, os agasalhos esportivos mais populares de Bangcoc passaram a exibir a estampa "EX-RICO".

Em poucos meses, a recessão do Sudeste Asiático começou a afetar os preços das *commodities* em todo o mundo. A Ásia desempenhava o papel de poderosa locomotiva do crescimento econômico mundial — locomotiva que consumia enormes quantidades de matérias-primas. Quando a locomotiva passou a ratear, os preços do ouro, do cobre, do alumínio e, mais importante, do petróleo bruto iniciaram o processo de queda. Essa redução nos preços mundiais das *commodities* acabou sendo o mecanismo de transmissão da crise do Sudeste Asiático para a Rússia. Nessa época, a Rússia cuidava da sua vida, tentando escapar, com a ajuda do FMI, do atoleiro da sua própria crise econômica, em busca de uma trilha de crescimento estável. No entanto, o problema da Rússia era que muitas das suas fábricas eram incapazes de produzir qualquer coisa de valor. Na verdade, boa parte da sua produção era considerada de "valor agregado negativo". Ou seja, o trator fabricado por uma empresa russa era tão ruim que valia mais como sucata, ou apenas como minério de ferro, do que como produto acabado, de fabricação russa. Além disso, essas empresas russas que estavam fabricando produtos invendáveis no exterior pagavam pouco ou nenhum imposto ao governo, de modo que o Kremlin se encontrava em constante penúria.

Sem uma economia de fato confiável como fonte de receita, o governo russo se tornara fortemente dependente dos impostos sobre as exportações de petróleo bruto e de outras *commodities* para financiar o seu orçamento operacional. O país também ficara dependente dos empréstimos externos, captados mediante sucessivas emissões de títulos públicos com taxas de juros grotescamente altas.

Em princípios de 1998, à medida que a economia continuava em queda, a Rússia foi obrigada a elevar as taxas de juros sobre os seus títulos em rublos de 20% para 50% e em seguida para 70%, de modo a continuar atraindo os estrangeiros. Os fundos de *hedge* e os bancos estrangeiros ainda compravam esses títulos, na crença de que, se o governo russo não honrasse os seus compromissos, o FMI interviria com uma operação de salvamento do país e os estrangeiros recuperariam o dinheiro. Alguns fundos de *hedge* e bancos estrangeiros não apenas continuavam a aplicar o próprio dinheiro na Rússia, como ainda tomavam mais dinheiro emprestado, a 5%, e compravam notas do Tesouro (*T-bills*) russas, que pagavam 20% ou 30%. Como diria a minha avó, "Que negócio!". Mas como a vovó também comentaria, "Se parece bom demais para ser verdade, geralmente tem algo de errado!".

E tinha. A queda dos preços do petróleo resultante da crise asiática tornou cada vez mais difícil para o governo russo o pagamento dos juros e do principal das notas do Tesouro. E já sob pressão para efetuar empréstimos de socorro à Tailândia, Coréia e Indonésia, o FMI resistiu a quaisquer propostas para injetar mais dinheiro na Rússia — a não ser que, primeiro, o país cumprisse as suas promessas de reformar a economia, a começar com o pagamento de impostos pelas maiores empresas e bancos. Em 17 de agosto, o castelo de cartas da economia russa desmoronou, lançando sobre os mercados uma dupla maldição: a Rússia não apenas desvalorizou a moeda, como ainda declarou moratória unilateral em relação às notas do Tesouro, sem a apresentação de qualquer aviso prévio ou proposta de solução aos credores. Os fundos de *hedge*, os bancos de investimento e as instituições financeiras em geral que tinham investimentos na Rússia começaram a acumular perdas maciças, e os que contraíram empréstimos para aumentar as suas apostas no cassino do Kremlin estavam ameaçados de falência.

Nessa conjuntura, o colapso da economia russa não devia exercer grande impacto no sistema global. A economia da Rússia era menor do que a da Holanda. Mas agora o sistema era mais global do que nunca, e do mesmo modo como os preços do petróleo bruto foram o mecanismo de transmissão da crise do Sudeste Asiático para a Rússia, os fundos de *hedge* — os enormes volumes de capitais privados, sem regulamentação, que vasculham o globo em busca das melhores oportunidades de investimento — atuaram como elemento de contágio da crise da Rússia para todos os outros mercados emergentes do mundo, sobretudo o Brasil. Os fundos de *hedge* e outros investidores, tendo acumulado vultosas perdas na Rússia — algumas delas ampliadas 50 vezes pelo uso de dinheiro emprestado —, de repente tiveram que levantar dinheiro para pagar os empréstimos aos bancos. A solução seria vender qualquer coisa que oferecesse liquidez. Assim, começaram a vender ativos em países com solidez financeira, para compensar as perdas nos países problemáticos. O Brasil, por exemplo, que vinha adotando muitas das medidas corretas aos olhos dos mercados globais e do FMI, deparou-se repentinamente com a venda das suas ações e títulos por investidores em pânico. O Brasil foi forçado a elevar as suas taxas de juros para os píncaros de 40%, na tentativa de manter os capitais no país. Variações desse cenário ocorreram em todos os mercados emergentes do mundo, com os investidores debandando para as alternativas seguras. Converteram em dinheiro as ações e títulos brasileiros, coreanos, egípcios, israelenses e mexicanos e colocaram o produto da venda embaixo dos colchões ou nos mais sólidos papéis americanos disponíveis no mercado. Assim, as quedas no Brasil e em outros mercados emergentes foram o mecanismo de transmissão que detonou uma espécie de estouro da boiada em busca dos títulos do Tesouro americano. Por sua vez, essa disparada aumentou de forma acentuada o valor dos títulos do Tesouro americano, reduziu os juros pagos por esses papéis para atrair os investidores e aumentou o *spread* entre os títulos do Tesouro americano e os títulos das empresas e dos mercados emergentes.

A forte queda no rendimento dos títulos do Tesouro americano se constituiu no mecanismo de transmissão que derrubou ainda mais os fundos de *hedge* e os bancos de investimento. Tome como exemplo o Long-Term Capital Management, com sede em Greenwich, Connecticut. O LTCM foi o Pai de Todos os Fundos de *Hedge*. Como muitos fundos de *hedge* foram atraídos para o mercado em fins dos anos 80, a área se tornou de uma competitividade feroz. Todos atacavam as mesmas oportunidades. Para ganhar dinheiro nesse mundo sob tão acirrada competição, os fundos de *hedge* foram forçados a recorrer a apostas cada vez mais exóticas, com volumes de dinheiro cada vez maiores. Como orientação na busca das melhores apostas, o LTCM se baseou no trabalho de dois economistas empresariais ganhadores do Prêmio Nobel, cujas pesquisas sustentavam que a volatilidade básica das ações e dos títulos podia ser estimada a partir das suas reações no passado. Utilizando modelos de computador e tomando grandes empréstimos junto a diferentes bancos, o LTCM colocou em risco US$ 120 bilhões, apostando nos rumos prováveis de alguns importantes títulos no verão de 1998. Implicitamente, apostaram que o valor dos títulos do Tesouro americano cairia e que o valor dos papéis de alto risco e dos títulos dos países emergentes estaria em alta. No entanto, os modelos computadorizados do LTCM nunca anteciparam o contágio global que seria desencadeado pelo colapso da Rússia em agosto e, em conseqüência, suas apostas se revelaram completamente erradas. Quando todo o mundo financeiro entrou em pânico ao mesmo tempo e decidiu debandar para os títulos do Tesouro americano, o seu valor disparou, em vez de cair; e o valor dos papéis de alto risco e dos títulos dos mercados emergentes despencaram, em vez de subir. O LTCM foi como o osso da sorte que quebrou nos dois lados. Teve que ser salvo pelos banqueiros, para evitar a venda em liquidação de todas as suas ações e títulos de crédito, situação que talvez deflagrasse o colapso dos mercados mundiais.

Agora, retornemos à minha rua. Em princípios de agosto de 1998, eu havia investido num novo banco pela Internet, fundado por um amigo. As ações abriram ao preço unitário de US$ 14.50 e dispararam para US$ 27. Considerei-me um gênio. Mas a Rússia declarou moratória e precipitou a queda do dominó, e as ações do meu amigo desmoronaram para US$ 8. Por quê? Porque o seu banco era credor de muitos empréstimos hipotecários e, com a queda das taxas de juros nos Estados Unidos, em decorrência da corrida para os títulos do Tesouro americano, os mercados receavam que muitas pessoas antecipariam a liquidação dos seus empréstimos hipotecários, antes do vencimento. Se muitas pessoas agissem dessa forma, o banco do meu amigo não receberia o fluxo de rendimentos com que contava para remunerar os depositantes. Na verdade, os mercados estavam errados a respeito do banco do meu amigo, e as suas ações se recuperaram muito bem. De fato, em princípios de 1999, sentia-me novamente um gênio, quando a onda da Internet desencadeada pela Amazon.com lançou na estratosfera as ações do banco do meu amigo, assim como outras ações de empresas de alta tecnologia de nossa propriedade. No entanto, mais uma vez, não demorou muito para que o resto do mundo estragasse a festa. Mas dessa vez não foi a Rússia que arrombou a porta da frente, mas sim o Brasil, que transtornava os mercados americanos e até mesmo abrandava (temporariamente) o surto das ações da Internet.

Enquanto eu observava o desenrolar de todos esses fatos, pensava apenas que os acontecimentos em Asoke Street demoraram nove meses para afetar a minha rua, enquanto bastou uma semana para que os acontecimentos na Amazônia brasileira (Amazon.country) atingissem a Amazon.com. O *USA Today* sintetizou muito bem a situação dos mercados globais, em fins de 1998: "Os problemas se alastram de um continente para o outro como um vírus", observou o jornal. "Os mercados dos Estados Unidos reagiram instantaneamente... A conversa nas barbearias girava em torno do baht tailandês."

Caso tenha sido de alguma utilidade, o ciclo de contágio da Asoke Street para a minha rua e da Amazon.country para a Amazon.com serviu de lição para mim e muitas outras pessoas, sobre a situação do mundo hoje em dia. O mundo vagaroso, estável e fragmentado da Guerra Fria, que dominara o cenário internacional desde 1945, fora substituído por um novo e bem lubrificado sistema interconectado, chamado globalização. Somos todos uma corrente única. Se não entendemos muito bem essa nova situação em 1989, quando caiu o Muro de Berlim, certamente a estamos compreendendo agora, uma década mais tarde. Na verdade, em 11 de outubro de 1998, no auge da crise econômica global, a Merrill Lynch publicou um anúncio de página inteira nos principais jornais dos Estados Unidos, para enfatizar esse aspecto. O anúncio dizia o seguinte:

> O Mundo Tem Dez Anos
>
> Ele nasceu quando o Muro caiu, em 1989. Não admira que a economia mais jovem do mundo — a economia global — ainda esteja em busca de si mesma. Os complexos pesos e contrapesos que estabilizam as economias se desenvolvem com o tempo. Apenas recentemente ocorreu a liberalização de muitos mercados mundiais, governados pela primeira vez pelas emoções das pessoas e não pelo pulso do Estado. Do nosso ponto de observação, nenhum desses eventos compromete as expectativas de uma década atrás, resultantes da derrocada do mundo emparedado... A disseminação do livre mercado e da democracia em todo o mundo está permitindo que cada vez mais pessoas, em todos os lugares, convertam as suas aspirações em realizações. E a tecnologia, explorada de forma adequada e distribuída com liberalidade, tem o poder de eliminar não apenas as fronteiras geográficas, mas também as humanas. Parece-nos que, com apenas dez anos, o mundo continua a acenar com grandes promessas. Até então, nunca ninguém afirmou que o crescimento era fácil.

Na verdade, o anúncio da Merrill Lynch teria sido um pouco mais correto caso afirmasse que *esta* era de globalização tem dez anos. Pois, de meados do século passado até o final dos anos 20, o mundo experimentou um período de globalização semelhante. Se compararmos os volumes de comércio e os fluxos de capitais entre fronteiras, em relação aos PNBs, e os fluxos internacionais de mão-de-obra, em relação às populações, a fase de globalização anterior à Primeira Guerra Mundial foi bastante parecida com a atual. A Inglaterra, que era então a potência global dominante, efetuava investimentos vultosos nos mercados emergentes e os figurões da Inglaterra, da Europa e dos Estados Unidos eram golpeados com freqüência por crises financeiras, detonadas por algo de errado com os títulos das ferrovias argentinas ou com os títulos dos governos da Letônia ou da Alemanha. Não existiam controles cambiais; assim, logo que se instalou o primeiro cabo transatlântico, em 1866, as crises bancárias e financeiras de Nova York rapidamente se transmitiam para Londres ou Paris. Certa vez, num seminário de que também participei, John Monks, chefe do British Trades Union

Congress, o equivalente britânico do AFL-CIO,* observou que a agenda do primeiro Congresso do TUC, em Manchester, Inglaterra, em 1868, incluía, entre os itens a serem discutidos, "a necessidade de enfrentar a competição das colônias asiáticas" e a "necessidade de alcançar os padrões educacionais dos Estados Unidos e da Alemanha". Naquela época, as migrações eram mais intensas do que se tem lembrança hoje e, com exceção dos períodos de guerra, até 1914 os países não exigiam passaportes para o ingresso no seu território. Todos os imigrantes que inundaram as praias americanas chegaram sem vistos de entrada. Somando todos esses fatores, juntamente com as invenções do navio a vapor, do telégrafo, da ferrovia e, finalmente, do telefone, pode-se afirmar que essa primeira era de globalização, antes da Primeira Guerra Mundial, reduziu o tamanho do mundo de "grande" para "médio".

Esse primeiro estágio da globalização e do capitalismo financeiro mundial foi rompido pelas sucessivas marteladas da Primeira Guerra Mundial, pela Revolução Russa e pela Grande Depressão, que atuaram em conjunto para fraturar o mundo em termos físicos e ideológicos. A divisão formal do mundo que surgiu depois da Segunda Guerra Mundial foi congelada pela Guerra Fria, que também se caracterizou como sistema internacional. Sua duração se estendeu de 1945 a 1989, quando, após a queda do Muro de Berlim, foi substituída por outro sistema: a nova era da globalização em que hoje estamos inseridos. Vamos chamá-la de "Segunda Rodada da Globalização". Acontece que o período de quase 75 anos, do início da Primeira Guerra Mundial até o fim da Guerra Fria, foi um intervalo muito longo entre ambas as eras de globalização.

Apesar das muitas semelhanças entre uma e outra era de globalização, a novidade hoje é o grau e a intensidade com que o mundo se entrelaça num único mercado globalizado. Outra diferença está no número de pessoas e de países capazes de participar do processo e de sofrer seu impacto. A época de globalização pré-1914 talvez tenha sido intensa para o seu tempo, mas foi minúscula, em termos absolutos, comparada com a atual. As negociações

* American Federation of Labor and Congress of Industrial Organizations. Federação de sindicatos trabalhistas autônomos dos Estados Unidos, Canadá, México, Panamá e territórios americanos. Embora não participe diretamente de acordos coletivos, é a voz mais ativa do sindicalismo americano. (N.T.)

com moedas estrangeiras em 1900 ficavam na casa dos milhões de dólares. Em 1922, eram de US$ 820 bilhões por dia, conforme o Federal Reserve de Nova York; em abril de 1998, chegavam a US$ 1.5 trilhão por dia; e continuam em ascensão. Durante a última década, os empréstimos externos concedidos por instituições financeiras em todo o mundo dobraram de valor. Por volta de 1900, os fluxos de capitais privados dos países desenvolvidos para os países em desenvolvimento se mediam em centenas de milhões de dólares, envolvendo uma quantidade relativamente pequena de países. De acordo com o FMI, somente em 1997, os fluxos de capitais privados do mundo desenvolvido para todos os mercados emergentes totalizaram US$ 215 bilhões. Essa nova era de globalização, comparada com a anterior à Primeira Guerra Mundial, é turbinada.

Mas a atual era de globalização não se diferencia da anterior apenas em grau; sob alguns aspectos muito importantes, as diferenças também são de natureza. Como *The Economist* já observou, a era de globalização anterior foi construída em torno da redução dos custos dos transportes. Graças à invenção da ferrovia, do navio a vapor e do automóvel, as pessoas se tornaram capazes de ir a muito mais lugares, com maior rapidez e a um custo menor, e adquiriram condições de comercializar com muito mais lugares, com maior rapidez e a um custo menor. A atual era de globalização se ergueu em torno do declínio dos custos das telecomunicações — em decorrência dos microchips, dos satélites, da fibra óptica e da Internet. Essas novas tecnologias entrelaçam todo o mundo de forma ainda mais coesa. Essas inovações significam que os países em desenvolvimento não precisam limitar-se ao comércio das suas matérias-primas com o Ocidente, em troca de produtos acabados; elas permitem que os países em desenvolvimento também se transformem em grandes produtores. Essas tecnologias possibilitam que as empresas localizem várias partes das atividades de produção, pesquisa e marketing em diferentes países e, ainda assim, as mantenham integradas através de computadores e teleconferências, como se estivessem concentradas numa única localidade. Do mesmo modo, graças à combinação das telecomunicações a baixo custo com os computadores, é possível oferecer e comercializar serviços em escala mundial — de consultas médicas à elaboração de software e ao processamento de dados — situação até então impossível. E por que não? De acordo com *The Economist*, uma ligação de três minutos (em dólares de 1996) entre Nova York e Londres custava US$ 300, em 1930. Hoje, é praticamente gratuita, pela Internet.

Mas o que também caracteriza a singularidade desta era de globalização não é apenas o fato de as novas tecnologias possibilitarem que os países e as corporações tradicionais atinjam distâncias cada vez maiores, mais rapidamente, a custos mais baixos e com maior intensidade, em todo o mundo, como nunca antes. É ainda o fato de permitir que também os indivíduos atuem da mesma maneira. Lembrei-me dessa questão num dia do verão de 1998, quando a minha mãe, então com 79 anos, Margaret Friedman, residente em Minneapolis, telefonou-me, parecendo um tanto perturbada. "O que houve, mamãe?", perguntei. "Bem", disse ela, "estava jogando bridge pela Internet com três franceses e eles ficaram conversando em francês uns com os outros e eu não consegui entender nada." Quando ri ao imaginar a trapaceira da minha mãe jogando bridge com três franceses pela Net, ela se mostrou um pouco ofendida. "Não ria", disse ela, "outro dia, joguei bridge com alguém na Sibéria."

A todos que afirmam que esta era de globalização não é diferente da anterior, eu simplesmente perguntaria: será que a sua trisavó jogava bridge com um francês pela Internet em 1900? Acho que não. Existem alguns fatos sobre esta era de globalização que já vimos antes, alguns outros que nunca vimos antes, e algumas coisas tão novas que ainda sequer compreendemos. Por todos esses motivos, resumiria as diferenças entre as duas eras de globalização da seguinte maneira: se a primeira era de globalização encolheu o mundo de "grande" para "médio", essa nova era de globalização está reduzindo o mundo de "médio" para "pequeno".

Este livro pretende explicar como a atual era de globalização se transformou no sistema internacional dominante no final do século XX — em substituição à Guerra Fria — e examinar como o novo sistema amolda praticamente todos os aspectos das políticas nacionais e das relações internacionais. Nesse sentido, seu objetivo é contribuir para o conjunto da literatura que vem tentando definir o mundo pós-Guerra Fria. Entre os mais difundidos nesse gênero se destacam quatro livros: *The Rise and Fall of the Great Powers: Economic Change and Military Conflict from 1500 to 2000*, de Paul M. Kennedy; *The End of History and the Last Man*, de Francis Fukuyama; os vários ensaios e livros de Robert D. Kaplan e *The Clash of Civilizations and the Remaking of World Order* [*O Choque de Civilizações*, Objetiva, 1997], de Samuel P. Huntington.

Embora todos esses trabalhos contenham importantes verdades, acho que nenhum deles de fato captou o mundo do pós-Guerra Fria, sob uma abordagem holística. O relato de Kaplan é vibrante e honesto, mas ele partiu dos pontos mais sombrios do globo e incorreu em excesso de generalização para projetar o destino do restante do mundo. Huntington viu conflitos culturais em todo o planeta e se precipitou em ampliá-los, de forma irrefletida, num choque de civilizações duradouro, descrito com exagero, chegando a proclamar que a próxima guerra mundial, se houver alguma, "será um conflito entre civilizações". Acho que tanto Kaplan como Huntington subestimaram a maneira como o poder dos Estados, a atração dos mercados globais, a difusão da tecnologia, a ascensão das redes e a difusão dos costumes globais estilhaçariam as suas projeções em branco-e-preto (sobretudo preto).

Tanto Kennedy como Huntington tentaram adivinhar o futuro, a partir de um excesso de projeções do passado e só do passado. Kennedy rastreou (com brilhantismo) a queda dos impérios espanhol, francês e britânico, mas concluiu com a sugestão de que o império americano seria o próximo a ruir, em razão do seu próprio excesso de extensão imperial. Sua mensagem implícita é que o fim da Guerra Fria significou não apenas o fim da União Soviética, mas também o prenúncio da decadência dos Estados Unidos. Acho que Kennedy não percebeu com suficiente clareza que o declínio relativo dos Estados Unidos nos anos 80, quando escreveu o seu livro, foi parte do esforço de preparação dos Estados Unidos para adaptar-se à nova globalização — processo que apenas agora está sendo percorrido por boa parte do mundo. Kennedy não previu que, sob as pressões da globalização, os Estados Unidos cortariam o orçamento de defesa, encolheriam o governo e transfeririam cada vez mais poderes ao livre mercado, de um modo que prolongaria — em vez de comprometer — a sua condição de Grande Potência.

A visão de Huntington era de que, com o término da Guerra Fria, não contaríamos mais com os soviéticos como fonte de preocupação; e que, em conseqüência, passaríamos a envolver-nos com os indianos e muçulmanos. Implicitamente, descartou o surgimento de algum novo sistema internacional que modelaria os acontecimentos de outra forma. Para Huntington, apenas o tribalismo se seguiria à Guerra Fria, e não algo novo.

O livro desbravador de Fukuyama contém os *insights* mais exatos sobre os novos fatores — o triunfo do liberalismo e do capitalismo de livre mercado como a alternativa mais eficaz de organização social —; no entanto, o seu título (mais do que o livro em si) atribui, implicitamente, um caráter finalista a esse triunfo, conclusão incompatível com o mundo, segundo a minha visão.

De um certo modo, cada um desses trabalhos se caracteriza pela tentativa de captar, num único pensamento atraente e enganoso, "O Grande Fator Único", o cerne em mutação, o motor oculto, que induziriam os assuntos internacionais no mundo pós-Guerra Fria — o choque das civilizações, o caos, a decadência dos impérios ou o triunfo do liberalismo.

Este livro é muito diferente. Acho que para compreendermos o mundo pós-Guerra Fria é necessário partir da compreensão de que um novo sistema internacional substituiu o antigo regime — a globalização. Este é "O Grande Fator Único" que deve ser o foco das atenções. A globalização não é o único elemento que tem influência sobre os acontecimentos no mundo de hoje, mas, enquanto houver uma Estrela do Norte e uma força mundial modeladora, esses papéis serão exercidos pelo novo sistema. A novidade é o sistema; os componentes antigos são a política do poder, o caos, o choque das civilizações e o liberalismo. E o drama do mundo pós-Guerra Fria é a interação entre esse novo sistema e as velhas paixões. É um drama complexo, cujo ato final ainda não foi escrito. Eis por que a globalização envolve os choques das civilizações e a homogeneização das civilizações; os desastres ambientais e os surpreendentes resgates ambientais; o triunfo do capitalismo liberal de livre mercado e o retrocesso no sentido oposto; a longevidade dos países e a ascensão de agentes não-estatais dotados de enorme poder. Tentei escrever um roteiro a respeito de como acompanhar o drama e raciocinar sobre o seu gerenciamento.

Apenas uma última palavra antes de começar. O editor e redator deste livro, Jonathan Galassi, telefonou-me um dia e falou: "Comentei com alguns amigos que você estava escrevendo um livro sobre globalização, e eles responderam: 'Ah, o Friedman, ele adora globalização.' O que você diria sobre isso?" Respondi que sinto pela globalização algo parecido com o que sinto pela alvorada. De um modo geral, é bom que o sol apareça todas as manhãs. Seus benefícios são superiores aos malefícios. Mas mesmo que pouco me importasse com a alvorada, não haveria muito o que fazer. Não deflagrei a globalização, não posso interrompê-la — a não ser a um enorme custo para o desenvolvimento humano — e não estou disposto a perder tempo tentando fazê-lo. Quero limitar meu pensamento a como tirar o máximo proveito do novo sistema, atenuando seus piores impactos para a maioria das pessoas. Este é o espírito que motivou este livro.

A primeira parte do livro explica como observar a atual globalização e como o sistema funciona. A segunda parte mostra como os países, as comunidades, os indivíduos e o ambiente interagem com o sistema. A terceira parte expõe a reação contra a globalização. E a quarta explica o papel exclusivo que os Estados Unidos exercem e precisam continuar desempenhando para a estabilização do novo sistema.

Thomas L. Friedman
Washington, D.C.
1º de fevereiro de 1999

Parte Um

VISUALIZANDO O SISTEMA

Capítulo 1
Turista com Estilo

No maravilhoso Museu da Ciência, em Barcelona, vi uma exposição que ilustrava o "caos" de um modo muito bonito. Montou-se a versão não-linear de um pêndulo, de modo que o visitante pudesse segurar o peso e iniciar o movimento em determinada posição e com certa velocidade. Em seguida, observava-se o movimento subseqüente, que era sempre registrado por um cursor numa folha de papel. Depois, convidava-se o visitante para de novo segurar o peso e tentar reproduzir exatamente a posição e a velocidade iniciais. Por mais que o visitante se empenhasse, o movimento seguinte era sempre muito diferente do anterior... Perguntei ao diretor do museu o que faziam os dois homens que estavam num canto, observando a cena. Ele respondeu: "Ah, são dois holandeses esperando para levar o 'caos'." Aparentemente, a exposição seria desmontada e transportada para Amsterdã. Mas desde então fico pensando se os serviços daqueles dois holandeses não estariam sendo muito procurados em todo o globo, por empresas que gostariam de livrar-se do seu próprio caos.

— *Murray Gell-Mann, autor de* The Quark and the Jaguar

Como era mesmo aquilo que a mãe do Forrest Gump gostava de dizer? A vida é como uma caixa de chocolates: você nunca sabe o que vai tirar lá de dentro. Para mim, eterno viajante e correspondente estrangeiro, a vida é como o serviço de quartos — você nunca sabe o que vai encontrar na porta do quarto, do lado de fora.

Tome por exemplo a tarde de 31 de dezembro de 1994, quando iniciei meu trabalho como colunista de assuntos internacionais do *The New York Times.* Abri a coluna escrevendo de Tóquio, e quando cheguei ao Okura Hotel, após um longo vôo transoceânico, telefonei para o serviço de quartos, com um pedido simples: "Por favor, poderiam trazer-me quatro laranjas?" Sou viciado em frutas cítricas e precisava de uma dose. Parecia-me um pedido bastante simples quando o solicitei por telefone, e a pessoa do outro lado da linha deu a impressão de compreendê-lo. Cerca de 20 minutos depois, escutei uma batida na porta. Lá estava um garçom do serviço de quartos, no seu impecável uniforme com vincos perfeitos. À sua frente, havia um carrinho coberto por uma toalha de mesa branca engomada. Sobre a toalha, encontrei quatro copos altos com suco de laranja espremido há pouco, cada copo regiamente assentado num pequeno recipiente de prata com gelo.

"Não, não", disse ao garçom, "quero laranjas, laranjas, não suco de laranja." E então fingi que mordia algo, como uma laranja.

Voltei ao quarto e retornei ao trabalho. Vinte minutos mais tarde, novas batidas na porta. O mesmo garçom. O mesmo carrinho de serviço de quarto com a toalha de linho. Mas, dessa vez, deparei com quatro pratos e, em cada prato, uma laranja, que havia sido descascada e cortada em pequenos pedaços cúbicos, dispostos sobre o prato em forma de um leque, como *sushi*, daquele modo típico dos japoneses.

"Não, não", reclamei, balançando a cabeça novamente. "Quero a laranja inteira." Fiz uma bola com as mãos. "Quero deixá-las no quarto e comê-las como lanche. Não consigo comer quatro laranjas, cortadas dessa forma. Não posso guardá-las no frigobar. Quero as laranjas inteiras."

Mais uma vez, representei minha melhor imitação exagerada de alguém comendo uma laranja.

"Ahhh", exclamou o garçom, acenando a cabeça. "La-ranja, la-ranja. Você quer la-ranja inteira."

Mais 20 minutos se passaram. Outra vez, a batida na porta. O mesmo garçom. O mesmo carrinho, mas dessa vez trazia quatro laranjas apetitosas, cada uma no seu próprio prato de jantar, com garfo, faca e, ao lado, um guardanapo de linho. Foi um progresso.

"Está certo", disse, assinando a nota. "Era exatamente isso que eu queria."

Quando ele saiu do quarto, examinei a nota de serviço. As quatro laranjas custavam US$ 22. Como explicar a situação ao meu editor?

Mas as minhas aventuras cítricas ainda não haviam terminado. Duas semanas depois, encontrava-me em Hanói, jantando sozinho no restaurante do Metropole Hotel. Era a estação da tangerina no Vietnã e os vendedores em todas as esquinas ofereciam pirâmides de tangerinas deliciosas e reluzentes. Todas as manhãs eu comia algumas tangerinas no desjejum. Quando o garçom me perguntou o que eu ia querer de sobremesa, respondi-lhe que queria uma tangerina.

Ele foi embora e retornou alguns minutos depois.

"Desculpe", disse, "não temos tangerinas."

"Mas como é possível", indaguei, exasperado. "Todos os dias vocês têm uma mesa cheia delas no café da manhã! Certamente, deve haver alguma tangerina na cozinha!"

"Desculpe." Ele abanou a cabeça. "Talvez você queira melancia?"

"Tudo bem", respondi, "traga um pedaço de melancia."

Cinco minutos depois, o garçom retornou com três tangerinas descascadas num prato.

"Encontrei as tangerinas", disse. "Não temos melancia."

Se soubesse na época o que sei agora, teria interpretado tudo isso como um presságio. Pois também deparei com muitas coisas no meu prato e do lado de fora da porta do meu quarto que não tinham sido planejadas em minhas viagens pelo mundo para o *Times*.

Ser colunista de assuntos internacionais para *The New York Times* é de fato o melhor trabalho do mundo. Ora, alguém acaba tendo o melhor trabalho, não é? Bem, eu consegui. O trabalho é ótimo porque me transformei num turista com estilo. Vou a qualquer lugar, a qualquer momento, e tenho opiniões sobre o que vejo e ouço. Mas a questão para mim, ao embarcar nessa odisséia, foi: Que opiniões? Quais seriam as lentes, a perspectiva, o sistema organizacional — o referencial — através dos quais eu observaria o mundo, extrairia algum sentido dos acontecimentos, faria sua classificação por prioridade, emitiria opiniões sobre eles e ajudaria os leitores a compreendê-los?

Sob alguns aspectos, essas tarefas foram mais fáceis para os meus antecessores. Cada um deles dispunha, de forma óbvia, de um referencial e de um sistema internacional em atuação, quando escreviam suas matérias. Sou o quinto colunista de assuntos internacionais na história do *Times*. "Assuntos Internacionais" é, de fato, a coluna mais antiga do jornal. Começou em 1937, por iniciativa de uma mulher extraordinária, Anne O'Hare McCormick, e chamou-se originalmente "Na Europa", pois, naquela época, "na Europa" era o mesmo que assuntos internacionais para a maioria dos americanos, e parecia perfeitamente natural que o colunista de assuntos internacionais do jornal se estabelecesse no continente europeu. O obituário da Sra. McCormick, em 1954, informava que ela se iniciara no jornalismo internacional "como esposa do Sr. McCormick, engenheiro de Dayton, que ela acompanhava com freqüência em viagens de compras pela Europa". (Desde então, os obituários do *The New York Times* se tornaram muito mais politicamente corretos.) O sistema internacional sob a sua cobertura jornalística era a desintegração do equilíbrio do poder da Europa de Versalhes e os primórdios da Segunda Guerra Mundial.

Quando os Estados Unidos emergiram da Segunda Guerra Mundial, impondo-se no mundo como a superpotência dominante, com responsabilidades mundiais e envolvidos na luta pelo poder global com a União Soviética, o título da coluna mudou em 1954 para "Assuntos Internacionais". De súbito, o mundo inteiro era o campo de atuação dos Estados Unidos e todo o planeta era importante, pois cada rincão se encontrava em disputa com a União Soviética. O sistema internacional da Guerra Fria — com a disputa pela influência e supremacia entre o Ocidente capitalista e o Oriente comunista; entre Washington, Moscou e Beijing — se tornou o referencial sob o qual os três colunistas de assuntos externos seguintes formularam suas opiniões.

No entanto, quando iniciei a coluna, em princípios de 1995, a Guerra Fria terminara. O Muro de Berlim havia caído e a União Soviética pertencia à história. Tive a boa sorte de testemunhar, no Kremlin, os momentos finais da União Soviética. O dia foi 16 de dezembro de 1991. O secretário de Estado James A. Baker III estava visitando Moscou, no exato momento em que Boris Yeltsin depunha Mikhail Gorbachev. Sempre que Baker se encontrara anteriormente com Gorbachev, as conversações se realizaram no Salão Santa Catarina, folheado a ouro. Sempre havia uma encenação inicial muito bem elaborada para a imprensa. Baker e o seu séquito aguardavam atrás de duas enormes portas duplas de madeira, numa extremidade do longo salão do Kremlin, enquanto Gorbachev e a sua comitiva se mantinham atrás das portas da outra extremidade. E então, a algum sinal, as portas se abriam simultaneamente e cada um se encaminhava com pompa em direção ao outro, até apertarem as mãos, defronte às câmeras, no meio do salão. Bem, nesse dia, Baker chegou para o encontro na hora marcada, as portas se abriram, e apareceu Boris Yeltsin, em vez de Gorbachev. Adivinha quem vem para o jantar! "Bem-vindo ao solo russo e a esta construção russa", Yeltsin saudou Baker. Mais tarde, durante o dia, Baker efetivamente se reunira com Gorbachev, mas ficara evidente a transferência do poder. Nós, jornalistas do Departamento de Estado, que estávamos presentes para elaborar a narrativa detalhada dos eventos, acabamos passando todo o dia no Kremlin. Enquanto permanecíamos no interior do prédio, nevou intensamente lá fora, e, finalmente, quando saímos, já após o crepúsculo, encontramos o solo do Kremlin coberto por uma camada branca de neve. À medida que nos encaminhávamos penosamente em direção ao Portão Spassky do Kremlin, nossos sapatos deixando marcas profundas na neve, percebi que a foice e o martelo vermelhos do pavilhão soviético ainda tremulavam no alto do mastro do Kremlin, iluminado por um foco de luz, onde sempre estivera, ao longo dos últimos 70 anos. Nesse momento, disse para mim mesmo: "Esta talvez seja a última vez que vejo aquela bandeira desfraldada lá no alto." E, realmente, em poucas semanas, a bandeira não existia mais, e com ela também desaparecera o sistema e o referencial da Guerra Fria.

Mas o que não estava evidente para mim, quando embarquei em minha coluna poucos anos depois, era o que substituíra a Guerra Fria como referencial dominante nas questões internacionais. Assim, na realidade, iniciei a minha coluna como um turista sem opinião — apenas com a mente aberta. Durante muitos anos, eu, como todos os demais, apenas nos referíamos ao "mundo pós-Guerra Fria". Sabíamos que algum novo sistema em formação se tornaria um referencial diferente para as relações internacionais, mas não éramos capazes de identificar as suas características; assim, o definimos pelo que não era. O novo sistema não era a Guerra Fria. Logo, o chamamos de mundo pós-Guerra Fria.

No entanto, quanto mais viajava, mais se tornava evidente para mim que o sistema tinha a sua própria lógica e que, portanto, merecia o seu próprio nome: "globalização". A globalização não é um fenômeno. Não é apenas uma tendência efêmera. Atualmente, trata-se do sistema internacional abrangente que modela as políticas nacionais e as relações internacionais de praticamente todos os países, e precisamos entendê-la como tal.

Ao falar em "sistema da Guerra Fria" e em "sistema da globalização", o que tenho em vista?

Refiro-me ao fato de que, como um sistema internacional, a Guerra Fria tinha a sua própria estrutura de poder: o equilíbrio entre os Estados Unidos e a URSS. A Guerra Fria tinha regras próprias: nos assuntos externos, nenhuma das superpotências se metia na esfera de influência da outra; quanto à economia, os países desenvolvidos se concentravam no fomento das suas próprias indústrias nacionais; os países em desenvolvimento, no crescimento voltado para as exportações; os países comunistas, nas suas autarquias; e as economias ocidentais em geral se dedicavam ao comércio regulado. A Guerra Fria se orientava por suas próprias idéias dominantes: o confronto entre comunismo e capitalismo, assim como a *détente*, o não-alinhamento e a *perestroika*. A Guerra Fria também apresentava as suas tendências demográficas: o movimento de pessoas do Leste para o Oeste se encontrava amplamente congelado pela Cortina de Ferro, mas as migrações do Sul para o Norte eram um fluxo mais constante. A Guerra Fria também desenvolveu a sua própria perspectiva sobre o planeta: o mundo era um espaço dividido em campo comunista, campo ocidental e campo neutro, e todos os países se inseriam num desses compartimentos. A Guerra Fria se baseava em tecnologias típicas: as armas nucleares e a segunda Revolução Industrial eram os referenciais dominantes, mas para muitas pessoas nos países em desenvolvimento o martelo e a foice ainda eram ferramentas importantes. A Guerra Fria também se orientava por um indicador predominante: o peso de lançamento* dos mísseis nucleares. E, finalmente, a Guerra Fria estava impregnada de uma ansiedade básica: a aniquilação nuclear. Em conjunto, todos os elementos do sistema da Guerra Fria influenciavam as políticas nacionais e as relações externas de praticamente todos os países do mundo. A Guerra Fria não era a força modeladora de tudo, mas determinava muitas coisas.

A atual era da globalização, que substituiu a Guerra Fria, é um sistema internacional semelhante, com os seus próprios atributos exclusivos.

---

* *Throw weight.* Peso total da ogiva ou ogivas, do sistema de orientação e de outros componentes do míssil, sem incluir o peso do foguete lançador. (N.T.)

Para começar, o sistema da globalização, ao contrário do sistema da Guerra Fria, não é estático, mas um processo dinâmico e contínuo: a globalização envolve a integração inevitável dos mercados, dos países e das tecnologias, com uma intensidade sem precedentes — de um modo que vem capacitando os indivíduos, as corporações e os países a alcançarem pontos mais distantes do planeta, com maior rapidez, maior profundidade e menores custos numa escala sem igual, e de uma forma que também está gerando poderosa reação dos que foram violentados ou deixados para trás pelo novo sistema.

A idéia que dá impulso à globalização é o capitalismo de livre mercado — quanto maior a liberdade de atuação das forças de mercado e quanto mais ampla a abertura da economia para o livre comércio e para a competição, mais eficiente e mais próspera será a economia. A globalização significa a difusão do capitalismo de livre mercado para praticamente todos os países do mundo. A globalização também conta com o seu próprio conjunto de regras de economia — normas que giram em torno da abertura, da desregulamentação e da privatização da economia.

Ao contrário do sistema da Guerra Fria, a globalização também dispõe da sua própria cultura dominante; daí a sua tendência de homogeneização. Nas eras anteriores, esse tipo de homogeneização cultural ocorria em escala regional — a helenização do mundo, representado pelo Oriente Próximo e pelo Mediterrâneo, sob os gregos; a turquificação da Ásia Central, do Norte da África, da Europa e do Oriente Médio pelos otomanos; ou a russificação da Europa Oriental e Central e de parte da Eurásia sob os soviéticos. Em termos culturais, a globalização é, sobretudo mas não exclusivamente, a difusão da americanização — dos Big Macs aos iMacs e ao Mickey Mouse — numa escala global.

A globalização também se fundamenta nas suas próprias tecnologias típicas: a computadorização, a miniaturização, a digitalização, as comunicações por satélites, a fibra óptica e a Internet. E essas tecnologias ajudaram a criar a perspectiva típica da globalização. Se na Guerra Fria a perspectiva dominante era a "divisão", na globalização, é a "integração". O símbolo do sistema da Guerra Fria era o Muro, que dividia todo o mundo. O símbolo do sistema da globalização é a World Wide Web, que une todo o mundo.

O documento típico do sistema da Guerra Fria era "O Tratado". O documento típico do sistema da globalização é "O Contrato".

Depois que um país dá o salto para a globalização, as suas elites começam a internalizar essa perspectiva de integração, e sempre tentam inserir-se a si próprias no contexto global. Eu estava em Amã, Jordânia, no verão de 1998, tomando café no Inter-Continental Hotel com o meu amigo Rami Khouri, o principal colunista político do país. Nós nos sentamos e eu lhe perguntei pelas novidades. Seu primeiro comentário foi: "A Jordânia acabou de ser incluída nos destaques meteorológicos mundiais da CNN." O significado implícito da afirmação de Rami era a importância para a Jordânia de saber que, para as instituições que raciocinam em termos globais, valia a pena conhecer as condições meteorológicas em Amã. Isso fazia com que os jordanianos se sentissem mais importantes e acenava com a esperança de que se tornariam mais ricos com o maior influxo de turistas e investidores globais. No dia seguinte à minha conversa com Rami, eu estava, por acaso, em Israel, e me encontrei com Jacob Frenkel, presidente do Banco Central de Israel e economista com formação na Universidade de Chicago. Frenkel observou que também ele estava passando por uma mudança de perspectiva: "Antes, quando falávamos sobre macroeconomia, começávamos com os mercados locais, com o sistema financeiro local e com o inter-relacionamento entre eles; e depois, como idéia subseqüente, tratávamos da economia internacional. Havia o sentimento de que as nossas ações eram basicamente do nosso interesse exclusivo e que havia algumas oportunidades de vendas para o exterior. Agora, a perspectiva é a oposta. Não indagamos para que mercados seremos capazes de exportar, após decidirmos o que produzir; mas, ao contrário, analisamos, de início, o referencial global em que operamos para depois resolver o que produzir. É uma transformação radical em todo o nosso posicionamento."

Enquanto o indicador básico da Guerra Fria era o peso — sobretudo o peso de lançamento dos mísseis —, o indicador essencial do sistema da globalização é a velocidade — velocidade do comércio, das viagens, das comunicações e da inovação. A Guerra Fria girava em torno da equação massa-energia de Einstein, $e = mc^2$. A globalização é regida pela lei de Moore, segundo a qual o poder de computação dos chips de silício dobrará a cada 18 ou 24 meses. Na Guerra Fria, a pergunta mais freqüente era: "Qual o tamanho do seu míssil?" Na globalização, a pergunta mais freqüente é: "Qual a velocidade do seu modem?"

Se os economistas-modelo do sistema da Guerra Fria foram Karl Marx e John Maynard Keynes — cada um, à sua maneira, querendo domar o capitalismo —, os economistas-modelo do sistema da globalização são Joseph Schumpeter e o *chairman* da Intel Andy Grove, que prefere desatrelar o capitalismo. Schumpeter, ex-ministro das Finanças da Áustria e professor da Harvard Business School, no seu clássico *Capitalism, Socialism and Democracy*, expressou a visão de que a essência do capitalismo é o processo da "destruição criativa" — o ciclo perpétuo de destruição do produto ou serviço obsoleto ou menos eficiente e a sua substituição por outros mais novos e mais eficientes. Andy Grove adotou o lema de Schumpeter de que "apenas os paranóicos sobrevivem" como título do seu livro sobre a vida no Vale do Silício, e o transformou, sob muitos aspectos, no modelo empresarial do capitalismo da globalização. Grove contribuiu para popularizar a visão de que as inovações radicais, cujo impacto reformula todo um setor de atividade, estão ocorrendo com uma rapidez crescente. Graças a essas revoluções tecnológicas, a rapidez com que a sua última invenção fica obsoleta ou se torna uma *commodity* se aproxima cada vez mais da velocidade da luz. Portanto, apenas os paranóicos, somente aqueles que estão constantemente olhando ao redor em busca de quem esteja criando algo novo, capaz de destruí-los e deixá-los para trás, terá condições de sobreviver. Os países que estiverem mais dispostos a permitir que o capitalismo rapidamente destrua as empresas ineficientes — de forma a liberar o dinheiro, direcionando-o para as oportunidades mais inovadoras — prosperarão na era da globalização. Os que dependerem da proteção governamental contra a destruição criativa serão deixados para trás nessa nova era.

James Surowiecki, o colunista de negócios da revista *Slate*, ao fazer a resenha do livro de Grove, sintetizou muito bem o ponto em comum entre Grove e Schumpeter, que é a essência da economia da globalização. É a noção de que "a inovação substitui a tradição. O presente — ou talvez o futuro — substitui o passado. Nada importa tanto quanto o que virá em seguida, e o que virá em seguida apenas chegará com a reversão do que está aqui agora. Embora essas idéias façam do sistema um ambiente ótimo para a inovação, elas também dificultam a vida, pois a maioria das pessoas prefere alguma base de segurança em relação ao futuro, a uma vida vivida em quase constante estado de incerteza. (...) Não somos forçados a recriar constantemente os nossos relacionamentos com as pessoas mais próximas. No entanto, isso é exatamente o que Schumpeter e depois Grove sugerem como imprescindível à prosperidade [hoje]".

Na realidade, se a Guerra Fria fosse um esporte, seria como a luta de sumô, observa Michael Mandelbaum, professor de assuntos externos da Johns Hopkins University. "Dois caras gordos num ringue, com todos os tipos de posturas, rituais e movimentos do pés, mas realmente com pouco contato entre si, até o fim do embate, quando, num breve momento de confronto, o perdedor é empurrado para fora do ringue, mas ninguém morre."

Ao contrário, se a globalização fosse um esporte, seria como a corrida de velocidade de 100 metros: uma vez, mais uma vez, novamente. E não importa quantas vezes você ganhe, será necessário correr de novo no dia seguinte. E se você perder por apenas um centésimo de segundo, será como se tivesse perdido por uma hora. (Basta perguntar às multinacionais francesas. Em 1989, a legislação trabalhista francesa foi alterada, exigindo — *exigindo* — que todo empregador efetuasse uma redução de quatro horas na duração da semana de trabalho, de 39 horas para 35 horas, sem diminuição dos salários. Muitas empresas francesas combateram a mudança, por causa do seu impacto sobre a produtividade nos mercados globais. Henri Thierry, diretor de recursos humanos da Thomson – CSF Communications, empresa de alta tecnologia nos subúrbios de Paris, declarou a *The Washington Post:* "Estamos inseridos na competição mundial. Se perdermos um ponto na produtividade, deixaremos de receber pedidos. Se formos obrigados a aderir às 35 horas, seria como pedir aos atletas franceses que disputassem as corridas de 100 metros calçando chinelos. Não teriam qualquer chance de ganhar uma medalha.")

Parafraseando o teórico político alemão Carl Schmitt, a Guerra Fria foi um mundo de "amigos" e "inimigos". O mundo da globalização, em contraste, tende a transformar todos os amigos e inimigos em "competidores".

Se a ansiedade típica da Guerra Fria foi o medo da aniquilação por um inimigo muito bem conhecido, num conflito mundial fixo e estável, a ansiedade típica da globalização é o medo da mudança rápida causada por um inimigo invisível, intocável e imperceptível — a sensação de que o seu trabalho, a sua comunidade e o seu ambiente profissional estão sujeitos a mudanças inesperadas e repentinas, pela atuação de forças econômicas e tecnológicas anônimas, que são tudo, menos estáveis.

Durante a Guerra Fria, recorríamos à linha vermelha entre a Casa Branca e o Kremlin — um símbolo de que estávamos segregados, mas que, pelo menos, as duas superpotências controlavam a situação. Na era da globalização, recorremos à Internet — um símbolo de que estamos conectados, embora ninguém controle a situação. O sistema de defesa típico da Guerra Fria era o radar — para expor as ameaças vindas do outro lado do Muro. O sistema de defesa típico da era da globalização é o aparelho de raios X — para revelar as ameaças vindas do interior.

A globalização também tem o seu próprio padrão demográfico — a rápida aceleração do deslocamento das pessoas das áreas rurais e dos estilos de vida agrícolas para as áreas urbanas e para os estilos de vida urbanos, vinculado de forma mais estreita com as tendências globais em termos de moda, alimentos, mercados e entretenimento.

Finalmente, e o mais importante, a globalização dispõe da sua própria estrutura de poder, que é muito mais complexa do que a estrutura da Guerra Fria. O sistema da Guerra Fria se ergueu exclusivamente em torno dos países, e se equilibrava no centro entre as duas superpotências: Os Estados Unidos e a União Soviética.

O sistema da globalização, em contraste, se desenvolve em torno de três equilíbrios, que se superpõem e se influenciam mutuamente. O primeiro é o tradicional equilíbrio entre os países. No sistema da globalização, os Estados Unidos são a superpotência dominante única e exclusiva e todos os outros países a ela se subordinam em maior ou menor extensão. O equilíbrio do poder entre os Estados Unidos e os outros países ainda é importante para a estabilidade do sistema. E ainda é capaz de explicar muitas das notícias de primeira página dos jornais, seja a contenção do Iraque no Oriente Médio, seja a expansão da Otan contra a Rússia na Europa Central.

O segundo equilíbrio no sistema da globalização é entre os países e os mercados globais. Esses mercados globais se compõem de milhões de investidores que movimentam o dinheiro ao redor do mundo, a cliques de mouse. Chamo-os de o "Rebanho Eletrônico", que se reúne nos principais centros financeiros globais, como Wall Street, Hong Kong, Londres e Frankfurt, que denomino os "Supermercados". As atitudes e ações do Rebanho Eletrônico e dos Supermercados são capazes de exercer um impacto gigantesco sobre os países, a ponto de precipitar a queda de governos. Hoje, é impossível compreender a primeira página dos jornais — seja o relato da derrubada de Suharto, na Indonésia, seja a derrocada interna da Rússia ou a política monetária dos Estados Unidos — sem que se incluam os Supermercados como elementos da análise.

O poder de destruição dos Estados Unidos se situa nas bombas, ao passo que o poder de destruição dos Supermercados consiste no rebaixamento da classificação de risco dos títulos de crédito. Os Estados Unidos são o agente dominante na preservação do tabuleiro de xadrez da globalização, mas não são os únicos que detêm o poder de influenciar as manobras na arena global. Hoje, esse tabuleiro de xadrez da globalização se parece muito com um tabuleiro Ouija* — às vezes, as peças são movimentadas pela ação explícita das superpotências, e às vezes são deslocadas pela mão invisível dos Supermercados.

O terceiro equilíbrio que requer atenção no sistema de globalização — que é realmente o mais novo de todos — é aquele entre os indivíduos e os países. Ao derrubar muitos dos muros que restringiam o movimento e o alcance das pessoas, e, simultaneamente, ao interconectar o mundo em redes, a globalização atribuiu poderes aos indivíduos para influenciar os mercados e os países como nunca antes na história. Assim, temos hoje não apenas as superpotências, não somente os Supermercados, mas também Indivíduos com Superpoderes, como demonstrarei adiante. Alguns desses Indivíduos com Superpoderes se mostram muito raivosos, outros parecem

* Marca registrada de um jogo composto de um tabuleiro e uma prancheta, com palavras, letras e outros símbolos. A movimentação da prancheta sobre o tabuleiro, quando tocada pelos dedos, expressaria mensagens telepáticas e sobrenaturais. (N.T.)

maravilhosos — mas todos agora são capazes de atuar diretamente no palco mundial, sem a intermediação tradicional dos governos, das corporações ou de qualquer outra instituição pública ou particular.

Sem o conhecimento do governo dos Estados Unidos, o Long-Term Capital Management — uns poucos caras em Greenwich, Connecticut — acumulou em todo o mundo um volume de apostas financeiras superior ao das reservas externas da China. Osama bin Laden, milionário saudita com a sua própria rede global, declarou guerra aos Estados Unidos, em fins dos anos 90, e a Força Aérea Americana desfechou contra ele um ataque com mísseis *cruise*, como se fosse contra outro país. Disparamos mísseis *cruise* contra um indivíduo! Jody Williams ganhou o Prêmio Nobel da Paz em 1997 por sua contribuição para a proibição internacional das minas terrestres. Ela logrou esse feito não apenas sem muito apoio governamental, mas sobretudo apesar da oposição das Cinco Grandes potências. E, segundo ela, qual foi a arma secreta que possibilitou organizar mil diferentes grupos de defesa dos direitos humanos e em favor do controle armamentista, em seis continentes? "Correio eletrônico."

Os países — e, em especial, a superpotência americana — ainda são de enorme importância, hoje em dia; mas também o são os Supermercados e os Indivíduos com Superpoderes. É impossível compreender o sistema da globalização ou a primeira página dos jornais, sem a visão da interação complexa entre esses três agentes: os Estados em choque com os Estados, os Estados em choque com os Supermercados, e os Supermercados e Estados em choque com os Indivíduos com Superpoderes.

Foi preciso muito tempo para que focalizássemos com nitidez o sistema da globalização e para que avaliássemos as suas implicações. Como todas as demais pessoas que tentam ajustar-se a ele, tive que, literalmente, retreinar-me a mim mesmo e desenvolver novas lentes de observação. Para explicar como consegui esse resultado, vou começar com uma confissão da qual, há muito, muito tempo, estou tentando me livrar. Pronto? Lá vai: eu costumava inventar as previsões meteorológicas de Beirute.

Bem, na verdade, eu não as inventava. Isso estaria errado. Eu as "estimava". Foi em 1979, quando eu trabalhava como "foca" em Beirute para a United Press International. Freqüentemente, ficava no turno da noite, e uma das responsabilidades da pessoa do último horário era apresentar a previsão meteorológica de Beirute, a ser incluída no resumo meteorológico mundial da UPI, que saía nos jornais diários, com as máximas e mínimas. O único problema é que não havia meteorologista em Beirute, pelo menos que fosse do meu conhecimento. O país estava em meio a uma guerra civil. Quem se importava com a temperatura? As pessoas se contentavam em estar vivas. A única temperatura de fato relevante em Beirute naqueles dias era a da própria pessoa — 37°C. Assim, eu estimava qual era a temperatura, geralmente por meio de uma pesquisa local. Para obter a previsão meteorológica, limitava-me a gritar para alguém no corredor ou na sala: "Ei, Ahmed, como está o tempo lá fora hoje?"

E Ahmed ou Sonia ou Daoud gritavam de volta: "Parece quente."

"Uns 30°C?", perguntava. "Acho que sim, Mr. Thomas, o que o senhor disser", era a resposta. "Mais ou menos isso." E então eu anotava: "Máxima de 30°C." Mais tarde, perguntava de novo: "Agora, está um pouco frio lá fora, não?" "Acho que sim, Mr. Thomas", alguém respondia. "Você diria uns 22°C?" "Certo, Mr. Thomas, o que o senhor disser", era a resposta. E então eu anotava: "Mínima de 22°C." E assim era a previsão do tempo de Beirute.

Anos mais tarde, recordei-me desses momentos quando me vi trabalhando na seção de negócios de *The New York Times*. Às vezes, ficava incumbido de preparar as reportagens sobre as cotações do dólar ou sobre o mercado de ações e tinha que telefonar para os corretores após o fechamento dos mercados para apurar o valor do dólar em relação às principais moedas e para saber por que o índice Dow Jones subiu ou desceu. Sempre me surpreendi com o fato de que, qualquer que fosse o sentido da movimentação dos mercados — não importando se o dólar se apresentasse em alta ou em baixa —, alguns analistas sempre tinham uma explicação exata e sucinta, de uma linha, sobre os motivos pelos quais as transações em seis continentes diferentes, envolvendo 24 fusos horários diferentes, no valor de US$ 1.2 trilhão, resultaram em alta ou baixa do dólar em meio centavo contra o iene japonês. E todos acreditávamos nessa explicação. Mas em algum lugar remoto da mente, eu ficava pensando se esses comentaristas não estavam de gozação. Nos pontos mais ocultos do cérebro, perguntava-me a mim mesmo se essas explicações não eram a versão de Wall Street para as minhas previsões do tempo de Beirute, com alguém gritando nos escritórios da Merrill Lynch ou da PaineWebber algo equivalente a "Ei, Ahmed, por que o dólar caiu hoje?". E qualquer que fosse a resposta do primeiro mensageiro, secretária ou corretor que passasse pela mesa do comentarista, lá estava ela nos jornais do dia seguinte, como a explicação global sobre o comportamento de milhares de operadores em todo o mundo.

Em 1994, eu era correspondente de finanças e comércio internacional de *The New York Times,* e cobria as conversações comerciais entre os Estados Unidos e o Japão. Uma tarde, estava analisando as notícias no meu computador, quando percebi dois despachos da Reuters, um logo depois do outro:

> Dólar Fecha Em Alta, com Otimismo sobre as Conversações Comerciais
>
> Nova York (Reuters) — O dólar fechou em alta na sexta-feira, em relação à maioria das principais moedas, com o aumento do otimismo no sentido de que Washington e Tóquio chegariam ao acordo comercial.
>
> Ações Blue Chips Fecham em Baixa, com a Incerteza sobre as Conversações Comerciais
>
> Nova York (Reuters) — As ações Blue Chips fecharam em baixa na sexta-feira, em meio à incerteza sobre as conversações comerciais EUA-Japão, antecipando o vencimento do prazo para possíveis sanções à meia-noite.

"Ei, Ahmed, o que você acha das conversações EUA-Japão?"

A minha atitude naquela época, ao apresentar as previsões meteorológicas de Beirute, e o procedimento da Reuters com os seus despachos sobre ações e moedas consistiam em tentar dar ordem ao caos — sem muito êxito, em ambos os casos. Quando comecei a minha coluna de assuntos externos em 1995, sabia que não sobreviveria por muito tempo se todas as minhas tentativas para dar ordem ao caos se resumissem apenas ao equivalente político de adivinhar a temperatura em Beirute. Assim, o que fazer? Como compreender e explicar esse sistema incrivelmente complexo da globalização?

A resposta, em resumo, é que aprendi serem necessárias duas coisas ao mesmo tempo — observar o mundo através de uma perspectiva multidimensional e multifocal e, simultaneamente, transmitir essa complexidade aos leitores por meio de relatos simples, e não de grandes teorias. Esse é o motivo pelo qual, quando me perguntam como faço a cobertura jornalística do mundo hoje em dia, respondo que uso duas técnicas: "Faço a arbitragem das informações", a fim de compreender o mundo, e "conto histórias", a fim de explicá-lo.

Vejamos cada um desses métodos. O que é a arbitragem das informações? Arbitragem é um termo de mercado. Tecnicamente falando, ele se refere à compra e venda simultânea do mesmo título, mercadoria ou moeda estrangeira em diferentes mercados, de modo a se obter lucro com a desigualdade de preços e com a desigualdade de informações. O arbitrador bem-sucedido é um operador que sabe que a carne de porco está sendo vendida a US$ 2.2 o quilo em Chicago e a US$ 3.3 em Nova York e, assim, compra a mercadoria em Chicago e a revende em Nova York. É possível praticar a arbitragem nos mercados. Também é possível praticá-la na literatura. Já se comentou que o grande escritor espanhol José Ortega y Gasset "comprava informações baratas em Londres e as vendia por um bom preço na Espanha". Ou seja, freqüentava todos os grandes salões de Londres e depois traduzia os *insights* assim adquiridos para o espanhol, para os leitores espanhóis na Espanha. Mas não importa se você está vendendo carne de porco ou *insights*, a chave para ser um arbitrador bem-sucedido consiste em ter uma boa rede de informantes e de informações e depois saber como elaborar uma síntese adequada, de modo a obter lucro.

Quem quiser ser um jornalista ou colunista eficaz, na tentativa de interpretar as questões globais da atualidade, terá que fazer algo semelhante. Pois hoje, mais do que nunca, as fronteiras tradicionais entre política, cultura, tecnologia, finanças, previdência social e ecologia estão desaparecendo. Dificilmente se explicam os acontecimentos de uma área sem se referir às demais, e é impossível entender o todo sem recorrer a cada uma dessas áreas. Portanto, para ser um jornalista ou colunista de assuntos internacionais, é preciso aprender a praticar a arbitragem da informação entre essas diversas perspectivas e depois entrelaçá-las todas juntas, de modo que produza um quadro do mundo que jamais se obteria a partir de uma única perspectiva. Essa é a essência da arbitragem da informação. Num mundo em que estamos todos tão interconectados, a habilidade de ler as conexões e de conectar os pontos é o verdadeiro valor agregado oferecido pelo jornalista. Se não virmos as conexões, não veremos o mundo.

Cheguei a essa abordagem totalmente por acaso, à medida que as sucessivas mudanças na minha carreira me forçaram a juntar mais lentes, umas sobre as outras, como condição de sobrevivência. Aqui está o que aprendi:

Comecei minha vida jornalística como o mais limitado dos repórteres. Durante a primeira década da minha carreira, cobri a "Mãe de Todas as Guerras Tribais" — o conflito árabe-israelense, primeiro de Beirute e depois de Jerusalém. Naqueles dias, o jornalismo para mim era uma atividade bidimensional. Dizia respeito à política e à cultura, pois, no Oriente Médio, a cultura é o principal determinante da política. Em outros termos, o mundo para mim se restringia a observar as pessoas aferradas às próprias raízes, extirpando as raízes dos vizinhos.

Então, em 1988, saí de Jerusalém, após uma década no Oriente Médio, e vim para Washington, onde me tornei o correspondente diplomático de *The New York Times*. Minha primeira incumbência foi a cobertura da audiência de confirmação da posse do secretário de Estado James A. Baker III. Sinto-me envergonhado ao afirmar que, como o meu bacharelado e mestrado acadêmicos foram em Estudos Árabes e do Oriente Médio, e como passara quase toda a minha carreira jornalística, até então, no Oriente Médio, eu de fato pouco sabia sobre as outras partes do mundo, e, certamente, ignorava a maioria das questões sobre as quais os senadores interrogariam Mr. Baker, como o Tratado Start,* os Contras, Angola, as negociações sobre o controle armamentista das Forças Convencionais na Europa (CFE – Conventional Forces in Europe) e a Otan. Minha cabeça girava quando saí da audiência. Não tinha idéia de qual seria o ponto de

---

* Strategic Arms Reduction Treaty (Start I e II), assinados, respectivamente, em 31 de julho de 1991 e 3 de janeiro de 1993, o primeiro entre os EUA e a URSS, e o segundo entre os EUA e a Rússia, prevendo a redução gradual das armas estratégicas ofensivas dos signatários. (N.T.)

partida. Nem mesmo conhecia o significado de metade das siglas. Não tinha certeza se os Contras estavam do nosso lado ou do lado do inimigo e imaginava que CFE era um erro tipográfico, ou seja, na verdade era "cafe"* sem o "a". Ao pegar um táxi de volta para o escritório do *Times*, a única imagem que eu tinha em mente era a manchete do *The Washington Post*, na manhã seguinte, sobre alguma declaração de Baker que eu sequer mencionara na minha reportagem. Foi graças à ajuda do repórter do *Times* no Pentágono, Michael Gordon, que consegui preparar o artigo daquele dia. Mas, naquele momento e naquela situação, eu já sabia que as duas dimensões de que eu dispunha não mais seriam suficientes. Felizmente, graças a quatro anos de cobertura diplomática, inclusive uns 800 mil quilômetros de estrada com Baker, consegui adicionar uma nova dimensão à política e à cultura — a dimensão da segurança nacional e do equilíbrio do poder. Essa outra dimensão abrange todo o complexo integrado de questões em torno do controle armamentista, da competição entre as superpotências, da gestão das alianças na Guerra Fria e da geopolítica do poder. Ao acrescentar essa nova dimensão, minha antiga visão bidimensional do mundo se transformou. Lembro-me de uma ocasião em que eu voava com Baker para Israel, e o avião foi desviado, por um curto período, sobre o Aeroporto de Telaviv, percorrendo um grande e amplo arco sobre a Margem Ocidental, antes da aterrissagem. Fiquei observando da janela da aeronave do secretário de Estado o território da Margem Ocidental, e pensei: "Sabe, exclusivamente em termos de poder, esse lugar realmente não é mais tão importante. Interessante, sim. Mas geopoliticamente importante, não."

Após minha incursão no Departamento de Estado, e, em seguida, um período felizmente curto como correspondente da Casa Branca (ninguém ousaria chamar aquilo de jornalismo), agreguei mais uma lente ao conjunto, em 1994, quando o *Times* solicitou-me que iniciasse uma nova área de cobertura, abrangendo a interseção entre política externa e finanças internacionais. Estava ficando evidente que, com o fim da Guerra Fria e o colapso da União Soviética, as finanças e o comércio assumiam um papel nitidamente mais importante na modelagem das relações internacionais. O

---

* Café (estabelecimento comercial), restaurante ou bar. (N.T.)

desenvolvimento de uma área de cobertura situada na interseção do processo de formulação das políticas econômica e de segurança nacional era algo experimental para mim e para o *Times*. Tecnicamente, fui nomeado correspondente do Tesouro e do Comércio, mas em face dos meus antecedentes no Departamento de Estado e na Casa Branca, pediram-me que integrasse todas essas áreas. Chamamos a nova área de cobertura de "Diplomacia Comercial" ou de "Assuntos Internacionais e Finanças". Durante o período em que permaneci naquela interseção, descobri duas coisas. Primeiro, com o fim do sistema da Guerra Fria, essa interseção produziria uma enorme quantidade de notícias. Segundo, também descobri que ninguém mais cobria aquela área. Ao contrário, eram muitos os repórteres de finanças que não cobriam a diplomacia. Também havia muitos repórteres diplomáticos que não cobriam a área financeira. E ainda existiam muitos repórteres da Casa Branca que não cobriam comércio, finanças ou assuntos internacionais, mas apenas o que o presidente dizia ou fazia.

Para mim, a agregação da dimensão dos mercados financeiros à política, à cultura e à segurança nacional era como passar a usar um novo par de óculos e, de repente, observar o mundo em 4-D. Imaginava matérias jornalísticas que eu antes nunca teria reconhecido como matéria jornalística. Reconheci encadeamentos de fatos que até então seria incapaz de identificar como tal. Passei a perceber mãos e algemas invisíveis restringindo a ação de líderes e países, como nunca antes imaginara possível.

Mas não tardou muito para que descobrisse que quatro dimensões não eram mais suficientes. Após me tornar colunista de assuntos internacionais, aos poucos percebi que o fator indutor da ascensão e do poder dos mercados, que o fator reformulador da maneira como os países e os indivíduos interagiam uns com os outros, que o fator efetivamente situado no cerne da globalização era o recente avanço da tecnologia — da Internet aos satélites de telecomunicações. Percebi que não era capaz de explicar a mim mesmo, e muito menos aos leitores, as forças que estavam moldando a política mundial, a menos que compreendesse essas tecnologias que estavam dando novos poderes às pessoas, às empresas e aos governos, das mais diversas formas. O controle dos canhões numa sociedade é sempre um fator crítico. Mas o controle dos telefones e do seu funcionamento também é importante.

A quantidade de tropas e de artefatos nucleares de um país é sempre um fator crítico. Mas a quantidade de larguras de faixa para a Internet também é relevante. Assim, precisei acrescentar mais outra dimensão — a tecnologia — e me tornei um repórter 5-D. Isso significava incluir o Vale do Silício na lista das capitais mundiais — Moscou, Beijing, Londres e Jerusalém — que, na minha percepção, eu deveria visitar uma vez por ano para manter-me atualizado.

Finalmente, quanto mais observava o seu funcionamento, mais evidente ficava para mim que o sistema da globalização havia liberado forças desenvolvimentistas capazes de arrasar florestas e forças homogeneizadoras de uma Disneyworld em tempo integral, que, se não fossem controladas, tinham o potencial de aniquilar o meio ambiente e de erradicar as diferentes culturas, num ritmo nunca visto na história da humanidade. Gradualmente, percebi que, se não incorporasse a perspectiva ambientalista na minha análise, estaria omitindo um dos principais fatores capazes de frear o desenvolvimento e de desencadear uma reação contra a globalização. Assim, agreguei a sexta dimensão à minha arbitragem — educando-me a mim mesmo a respeito do ambientalismo — e passei a programar excursões ambientalistas paralelas nas minhas viagens, de modo a compreender como os ecossistemas estavam sendo afetados pela globalização e como a degradação ambiental estava afetando a globalização.

Agora que sou um observador 6-D, não sei qual será a próxima dimensão. Mas se e quando uma nova dimensão se tornar perceptível, sem dúvida a acrescentarei à minha coleção. Pois sou um "globalista". Essa é a minha escola de pensamento. Isso significa que não sou um realista, para quem todas as questões em assuntos externos se explicam pela busca do poder e da vantagem geopolítica — pouco se importando com os mercados. Tampouco sou um ambientalista, que analisa os destinos do mundo apenas através do prisma do meio ambiente e das ações necessárias para preservá-lo, pouco se importando com o desenvolvimento. Também não sou um tecnólogo, um daqueles tecno-excêntricos do Vale do Silício, que acreditam que a História começou com a invenção do microprocessador e que a Internet determinará o futuro das relações internacionais, pouco se importando com a geopolítica. Não sou um essencialista, que se julga capaz de explicar o comportamento das pessoas por meio de algum traço essencial de natureza cultural ou hereditária, pouco se importando com a tecnologia. E tampouco sou um economista, que se considera apto a interpretar o mundo exclusivamente sob a óptica dos mercados, pouco se importando com a política do poder e a cultura.

Acredito que esse novo sistema da globalização constitui-se, fundamentalmente, num novo *status quo*, e a única maneira de vê-lo, compreendê-lo e explicá-lo é através das seis dimensões anteriormente delineadas — atribuindo diferentes pesos às diferentes perspectivas, em diferentes épocas e em diferentes situações, mas sempre ciente de que a interação de todas essas dimensões, em atuação conjunta, é realmente a característica determinante das relações internacionais hoje em dia. Assim, a adoção de uma abordagem globalista é o único meio de conectar os pontos de forma sistemática, de visualizar o sistema da globalização e de, assim, dar ordem ao caos.

Caso eu esteja errado sobre o mundo, em breve o erro estará bastante evidente. Mas se eu não estiver errado, muitas pessoas terão que retornar aos bancos escolares. Acho que o raciocínio globalista é de extrema importância tanto para os jornalistas, responsáveis pela explicação do mundo, como para os estrategistas, responsáveis pela modelagem do mundo. Constata-se a existência crescente de uma rede integrada entre todos esses diferentes mundos e instituições, exigindo que os jornalistas e os estrategistas trabalhem de forma igualmente integrada. Infelizmente, tanto no jornalismo como na ciência política, há uma forte tendência de pensar em termos de áreas de especialização muito segmentadas e estreitas, que ignoram o fato de que o mundo real não está dividido nesses pequenos cercados bem arrumados, e que as fronteiras entre os assuntos nacionais, internacionais, políticos e tecnológicos estão desaparecendo.

Aqui está um exemplo. Durante anos, a Administração Clinton ameaçou impor sanções comerciais ao Japão, caso aquele país não eliminasse certas tarifas cobradas direta ou indiretamente sobre várias mercadorias. Mas sempre que o astuto e experiente representante comercial dos EUA, Mickey Kantor, parecia ter superado as controvérsias internas no próprio governo quanto à adoção das medidas e o presidente estava pronto para baixar o sarrafo no Japão, Clinton recuava no último minuto. Eis o que imagino que ocorria no Salão Oval nessas ocasiões:

Kantor entrava no Salão Oval, puxava uma cadeira junto ao presidente e dizia: "Senhor presidente, aqueles malditos japoneses estão embromando, estão jogando duro de novo. Não estão permitindo a entrada das nossas exportações. Está mesmo na hora de baixarmos o sarrafo. Vamos aplicar as sanções, senhor presidente. Sanções de primeira grandeza. Chegou a hora e a vez deles. E, a propósito, senhor presidente, os sindicatos passarão a nos adorar depois dessa iniciativa."

"Mickey, você tem toda a razão", dizia o presidente. "Vá em frente." Mas quando Kantor estava saindo para baixar o sarrafo em Tóquio, o secretário do Tesouro, Robert Rubin, entrava pela porta lateral do Salão Oval.

"Ah, senhor presidente", Rubin observava, "se impusermos as sanções comerciais ao Japão, o dólar vai despencar e os japoneses talvez comecem a vender todos os seus títulos do Tesouro americano, provocando o aumento das nossas taxas de juros internas."

O presidente, então, acenava para Kantor, que já estava quase fora do Salão Oval. "Ei, Mickey, Mickey, Mickey. Volta aqui um minuto. Temos que pensar de novo nesse negócio."

Alguns dias depois, Kantor voltava. Apresentava os mesmos argumentos. Dessa vez, o presidente ficava de fato convencido. E dizia a Kantor: "Não vou mais agüentar esses japoneses, Mickey. Sanções. Baixa o sarrafo."

Exatamente no momento em que Kantor estava indo embora para baixar o sarrafo em Tóquio, o secretário de Defesa William Perry entrava pela porta lateral do Salão Oval.

"Ah, senhor presidente", Perry contestava, "se impusermos as sanções comerciais ao Japão, os japoneses não renegociarão o acordo sobre a nossa base militar em Okinawa, ou não pagarão aquele reator nuclear da Coréia do Norte, com que estamos contando."

Novamente, o presidente acenava apressadamente para Kantor, que estava tentando sair do Salão Oval. "Ei, Mickey, Mickey, Mickey. Volta aqui um minuto. Temos que pensar de novo nesse negócio."

Essa é uma cena imaginária, mas eu poderia apostar que ela se assemelha muito com a situação real, e o jornalista capaz de descrevê-la aos leitores de forma adequada não será um jornalista de finanças, nem um jornalista do Tesouro, nem um jornalista do Pentágono, mas aquele que se encontrar em constante movimentação, atuando nas três áreas de cobertura ao mesmo tempo.

Os historiadores de relações internacionais de Yale, Paul Kennedy e John Lewis Gaddis, incluem entre as suas atribuições o treinamento da próxima geração de estrategistas americanos. Para o seu grande mérito, eles têm estudado de que forma ampliar os currículos acadêmicos, de modo a produzir uma nova geração de estrategistas capazes de pensar como globalistas e não apenas como particularistas. Num ensaio da autoria de ambos, Gaddis e Kennedy lamentam o fato de os particularistas, freqüentemente, em muitos países, ainda serem os responsáveis pela análise e formulação das políticas externas.

"Essas pessoas", escreveram os dois historiadores de Yale, "são muito competentes na visualização das partes, mas têm dificuldade em ver toda a situação. Compartimentalizam as prioridades, perseguindo-as de forma isolada e simultânea, pouco se preocupando com a maneira como cada uma delas solaparia as demais. Prosseguem com bastante confiança de árvore para árvore, mas ficam atônitos ao perceberem que estão perdidos na floresta. Os grandes estrategistas do passado preservavam a visão das florestas e das árvores. Eram generalistas e operavam sob uma perspectiva ecológica. Compreendiam que o mundo é uma rede, em que os ajustamentos efetuados num ponto certamente produzirão efeitos em outros pontos distantes — que todas as coisas se encontram interconectadas. Onde encontraríamos generalistas hoje em dia?... A tendência dominante nas universidades e nos centros de altos estudos é no sentido da especialização cada vez mais estreita: atribui-se um prêmio mais elevado à atuação profunda dentro de um único campo do que à atuação ampla, abrangendo várias áreas. No entanto, sem algum grau de conscientização quanto ao todo — sem uma certa compreensão de como os meios convergem para alcançar ou não os fins desejados — não há estratégia, apenas deriva-se ao acaso."

Algumas pessoas estão começando a perceber a nova realidade. Esse é o motivo pelo qual, em fins dos anos 90, a supersecreta Agência de Segurança Nacional (National Security Agency – NSA), que rastreia todo o planeta com dispositivos de escuta eletrônica, acumulando enormes quantidades de informações, decidiu que precisava alterar os seus métodos internos de manuseio da informação, substituindo o lema da Guerra Fria — "necessidade de saber", no sentido de que apenas os que de fato precisam da informação devem ter acesso a ela — pelo lema "necessidade de compartilhar", o que significa que nunca compreenderemos o quadro geral se não compartilharmos as nossas visões limitadas.

Talvez isso explique por que, aos poucos, constatei que, hoje em dia, algumas (mas, de modo algum, a totalidade) das minhas melhores fontes intelectuais não eram professores de relações internacionais nem diplomatas do Departamento de Estado, mas, ao contrário, a única escola de formação de globalistas em franca prosperidade no mundo atual — os gerentes dos fundos de *hedge*. Cada vez mais, senti-me atraído por esses profissionais inteligentes — e não pelos diplomatas e professores —, pois os melhores deles tendiam a ser extremamente bem informados sobre os assuntos mundiais e tinham uma habilidade e uma disposição natural para selecionar e interpretar informações provenientes das seis dimensões, antes de extrair as suas conclusões. Um dos melhores desse grupo é Robert Johnson, que foi sócio de George Soros. Johnson e eu freqüentemente observávamos, após as nossas conversas de análise do mundo, que ambos fazíamos basicamente a mesma coisa — a única diferença era que, no fim do dia, ele apostava numa ação ou título de crédito, ao passo que eu expressava num artigo a minha opinião sobre certo aspecto das relações internacionais. Mas os dois tínhamos que passar pelo mesmo processo de arbitragem.

Embora a arbitragem da informação 6-D seja a melhor maneira de visualizar o sistema da globalização, a melhor forma de explicá-lo é geralmente por meio de histórias simples — e este é o motivo pelo qual o leitor encontrará muitas histórias neste livro. A globalização é um sistema excessivamente complexo para ser interpretado apenas por meio de grandes teorias. A apreensão é muito difícil. Mencionei esse fato, uma tarde, a Robert Hormats, *vice-chairman* da Goldman Sachs International, e ele traduziu muito bem o que eu tinha em mente: "Para compreender e, em seguida, explicar a globalização, é útil pensar em si mesmo como um nômade intelectual. No mundo dos nômades, não existem territórios cuidadosamente delimitados. Daí a razão por que os nômades foram os primeiros a desenvolver as religiões monoteístas do judaísmo e do islamismo. Uma pessoa sedentária talvez elaborasse todos os tipos de mitologias sobre essa pedra ou aquela árvore, e possivelmente concluiria que Deus estava apenas nessa pedra ou naquela árvore. Mas os nômades sempre viram mais do mundo. Eles sabiam que Deus não estava em tal pedra. Estava em todos os lugares. E os nômades, sentados em torno das suas fogueiras ou peregrinando pelos oásis, passaram a transmitir essa verdade complexa por meio de histórias simples."

Nos velhos tempos, um jornalista, um colunista ou um estadista conseguiam raciocinar sobre o seu "mercado" como sendo a prefeitura, ou a assembléia legislativa estadual, ou a Casa Branca, ou o Pentágono, ou o Departamento do Tesouro, ou o Departamento de Estado. Mas hoje o mercado relevante engloba o planeta Terra e a integração mundial entre tecnologia, finanças, comércio e informação, de uma forma que está influenciando os salários, as taxas de juros, os padrões de vida, a cultura, as oportunidades de emprego, as guerras, e as condições climáticas em todo o mundo. O sistema da globalização não explica todos os acontecimentos mundiais da atualidade. Mas se há uma coisa que está influenciando maior número de pessoas, sob as mais diferentes formas e ao mesmo tempo, trata-se da globalização.

Infelizmente, por motivos que explicarei adiante, o sistema da globalização está nos envolvendo com uma rapidez muito superior à nossa capacidade de reaprendizado para melhor visualizá-lo e compreendê-lo. Pense apenas sobre este único fato: a maioria das pessoas sequer tinha ouvido falar de Internet em 1990, e muito poucas pessoas possuíam um endereço de correio eletrônico. Isso foi apenas há nove anos! Mas hoje, a Internet, os telefones celulares e o correio eletrônico se transformaram em ferramentas tão essenciais, que muitas pessoas, e não apenas nos países desenvolvidos, são incapazes de imaginar a vida sem esses recursos. Estou certo de que não foi diferente no começo da Guerra Fria, com o surgimento dos arsenais nucleares e da teoria da dissuasão. Foi necessário muito tempo para que os líderes e analistas da época compreendessem a verdadeira natureza e as dimensões do sistema da Guerra Fria. Saíram da Segunda Guerra Mundial imaginando que o grande conflito dera origem a um certo tipo de mundo, mas logo descobriram que os novos alicerces se destinavam a um mundo muito diferente do previsto. Boa parte do que passou a ser visto como a grande arquitetura e estratégia da Guerra Fria eram respostas apressadas aos acontecimentos em mutação e às ameaças em evolução. Gota a gota, os estrategistas da Guerra Fria construíram as instituições, as percepções e os reflexos que vieram a ser conhecidos como o sistema da Guerra Fria.

Não será diferente com o sistema da globalização, a não ser pelo fato de que talvez demore ainda mais para adaptarmos as nossas mentes à nova realidade; isso em razão do retreinamento necessário para visualizar o sistema e também porque os seus pilares não são apenas as superpotências, mas os Supermercados e os Indivíduos com Superpoderes. Eu diria que, em 1999, a nossa compreensão de como funcionará o atual sistema da globalização é equivalente ao entendimento, em 1946, de como atuaria o sistema da Guerra Fria — ano em que Winston Churchill proferiu o seu discurso de advertência quanto à "Cortina de Ferro" que se baixava sobre o mundo, isolando da Europa Ocidental a zona de influência soviética. Para avaliar como poucas pessoas compreendem exatamente o funcionamento do sistema da globalização, pense sobre um fato interessante. Os dois principais acionistas que assessoravam o Long-Term Capital Management, Robert C. Merton e Myron S. Scholes, dividiram o Prêmio Nobel de Economia em 1997, mais ou menos um ano antes do grande erro cometido pelo LTCM sobre a natureza do risco nos atuais mercados globais altamente integrados, acumulando as maiores perdas de um fundo de *hedge* na História. E por que os dois economistas ganharam o Prêmio Nobel? Exatamente pelos seus estudos sobre como complexos instrumentos financeiros — os derivativos — são utilizáveis pelos investidores globais para compensar o risco! Em 1997, ganharam o Prêmio Nobel pela gestão do risco. Em 1998, receberam o prêmio de pior desempenho, exatamente pela geração do risco — os mesmos caras, o mesmo mercado, um novo mundo.

Murray Gell-Mann, também Prêmio Nobel, ex-professor de física teórica na Caltech e um dos fundadores do Instituto Santa Fé, já argumentou, numa série de conferências, que a minha arbitragem da informação não é muito diferente da abordagem adotada pelos cientistas na tentativa de interpretar sistemas complexos. Ele está certo. E, hoje, não há sistema político mais complexo do que a globalização, e a sua compreensão exige que os jornalistas e estrategistas sejam igualmente complexos.

"Após a sua formação, surgiram na Terra sistemas de complexidade crescente, em conseqüência da evolução física do planeta, da evolução biológica e da evolução cultural da espécie humana", observou Gell-Mann. "O processo foi tão longe que nós, seres humanos, nos defrontamos agora com problemas ecológicos, políticos, econômicos e sociais de imensa complexidade. Ao tentarmos lidar com problemas tão difíceis, tendemos, naturalmente, a desmembrá-los em partes mais acessíveis. Trata-se de prática útil, mas que apresenta sérias limitações. Ao lidarmos com qualquer sistema não-linear, sobretudo os complexos, não é possível pensar exclusivamente em termos de partes ou aspectos e apenas adicionar os componentes e afirmar que o comportamento disto e o comportamento daquilo, agregados num conjunto, resultam no todo. Quando se trata de um sistema não-linear complexo, é necessário desmembrá-lo em partes, estudar cada aspecto, e depois estudar as interações muito fortes entre todos os aspectos. Apenas dessa forma é possível descrever a totalidade do sistema."

Para mim, essa é a essência do que considero a escola globalista em relações internacionais. Mas para que tenhamos uma escola globalista, necessitamos de mais alunos, professores, diplomatas, jornalistas, espiões e cientistas sociais treinados como globalistas.

"Necessitamos de um conjunto de pessoas que julguem importante efetuar uma análise aproximada de todo o sistema, com seriedade e profissionalismo", afirma Gell-Mann. "Deve ser uma análise aproximada, pois nunca seremos capazes de dominar todas as partes e todas as interconexões. Seria de se imaginar que a maioria dos jornalistas agiria dessa forma. Mas não é assim. Infelizmente, em muitas partes da sociedade, inclusive nas academias e na maioria das burocracias, o prestígio favorece sobretudo os que estudam minuciosamente algum aspecto (estreito) de um problema, determinada modalidade de comércio, certa tecnologia, ou alguma cultura, enquanto a análise do quadro geral fica relegada às conversas de coquetel. Isso é uma loucura. Precisamos aprender a contar não apenas com especialistas, mas também com pessoas cuja especialidade é localizar as fortes interações e os entrelaçamentos das diferentes dimensões, e então analisar o todo de forma aproximada. O que outrora considerávamos assunto de coquetel — que é a parte crucial da verdadeira história."

Portanto, passemos ao meu coquetel.

Capítulo 2
O Lexus e a Oliveira

Jerusalém, 29 de dezembro de 1998: Shimon Biton encosta o seu telefone celular no Muro Ocidental, de modo que um parente na França reze uma prece naquele local santo (*Fotografia de Menahem Kahana, Agência France-Presse*)

O reconhecimento de que a globalização é o sistema internacional que substituiu o sistema da Guerra Fria é suficiente para que se saiba explicar os assuntos mundiais da atualidade? Não. Não é o bastante. A globalização é a novidade. E se o mundo fosse feito apenas de microchips e de mercados, talvez fosse possível basear-se na globalização para explicar quase tudo. Mas o mundo se compõe de microchips, de mercados, de homens e de mulheres, com todos os seus hábitos peculiares, tradições, anseios e aspirações imprevisíveis. Assim, os assuntos mundiais da atualidade só podem ser explicados como a interação entre o que é tão novo quanto um *site* na Internet e o que é tão antigo quanto uma oliveira carcomida, às margens do Rio Jordão. Pensei pela primeira vez sobre essa questão quando viajava de trem no Japão, em maio de 1992, jantando um *sushi* em caixa, a 290 km por hora.

Estava em Tóquio com a incumbência de uma reportagem, e programara uma visita à fábrica de automóveis de luxo Lexus, fora da Cidade Toyota, ao sul de Tóquio. Foi uma das excursões mais memoráveis da minha vida. Na época, a fábrica estava produzindo 300 sedãs Lexus 300, por dia, montados por 66 seres humanos e 310 robôs. Pelo que eu percebia, os seres humanos estavam presentes sobretudo para o controle da qualidade. Apenas uns poucos de fato aparafusavam ou soldavam componentes. Os robôs faziam todo o trabalho. Havia até mesmo veículos robóticos que circulavam com os materiais pelas oficinas e eram capazes de perceber a existência de seres humanos no seu caminho, buzinando para que saíssem da frente. Fiquei fascinado com os robôs que aplicavam as tiras de borracha para a fixação do pára-brisa dianteiro de cada Lexus. Os braços do robô passavam a borracha quente derretida num retângulo perfeito em torno da janela. Mas a parte de que eu mais gostava era o final da aplicação, quando uma gota minúscula de borracha pendia da ponta do dedo do robô — como aquela gota de pasta de dente que fica na ponta do tubo, após ter sido espremido na escova. No entanto, na fábrica do Lexus, o braço do robô retrocedia num movimento circular, como uma curva aberta, até que a sua ponta encostasse num minúsculo arame de metal, quase invisível, que cortava com perfeição aquela última gotícula de borracha preta aquecida — não deixando qualquer resquício. Fiquei observando aquele processo, pensando comigo mesmo sobre o quanto de planejamento, projeto e tecnologia foi necessário para que aquele braço de robô executasse a sua tarefa e, em seguida, cada vez, retrocedesse num movimento circular, no ângulo exato, de modo que esse pequeno arame, do tamanho de uma unha, retirasse a última gota de borracha aquecida, e ele estivesse limpo para sua próxima janela. Fiquei impressionado.

Após a excursão pela fábrica, retornei à Cidade Toyota e embarquei no trem-bala para o percurso de volta a Tóquio. O nome do trem-bala é adequado, pois tem a aparência e provoca a sensação de uma bala em alta velocidade. Enquanto beliscava o *sushi* de uma dessas caixas que se compram em qualquer estação ferroviária do Japão, lia o *International Herald Tribune* do dia, quando um artigo chamou a minha atenção, no canto superior direito da página 3. Era sobre a entrevista coletiva diária no Departamento de Estado, em que a porta-voz Margaret D. Tutwiler manifestara uma interpretação controvertida sobre uma resolução das Nações Unidas, de 1948, referente ao direito de retorno dos refugiados palestinos a Israel. Não me lembro de todos os detalhes, mas qualquer que tivesse sido a sua interpretação, ela sem dúvida agitara os árabes e os israelenses e despertara furor no Oriente Médio, conforme relatava o artigo.

Assim, lá estava eu, a 290 km por hora, no trem mais moderno do mundo, lendo um artigo sobre um dos lugares mais antigos do planeta. E ocorreu-me o pensamento de que esses japoneses, cuja fábrica Lexus eu acabara de visitar e em cujo trem estava viajando, produziam o carro de luxo mais importante do mundo com robôs. E logo aqui, no alto da página 3 do *Herald Tribune*, as pessoas com quem eu convivera durante tantos anos em Beirute e Jerusalém, e que conhecia tão bem, ainda estavam brigando a respeito de quem possui qual oliveira. Atinei então que o Lexus e a oliveira eram, realmente, símbolos muito bons dessa era pós-Guerra Fria: metade do mundo parecia sair da Guerra Fria com a intenção de produzir um Lexus melhor, com o propósito de modernizar, dinamizar e privatizar suas economias, a fim de prosperar no sistema da globalização. E metade do mundo — às vezes, metade do mesmo país, às vezes, metade da mesma pessoa — ainda estava brigando a respeito de quem possui qual oliveira.

As oliveiras são importantes. Elas representam tudo que nos enraíza, nos ancora, nos identifica e nos localiza neste mundo — como o sentimento de pertencer a uma família, a uma comunidade, a uma tribo, a uma nação, a uma religião ou, sobretudo, a algo chamado lar. As oliveiras nos proporcionam o calor familiar, a alegria da individualidade, a intimidade dos rituais pessoais, a profundidade dos relacionamentos íntimos, assim como a confiança e a segurança de ir em busca e encontrar os outros. Às vezes, lutamos com tanta intensidade pelas nossas oliveiras porque, na melhor das hipóteses, elas nos proporcionam os sentimentos de auto-estima e de integração, tão essenciais para a sobrevivência humana quanto o alimento no estômago. Na pior das hipóteses, todavia, quando levada a extremos, a obsessão com as oliveiras nos induz a forjar identidades, vínculos e comunidades fundamentadas na exclusão dos outros; e na mais pavorosa das situações, quando a obsessão se transforma em desatinos — como ocorreu com os nazistas, na Alemanha, ou com os sérvios, na Iugoslávia —, ela nos leva à exterminação dos outros.

Os conflitos entre sérvios e muçulmanos, judeus e palestinos, armênios e azeris são tão venenosos justamente porque dizem respeito a quem ficará em casa, ancorado no mundo local, e quem será excluído. A lógica por trás disso é a seguinte: preciso controlar essa oliveira, pois se outro a dominar, não apenas estarei sob o seu domínio econômico e político, mas todo o meu sentido de lar estará perdido. Nunca serei capaz de tirar os sapatos e relaxar. Poucas coisas provocam maior fúria do que a privação da identidade e do sentido de lar. Por ambos os sentimentos, as pessoas morrerão, matarão, cantarão, e escreverão poesias e romances. Pois sem o sentido de lar e de integração, a vida se torna estéril e sem raízes. E a vida sem raízes não é vida.

E o Lexus, o que representa? Ele é o símbolo de um impulso humano igualmente fundamental e antigo como a humanidade — o impulso da preservação, do aprimoramento, da prosperidade e da modernização — conforme se manifesta no atual sistema da globalização. O Lexus representa todos os mercados mundiais, instituições financeiras e tecnologias de computador em ascensão, capazes de proporcionar padrões de vida mais elevados. No entanto, para milhões de pessoas nos países em desenvolvimento, a busca pela melhoria material ainda significa caminhar até o poço; arar o campo descalço, atrás de um boi; ou catar lenha em lugares distantes, carregando-a nas costas por muitos quilômetros. Essas pessoas ainda carregam o computador central (*upload*), em vez de, a partir dele, descarregarem programas e informações para o seu bem-estar (*download*).

Para milhões de outras pessoas nos países desenvolvidos, todavia, essa busca pelo aprimoramento e modernização material cada vez mais se realiza calçando tênis Nike, por meio de compras nos mercados integrados e mediante o uso das novas tecnologias de rede. Embora as pessoas usufruam diferentes acessos aos novos mercados e tecnologias que caracterizam o sistema da globalização, e deles obtenham benefícios muito desiguais, essa constatação não altera o fato de que esses novos mercados e tecnologias são as ferramentas econômicas típicas do momento, afetando a todos de forma direta ou indireta.

Contudo, o conflito entre o Lexus e a oliveira é apenas uma versão moderna de uma história muito antiga — na realidade, uma das mais antigas dos anais da humanidade: a história de Caim e Abel. A Bíblia hebraica narra no Gênesis: "Caim disse ao seu irmão Abel. E quando estavam no campo, Caim se ergueu contra o seu irmão Abel e o matou. Então, o Senhor disse a Caim: 'Onde está o seu irmão Abel?' E Caim respondeu: 'Não sei. Sou por acaso o guardião do meu irmão?' E o Senhor retrucou: 'O que você fez? A voz do sangue do seu irmão está clamando por mim lá do solo.'"

Lendo esse parágrafo com atenção, percebe-se que a Bíblia hebraica não esclarece o que Caim de fato disse a Abel. Apenas afirma que "Caim disse ao seu irmão Abel" e pára de repente. Não sabemos como foi a conversa. O que ocorreu na conversa que deixou Caim tão enfurecido, a ponto de matar o seu irmão Abel? Meu professor de teologia, o rabino Tzvi Marx, ensinou-me que os sábios rabínicos no Gênesis Rabbah, um dos comentários rabínicos fundamentais sobre a Bíblia, oferecem três explicações básicas do assunto. Uma é que os dois irmãos estavam discutindo sobre uma mulher — Eva. Afinal, havia apenas uma mulher na Terra, na época, sua mãe, e eles estavam discutindo sobre qual irmão se casaria com ela. O tema do debate era a realização sexual e a procriação. Outra interpretação afirma que, basicamente, Caim e Abel haviam dividido o mundo entre si. Caim ficara com todas as propriedades imobiliárias — ou, como diz a Bíblia: "Caim se tornou um lavrador do solo" — e Abel dispunha de todos os bens móveis e dos rebanhos — "Abel se tornou um pastor de ovelhas". E, segundo essa interpretação, Caim disse a Abel para retirar as ovelhas das suas terras, o que provocou uma luta pelos territórios, que, finalmente, acabou com Caim assassinando Abel no calor da discussão. Os irmãos estavam lutando pelo desenvolvimento econômico e pela realização material. A terceira interpretação é a de que os dois irmãos já haviam dividido entre si, minuciosamente, todas as coisas do mundo, mas restava uma questão crítica que ainda estava por resolver: onde seria construído o templo que refletiria sua identidade religiosa e cultural específica? Cada um queria controlar o templo, de modo a nele imprimir a sua própria identidade. Cada um queria o templo no seu bosque de oliveiras. A briga era sobre a questão da identidade, e sobre qual deles seria o guardião da fonte de legitimidade familiar. Assim, observaram os rabinos, todos os elementos básicos da motivação humana aí se encontram, numa única história: a necessidade de intimidade sexual, a necessidade de sustentação, e a necessidade de um sentido de identidade e de comunidade. Deixarei a questão do sexo para quem quiser abordá-la. Este livro trata dos outros dois temas.

Esse é o motivo pelo qual gosto de afirmar que a arbitragem da informação proporciona as lentes necessárias para analisar o mundo de hoje; no entanto, apenas as lentes não são suficientes. Também precisamos saber o que estamos analisando e procurando. E o que estamos analisando e procurando é o modo como as buscas primordiais pelo aprimoramento material e pela identidade individual e comunitária — que retrocedem por toda a História até o Gênesis — desempenham o seu papel no atual sistema internacional dominante da globalização. Este é o drama do Lexus e da oliveira.

No sistema da Guerra Fria, a ameaça mais provável à oliveira vinha de outra oliveira. Vinha do vizinho que chegava, arrancava violentamente a oliveira alheia e plantava a dele no lugar. Hoje em dia, essa ameaça ainda não foi eliminada, mas, por enquanto, tem sido atenuada em muitas partes do mundo. Atualmente, a maior ameaça à oliveira provavelmente estará no Lexus — em todas as forças do mercado e em todas as tecnologias anônimas, transnacionais, homogeneizadoras e padronizadoras que compõem o atual sistema econômico globalizante. Há certos aspectos desse sistema que tornariam o Lexus tão poderoso que ele seria capaz de devastar e esmagar todas as oliveiras à sua frente — situação que acarretaria uma efetiva reação. Mas outros aspectos do sistema capacitam até a menor e a mais fraca das comunidades políticas a realmente utilizar as novas tecnologias e mercados, de modo a preservar as suas oliveiras, sua cultura e sua identidade. Viajando pelo mundo nos últimos anos, fiquei fascinado ao observar a simultaneidade dessa luta feroz, desse cabo-de-guerra e dessa busca do equilíbrio entre o Lexus e a oliveira.

A luta entre o Lexus e a oliveira no novo sistema da globalização ficou clara no referendo de 1994, na Noruega, para decidir se o país deveria ingressar ou não na União Européia. Tudo indicava que o "sim" seria uma barbada para os noruegueses. Afinal, a Noruega está na Europa. É um país rico e desenvolvido e participa ativamente do comércio intra-europeu. A adesão à UE fazia todo o sentido econômico para a Noruega, num mundo em acelerado processo de globalização. Mas o resultado do referendo foi negativo, pois muitos noruegueses sentiram que a entrada na UE implicaria um desarraigamento excessivo da própria identidade e do estilo de vida nacionais, que, graças ao petróleo do Mar do Norte (vendido na economia global), ainda eram preservados, sem a participação na União Européia. Muitos noruegueses observavam a UE e diziam consigo mesmos: "Agora, vamos acertar essa questão. Devo pegar a minha identidade norueguesa e colocá-la num euro-Cuisinart,* onde será transformada num europurê, por euroburocratas pagos em eurodólares, no europarlamento, situado na eurocapital, sob a cobertura de eurojornalistas? Essa não, obrigado. Prefiro ser o Sten da Noruega. Acho melhor ficar com a minha oliveira de identidade única e ser um pouco menos eficiente do ponto de vista econômico."

O equilíbrio saudável entre o Lexus e a oliveira é ilustrado pela história que me foi narrada por Glenn Prickett, vice-presidente sênior do grupo ambientalista Conservation International, sobre a sua visita à aldeia Aukre, dos índios caiapós, localizada num canto remoto da floresta tropical da Amazônia brasileira, acessível apenas por pequenos aviões. "Ao aterrissarmos na pista de pouso de grama, fomos recebidos por toda a aldeia, em trajes tradicionais — e sem trajes —, os rostos pintados, além de uns poucos bonés de equipes de beisebol americanas, com vários logotipos", recordava-se Prickett. "Eu estava lá como representante da Conservation International para inspecionar o progresso de uma estação de pesquisa biológica que mantínhamos rio acima, em associação com os caiapós. Esses índios mantiveram intacto, durante séculos, um grande pedaço da Amazônia, exclusivamente pela força. Agora, estavam aprendendo a preservar a floresta por meio de alianças internacionais com cientistas, ambientalistas e empresários dotados de consciência social. A aldeia tem uma pequena rua principal, com uma loja da Conservation International e uma filial da Body Shop, o fabricante de sabão ecológico. Após uma permanência de dois dias na estação de pesquisa biológica, retornamos à aldeia para alguns acertos finais. Tínhamos programado a montagem de um mercado ao ar livre para a exposição da cultura, utensílios, cestas, tacapes de guerra, lanças, arcos e

---

* Cuisinart é uma marca registrada de equipamentos de preparação de alimentos. (N.T.)

flechas e outros artefatos. Concluída a tarefa, nosso grupo passou a comprar todos os itens, a preços bastante elevados em dólar. Depois, fomos sentar na cabana dos homens, no centro da aldeia caiapó, que parecia emergir direto da pré-história. Sentado na cabana com os dirigentes da aldeia, observei que todos se fixavam num único aparelho de TV, conectado a uma grande antena por satélite. Os homens mudavam de canal o tempo todo, de um jogo de futebol para uma emissora de negócios, que divulgava as cotações do ouro nos mercados mundiais. Os homens caiapós queriam certificar-se de que estavam cobrando dos pequenos garimpeiros, que escavavam nos limites da propriedade indígena na floresta tropical, os preços internacionais correntes por todo o ouro encontrado. E recorriam aos lucros apurados nos mercados mundiais do ouro para proteger o seu estilo de vida exclusivo, no meio da floresta amazônica."

Um exemplo da derrota do Lexus pela oliveira foi a decisão da Índia, na primavera de 1998, de desafiar o mundo e reiniciar os testes com armas nucleares. Visitei a Índia logo após os testes, onde conversei com ricos e pobres, com representantes do governo e pessoas fora do governo, com os habitantes de pequenos vilarejos e com tipos urbanos sofisticados. Não encontrei um indiano sequer que afirmasse: "Sabe, esses testes nucleares foram de fato uma estupidez. Não contribuíram para aumentar nossa segurança e, na realidade, ainda sofremos algumas sanções." Estava certo de que havia esse sentimento, mas ninguém o expressou. Mesmo os políticos indianos que denunciaram os testes nucleares como manobra xenófoba barata do novo governo nacionalista hindu, declaravam que os testes eram o único meio para que a Índia conquistasse o que mais ansiava, da parte dos Estados Unidos e da China: R-E-S-P-E-I-T-O. Finalmente, percebi a profundidade desse sentimento, quando estive com o maior defensor dos direitos humanos na Índia, Swami Agnivesh, que na ocasião usava trajes típicos. Ao cruzarmos as pernas no chão da sua sala, numa casa simples de Délhi, pensei: "Sem dúvida, ele vai desaprovar os testes." Mas logo que começamos a conversar, afirmou-me: "Somos a Índia, o segundo maior país do mundo! Vocês não podem menosprezar a nossa importância. A Índia não se sente ameaçada pelo Paquistão, mas no jogo internacional global a Índia está sendo marginalizada pelo eixo China-EUA." No dia seguinte, fui a Dasna, uma vila ao norte de Nova Délhi, onde conversei ao acaso com alguns lojistas. Dasna é um dos lugares mais pobres que já conheci. Ninguém parecia ter sapatos. Todos tinham um aspecto de pele e osso. Nas ruas, viam-se mais animais e bicicletas do que carros. O ar estava pesado com o cheiro de esterco de vaca usado como fonte de energia. Mas todos adoraram o espetáculo pirotécnico do governo. "Somos um povo de 900 milhões de pessoas. Não morreremos com essas sanções", proclamou Pramod Batra, o médico local de 42 anos. "Esses testes nucleares têm a ver com auto-respeito, e auto-respeito é mais importante do que estradas, eletricidade e água. Além disso, o que fizemos? Explodimos a nossa bomba. Foi como disparar um revólver para o alto. Não ferimos ninguém."

Mas, embora os impulsos da oliveira indiana talvez tenham prevalecido sobre as necessidades do país em termos do Lexus, quando essas situações ocorrem no atual sistema da globalização, há sempre um custo oculto de longo prazo. Durante a minha estada em Nova Délhi, hospedei-me no Oberoi Hotel, onde nadava um pouco na piscina, ao final de cada dia, para recuperar-me do calor opressivo de 38°C. No primeiro dia, enquanto dava minhas braçadas, uma mulher também nadava na raia próxima à minha. Numa das paradas para descanso, começamos a conversar e ela me contou que dirigia o escritório indiano da Salomon Brothers – Smith Barney, o maior banco de investimentos americano. Contei-lhe que era colunista e que tinha vindo ao país para escrever sobre a repercussão dos testes nucleares indianos.

"Você sabe quem está na cidade?", perguntou-me, enquanto ambos patinhávamos na água. Respondi que não, com a cabeça. "Quem está na cidade?"

"A Moody's", ela disse. A Moody's Investors Service é a agência internacional de classificação de crédito que avalia as economias, atribuindo graduações A, B e C, de modo que os investidores mundiais saibam quem está ou não adotando políticas sólidas. Se determinada economia recebe uma classificação mais baixa, passará a pagar taxas de juros mais elevadas nos seus empréstimos internacionais. "A Moody's enviou uma equipe para reclassificar a economia indiana", prosseguiu.

"Você soube de algo sobre a decisão deles?", ela indagou.

"Não, não soube de nada", respondi.

"Talvez você queira verificar", comentou ela, e saiu nadando.

E eu de fato verifiquei. Acabei sabendo que a equipe da Moody's se movimentou pela cidade com a mesma discrição e o mesmo segredo com que os cientistas nucleares indianos prepararam a bomba. Nada consegui descobrir sobre a decisão da Moody's, mas, na noite em que saí da Índia, estava ouvindo o noticiário noturno quando um dos comentários despertou a minha atenção. Era a notícia de que, em reação ao novo orçamento inchado e sem rumo do governo indiano e como conseqüência dos testes nucleares e das sanções americanas ao país pela explosão dos artefatos nucleares, a Moody's rebaixara a economia indiana do "grau investimento", que significava segurança para os investidores mundiais, para o "grau especulativo", ou seja, arriscado. A agência de classificação de risco da Standard & Poors também alterou a sua avaliação da economia indiana de "estável" para "negativa".

Assim, qualquer empresa indiana que tentasse levantar empréstimos nos mercados internacionais pagaria juros mais elevados. E como a Índia conta com taxas de poupança baixas, os financiamentos externos são fundamentais para um país que necessitará de US$ 500 bilhões em investimentos de infra-estrutura, na próxima década, para ser competitivo. Mas quando o país se expõe daquela forma no sistema da globalização, sempre paga um preço por suas ações, e apenas poucos meses mais tarde o governo indiano buscava meios de descer da oliveira, sem maiores perdas em dignidade e auto-estima, em face das dificuldades econômicas que aquela árvore acarretara para o segundo país mais populoso do mundo.

Um exemplo do equilíbrio de forças entre o Lexus e a oliveira foi o meu vôo de Bahrain a Londres, pela Gulf Air, em que o monitor de vídeo no acento da minha Classe Executiva incluía um canal que, utilizando um satélite de posicionamento global (GPS) conectado à antena da aeronave, mostrava aos passageiros, a qualquer momento, a situação exata do avião em relação à cidade santa muçulmana de Meca. A tela exibia um diagrama do avião, com um ponto branco em movimento ao seu redor, à medida que a aeronave mudava de direção. Assim, os passageiros muçulmanos, obrigados a orar cinco vezes por dia na direção de Meca, sempre sabiam para onde se voltar dentro da aeronave, ao desenrolarem seu tapete de orações. Durante o vôo, vi vários passageiros perto de mim se comprimirem na cozinha do avião para executarem os seus rituais religiosos, e graças ao sistema GPS sabiam exatamente a direção certa.

Um caso típico do Lexus ignorando a oliveira na era da globalização foi o da peça de computador que recebi de um amigo. Na sua parte traseira estava escrito: "Esta peça foi fabricada na Malásia, Cingapura, Filipinas, China, México, Alemanha, EUA, Tailândia, Canadá e Japão. Foi feita em tantos países diferentes, que não temos condições de especificar um único país."

Outro exemplo do Lexus superando a oliveira na era da globalização se encontra na pequena notícia que apareceu na edição de 11 de agosto de 1997, do *Sports Illustrated*, onde se lia: "O clube de futebol Llansantffraid, do País de Gales, mudou o seu nome para 'Total Network Solutions', em troca de US$ 400 mil recebidos de uma empresa de telefones celulares."

A atuação conjunta do Lexus e da oliveira na era da globalização ocorreu quando Boris Yeltsin surfou na Web. Um artigo da Associated Press, de 12 de abril de 1998, dizia o seguinte:

> Moscou (AP) — Boris Yeltsin, surfista da Web? Bem, quase. O presidente da Rússia esteve *online* durante 30 minutos na terça-feira, respondendo a perguntas de todo o mundo, numa sessão de bate-papo ao vivo organizada pela MSNBC, no *site* da Internet.
>
> Pergunta de um homem na Holanda: Qual a opinião de Yeltsin sobre o fumo? Resposta: Odeia!
>
> Pergunta: A Rússia está preparada para uma mulher na presidência? Resposta: De modo algum!
>
> Pergunta: Yeltsin tem sangue irlandês? Resposta: Não que seus ancestrais siberianos lhe tenham dito.
>
> O bate-papo foi o primeiro de Yeltsin, um novato em tecnologia. Mas, na realidade, ele não usou o computador *laptop* à sua frente nem teve que enfrentar a parafernália *high-tech* da Internet. A MSNBC selecionou 14 perguntas dentre as 4.900 recebidas e um intérprete traduziu-as para o russo. Outro intérprete traduziu as respostas de Yeltsin para o inglês e as leu num microfone conectado com a MSNBC, em Redmond, Washington, onde foram digitadas para a Net. A rede afirmou que cerca de 4 mil

pessoas se conectaram durante a sessão. Muitos russos rapidamente aderiram aos computadores e à Internet após o colapso da União Soviética, quando muitas empresas ainda usavam ábacos e as ligações telefônicas internacionais deviam ser solicitadas com horas — se não dias — de antecedência.

Mais uma vez, a atuação conjunta do Lexus e da oliveira na era da globalização ficou evidente, de forma um tanto inusitada, num artigo do *Washington Times*, de 21 de setembro de 1997, segundo o qual os agentes da contra-informação russa se queixavam de que o recrutamento de um espião da CIA como agente duplo custava o dobro da operação no sentido contrário. Um alto funcionário do Serviço Federal de Segurança (sucessor do KGB), falando anonimamente, declarou à agência de notícias Itar-Tass que um espião russo podia ser comprado por apenas US$ 1 milhão, ao passo que os operadores da CIA recusavam US$ 2 milhões para trabalhar para o outro lado.

Mais ou menos na mesma época desse artigo, o jornal israelense *Yediot Aharonot* publicou o que me pareceu o primeiro furo jornalístico em atividades de serviço secreto, totalmente na base do livre mercado. Os editores do *Yediot* foram a Moscou e compraram algumas fotografias produzidas pelos satélites-espiões russos das novas bases de mísseis Scud, na Síria. Em seguida, o *Yediot* contratou um especialista particular americano para analisar as fotografias. Finalmente, o jornal divulgou todo o pacote como informação inédita sobre a nova ameaça de mísseis da Síria, sem ter citado uma vez sequer qualquer autoridade governamental. Quem precisa de um "Garganta Profunda"* quando se tem bolsos profundos?

Não admira que, em 1997, os jordanianos tenham criado o seu próprio *site* na Internet, novo e vibrante, em que a oliveira se combina com a globalização: http://www.arab.net/gid/welcome.html. Essa é a *home page* do serviço secreto jordaniano, a CIA local — a primeira agência de

---

* *Deep Throat*, no original. Apelido dado por Bob Woodward, jornalista do *Washington Post*, aos informantes do escândalo Watergate. Termo inspirado no filme *Deep Throat*, de 1972. Nessa acepção, denota o informante que divulga informações prejudiciais, anonimamente. Jogo de palavras em inglês. (N.T.)

espionagem do Oriente Médio a dispor do seu próprio *site* na Internet. Um folheto oficial afirma: "O *site* oferece um interessante resumo da história, da doutrina, da responsabilidade e dos pontos de vista do Departamento de Inteligência Geral [jordaniano]."

Finalmente, minha história favorita a respeito de situações em que o "Lexus supera a oliveira na era da globalização" é sobre o filho de Abu Jihad. Eu estava participando da Reunião de Cúpula Econômica do Oriente Médio, em Amã, Jordânia, em 1995, e, naquela hora, almoçava sozinho no terraço do Amman Marriott. Inesperadamente, um jovem árabe se aproximou da minha mesa e perguntou: "O senhor é Tom Friedman?" Respondi que sim. "Mr. Friedman", o jovem prosseguiu cordialmente, "o senhor conheceu o meu pai."

"Quem foi o seu pai?", perguntei.

"Meu pai foi Abu Jihad." Abu Jihad, cujo verdadeiro nome era Khalil al-Wazir, foi um dos palestinos que, com Yasser Arafat, fundou o el-Fatah e mais tarde assumiu a Organização de Libertação da Palestina. Abu Jihad, que significa "pai da luta", era o seu nome de guerra, e ele era o comandante geral das operações militares dos palestinos no Líbano e na Margem Ocidental, quando eu era o correspondente de *The New York Times* em Beirute. Os palestinos o consideravam um herói militar; os israelenses o viam como um dos mais perigosos terroristas palestinos. Uma equipe de ataque israelense o assassinou na sua sala de estar, em Túnis, em 16 de abril de 1988, disparando uma centena de balas no seu corpo.

"Sim, conheci seu pai muito bem. Já estive em sua casa, em Damasco", disse ao jovem. "O que você faz?"

Ele me entregou um cartão de visitas. Li: "Jihad al-Wazir, Diretor Gerente, World Trade Center, Gaza, Palestina."

Li aquele cartão e fiquei pensando comigo mesmo: "Incrível. De Che Guevara a Dale Carnegie, em uma geração."

O desafio da era da globalização — para os países e para os indivíduos — é alcançar um equilíbrio saudável entre a preservação do sentimento de identidade, de lar e de comunidade, e, ao mesmo tempo, empreender o necessário para sobreviver no novo ambiente. Qualquer sociedade que pretenda prosperar economicamente hoje em dia precisa construir, sem descanso, um melhor Lexus e sair com ele pelo mundo. Mas ninguém deve nutrir qualquer ilusão no sentido de que a simples participação na economia global assegurará a saúde da sociedade. Mas, se essa participação for obtida ao preço da identidade do país, se os indivíduos sentirem que as raízes das oliveiras estão sendo esmagadas ou levadas de roldão pelo sistema global, as próprias raízes das oliveiras se rebelarão, se erguerão e estrangularão o processo.

A sobrevivência da globalização como sistema dependerá, em parte, da forma como todos alcançarmos esse equilíbrio. Um país sem o Lexus nunca crescerá ou irá muito longe. Um país sem oliveiras vigorosas jamais disporá de raízes bastante resistentes que lhe permitam abrir-se totalmente para o mundo. Mas o equilíbrio entre os dois termos é uma luta constante.

Eis por que, dentre as muitas histórias que constam deste livro, a minha favorita é a de um velho amigo da universidade, Victor Friedman, que leciona gestão empresarial no Ruppin Institute, em Israel. Telefonei-lhe um dia para dar um alô e ele me disse que estava contente por eu ter ligado porque perdera os meus números de telefone. Quando lhe perguntei como, ele contou que não tinha mais o seu computador portátil, onde armazenara todas as informações — endereços convencionais, endereços de correio eletrônico, números de telefones e agenda para os próximos dois anos. E, em seguida, me contou o ocorrido.

"Tínhamos um computador [de mesa] em casa que quebrou. Levei-o para o conserto numa loja de computadores, em Hadera [cidade no centro de Israel]. Duas semanas depois, recebi um telefonema da loja, dizendo que o meu PC estava pronto. Joguei o computador portátil na minha maleta de couro e fui a Hadera apanhar o PC consertado. Saí da loja carregando o computador PC grande e a minha maleta, com o computador portátil dentro. Quando cheguei junto ao carro, coloquei a minha maleta no chão da calçada, abri a mala do carro e, com muito cuidado, coloquei o PC consertado no seu interior, certificando-me de que estava firme. Entrei no carro e saí, deixando a maleta na calçada. Bem, assim que cheguei ao escritório e procurei a maleta, percebi o que ocorrera — e o que aconteceria em seguida — e imediatamente telefonei para a polícia de Hadera e pedi-lhes

'*Não explodam a minha maleta*'. [A política de Israel adota a prática de explodir quaisquer pacotes, maletas ou objetos suspeitos deixados na calçada, pois foi assim que detonaram muitas bombas palestinas contra civis israelenses. O nível de treinamento dos israelenses para se protegerem contra ataques desse tipo é tão bom que chamam a polícia para examinar qualquer objeto aparentemente abandonado por mais de um minuto.] Sabia que ninguém roubaria a maleta. Em Israel, nenhum ladrão tocaria num objeto deixado na calçada. O recepcionista da polícia me disse que o esquadrão antibombas estava no local e que já 'lidara com o objeto'. Quando cheguei à delegacia policial, entregaram-me a minha bela maleta de couro, com um lindo e caprichado buraco de bala bem no meio. O meu Genius OP9300 fora baleado. Toda a minha vida estava naquela máquina e eu nunca fizera uma cópia de segurança. Disse à polícia que me sentia muito mal por ter causado tanto problema, e eles responderam: 'Tudo bem, isso acontece com todo o mundo.' Durante semanas, perambulei pelo *campus* com a maleta furada à bala, para lembrar-me de parar e pensar com mais freqüência. A maioria dos meus alunos de gestão empresarial está no exército de Israel e, assim que viram a maleta com aquele buraco de bala, caíram na risada, pois sabiam exatamente o que tinha acontecido."

Após terminar de contar sua história, Victor pediu-me: "A propósito, me envie o endereço do seu correio eletrônico. Preciso começar uma nova agenda de endereços."

Capítulo 3
...E os Muros Desabaram

No verão de 1998, estava visitando o Brasil e me encontrei, um dia, com um dos seus principais empresários, Guilherme Frering, presidente do Conselho de Administração da gigantesca empresa de mineração brasileira Caemi Mineração e Metalurgia. Frering descrevia para mim as mudanças incríveis na economia brasileira durante a década anterior, quando, de passagem, ele fez a seguinte observação: "Você percebe, o Muro de Berlim também caiu aqui. Não foi apenas um acontecimento local da Europa. Foi um evento mundial. Ele caiu no Brasil. As grandes mudanças na economia brasileira ocorreram exatamente na mesma época da queda do Muro de Berlim."

Para ilustrar a sua idéia, ele contou a seguinte história: em novembro de 1988, trabalhadores metalúrgicos militantes entraram em greve na Companhia Siderúrgica Nacional (CSN), sob controle estatal, localizada no noroeste do estado do Rio de Janeiro, a maior empresa de siderurgia da América do Sul. Cerca de 2.500 metalúrgicos enraivecidos tomaram a fábrica e exigiram aumentos salariais retroativos e redução da jornada de trabalho, de oito para seis horas. Os choques entre os trabalhadores e a polícia se agravaram a ponto de requerer a intervenção do exército brasileiro. Três metalúrgicos morrreram e 36 ficaram feridos na batalha pelo controle da fábrica. O exército brasileiro acusou os trabalhadores de executarem "verdadeira operação de guerrilha urbana", em que usaram pedras, coquetéis-molotov, barras de ferro e armas de fogo para defender os empregos e benefícios oferecidos pelo Estado. Durante a ditadura militar de 21 anos no Brasil, que terminou apenas em 1985, os generais que governavam o país sempre foram muito cautelosos com o controle da enorme usina siderúrgica, chegando a declarar Volta Redonda "área de segurança nacional", cujos prefeitos eram nomeados pelo governo. Após me explicar tudo isso, Frering concluiu com a surpreendente reversão da situação: "Cerca de quatro anos depois daquela greve sangrenta, já após a queda do Muro de Berlim, aqueles mesmos metalúrgicos da CSN estavam demandando — demandando — que a usina fosse privatizada, pois compreendiam que essa era a única alternativa para que a empresa continuasse competitiva e preservasse o emprego da maioria deles. Hoje, a CSN se encontra totalmente privatizada e tem participado, na qualidade de grande acionista, da privatização de outras empresas estatais no Brasil."

Os comentários de Frering foram como uma luz se acendendo na minha cabeça: sem dúvida, ele estava certo! O Muro de Berlim não caiu apenas em Berlim. Ele desabou no Oriente e no Ocidente, no Norte e no Sul, atingindo países e empresas, e exercendo o seu impacto mais ou menos ao mesmo tempo. Nós nos concentramos na localização geográfica da queda do Muro de Berlim, por ter sido um acontecimento tão dramático e palpável: um muro de cimento se esboroando nas notícias vespertinas. Mas, na realidade, muros semelhantes, embora menos perceptíveis, também desmoronavam em todo o mundo. E foi o desabamento de todos esses muros espalhados pelo mundo que possibilitou o advento dessa era de globalização e de integração. Assim, surge, nessa altura, uma questão muito importante: o que derrubou os muros? Ou, como meus filhos perguntariam, "Papai, de onde veio a globalização?"

Começaria a minha resposta da seguinte maneira: A Guerra Fria era como uma vasta planície, repartida à maneira de um tabuleiro de xadrez e dividida por cercas, muros, trincheiras e becos sem saída. Era impossível ir muito longe, ou com muita rapidez, naquele mundo, sem deparar com o Muro de Berlim, ou com a Cortina de Ferro, ou com o Pacto de Varsóvia, ou com as tarifas protecionistas e com os controles de capitais de algum feudo. E por trás dessas cercas e muros, os países eram capazes de encontrar inúmeros desvãos onde se ocultar e preservar suas formas de vida, sua política, sua economia e sua cultura exclusivas. Não importava se estavam no Primeiro Mundo, no Segundo Mundo ou no Terceiro Mundo. Talvez seus sistemas econômicos fossem muito diferentes — a economia comunista de planejamento central, a economia do bem-estar social, a economia socialista ou a economia do livre mercado. E ainda podiam manter ampla diversificação de sistemas políticos — da democracia à ditadura, passando pelo autoritarismo esclarecido, pela monarquia e pelo totalitarismo. E as diferenças talvez permanecessem bem nítidas, do gênero preto no branco, pois havia muros suficientes para protegê-las e elas não se deixavam penetrar com facilidade.

O fator que demoliu todos esses muros foram três mudanças fundamentais — mudanças na forma como nos comunicamos, como investimos e como aprendemos sobre o mundo. Essas mudanças nasceram e permaneceram incubadas durante a Guerra Fria, atingindo seu ponto crítico em fins dos anos 80, quando finalmente formaram um furacão bastante poderoso para arrastar todos os muros do sistema da Guerra Fria, possibilitando que o mundo se agregasse como uma planície aberta, única e integrada. Hoje, essa planície se torna cada vez mais ampla, fecunda e sem fronteiras, à medida que caem outros muros e mais países se integram na paisagem. E esse é o motivo pelo qual, hoje, não existem mais o Primeiro Mundo, o Segundo Mundo e o Terceiro Mundo. Agora, temos apenas o Mundo Rápido — o mundo da grande planície aberta — e o Mundo Lento — o mundo dos que ficam pelo caminho, marginalizados, ou daqueles que optam por viver fora da planície, em algum vale cercado de muralhas artificiais, em recantos exclusivos, por considerarem o Mundo Rápido excessivamente veloz, assustador, homogeneizador ou exigente. Eis como tudo aconteceu.

A Democratização da Tecnologia

O vice-secretário do Tesouro dos EUA, Larry Summers, gosta de contar a história de que, em 1988, estava trabalhando na campanha presidencial de Michael Dukakis e, certo dia, foi mandado a Chicago para proferir uma palestra em nome de Dukakis. Em Chicago, recebeu da equipe da campanha um carro equipado — todos estão sentados? — com um telefone.

"Em 1988, achei tão fantástico ter um telefone celular no carro", recorda-se Summers, "que o utilizei para telefonar para a minha esposa e contar-lhe que estava num automóvel com telefone."

Nove anos mais tarde, em 1997, Summers, viajando pelo Departamento do Tesouro, estava visitando a Costa do Marfim, na África Ocidental. Como parte da programação oficial, tinha que inaugurar um projeto de assistência médica, financiado pelos Estados Unidos, em Abidjan, um vilarejo situado acima do rio que banha a capital. O vilarejo, que estava abrindo o seu primeiro poço de água potável, era acessível apenas por canoas escavadas em troncos. Summers, o figurão da América, foi nomeado chefe honorário pelos habitantes do vilarejo e desembarcou em trajes típicos locais. Mas o fato de que se lembra com mais nitidez foi que, ao deixar o vilarejo, quando entrava na canoa para descer o rio, uma autoridade da Costa do Marfim lhe entregou um telefone celular e disse: "Washington quer perguntar-lhe alguma coisa." Em nove anos, Summers evoluiu de uma situação em que considerava fantástico ter um telefone no seu carro, em Chicago, até o ponto em que achava normal encontrar um telefone na sua canoa de tronco, em Abidjan.

As aventuras telefônicas de Summers se tornaram possíveis graças à primeira e mais importante mudança que surgiu durante a Guerra Fria — a transformação na maneira como nos comunicamos uns com os outros. Chamo essa mudança de "a democratização da tecnologia" — o fator que está equipando cada vez mais pessoas com uma quantidade crescente de computadores, modems, telefones celulares e conexões por cabos e pela Internet, possibilitando-lhes alcançar pontos cada vez mais longínquos, em mais e mais países, a velocidades e com uma intensidade cada vez maiores, e a custos cada vez menores, como nunca antes na História. Há um banco na área de Washington, D.C., o Valley Spring, que oferece todos os tipos de serviços bancários pela Internet e por telefone. O *jingle* de propaganda do banco resume a questão de forma muito engenhosa, nos seguintes termos: "Vamos instalar um banco na sua casa." Graças à democratização da tecnologia, todos agora somos capazes de ter um banco em casa, um escritório em casa, um jornal em casa, uma livraria em casa, uma corretora em casa, uma fábrica em casa, uma empresa de investimento em casa, uma escola em casa...

A democratização da tecnologia é o resultado de várias inovações que se convergiram nos anos 80, abrangendo a computadorização, as telecomunicações, a miniaturização, a compressão e a digitalização. Por exemplo, os avanços na tecnologia do microchip redundaram na multiplicação por dois da capacidade de computação, mais ou menos a cada 18 meses, ao longo dos últimos 30 anos; enquanto o progresso na tecnologia da compressão possibilitou que, desde 1991, a quantidade de dados armazenáveis por polegada quadrada aumentasse à velocidade de 60% ao ano. Por outro lado, o custo dessa capacidade de armazenamento despencou de cinco dólares para cinco centavos de dólar por megabyte, tornando a capacidade de computação cada vez mais poderosa e mais acessível. E as inovações nas telecomunicações têm reduzido, de maneira firme e constante, o custo das ligações telefônicas e das transferências de dados, aumentando continuamente a velocidade, a distância e as quantidades de informações transmissíveis por linha telefônica, por cabo ou por sinal de rádio.

Agora, é possível ligar *para* qualquer lugar, a baixo custo, como também é possível ligar *de* qualquer lugar, inclusive do seu *laptop*, do alto de uma montanha, a bordo de um avião, ou do topo do Monte Everest. Essa capacidade decorre de inovações na miniaturização, que reduziram de forma acentuada o tamanho e o peso dos computadores, dos telefones e dos *pagers*. Atualmente, esses aparelhos são levados a lugares cada vez mais remotos e se tornaram acessíveis a pessoas com rendimentos cada vez mais baixos. Veja, por exemplo, o anúncio recente, de página inteira, da empresa de telefones celulares Nextel, no *USA Today*, para divulgar o seu novo telefone de bolso Motorola i1000. O título era: "Bastante Grande para Transformar um Setor. Bastante Pequeno para Caber no seu Bolso." E o anúncio prosseguia explicando que o novo telefone celular de 153 gramas apresentava os seguintes destaques: serviço de mensagens numéricas e textuais, alarme por vibração, baterias de longa duração, correio de voz, identificação de chamada, rádio digital de sentido duplo, ligações telefônicas triplas e viva-voz. E que tal o artigo publicado na edição de julho de 1998 da revista *Golf*, relatando que muitos campos de golfe estavam começando a instalar sistemas de computador Spyder-9000 nos seus carrinhos, "permitindo que os usuários registrassem eletronicamente os pontos, medissem digitalmente as distâncias, visualizassem previamente os buracos em videoteipe, assistissem a dicas em vídeo, encomendassem o almoço, verificassem os preços das ações e sintonizassem emissoras de TV comerciais". A única coisa que o sistema não fazia era acertar a bola no buraco.

Todas essas inovações reforçaram a revolução da digitalização, ao mesmo tempo em que também eram por ela reforçadas, num processo interativo. A digitalização é a magia pela qual transformamos voz, sons, filmes, sinais de televisão, música, cores, fotografias, palavras, documentos, números, linguagens de computação e qualquer outra forma imaginável de dados em bits de computador, para depois transmiti-los por linhas telefônicas, satélites e cabos de fibra óptica por todo o planeta. Os bits de computador são as moléculas básicas da computação e não passam de diferentes combinações de 1's e 0's. A digitalização envolve a conversão de qualquer som, imagem, número ou letra em diferentes códigos de 1's e 0's, para depois transmiti-los pelos meios de telecomunicação a qualquer outro ponto do mundo, onde esses 1's e 0's são decodificados pelo receptor e reconstituídos em algo muito próximo do original. Nicholas Negroponte, autor de *Being Digital*, descreve a digitalização de forma muito clara: "É como se, de repente, fôssemos capazes de fazer um *cappuccino* em pó tão perfeito que, com a adição de água, restabelecêssemos todo o sabor e aroma do legítimo café italiano, passado na hora." E como Negroponte também observa, agora temos meios para desidratar mais coisas, convertendo-as "de átomos em bits", de imagens e sons em 1's e 0's, enviando-as, em seguida, para os pontos mais remotos, a custos nunca antes imaginados.

Raciocine sobre o processo da seguinte maneira: o microchip e o computador são como um forno capaz de transformar em bits todo tipo de coisas constituídas de átomos. Os satélites, as linhas telefônicas e os cabos de fibra óptica se assemelham a tubulações que saem do forno em direção ao resto do mundo. E à medida que a tubulação se torna mais sofisticada — à proporção que aumenta a sua "largura de banda", que é a medida de quantos 1's e 0's a tubulação digital transfere em um segundo —, maior é a capacidade da tubulação para transportar uma quantidade crescente de átomos convertidos em bits pelo forno.

Esse processo de digitalização é tão fundamental para a compreensão da era da globalização e dos fatores que a revestem de características exclusivas, que vale a pena dar uma parada de um minuto e oferecer um exemplo da vida real sobre o funcionamento do processo. Considere uma simples chamada telefônica. Quando se fala no bocal do telefone, a pressão do ar expirado atinge um diafragma no aparelho, que passa a oscilar com o som da voz. O diafragma está conectado a um magneto, localizado próximo a uma bobina de fios elétricos. Quando o diafragma movimenta o magneto, o campo magnético cria uma corrente no fio. O campo magnético flutua com a flutuação da voz e, assim, a corrente no fio também varia com a variação da voz. O som que sai da sua boca é convertido em sinais elétricos flutuantes, que sobem e descem como ondas, com as alterações no tom da voz. É um processo semelhante ao rastreamento da voz num osciloscópio.

Como converter esses sinais em bits transmissíveis? Basicamente, é como se essas ondas elétricas estivessem subindo e descendo numa grade. Fatia-se cada onda em segmentos minúsculos, mede-se a altura de cada fatia e atribui-se a cada uma um número, expresso em 0's e 1's. Por exemplo, uma altura de 10 seria representada por 11110000, e uma altura de 11, por 11111000, e assim por diante. Cada 1 e 0 se traduz num impulso elétrico, que, quando reunidos, são conhecidos como onda quadrada. Ao contrário de uma onda de voz analógica, que sobe e desce como as ondas de um oceano e é suscetível a pequenas distorções e variações no processo de transmissão, a onda quadrada simplesmente sobe para o 1 e desce para o 0. Para o dispositivo receptor, a leitura exata desses sinais é muito mais fácil. Basta verificar se é para cima ou para baixo — em vez de tentar interpretar a onda. Esse é o motivo por que as cópias digitais são sempre muito mais nítidas e por que qualquer coisa que seja emitida com um fluxo de 1's ou 0's, a partir da sua boca, de um fax ou de um computador em Nova York, sairá na outra ponta exatamente como os mesmos 1's e 0's.

Mas digamos que alguém fale demais e que esteja imerso numa conversa com um amigo em Bangcoc. Assim, muitos serão os impulsos eletrônicos de 1's e 0's a serem transmitidos. Graças ao milagre da tecnologia, esses 1's e 0's podem ser comprimidos. (Basicamente, o computador diz 8 x 1 e 8 x 0, em vez de 11111111 e 00000000.) Agora, a voz está comprimida num elegante pacote compacto de bits. Chegou a hora de transmiti-los. Há várias maneiras de fazê-lo. A mais simples é pela emissão de uma corrente flutuante, onde, em termos simples, um volt representa os 1's e dois volts representam os 0's. Também é possível transmiti-los através de um cabo de fibra óptica, que funciona pela emissão de impulsos de luz. Emite-se a luz para os 1's e deixa-se de emitir para os 0's. (Um *compact disc* é simplesmente um disco fonográfico de plástico, recoberto por uma camada de alumínio, onde se perfuram pequenos orifícios para os 1's e se deixam sem perfuração os espaços dos 0's. O aparelho de CD se limita a disparar um pequeno sinal de *laser* em cada trilha do disco fonográfico, ler os 1's e os 0's, reconvertendo-os nos mesmos sons cristalinos de origem.) Também é possível utilizar ondas de rádio, com um som alto para os 1's e um som baixo para os 0's. Qualquer que seja o meio escolhido, provavelmente sempre teremos uma reprodução perfeita. No caso da ligação telefônica para Bangcoc, a voz talvez tenha sido convertida em sinais luminosos de fibra óptica que, ao chegarem em Bangcoc, no telefone do destinatário, são reconvertidos em ondas sonoras por um dispositivo minúsculo, que traduz cada 1 e 0 em determinada voltagem, que, por sua vez, chega à bobina elétrica no telefone. Ao ser atingida, a bobina elétrica cria um campo magnético que faz oscilar o magneto, que move o diafragma no fone, que empurra o ar, que se transforma em voz. Pronto! Eis o saboroso e aromático *cappuccino* de Negroponte.

Assim, quando afirmo que as inovações na computadorização, na miniaturização, nas telecomunicações e na digitalização democratizaram a tecnologia, estou dizendo que esses avanços possibilitaram a centenas de milhões de pessoas em todo o mundo a conexão na rede mundial e o intercâmbio de informações, notícias, conhecimentos, dinheiro, fotos familiares, transações financeiras, músicas ou programas de televisão, por uma variedade de meios e com uma intensidade sem precedentes. Imagine um casal morando em Nova York cuja filha, residente na Austrália, acabasse de ter um bebê. Nos velhos tempos, a nova mamãe sairia de casa, compraria uma câmera e alguns filmes, tiraria as fotos do bebê, mandaria revelá-las, colocaria as fotos num envelope e as enviaria pelo correio. Se os avós tivessem sorte, veriam o lindo rosto do netinho uns dez dias depois. Tempos idos. Agora, a mamãe tira as fotos do bebê com uma câmera digital, grava-as digitalmente num disquete de 3,5 polegadas, edita-as digitalmente no computador e as transmite digitalmente para os avós pela Internet — tudo isso antes de o bebê completar dez horas de vida.

O ex-presidente da NBC News, Lawrence Grossman, sintetiza com precisão essa democratização da tecnologia: "A impressão", observa, "transformou todas as pessoas em leitores. A xerox transformou todas as pessoas em editores. A televisão transformou todas as pessoas em espectadores. A digitalização nos transformou a todos em profissionais de rádio e televisão."

O comentário de Grossman destaca outro fator que caracteriza essa era da globalização como algo diferente em intensidade e em natureza, em relação aos períodos anteriores. Em termos simples, essa democratização da tecnologia "globaliza a produção". Hoje, todos somos produtores. A atual globalização não diz respeito apenas a países em desenvolvimento fornecendo matérias-primas aos países desenvolvidos, que fabricarão os produtos acabados e os embarcarão para os países em desenvolvimento. Não mais. Hoje, graças à democratização da tecnologia, todos os países têm a oportunidade de reunir tecnologias, matérias-primas e financiamentos para se tornarem produtores (ou participarem do processo de fabricação como fornecedores ou subcontratados) de bens e serviços finais de alta complexidade. Esse é outro fator sutil que contribuiu para o entrelaçamento do mundo de forma mais coesa. Mais tarde, analisarei essa questão com mais detalhes. No entanto, basta afirmar por enquanto que, em 15 anos, a Tailândia evoluiu da condição de país basicamente produtor de arroz à de segundo maior fabricante do mundo de caminhonetes *pick-up*, rivalizando-se com Detroit, e de quarto maior fabricante de motocicletas.

E essa democratização da tecnologia não se aplica apenas a automóveis e a motocicletas. Teera Phutrakal, gerente de um fundo mútuo em Bangcoc, comentou comigo em certa ocasião: "No nosso fundo mútuo, não tivemos que reinventar a roda, simplesmente a importamos. Pagamos por parte da nossa tecnologia um décimo do que [a nossa matriz] o Bankers Trust pagou. Veja, por exemplo, o caso do sistema automático de resposta por voz, pelo qual o investidor telefona, pressiona a tecla 1 para saber o valor dos ativos dos fundos, pressiona a tecla 2 para receber ofertas de compra e pressiona a tecla 3 para vender. Quem quiser comprar ou resgatar (quotas do fundo mútuo) efetua a transação por telefone, na hora; e adquirimos todo esse aparato a um custo muito mais baixo. Apenas aguardamos que desenvolvessem o sistema lá fora. Essa é a beleza da globalização. Somos uma instituição local, com conhecimentos locais, mas atualmente dispomos de tecnologia e de alcance mundiais."

Um dia, eu estava conversando com Geoff Baehr, chefe de desenvolvimento de redes para a Sun Microsystems, sobre os rumos e o paradeiro dessa democratização da tecnologia e dos meios de produção. Começamos a analisar todos os fatores que hoje atuam nos bastidores, aspectos sobre os quais as pessoas não têm a menor idéia. Por exemplo, a Índia se transforma rapidamente no escritório de apoio do mundo. A Swissair transferiu toda a sua divisão de contabilidade, inclusive computadores, da Suíça para a Índia, de modo a se beneficiar dos custos de mão-de-obra mais baixos, para funções como secretárias, programadores e contadores. Graças à digitalização e às redes, a Swissair, hoje, tem condições de manter os seus contadores em Bombaim, com a mesma facilidade com que os deixaria em Berna. A revista *The Economist* relatou (16 de janeiro de 1999) que a British Airways World Network Services, situada em Mumbai, Índia, executa um conjunto de atividades de apoio de escritório para a matriz, inclusive o tratamento de erros que aparecem no sistema automático de reservas e o acompanhamento da milhagem dos usuários freqüentes. "A Selectronic, uma empresa de dois anos, situada em Délhi, recebe ditados de médicos pelo telefone, por meio de ligação gratuita [nos Estados Unidos]", diz *The Economist*, "transcreve as gravações e devolve o texto da transcrição para uma HMO."* Quanto mais Baehr e eu pensávamos sobre o assunto, mais diabólicos se tornavam os nossos pensamentos.

"Agora que é possível prestar todos esses serviços até então não comercializáveis através de redes como a Internet, por que não terceirizar também o próprio governo?", indagou Baehr. Pense nisso — seria possível terceirizar as operações de grupos de elite militares e as atividades de policiamento de fronteiras para os russos. Talvez os indianos mantivessem

---

* Health Maintenance Organization. Empresa financiada por prêmios de seguro, cujos médicos e profissionais prestam serviços de medicina preventiva e curativa, dentro de certos limites financeiros, geográficos e profissionais, aos associados e seus dependentes. (N.T.)

a contabilidade nacional e os suíços executassem os serviços de alfândega. Os alemães dirigiriam o banco central. Os italianos seriam bons desenhistas de calçados. Os ingleses gerenciariam as escolas secundárias. Os japoneses cuidariam das escolas elementares e das ferrovias...

A Democratização das Finanças

A democratização da tecnologia certamente contribuiu para a segunda grande mudança que levou à globalização, que foi a transformação na maneira de efetuar os investimentos. Chamo esse processo de "a democratização das finanças". Durante boa parte do período da Guerra Fria, a maioria das operações em grande escala, nacionais ou internacionais, de empréstimo ou de subscrição de capital, era efetuada por grandes bancos comerciais, bancos de investimento e seguradoras. Essas instituições conservadoras e elitistas sempre preferiam conceder empréstimos a empresas com antecedentes impecáveis e com classificação de risco no "grau investimento". Assim, os empréstimos bancários não eram muito democráticos. Os bancos tradicionais tinham uma noção muito limitada de quem merecia crédito e, quando se tratava de uma empresa pequena, o acesso aos financiamentos e empréstimos geralmente dependia de contatos internos no banco ou na seguradora. Essas instituições tradicionais também eram dirigidas por executivos e conselhos de administração lentos, com forte aversão ao risco e pouco ágeis nas reações às mudanças do mercado.

A democratização das finanças começou, realmente, em fins dos anos 60, com o surgimento do mercado de "notas promissórias comerciais". Trata-se de títulos emitidos pelas empresas, diretamente junto ao público investidor, com vistas ao levantamento de capital. A criação desse mercado de títulos de crédito comerciais introduziu algum pluralismo no mundo das finanças e eliminou o monopólio dos bancos. Daí se prosseguiu, nos anos 70, para a "securitização" dos empréstimos hipotecários destinados à aquisição da casa própria. Os bancos de investimento começaram a procurar os bancos comerciais e as empresas hipotecárias, adquirindo toda a sua carteira hipotecária e em seguida pulverizando-a em títulos de crédito de US$ 1 mil, que eu, você e a Tia Bev podíamos comprar. Tínhamos a oportunidade de ganhar juros um pouco mais elevados, com um investimento bastante seguro; e o principal e os juros dos títulos de crédito eram pagos com o fluxo de caixa mensal proveniente dos pagamentos dos empréstimos hipotecários por cada um dos mutuários. A securitização abriu as portas para todos os tipos de empresas e investidores que, até então, nunca haviam tido acesso às fontes de empréstimos e financiamentos.

No entanto, apenas nos anos 80 essa democratização das finanças realmente tomou impulso, e o homem que efetivamente derrubou as últimas barreiras foi Michael Milken, o rei dos papéis de alto risco (*junk bonds*), brilhante, esperto, mas, em última instância, corrupto. Milken, graduado pela Wharton School of Business and Finance da Universidade da Pensilvânia, iniciou a sua carreira na corretora Drexel, Filadélfia, em 1970. Na época, nenhum dos grandes bancos ou sociedades de investimento manifestavam grande interesse em vender "papéis de alto risco", com baixa classificação de risco, que, na época, eram representados sobretudo por ações de grandes empresas que haviam caído em desgraça ou de pequenas empresas com pouco capital e sem antecedentes de desempenho. Milken achou que os grandes bancos estavam sendo pouco inteligentes. Efetuou seus próprios cálculos, analisou algumas pesquisas acadêmicas pouco conhecidas sobre a questão dos papéis de alto risco e concluiu o seguinte: as empresas que não se enquadravam na classificação de risco para investimentos estavam sendo penalizadas com taxas de juros de 3% a 10% superiores às normais — quando conseguiam levantar algum dinheiro. Mas, na verdade, essas empresas se tornavam insolventes com uma freqüência apenas um pouco maior do que as empresas de primeira linha, com ótima classificação de risco, cujos títulos de crédito eram oferecidos a taxas de retorno muito mais baixas. Assim, os chamados papéis de alto risco de fato ofereciam a oportunidade de ganhar muito mais dinheiro, sem um grande aumento no risco. E quando se reunia uma grande quantidade de diferentes papéis de alto risco num único fundo, mesmo que alguns deles se tornassem inadimplentes, o fundo total ainda proporcionaria um retorno médio entre três a quatro pontos percentuais mais elevado do que o das empresas de primeira linha, praticamente sem risco adicional. Conforme afirmou a revista *Business Week*, em março de 1995: "Milken, devidamente armado com esse *insight*, iniciou a tarefa árdua de convencer um mundo descrente de que descobrira o equivalente ao almoço gratuito nas atividades de investimento."*

Como os bancos tradicionais e as sociedades de investimento continuavam cautelosos e ainda evitavam esse tipo de negócio, Milken evoluiu rapidamente da simples negociação com papéis de alto risco já existentes, emitidos por empresas de primeira linha decadentes, para a formação de todo um novo mercado constituído exclusivamente de participantes de alto risco — empresas de risco, empresas decadentes, novas empresas, empreendedores e negócios menores, que não obtinham crédito junto aos bancos tradicionais —, financiando até mesmo piratas financeiros, que pretendiam adquirir o controle de outras empresas, mas não eram capazes de levantar o dinheiro através dos meios convencionais. Mediante os seus contatos, Milken também conseguia vender os papéis de alto risco que ele emitia a fundos mútuos, investidores particulares e fundos de pensão, que o julgavam certo no seu posicionamento de obter altos retornos sem um aumento substancial no risco. Dessa forma, você, eu e a Tia Bev tínhamos a oportunidade de comprar uma fatia desses negócios, antes inacessível aos pequenos investidores. Não demorou muito para que o *insight* de Milken fosse imitado em grande escala. Em breve, desenvolveu-se um próspero mercado de papéis de alto risco — ou de "alto rendimento" — oferecendo ao público a oportunidade de participar de todos os tipos de empresas e negócios.

Processo semelhante de democratização das finanças também estava ocorrendo no âmbito internacional. Durante décadas, os grandes bancos emprestaram enorme volume de dinheiro aos governos, estados e empresas estrangeiras e contabilizavam esses empréstimos pelo valor nominal ou de face. Isso significava que, se um banco emprestasse US$ 10 milhões a um país ou a uma empresa, esses US$ 10 milhões constavam integralmente dos livros contábeis, na expectativa de que viessem a ser pagos na totalidade,

---

* A revista *Business Week* de 10 de maio de 1999 traz um longo artigo sobre Milken, onde relata a sua história e as suas atuais atividades. Milken, 53 anos, foi preso, pagou multas de US$ 1.1 bilhão e se recupera de um câncer na próstata, diagnosticado como terminal em 1993, quando a sua sobrevida foi estimada em 12 a 18 meses. Hoje, além de filantropo, está de volta ao mundo dos negócios, principalmente nas áreas de educação e treinamento. Suas empresas apresentam receita anual superior a US$ 1.5 bilhão. (N.T.)

não importando se o país ou a empresa dispusessem ou não de ativos no valor de US$ 10 milhões naquela data. Como esses empréstimos eram concedidos sobretudo pelos bancos, que os mantinham na contabilidade, quando um país como o México apresentava dificuldades financeiras — como ocorreu em 1982, por contrair empréstimos externos para o financiamento de iniciativas populistas — os bancos assumiam o grosso dos problemas. O presidente do México talvez fosse a Nova York, reunisse os 20 principais bancos credores da dívida externa do país, e lhes dissesse mais ou menos o seguinte: "Cavalheiros, estamos quebrados. Os senhores conhecem o ditado: se um homem lhes deve US$ 1 mil, o problema é dele. Se um homem lhes deve US$ 1 milhão, o problema é seu. Bem, somos o seu problema. Não temos condições de pagar as nossas dívidas. Assim, os senhores terão de nos dar alguma folga, renegociar nossos empréstimos e conceder novos créditos." Os banqueiros acenavam com a cabeça e elaboravam algum acordo, envolvendo a prorrogação dos empréstimos (a taxas de juros ainda mais elevadas). Quais seriam as suas opções? O México era o *seu* problema. E os banqueiros americanos não gostavam de confessar aos acionistas que os empréstimos mexicanos que constavam dos seus livros contábeis como um ativo de US$ 10 milhões na realidade não tinham qualquer valor. Era melhor agüentar os mexicanos. E como os 20 bancos eram responsáveis por boa parte da dívida, talvez fosse o caso de se juntarem e acertarem toda a questão numa única sala de reuniões.

John Page, que em 1982 trabalhava como economista no Departamento para a América Latina do Banco Mundial, explicou-me, exatamente, como tudo de fato aconteceu com o México, naquela época. Page, que fala espanhol, se encontrava no México em 1982, em reunião com José Angel Gurria, então diretor-geral de Crédito Público no Ministério das Finanças do país. Gurria era lendário pela sua habilidade em conseguir que os banqueiros estrangeiros — desde os grandes, em Nova York, até os pequenos, no Texas Ocidental — concedessem empréstimos ao governo mexicano.

"Estava no escritório de Gurria, um dia, e conversávamos em espanhol, quando o telefone tocou", recorda-se Page. "Era o presidente de um pequeno banco do Texas, a quem Gurria convencera de assumir parte da dívida mexicana, e o cara estava preocupado com os relatos no sentido de que a economia mexicana enfrentava problemas. Gurria rapidamente deixou de falar comigo em espanhol para se dirigir àquele banqueiro americano no mais perfeito inglês coloquial. 'Oi, Joe, que bom falar com você... Não, nada disso, não se preocupe. Tudo bem por aqui. O seu dinheiro está absolutamente seguro. E a família?... Ótimo. E a sua filha? Ainda está na escola?... Gostei muito de conversar com você. Telefone-me qualquer hora. Mantenha-se em contato.' E então, num piscar de olhos, ele desligou o telefone e imediatamente voltou a conversar comigo em espanhol. Em 30 segundos, resolvera o seu problema com um grande investidor."

Mas ocorreu algo engraçado nos caminhos da globalização. Esse mercado internacional da dívida externa se tornou securitizado, exatamente como as empresas e os amigos de Milken. Ou seja, quando a América Latina enfrentou mais uma crise da dívida, em fins dos anos 80, o então secretário do Tesouro, Nicholas Brady, tentou uma solução no estilo de Milken. Em 1989, as dívidas da América Latina junto aos maiores bancos comerciais foram convertidas em títulos, com o respaldo do governo americano, e esses títulos foram mantidos pelos bancos como ativos ou vendidos ao público em geral, aos fundos mútuos e aos fundos de pensão, com taxas de juros acima do normal. De repente, você, eu e Tia Bev podíamos comprar um pedaço da dívida do México, da dívida do Brasil ou da dívida da Argentina — diretamente ou por meio de fundos de pensão ou de fundos mútuos. E aqueles títulos passaram a ser negociados diariamente, com o seu valor subindo ou descendo, de acordo com o desempenho econômico dos países. Eles não mais permaneciam nos livros contábeis dos bancos, pelo valor nominal. Joel Korn, que, na época, chefiava o Bank of America no Brasil, observou que "a iniciativa de Brady foi realmente revolucionária. Antes dele, o Departamento do Tesouro dos Estados Unidos simplesmente pressionava os bancos americanos e o FMI para continuar jogando dinheiro bom em cima de dinheiro ruim nesses países da América Latina. Brady desenvolveu uma solução de mercado. Os bancos receberam garantias do governo americano para conceder novos empréstimos à América Latina, desde que esses países promovessem as reformas econômicas. Após a concessão desses empréstimos, os bancos, em vez de simplesmente mantê-los nos seus livros, desmembravam esses empréstimos em títulos garantidos pelo governo americano, que eram vendidos ao público. Essa medida incorporou ao jogo centenas de novos participantes. Em vez de tratar com uma comissão dos 20 principais bancos comerciais, o país de repente se via lidando com milhares de investidores individuais e de fundos mútuos. Assim, o mercado se expandiu e adquiriu maior liquidez, mas também passou a exercer todo um novo tipo de pressão sobre os países. As pessoas estavam comprando e vendendo os seus títulos todos os dias, com base no desempenho dos devedores. Isso significava que o seu desempenho estava sendo avaliado diariamente. E muitas dessas pessoas que efetuavam as compras e a avaliação eram estrangeiros, sobre os quais o Brasil, o México ou a Argentina não exerciam controle". Esses detentores de títulos não eram como os bancos que, por já estarem tão expostos a esses países, se sentiam na obrigação de continuar emprestando aos mesmos devedores, para proteger os empréstimos anteriores. Se o país não cumprisse as suas obrigações contratuais, os donos dos títulos venderiam os papéis, diriam adeus e aplicariam o dinheiro em títulos de países que honrassem seus compromissos.

Assim, quando o México voltou a enfrentar dificuldades, em 1995, por excesso de despesas, todos os tipos de investidores pequenos e grandes começaram a vender os títulos mexicanos, forçando a baixa do seu valor, e Gurria não tinha condições de telefonar para 20 banqueiros, pedindo-lhes que rolassem a dívida e lhe dessem alguma folga. A dívida do México fora democratizada entre muitas pessoas. Portanto, dessa vez, o México teve que recorrer à ajuda do Departamento do Tesouro dos Estados Unidos, e o Tio Sam só daria dinheiro ao México sob condições muito rigorosas, inclusive com a garantia das reservas de petróleo do país. O governo americano socorreria o México apenas sob a condição de que o país dirigisse a sua economia tão bem quanto o Novo México. Em breve, muitas economias emergentes começaram a vender títulos sob o esquema Brady, com o seu valor expresso em dólar. Hoje, 16 países possuem emissões de títulos Brady, no valor de aproximadamente US$ 150 bilhões. Não há nada de novo na emissão de títulos governamentais para credores estrangeiros. Essa prática já tem muitos anos. A novidade está no grau de dispersão desses títulos entre indivíduos, fundos de pensão e fundos mútuos. No começo do século XX, eram sobretudo os ricos que participavam dos lançamentos de títulos internacionais.

Hoje, o fundo de aposentadoria de Orange County e o faxineiro da escola, para não mencionar você, eu e a Tia Bev, também estamos incluídos.

Isso porque a democratização dos empréstimos coincidiu, nos Estados Unidos, com a democratização dos investimentos, graças sobretudo à reforma do sistema de aposentadoria e à criação das contas de aposentadoria pessoal 401 (k).* Os Estados Unidos estão evoluindo da situação em que as empresas garantiam a aposentadoria dos empregados, por meio de um "conjunto de benefícios" definidos, para aquela em que muitas empresas, agora, asseguram apenas uma "contribuição" definida, cabendo ao indivíduo gerenciar o seu próprio dinheiro, girando-o entre as diferentes alternativas, dependendo de onde obtiver o melhor retorno. Com o aumento da longevidade e sem saber se a previdência social as amparará na hora da aposentadoria, as pessoas não apenas estão recorrendo cada vez mais a esses fundos mútuos e fundos de pensão, como também os estão gerenciando com mais ousadia, para a obtenção de rendimentos mais elevados. Os nossos pais, provavelmente, não tinham uma idéia muito clara dos investimentos dos seus fundos de pensão. Agora, muitos trabalhadores dispõem de um cardápio de fundos, com diferentes tipos de risco e retorno, e giram o dinheiro como fichas numa mesa de jogo, recompensando os fundos mútuos bem-sucedidos e punindo os de pior desempenho.

Essa democratização dos investimentos também se intensificou no âmbito internacional, com a desintegração, em princípios dos anos 70, do sistema de taxas de câmbio fixas e de controles estritos sobre os fluxos internacionais de capital, estabelecido após a Segunda Guerra Mundial, em Bretton Woods. Talvez não nos lembremos, mas antes de 1970 era muito difícil para um investidor japonês, mexicano ou europeu adquirir ações ou títulos nos Estados Unidos, e era muito difícil para um americano fazer o mesmo nos outros países. No entanto, com a flexibilização do sistema de taxas de câmbio fixas e de controles de capitais, os países desenvolvidos gradualmente democratizaram os seus mercados de capitais, abrindo-os para

---

* Plano de aposentadoria autorizado pela seção 401(k) do Internal Revenue Code dos EUA (disciplina o lançamento e cobrança de impostos federais), que permite a retenção regular pela fonte pagadora de parte dos rendimentos do empregado, para investimento em fundos de pensão, com o adiamento dos impostos até o momento do saque. (N.T.)

quaisquer operadores estrangeiros, iniciativa depois adotada pelos países em desenvolvimento.

Em pouco tempo, todos os tipos de produtos estavam disponíveis: títulos mexicanos, libaneses, turcos, russos, alemães, franceses. Era possível fazer qualquer escolha e as pessoas fizeram suas opções. Quanto mais os investidores individuais eram capazes de aplicar e retirar o dinheiro desses fundos mútuos globais altamente competitivos, mais os gestores dos fundos movimentavam o dinheiro entre empresas e países, exigindo constantemente retornos mais elevados e sustentáveis. Cada fundo queria superar os concorrentes, para atrair mais dinheiro. Segundo o economista de mercados Henry Kaufman, o total combinado dos fundos de investimento em ações e dos fundos de investimento de renda fixa dos Estados Unidos, em 1985, ficava pouco acima de US$ 100 bilhões, menos de 2% do patrimônio líquido das famílias. Hoje, esses fundos de investimento em ações e de renda fixa representam mais de US$ 3 trilhões, dos quais US$ 2 trilhões são das famílias, correspondendo a mais ou menos 10% do seu patrimônio líquido, ainda em crescimento.

É importante observar que muito do dinheiro levantado pelos títulos de alto risco também foi utilizado para desencadear um surto de aquisições de empresas nos Estados Unidos. Aqui, mais uma vez, o pequeno investidor, que nunca foi capaz de participar desses negócios potencialmente lucrativos, de repente teve condições de fazê-lo de forma indireta, por meio dos fundos de pensão e dos fundos mútuos. No entanto, essa onda de aquisições submeteu os gestores das empresas a um exame muito rigoroso, sobretudo se apresentavam um desempenho deficiente. O processo também acelerou a dinamização da economia americana nos anos 80 e preparou os Estados Unidos para a era da globalização, melhor e mais cedo do que qualquer outro país do mundo. Em conseqüência, muitas empresas melhoraram seus níveis de eficiência, embora muitas outras tenham sido esmagadas vivas.

Uma das razões pelas quais o Japão apresenta tantas empresas nacionais retardatárias é o fato de que, até fins dos anos 90, as finanças do país ainda não haviam sido democratizadas. Os grandes bancos japoneses dominavam as finanças; assim, as empresas pequenas, desconhecidas, enfrentavam dificuldades muito maiores para o levantamento de dinheiro, além da pouca disponibilidade de capitais para o financiamento das aquisições não desejadas. Mesmo na existência desses capitais, as aquisições não eram bem-vistas, por motivos culturais e porque os conselhos de administração dos bancos e das empresas dormiam na mesma cama. Além do mais, os trabalhadores japoneses tinham pouca escolha quanto às suas pensões, exercendo sobre elas pouco controle. Eles não tinham condições de simplesmente remanejar o seu dinheiro, sendo pouca a pressão sobre as empresas japonesas, sobre os fundos mútuos e sobre os fundos de pensão para apresentar desempenho compatível com os padrões internacionais cada vez mais elevados. Esse é o motivo pelo qual o Japão tem uma economia mais cordial, ainda que muito menos eficiente em termos da destruição criativa de Schumpeter.

Graças a essa democratização das finanças, evoluímos de um mundo em que poucos banqueiros detinham as dívidas soberanas de poucos países para outro em que muitos banqueiros detinham as dívidas soberanas de muitos países, depois para outro em que alguns indivíduos ricos e alguns banqueiros detinham as dívidas soberanas de muitos países, e, finalmente, para o mundo de hoje, em que muitos indivíduos, por meio dos fundos de pensão e dos fundos mútuos, detêm as dívidas soberanas de muitos países.

A Democratização da Informação

John Burns era o chefe do escritório de *The New York Times*, em Nova Délhi, em fins dos anos 90. Por acaso, eu o visitei no verão de 1998, durante o Campeonato Mundial de Futebol, e Burns tentava acompanhar os jogos pela televisão. Certa manhã, Burns me contou a seguinte história: "Tenho quatro antenas por satélite no telhado da minha casa [em Nova Délhi], que estão custando ao *Times* milhares de dólares por ano. É como se estivéssemos operando uma estação de rastreamento aqui. De qualquer maneira, me aborreci, porque, apesar de todas essas antenas, eu não conseguia sintonizar nem mesmo o canal indiano que transmite a Copa do Mundo. Tinha alguma coisa a ver com interferências climáticas e com a necessidade de ajustes nas antenas, e o técnico que presta esse serviço só aparece esporadicamente. Um dia, quando me queixava da situação durante o café da manhã, o nosso cozinheiro, Abdul Toheed, de 71anos, ex-engraxate do último governador britânico na Índia, me disse: 'Não entendo o motivo do seu aborrecimento. Pego todos os canais na minha televisão. Você está gastando tempo e dinheiro com os seus satélites. Venha até a minha casa.' Ele e a esposa moram num pequeno apartamento, nos fundos da nossa casa. Fui lá e a esposa dele estava escutando a BBC. Perguntei a ele: 'O que ela está fazendo? Ela não fala inglês.' Ao que ele respondeu: 'Está aprendendo.' Em seguida, me entregou o controle remoto da televisão, e, com grande espanto, comecei no canal 1 e percorri todos os demais, até o canal 27. Ele tinha emissoras de televisão da China, Paquistão, Itália, França — todos à sua escolha, e tudo isso por apenas 150 rúpias por mês [US$ 3.75]. Com todas as minhas antenas por satélite, eu tinha apenas 14 canais. Ele simplesmente conseguiu que um amigo, com o seu próprio sistema de cabos pirata, puxasse uma extensão pelos fios do telefone até a sua casa, nos fundos da minha casa. Tudo era clandestino e ilegal, mas ele agora vive no mundo conectado e a sua esposa está aprendendo inglês. Enquanto isso, eu ainda estou lutando para sintonizar a televisão indiana."

A história de Burns ilustra a terceira mudança que possibilitou a globalização — a mudança na maneira como observamos o mundo. Chamo essa transformação de "a democratização da informação". Graças às antenas por satélites, à Internet e à televisão, hoje somos capazes de ver, ouvir e observar através de quase todos os muros imagináveis.

Esse avanço revolucionário começou com a globalização da televisão. Durante boa parte do período da Guerra Fria, as transmissões de rádio e televisão eram um negócio restrito, pois os espectros e as tecnologias disponíveis para as transmissões eram limitados. Os governos dirigiam diretamente boa parte das transmissões de televisão ou as submetiam a intensa regulamentação. A situação começou a transformar-se, primeiro nos Estados Unidos, com o advento da televisão a cabo, capaz de suportar muito mais canais do que a difusão aérea. Em seguida, como observou a revista *The Economist*, "nos anos 80, a televisão multicanal começou a difundir-se pelo mundo. Isso graças, principalmente, aos custos decrescentes do lançamento de satélites — a tecnologia que outrora permitia que a União Soviética e os Estados Unidos se espionassem reciprocamente se transformou num meio barato de transmitir sinais de televisão".

De início, apenas os grandes sistemas de cabos eram capazes de construir as antenas para captar os sinais dos satélites, mas, graças à democratização da tecnologia, e sobretudo à miniaturização, logo milhões de pessoas em todo o mundo captavam os sinais, por meio de receptores parabólicos do tamanho de pizzas, instalados nas varandas. De repente, acabaram-se as limitações às transmissões de rádio e televisão, criando-se uma enorme audiência nova. Quando a televisão digital estiver totalmente implantada e funcionando, as empresas difusoras serão capazes de oferecer não apenas cinco ou 15 estações, mas 500 canais. E com a integração crescente entre a televisão e a Internet, cada vez mais pessoas transmitirão as suas histórias através da televisão ou assistirão a essas histórias na televisão ou em seus computadores domésticos.

Finalmente, como resultado dos avanços na tecnologia da compressão, em breve os DVDs — *digital video disks* (discos de vídeo digitais) — estarão substituindo os videocassetes. Os DVD's são pequenos CD's de cinco polegadas, com capacidade para armazenar um filme completo de longa-metragem, apresentando qualidade de som envolvente, em vários idiomas, que poderá ser reproduzido em aparelhos *laptop* ou portáteis. Lembro-me de que estava no Golfo Pérsico em fins dos anos 70 e os fiscais da alfândega vasculhavam as bagagens das pessoas, para assegurar-se de que não traziam videocassetes pornográficos ou politicamente explosivos. Gostaria de vê-los tentando localizar um DVD na minha maleta.

Foram-se os dias em que os governos eram capazes de isolar completamente as pessoas das informações sobre a vida além-fronteiras, ou mesmo além dos seus próprios vilarejos. Não é mais possível pichar a vida lá fora, para que pareça pior do que é na realidade. Também é impossível exaltar pela propaganda a vida no interior dos países, para que pareça melhor do que é na realidade. (Até mesmo Trumam acabou descobrindo o mundo real, fora dos cenários de *O Show de Truman.*) Conta-se que nos anos 80 os soviéticos publicaram uma fotografia no *Pravda*, mostrando filas para comprar pão nos Estados Unidos. Após um exame mais minucioso, constatou-se que a fotografia era de um grupo de pessoas em Manhattan, esperando em fila que uma loja de *delicatessen* e de pães finos abrisse num sábado de manhã. Não tente esse truque hoje — nem na China.

Em 4 de dezembro de 1998, a China levou a julgamento um empresário de computadores, aclamado como primeiro "ciberdissidente", que forneceu endereços de correio eletrônico na China para uma revista na Internet em língua chinesa, que promovia a democracia. O Tribunal Popular Intermediário nº 1, em Xangai, conduziu o julgamento fechado do empresário, Lin Hai, sob a acusação de subversão, por ter fornecido o endereço de 30 mil chineses usuários de computadores ao *VIP Reference*, um jornal publicado nos Estados Unidos por chineses dissidentes. O editor do *VIP Reference*, chinês de nascimento, declarou ao *Los Angeles Times* (4 de janeiro de 1999): "Vamos destruir o sistema de censura chinês pela Internet. Acreditamos que o povo chinês, como qualquer outro povo do mundo, merece desfrutar os direitos ao conhecimento e à liberdade de expressão." O título dessa revista na Internet, que é enviada por correio eletrônico a 250 mil chineses continentais, é um sarcasmo contra os líderes chineses. As altas autoridades do Partido Comunista da China recebem uma resenha de notícias diária, preparada exclusivamente para eles, que contém as notícias verdadeiras. O seu nome é "Reference News". Como observaram os editores do *L.A. Times*, os editores do *VIP Reference* afirmam que a sua revista na Internet se destina a fornecer notícias verdadeiras aos verdadeiros VIP's da China — "as pessoas comuns". O mesmo fenômeno está ocorrendo nas finanças. Uma empresa virtual, criada em Chicago, em 1998, denominada *China Online*, utiliza correspondentes em tempo parcial na China para coletar informações de mercado e outras notícias. Eles remetem a informação a Chicago pela Internet, e a *China Online* a retransmite de volta à China, novamente pela Internet. Entre os itens fornecidos pela *China Online* como serviço diário incluem-se as taxas de câmbio da moeda chinesa contra o dólar no mercado negro, nas principais cidades chinesas. Os seus repórteres vão ao mercado todos os dias, verificam as taxas de câmbio junto aos cambistas clandestinos, e as enviam a Chicago. Esse dado é muito importante para qualquer pessoa que faça negócios na China, principalmente para os chineses. Trata-se de algo que o governo chinês jamais forneceria ao povo, e muito menos ao mundo, mas que agora está fora do controle de Beijing. Em Teerã do Sul, a comunidade mais pobre da capital iraniana, apenas algumas famílias têm condições de comprar um aparelho de televisão. Quando visitei Teerã, em 1997, alguns dos moradores de Teerã do Sul, que tinham aparelhos de televisão, instalavam umas cadeiras e vendiam tíquetes durante a apresentação semanal do programa de televisão americano mais popular (cortesia do satélite). Esse programa era *Baywatch*, uma ficção fantasiosa que se passa nas praias do sul da Califórnia, na qual as mulheres, com medidas 90-60-90, usam apenas biquíni. Como o governo iraniano proibiu as antenas por satélites, meus amigos locais passaram a ocultá-las sob os varais de roupa ou nas "moitas de satélites", as plantas que as encobriam nas varandas.

Com certeza, o presidente de um país em desenvolvimento, como a Malásia, pode dirigir-se a seu povo hoje e afirmar: "Companheiros, vamos barrar o caminho para esse sistema globalizado. Vamos erguer novos muros e impor novamente os controles de capitais. Estaremos menos sujeitos à dor e à volatilidade na economia, mas também o nosso crescimento será mais lento, pois não seremos capazes de atrair as economias do resto do mundo. Assim, quem não pertencer à classe média, terá que esperar um pouco." Mas se o presidente fizer alguma coisa nesse sentido, alguém num vilarejo fora da capital acabará protestando: "Mas, senhor presidente, há cinco anos venho assistindo a *Baywatch*. Isso significa que não terei mais *Baywatch*? Nem Disney World? Nem biquínis? Os governos que pretenderem evitar a globalização não apenas terão que demonstrar que a sua alternativa ainda será capaz de produzir padrões de vida em ascensão — e esse é um aspecto crítico —, mas também deverão fazê-lo num ambiente em que, *cada vez mais, todos sabemos como vivem todas as outras pessoas.*

Hoje, todos conseguimos olhar pelas janelas dos outros. E, em conseqüência, as pessoas estão menos dispostas a aceitar um padrão de vida mais baixo do que o desfrutado pelos vizinhos. Ao reduzir o mundo a dimensões menores, a globalização exibe em todos os lares o quanto se está na vanguarda ou na retaguarda.

Minha amiga Laura Blumenfeld, que escreve destaques para o *The Washington Post*, tem viajado pelo Oriente Médio, colhendo material de pesquisa para um livro sobre a vingança, e visitou a Síria com a mãe, na primavera de 1998. Ela me contou a seguinte história: "Minha mãe e eu contratamos um guia em Damasco, para nos mostrar a cidade. Seu nome era Walid. Após algum tempo, adquirimos uma certa intimidade. Contamos a ele que vínhamos de Israel. Em pouco tempo, tínhamos algumas conversas bastante francas. Ele nos disse que gostava de sentar-se em seu escritório à noite, onde tinha uma antena por satélite, e assistir às emissoras de televisão israelenses. Enquanto descrevia a cena, imaginei esse homem no seu escritório escuro, seus olhos brilhando de satisfação, vendo na tela da TV aquelas pessoas que odeia, mas que também inveja e quer imitar. Mas ele disse que, de tudo que via na televisão israelense, o que realmente o aborrecia eram os comerciais de iogurte — o fato de o iogurte em Israel ser apresentado em todas aquelas embalagens diferentes, decoradas com frutas — cor-de-rosa e cor de laranja, como nos Estados Unidos — enquanto na Síria eram sempre preto-e-branco. Chegou ao ponto de nos mostrar, desolado, as embalagens dos iogurtes sírios na rua. Ele também comentou que 'os nossos flocos de milho murcham assim que os colocamos no leite, mas eu vejo (pelos comerciais de televisão em Israel) que os flocos de milho israelenses são crocantes e não murcham'. Esqueça as Colinas de Golã. O que realmente o incomodava eram as embalagens de iogurte e os flocos de milho israelenses. Um dia, ele nos disse: 'Não é justo que estejamos 100 anos atrás dos israelenses, embora eles tenham acabado de chegar aqui.'"

Essa democratização da informação também está transformando os mercados financeiros. Agora, os investidores não apenas são capazes de comprar e vender ações e títulos em todo o mundo, não só conseguem efetuar essas operações de compra e venda pelos seus computadores domésticos, como ainda contam com os *sites* das corretoras na Internet, que lhes proporcionam — de graça — as informações e as ferramentas analíticas para as suas negociações, sem precisar sequer telefonar para o corretor. John T. Wall, presidente da NASDAQ International, calcula que em dez anos 70% das transações na sua bolsa de valores serão feitas por pessoas sentadas em casa, defronte dos seus computadores, trabalhando pela Internet. Quanto mais agirem dessa forma, mais as pessoas demandarão informações e análises sobre diferentes economias e empresas e mais facilmente girarão o dinheiro, punindo o mau desempenho e recompensando o bom desempenho. Wall comentou: "Abrimos um escritório em Londres, em 1985, para negociações internacionais, e os investidores locais nos disseram: 'Adoramos as suas ações, mas não conseguimos informações sobre elas.' Assim, criamos um *site* na Internet, em 1996. A primeira coisa que colocamos no nosso *site* foi uma caixa em que a pessoa clica e é remetida diretamente para a Securities and Exchange Commission,* de modo que qualquer pessoa, em qualquer lugar, seja capaz de obter os últimos formulários e informações oficiais fornecidos pela empresa em que pretende investir. Temos uma outra caixa em que a pessoa clica e abre uma lista de 3.500 empresas, com as respectivas demonstrações financeiras mais atualizadas. De fato, não é mais necessário depender de um corretor."

Charles Schwab, os corretores com desconto, começaram a publicar um anúncio em fins de 1998 apresentando uma dona de casa se gabando das suas negociações *online* e de como obtém todas as informações de que precisa no *site* da Schwab na Internet. A mulher, chamada Holly, diz no anúncio: "Alguns anos atrás, fui convidada para entrar num grupo de investimentos feminino chamado 'Grow Now' [Cresça Agora]. Na verdade, trabalhamos muito com números. Depois, discutimos, votamos e negociamos. E, literalmente, tudo de que precisamos está no Centro de Analistas da Schwab.com. Relatórios setoriais, informações sobre a gerência e estimativas de lucros, que nos dão alguma idéia de como avaliar as ações."

Em breve, todos terão um assento virtual na Bolsa de Valores de Nova York. E, em 2001, não será necessário nem mesmo sentar-se, pois a próxima mudança nesse campo será liberar as pessoas dos seus computadores domésticos, possibilitando que negociem *online*, através de telefones celulares e de computadores portáteis inteligentes.

Os *sites* da Schwab e da NASDAQ, e outros semelhantes, de fato reúnem num único lugar os processos de democratização da tecnologia, das finanças e da informação, demonstrando como a globalização está avançada na área financeira. No outono de 1997, *The New York Times* publicou um anúncio enorme do E*Trade, um *site* na Internet para negociações *online*. O anúncio de duas páginas ostentava um título garrafal, nos seguintes termos: "O SONHO DOS INVESTIDORES. O PESADELO DOS CORRETORES.

---

* Órgão do governo dos Estados Unidos, criado em 1934, responsável pela supervisão da emissão e venda pública de títulos mobiliários (ações, debêntures e outros) e pela regulamentação e fiscalização das bolsas de valores, das sociedades corretoras e de outros agentes do mercado de capitais. Exerce funções semelhantes às da Comissão de Valores Mobiliários (CVM) no Brasil. (N.T.)

Apresentando o novo E*Trade. O centro financeiro da Web, para todas as suas necessidades. Com mais pesquisas. Mais ferramentas. Mais poder. Você pode investir em ações, em opções e em mais de 4 mil fundos mútuos. Componha e monitore o seu portfólio. Efetue negociações a qualquer hora — *online* ou por telefone — por apenas US$ 14.95. Ajuda e treinamento gratuitos sobre investimentos, inclusive em métodos para a seleção de fundos mútuos. Cotações gratuitas em tempo real, pois informação superada é informação ruim. Notícias quentes. Gráficos. Análises das principais fontes. [E] segurança insuperável, usando a principal tecnologia de criptografia da Internet... AGORA, COM ACESSO GRATUITO PARA O PÚBLICO, 24 HORAS. CONFIRA. VÁ AGORA. VÁ RÁPIDO. ALGUM DIA, INVESTIREMOS DESSA MANEIRA."

Talvez fosse conveniente que os anúncios do E*Trade pela televisão concluíssem com a seguinte declaração: "E*Trade. Agora o poder está nas suas mãos."

Capítulo 4
Deficiência Imunológica ao Microchip

MAIS CEDO OU MAIS TARDE, TODAS AS TIRANIAS DESABAM
Aqueles que ainda deixam os clientes esperando tendem a desabar mais cedo.

— *Anúncio no* The Washington Post *lançando o Star Power, um novo provedor de serviços de telefonia, cabos e Internet, concorrendo com a Bell Atlantic*

Nessa altura, algumas pessoas observariam: "Bem, Friedman, essas mudanças na maneira como as pessoas se comunicam, investem e vêem o mundo, as quais, segundo você, possibilitaram a globalização, parecem adequadas e boas para as sociedades desenvolvidas, mas e o resto do mundo? Como é possível falar da globalização como um processo global, quando a vasta maioria da humanidade ainda vive em vilas sem telefones, e nunca tocou num computador ou enviou uma mensagem por correio eletrônico?"

É verdade que hoje a globalização não é global, no sentido de que ainda estamos muitíssimo distantes de um mundo em que todos estão *online* (embora uns 300 mil novos usuários ingressem na Internet semanalmente). Mas a globalização é global no sentido de que quase todos, agora, estão sentindo — de forma direta ou indireta — as pressões, restrições e oportunidades de se adaptar aos processos de democratização da tecnologia, das finanças e da informação, que se encontram no âmago do sistema da globalização. Como Chen Yuan, vice-presidente do Banco Central da China, comentou comigo: "Todos os países têm uma parte subdesenvolvida. Mesmo nos Estados Unidos, quando se viaja em direção ao sul, de Washington para Virgínia, ainda se encontram áreas montanhosas, com vilarejos isolados. Mas não se pode afirmar que essas áreas não estão em processo de globalização. Na China ocorre o mesmo."

E realmente é assim. Se houvesse alguma localidade além das fronteiras da globalização, esse lugar seria Gujialingzi, um minúsculo vilarejo no nordeste da China, ao norte da Coréia do Norte. Estive lá, no inverno de 1998, com uma equipe de monitores internacionais, para observar as eleições locais na China rural. Mas, na verdade, tinha um outro motivo. Queria averiguar como era a globalização além-fronteira — fora do sistema, tal como se o considerava — e constatei algo fundamental nessa viagem: eu não conseguia chegar a esse ponto fora do sistema. Não era capaz de atravessar a fronteira. Não tinha como sair do sistema, que agora se expandia com maior intensidade, mesmo nos vilarejos do nordeste da China. Quando a nossa equipe de monitoração chegou a Gujialingzi, encontramos praticamente todos os adultos em idade de votar reunidos no pátio da escola. Estavam lá para ouvir os discursos de campanha dos dois candidatos a chefe do vilarejo. O lugar era muito pobre; na realidade, o piso das salas de aula era de terra batida. Jilin, a província chinesa em que se localiza o vilarejo, está no centro do antigo cinturão industrial do país, que rapidamente se transforma num cinturão de ferrugem, pois as suas empresas estatais não são competitivas em termos mundiais e, cada vez mais, o governo de Beijing não dispõe de meios para subsidiar essas fábricas ou os benefícios sociais que, em geral, proporcionam às populações. Talvez seja esse o motivo pelo qual os discursos de campanha dos dois candidatos a chefe do vilarejo tenham soado como as falas dos candidatos a prefeito das velhas cidades siderúrgicas do centro de Ohio.

O primeiro a falar foi o chefe em exercício do vilarejo, Li Hongling. Este é um trecho do seu discurso: "Companheiros, como estão? Quero lembrar-lhes que tenho 47 anos de idade e sou membro do Partido Comunista, e a minha escolaridade é de primeiro grau completo (*junior high school*).* Quero fazer alguma coisa boa para os habitantes do vilarejo.

---

* Nos Estados Unidos, abrange a sétima e a oitava séries, entre a *elementary school* e a *high school*, quando os alunos estão, em geral, com 12 e 13 anos. No Brasil, corresponderia à sétima e à oitava séries do primeiro grau. (N.T.)

Como vocês sabem, ajudei o vilarejo a se recuperar da Revolução Cultural. Vocês podem ver o meu suor em todos os lugares. Visitei a casa de todo mundo. Ouvi as suas idéias. Nunca usei o dinheiro do vilarejo para oferecer um banquete. Procuro tratar de todos os assuntos dentro da lei. Prometo melhorar nossa escola elementar e elevar a nossa renda. Caso eu seja eleito, farei com que os nossos legumes e verduras cheguem à cidade com mais rapidez. Também melhorarei o clima social do vilarejo. Necessitamos de mais árvores e também de cabos de fibra óptica, de modo que todos possam ter um telefone. Sob a liderança do órgão local do Partido, superarei as minhas deficiências. Este é o meu compromisso com vocês."

Após alguns aplausos educados, seu desafiante, Liu Fu, subiu ao palanque. Partiu direto para o voto feminino: "Primeiro quero lembrar-lhes que amanhã é o Dia da Mulher e expresso meus cumprimentos a todas as mulheres. Tenho 51 anos de idade, com o primeiro grau completo. Tenho o meu próprio negócio de molho de soja. Amo este vilarejo. Amo todos vocês. A sua pobreza é uma vergonha. Sob a orientação do Partido, viraremos as páginas de um novo capítulo. Prometo reduzir o jogo e a pornografia no vilarejo e criar mais oportunidades para ganhar dinheiro. Não serei arrogante. Reduzirei o orçamento do vilarejo, para economizar o seu dinheiro. Não aceitarei propinas, e mesmo quando os meus superiores vierem da cidade, não lhes oferecerei banquetes. Temos muitos banquetes oficiais. Em dez anos, nunca fui a um banquete ou bebi uma gota de álcool. Serei o guardião do dinheiro das massas. Nenhum funcionário do vilarejo terá autorização para viajar à cidade com o dinheiro público. Trarei tecnologia para o vilarejo. Prometo dar a todos a tecnologia para a fabricação do molho de soja. Perfurarei mais poços. A Revolução Cultural consumiu dez anos das nossas vidas. Agora temos que pensar em melhores idéias para prosperar. Serei muito pouco ideológico. Como disse Deng Xiaoping: 'Gato preto, gato branco. Não importa. O importante é pegar o rato.' Melhorarei a nossa escola. A educação é fundamental. Se vocês forem ignorantes, não serão capazes de construir uma economia socialista. E cuidarei de todos os solteiros que não têm renda para encontrar uma esposa. Eu os enriquecerei! Marchemos juntos!"

Enquanto os habitantes do vilarejo votavam e aguardavam a divulgação do resultado das eleições, realizei algumas pesquisas de boca-de-urna, perguntando aleatoriamente às pessoas de que discurso tinham gostado mais. O açougueiro do vilarejo, com um boné azul no estilo Mao, destacou-se de um grupo e expôs as suas opiniões: "Quando [o desafiante] afirmou que nunca tinha estado num restaurante, acreditei nele. Temos que acabar com esses banquetes para as autoridades que chegam ao vilarejo. No final, nós é que pagamos a conta."

Nessa altura, outro conterrâneo o interrompeu: "Estão diminuindo o governo em Beijing. Deviam fazer o mesmo aqui... E ele está certo. Precisamos de um cabo de fibra óptica no vilarejo. Não temos telefones."

"O que você sabe de fibra óptica?", perguntei a essa pessoa.

"Não sei nada." E deu de ombros. "Só ouvi falar."

Obtive a mesma resposta num vilarejo vizinho, Heng Dao, onde também fomos ouvir os discursos de campanha. O ocupante do cargo, Jiang Ying, proclamou ao povo: "Tentei ser muito pragmático no governo do vilarejo, em busca da riqueza. Nossa renda anual é agora de 2.300 iuan. O orçamento está muito menor e durante o meu mandato tiramos muitas pessoas da folha de pagamento do vilarejo. Se eu for eleito, introduziremos mais ciência e tecnologia na agricultura, atrairemos mais empresas para cá e aceleraremos os procedimentos para a geração de riqueza... [pois] o mundo inteiro está se transformando num grande mercado para as mercadorias."

Perguntei a ele de onde extraíra essas idéias. O vilarejo tem apenas um telefone. Sua resposta: "Leio jornais. Escuto rádio... Temos uma fábrica de esquadrias de janelas aqui. Atualmente, vendemos apenas na localidade, mas nos disseram que, se melhorarmos a qualidade, podemos vender no exterior, ganhar mais dinheiro."

E a globalização não é global, hein?

Não acredite nisso, nem por um segundo. Tip O'Neill* estava errado. Nem toda política é local. Agora, toda política é global. Talvez nem todos os países se sintam parte do sistema da globalização, mas todos os países, de modo direto ou indireto, estão sendo globalizados e modelados pela globalização. E esse é o motivo pelo qual não se trata de um acidente

* Thomas Philip O'Neill, Jr., 1912-1994, presidente da Câmara dos Deputados dos Estados Unidos (Speaker of the House of Representatives) de 1977 a 1987. (N.T.)

histórico o fato de a Alemanha Oriental, a União Soviética, o capitalismo asiático, as empresas estatais brasileiras, o comunismo chinês, a General Motors e a IBM terem entrado em colapso ou terem passado por um processo de reestruturação mais ou menos ao mesmo tempo.

Todos foram vítimas da mesma moléstia básica que derrubou o Muro de Berlim e todos os outros muros que caracterizaram a Guerra Fria. Todos foram atingidos por uma doença que denomino Síndrome de Deficiência Imunológica ao Microchip ou MIDS (Microchip Immune Deficiency Syndrome). A deficiência imunológica ao microchip é a doença política típica da era da globalização. É capaz de vitimar qualquer empresa ou país, grande ou pequeno, do Ocidente ou do Oriente, do Norte ou do Sul. Se eu estivesse redigindo o verbete de um dicionário médico sobre a deficiência imunológica ao microchip, o texto seria o seguinte:

"MIDS: Doença capaz de afligir qualquer sistema obeso, com excesso de peso e esclerosado, na era pós-Guerra Fria. A deficiência imunológica ao microchip é contraída, em geral, pelos países e empresas que não se vacinaram contra as mudanças acarretadas pelo microchip e contra os processos de democratização da tecnologia, das finanças e da informação — processos esses que criaram um mercado muito mais veloz, aberto e complexo, com todo um novo conjunto de eficiências. Os sintomas da deficiência imunológica ao microchip surgem quando o país ou a empresa exibe uma incapacidade constante para elevar a produtividade, os salários, os padrões de vida, o uso do conhecimento e a competitividade, tornando-se muito lento em responder aos desafios do Mundo Rápido. Os países e empresas com MIDS tendem a ser aqueles que mantêm os modelos organizacionais da Guerra Fria — onde uma ou poucas pessoas na cúpula detêm todas as informações ou tomam todas as decisões, e as demais pessoas no meio ou na base simplesmente executam essas decisões, com base apenas nas informações necessárias ao seu trabalho. A única cura conhecida para os países e empresas com MIDS é a 'quarta democratização'. Trata-se da democratização do processo decisório e dos fluxos de informação, com a conseqüente descentralização do poder, de modo a permitir que mais pessoas nos países ou empresas compartilhem o conhecimento, experimentem e inovem com mais rapidez. Assim, os países e empresas se tornam capazes de acompanhar o mercado, onde os clientes estão demandando constantemente produtos e serviços mais baratos, adaptados especificamente às suas necessidades. O MIDS pode ser fatal para as empresas e países que não recebem o tratamento adequado em tempo. (Ver verbetes sobre União Soviética, Alemanha Oriental e Pan Am Airlines.)"

Até certo ponto, não há nada de novo no conceito básico de MIDS. As economias de mercado sempre prosperaram ao longo dos séculos, por meio da eliminação brutal das empresas menos eficientes, menos capazes de se adaptar às novas tecnologias e menos aptas a se manterem ligadas nas demandas em mutação dos consumidores, de modo a atendê-las com o mínimo de mão-de-obra e de capital. Mas a contribuição da democratização da tecnologia, das finanças e da informação consistiu em acelerar o processo seletivo até a hipervelocidade, durante os anos 80, exigindo que as empresas e os países se movessem com muito mais rapidez, para não contrair a deficiência imunológica ao microchip. Pense no assunto em termos de uma evolução em três estágios:

O início é na era em que os microprocessadores e os microchips ainda não haviam possibilitado o surgimento do computador pessoal e antes de os computadores pessoais criarem condições para a democratização da tecnologia, das finanças e da informação. Essa era começou após a Primeira Guerra Mundial e durou até fins dos anos 70. Foi a época em que os governos e as empresas podiam ser mais pesados e menos eficientes, pois todos atuavam num jogo mais cercado de proteções. Alan Greenspan já descreveu num discurso esse sistema restritivo da Guerra Fria: "Os ajustes eram lentos. O comércio internacional respondia por uma parcela muito menor das economias nacionais. As barreiras tarifárias [restringiam] a competição e os controles de capitais freqüentemente inibiam os fluxos monetários além-fronteiras. Em retrospecto, [esse] ambiente econômico parecia menos competitivo, mais tranqüilo e, certamente, não tão ameaçador para os medíocres e menos capazes. Na realidade, antes da automação pelo computador de muitas tarefas repetitivas, as pessoas não-qualificadas tinham condições de contribuir com um valor agregado significativo e de ganhar salários respeitáveis em relação aos mais qualificados. Nesse mundo menos exigente, os governos eram capazes de construir redes de segurança sociais e adotar políticas destinadas à redistribuição da renda."

Sem dúvida, complementando o pensamento de Greenspan, nesse sistema fechado da Guerra Fria, o padrão de vida médio ficava aquém do seu potencial e a escolha dos produtos no mercado era muito menos sensível à mudança nas preferências dos consumidores do que no atual ambiente baseado nos microchips. No entanto, era um mundo mais vagaroso e a maioria das pessoas não tinha consciência das alternativas. As enormes barreiras de entrada entre os setores e as empresas garantiam que a mudança se desenvolvesse a um ritmo muito mais lento, e era necessário muito mais tempo para que as empresas e os países enfrentassem suas dificuldades. Embora, naquela época, os custos da mão-de-obra e dos materiais fossem mais elevados e menos flexíveis do que o necessário, parcelas significativas de todas as sociedades se recordam dessa Idade da Pedra mais vagarosa e menos competitiva com uma certa nostalgia.

O maior exemplo desse ambiente econômico mais controlado foi a economia da União Soviética, de planejamento central, de controle central e de gestão descendente. O objetivo da economia soviética não consistia em atender às demandas dos consumidores, mas em reforçar o controle do governo central. Portanto, todas as informações fluíam para cima e todas as ordens fluíam para baixo. Numa empresa soviética que fabricava armações para camas, os gerentes não eram pagos pelo governo central conforme a quantidade de itens vendidos, mas sim de acordo com a quantidade de aço consumido. A quantidade de itens vendidos é um indicador da satisfação do consumidor. A quantidade de aço produzido e utilizado é um indicador do poder do Estado. Durante a Guerra Fria, a União Soviética estava interessada apenas no segundo aspecto. E enquanto durou a Guerra Fria — e a velocidade da mudança e os fluxos de informação se mantinham sob controle — os soviéticos conseguiram sustentar esse sistema absurdo.

Nunca me esquecerei de uma viagem com o secretário de Estado Baker, em 1992, para visitar a Chelyabinsk-70, o complexo de planejamento dos artefatos nucleares soviéticos, localizado a leste dos Urais — um lugar tão secreto que nunca foi registrado nos mapas oficiais da União Soviética. Era a Los Alamos* da Rússia, abrigo dos seus principais cientistas nucleares.

---

* Pequena cidade do Novo México, nos Estados Unidos. Em 1942, foi escolhida como local para a construção do centro de pesquisas que produziu a primeira bomba atômica. (N.T.)

No entanto, a minha lembrança mais marcante é que passamos a noite na localidade de Sverdlovsk, situada nos arredores, no Hotel Outubro, e quando entrei no elevador percebi que os botões eram numerados assim: 1, 3, 4, 5, 6, 7, 8, 9, 2. Alguém esqueceu o botão do segundo andar e simplesmente o acrescentou depois. Quando se apertava o botão 2, o elevador ia para o segundo andar, embora estivesse no lugar do 10. Tratava-se de um hotel no complexo industrial-militar mais sofisticado da União Soviética! Apenas no sistema fechado, fragmentado, atrasado e regulamentado da Guerra Fria os russos seriam capazes de conviver com um elevador cujos botões dos andares estavam fora da seqüência.

A IBM dos anos 70 e 80 era muito semelhante à Gosplan, o sistema de planejamento central da União Soviética, em que a cúpula dizia à base quais eram os produtos certos e quais seriam os desejos dos consumidores. Uma vez, perguntei a John Chambers, presidente da Cisco Systems — fabricante das caixas-pretas que conectam a Internet em todo o mundo e que é hoje uma das empresas mais importantes dos Estados Unidos —, como era trabalhar para a IBM nos seus dias de Gosplan. Chambers contou que, quando estava na IBM, em princípios dos anos 80, a empresa adotava, teoricamente, uma política de "portas abertas", pela qual qualquer empregado seria capaz de abordar qualquer questão, com qualquer executivo, em qualquer nível, e, se a resposta não fosse satisfatória, teria condições de recorrer ao nível imediatamente seguinte. "Em certa ocasião, experimentei o sistema", recorda-se Chambers, "e um dos meus amigos na empresa me chamou de lado e avisou: 'Você escapou desta vez, mas não repita a façanha.' Noutra ocasião, disse a um dos meus superiores que a linha de produtos que estavam promovendo não seria aceita pelos clientes e que gastaríamos uma enorme quantidade de recursos para vendê-la, mas ele não quis ouvir. E respondeu: 'O meu bônus depende disso; portanto, mexa-se e venda o máximo.'"

A IBM permaneceu segura enquanto as barreiras de entrada em algo tão complexo quanto o setor de computadores eram tão elevadas que as empresas grandes e vagarosas ficaram protegidas dos erros, e mesmo do fracasso, durante muito tempo. E países como a União Soviética estiveram seguros enquanto as barreiras à informação eram tão altas — e a consciência do próprio povo quanto aos estilos de vida concorrentes era tão baixa —

que o grande e vagaroso Kremlin ficou protegido dos erros, e mesmo do fracasso, durante muito tempo.

O segundo estágio da evolução do MIDS como doença começou com a destruição do mundo em marcha lenta. Nos níveis empresarial e governamental, os processos de democratização da tecnologia, das finanças e da informação começaram a convergir em fins dos anos 80, introduzindo novas eficiências e economias de escala surpreendentes no mercado, além de um ambiente inteiramente novo para o desenvolvimento das transações comerciais, denominado Ciberespaço. Essa transformação se tornou conhecida como a Revolução da Informação, e será interpretada, no devido tempo, como um desses grandes saltos tecnológicos para a frente que ocorrem a cada 100 anos, como a descoberta da eletricidade, desencadeando uma ruptura fundamental em relação à era anterior.

São muitas as maneiras de sintetizar o impacto da Revolução da Informação e dos três processos de democratização sobre o mercado. Mas, para mim, a questão se resume em dois conceitos: a redução substancial das barreiras de entrada em quase todos os setores de atividade e, em conseqüência, o aumento drástico da competição e da velocidade com que um produto se transforma de inovação em *commodity*.*

Vou explicar. Essas forças reduziram as barreiras de entrada, pois, com um simples computador pessoal, cartão de crédito, linha telefônica, *modem*, impressora em cores, acesso à Internet, *site* na Internet e uma conta de entrega na Federal Express, qualquer um era capaz de se instalar no porão e criar a sua própria empresa de publicidade, terminal de varejo, negócio de catálogos, empresa gobal de consultoria e projeto, jornal, agência de propaganda, distribuidora, corretora, cassino, locadora de vídeos, banco, livraria, revendedor de automóveis ou loja de roupas. E desenvolver o empreendimento da noite para o dia, a um custo muito baixo, com a possibilidade de que o negócio se tornasse um competidor global na manhã seguinte. Talvez

---

* Nesse sentido, *commodity* é o produto ou serviço com especificações mais ou menos padronizadas, que sempre apresenta as mesmas características básicas, independentemente do fornecedor. (N.T.)

o empreendedor até residisse no mesmo bloco em que se situassem três livrarias — Barnes & Noble, Crown Books e Borders Books — e, de uma hora para a outra, se mostrasse um competidor à altura, criando uma "Livraria sem Fronteiras" no ciberespaço, com o nome de Amazon.com. A Amazon.com foi fundada a partir da democratização da tecnologia (computadores domésticos para todos), da democratização das finanças (cartão de crédito para todos) e da democratização da informação (a Internet para todos), transformando-se numa livraria de bairro, adaptada aos hábitos de compra específicos da comunidade, mas também numa livraria aberta 24 horas por dia, onde é possível comprar a qualquer hora, contando com a atenção exclusiva de toda a loja para atendimento das suas necessidades.

Quando esse tipo de fenômeno começa a ocorrer em toda a economia americana e no mundo inteiro, qualquer produto ou serviço fica sujeito a um processo evolutivo muito mais rápido, a partir de uma situação inicial de inovação — ou seja, algo fornecido por apenas uma ou duas empresas, com grande conteúdo de valor agregado e elevadas margens de lucro —, passando à condição de *commodity*. *Commodity* é o bem, serviço ou processo suscetível de ser produzido por qualquer número de empresas, cujos fornecedores se diferenciam exclusivamente pelo preço. Quando o produto ou serviço se transforma em *commodity* a situação é séria, pois as margens de lucro ficam estreitíssimas, os concorrentes são muitos e a única coisa a fazer é tornar o produto ou serviço cada vez mais barato, de modo a vender maiores quantidades do que os concorrentes, ou então morrer.

No sistema fechado da Guerra Fria, esse processo de transformação da inovação em *commodity* se desenvolvia a 10 km por hora, pois as barreiras de entrada num setor eram geralmente muito mais elevadas e os muros que os países eram capazes de levantar em torno das suas economias também eram muito mais sólidos. No mundo da globalização, em que as barreiras foram removidas ou rebaixadas, o processo se desenrola a 110 km por hora. E à medida que evoluímos para uma economia que será caracterizada cada vez mais pela Internet, a conversão da inovação em *commodity* será acelerada para 220 km por hora.

Como observou Edward Yardeni, principal economista do Deutsche Bank, a Internet é o que mais se aproxima no mundo de hoje do modelo de competição perfeita. No modelo de competição perfeita, diz ele, "não há barreiras de entrada, não existem restrições à falência das empresas não-lucrativas e todos (consumidores e produtores) têm fácil acesso a quaisquer informações. E essas são exatamente as principais características do comércio pela Internet... A Internet reduz a zero o custo da comparação. Cada vez mais, o consumidor é capaz de encontrar com facilidade e rapidez o preço mais baixo para qualquer bem ou serviço. Na cibereconomia, o produtor de baixo custo oferecerá o preço mais baixo e fornecerá essa informação a custo zero, a qualquer um e a todos os clientes potenciais, em qualquer parte do planeta". Na economia de baixa tecnologia, observa Yardeni, o custo da procura do preço mais baixo era relativamente alto. A pessoa precisava transpor todos os tipos de muros e percorrer as mais variadas distâncias para conseguir o melhor negócio, e essa situação representava uma vantagem intrínseca para as empresas e lojas mais próximas ou bem localizadas. Agora, os fabricantes, os prestadores de serviços e os varejistas de qualquer lugar do mundo apresentam as suas propostas para a realização de negócios em qualquer parte do mundo. Esse é o motivo pelo qual, na era da Internet, será maravilhoso atuar como consumidor e infernal trabalhar como produtor. Agora, fica claro por que o *chairman* da Intel, Andy Grove, deu ao seu livro sobre os negócios na era da globalização o título *Only the Paranoid Survive* (Apenas os paranóicos sobrevivem).

Veja a atividade de corretagem. Talvez se imagine que ser corretor de ações é um serviço com alto valor agregado, em que os profissionais receberiam uma excelente remuneração. Mas quando, de repente, 50 *sites* de corretagem *online* pela Internet aparecem no ciberespaço e permitem que todos os clientes comprem e vendam ações por uma fração dos preços cobrados pela Merrill Lynch, oferecendo-lhes de graça, ainda por cima, as melhores análises *online*, a corretagem de ações se transforma em *commodity*. Quando as barreiras de entrada em determinado setor de atividade começam a cair de forma tão drástica e quando a velocidade com que os produtos evoluem de inovação a *commodity* se acelera com tanta rapidez, isso significa que, para manterem a vantagem competitiva e a margem de lucro, as empresas precisarão correr mais rápido, aumentar de tamanho ou ficar mais inteligentes — de preferência as três condições ao mesmo tempo. Pois, se a empresa for um pouco vagarosa ou apresentar custos um pouco elevados —

num mundo onde os muros foram eliminados e a competição surge de todos os lugares —, logo morrerá como carniça de estrada, sem saber como foi atropelada.

Vou apresentar um exemplo real desse novo mundo. Um dia, estava folheando uma revista semanal de notícias, quando deparei com o anúncio do novo sistema de câmera digital da Sony. Minha primeira reação foi perguntar a mim mesmo: "Espera um minuto, o anúncio diz Sony? A Sony nunca atuou na área de câmeras e filmes. Pensei que fizessem aparelhos de som e CD's." Bem, sem dúvida que fazem. Mas o que é um CD? É apenas uma peça redonda de plástico, codificada com dígitos — 1's e 0's — que são lidos por um feixe luminoso e transformados em música. Quando se encara a situação dessa maneira, a Sony passa a atuar no negócio de dígitos — e com o seu *know-how* digital, a Sony é capaz de ingressar em qualquer setor de atividade cujo produto possa ser transformado em dígitos. Voltando ao anúncio da câmera digital Mavica, da Sony. O anúncio contém três fotografias: a primeira é da nova câmera Sony, que tira instantâneos como a velha Instamatic, só que os registra digitalmente. Acima da câmera, aparece a seguinte frase: "Esta é a sua câmera." Ao lado da câmera, encontra-se um disquete de 3,5 polegadas da Sony. Acima do disquete, lê-se: "Este é o seu filme." E ao lado do disquete está um computador, com a imagem de um bebê na tela. Acima do computador, aparece a seguinte mensagem: "Essa é a sua agência de correios." Pois, com essa câmera digital, é possível tirar fotografias que são registradas como 1's e 0's, gravá-las num disquete e depois, com um computador e um modem, remeter pelo correio eletrônico cópias perfeitas dessas fotografias, para qualquer lugar, a qualquer hora. Fico pensando comigo mesmo como as pessoas na Kodak se sentiram ao lerem o anúncio da Sony. Mas outro dia eu estava escutando rádio e ouvi um anúncio da Kodak, promovendo toda a sua nova tecnologia de fotografias computadorizadas *online*, e a Kodak me pareceu uma empresa de computadores pessoais. E aquilo me fez pensar na reação das pessoas na Compaq e na Dell ao ouvirem a Kodak falar como uma empresa de computadores. Mas depois vi alguns anúncios da Compaq e da Dell, e as duas se gabavam de que não vendiam apenas computadores — que são *commodities*. Agora, ofereciam "soluções empresariais", por meio de computadores, para qualquer problema das empresas ou dos países. E mais uma vez fiquei imaginando como se sentiram as pessoas na PricewaterhouseCoopers, porque eu já tinha visto anúncios desse gigante da área de contabilidade e consultoria afirmando, exatamente, que também forneciam "soluções empresariais", em vez de somente preparar declarações de imposto de renda. E, então, um amigo que trabalha na PricewaterhouseCoopers me disse que não estavam preocupados com as empresas de PC's, mas sim com o fato de a Goldman Sachs, o banco de investimento, estar oferecendo soluções para economizar impostos, na forma de novos produtos financeiros personalizados. Assim, a PricewaterhouseCoopers agora tem que se preocupar com o fato de banqueiros de investimento estarem entrando no negócio de consultoria tributária. Meu amigo sugeriu que eu lesse alguma coisa sobre o assunto, e achei que deveria dar um pulo até a Borders Books e tentar encontrar uns livros. Mas a minha mulher disse que nunca mais vai às livrarias, pois agora temos a "Livraria sem Fronteiras", também chamada Amazon.com, logo ali no nosso porão. E foi assim que cliquei na Amazon.com e descobri que agora o *site* não é apenas uma livraria, mas também vende CD's. De novo, disse para mim mesmo: "Ei, esse não era o negócio da Sony?"

Essa seqüência me faz pensar no que tudo isso significa para a venda deste livro. Vou para Nova York e procuro a equipe de vendas da Farrar, Straus and Giroux, os editores deste livro, e estou sentado ao lado de Mark Gates, um dos principais representantes de vendas da empresa. Começamos a conversar sobre o negócio de livros e Gates está visivelmente aborrecido. Por quê? Ele me conta: "Acabei de ir à Brooks Brothers para comprar um terno. Entro no departamento de ternos e vejo numa das mesas uma pilha do último livro de Michael Jordan, *For the Love of the Game*. Está à venda no departamento masculino da Brooks Brothers, ao lado de um monte de ternos! Dirijo-me ao vendedor e pergunto-lhe: 'Vocês não são uma livraria. Gostariam que eu dissesse às minhas lojas para que começassem a vender ternos?' Ele riu. Estava um pouco sem graça, mas me disse: 'Você já examinou a sua conta de luz, recentemente? A Commonwealth Edison está com uma promoção especial para os feriados de Natal. Estão oferecendo o livro de Jordan com um desconto de 40%, você pode debitá-lo na sua conta de luz e eles ainda mandam o livro pelo correio!'. Fiquei realmente deprimido.

Tenho 46 anos. Não pretendo aposentar-me nos próximos 19 anos. Mas agora me pergunto se, em 19 anos, ainda terei algum cliente. Do fundo do coração, acho que não. Está tudo ficando muito confuso."

Com a morte do tempo e da distância, e com a queda incessante das barreiras protetoras, John Chambers da Cisco observa que, "se não mantivermos o dedo no pulso do cliente o tempo todo, o cliente irá embora com o clique de um *mouse*. Ou, se perdermos o mercado para os nossos produtos, em dois anos toda a empresa talvez desapareça ou todo o negócio talvez se transforme em *commodity*. E mesmo que deixemos o dedo no pulso do cliente, se não decidirmos com bastante rapidez, é possível que sejamos varridos do mapa".

Assim, não admira que as primeiras vítimas da deficiência imunológica ao microchip nessa era tenham sido exatamente os países e empresas que, como a União Soviética e a IBM, já sofriam de desequilíbrio por excesso de peso na cúpula, além do excesso de gordura e da famosa lentidão. Os que em seguida contraíram o vírus foram os sistemas que mais se aproximavam do planejamento central soviético — as economias pesadas da América Latina, controladas pelo Estado, os sistemas de bem-estar social mais inchados do Canadá e da Europa Ocidental e as empresas mais centralizadas e morosas dos Estados Unidos. Em fins dos anos 90, o vírus da deficiência imunológica ao microchip já se espalhara por toda a Ásia, atacando as economias da Indonésia, da Malásia, da Tailândia, da China e até mesmo da Coréia do Sul e do Japão, todas marcadas pelo excesso de burocracia e pelo dirigismo estatal.

"Sempre achei que, certamente, não foi acidente o fato de o comunismo, os ministérios do planejamento e os conglomerados empresariais, todos enfrentarem dificuldades ao mesmo tempo", comentou comigo, uma vez, o vice-secretário do Tesouro Larry Summers, "pois, com o PC e com o microchip, tornou-se muito mais eficiente delegar poderes aos indivíduos capazes de obter mais informações e de decidir por si mesmos, em vez de ter uma única pessoa na cúpula, tentando dirigir tudo."

Eu Lanço a Peteca

O último estágio desse processo é aquele em que estamos agora. É a era da globalização em que os governos e as empresas ou se reestruturam para auferir os benefícios dos três processos de democratização ou não o fazem e sucumbem ao MIDS. É nesse estágio que a quarta democratização — a democratização do processo decisório e a descentralização do poder e da informação — se transforma no principal meio para prevenir ou combater a deficiência imunológica ao microchip.

Para compreender o que quero dizer ao referir-me à democratização do processo decisório e à descentralização do poder e da informação, pense mais uma vez sobre o exemplo mais extremo — o da antiga União Soviética. Como o sistema soviético se ergueu com o único propósito de exercer o controle, ele centralizou todas as principais funções da liderança. Centralizou o processo decisório — todas as decisões eram tomadas na cúpula e a cúpula determinava o que pensar, o que fazer, a que aspirar e do que gostar. A cúpula centralizava as informações — todas as informações convergiam para a cúpula e apenas umas poucas pessoas na cúpula tinham uma visão completa da situação. E centralizava a estratégia — todas as decisões estratégicas sobre os rumos do país eram tomadas na cúpula.

A democratização do processo decisório e a desconcentração do poder consistem em partir de um sistema de controle central como esse, afrouxá-lo em suas amarras e redefinir o centro, de modo que as informações fluam tanto de cima para baixo como de baixo para cima. Cada empresa ou país bem-sucedido reorganizará o seu centro de maneira um pouco diferente, dependendo do mercado, da geografia, da população e do nível de desenvolvimento. A Dell Computers agora centraliza todo o faturamento, a gestão de estoques e a distribuição de computadores das suas operações européias em um único centro de chamadas, na Irlanda, por onde fluem todas essas atividades. A empresa está centralizando certas funções, não com o objetivo de controle, mas para tirar proveito de novas eficiências redutoras de custos, nas áreas de gestão de estoques e distribuição. Ao mesmo tempo, a Dell descentralizou boa parte do processo decisório para os diferentes centros de vendas e serviços em cada país europeu, pois cada uma dessas unidades está mais perto do cliente, é capaz de personalizar os seus serviços em função das necessidades e preferências específicas e de adaptar-se com rapidez a quaisquer mudanças.

No atual sistema da globalização, altamente complexo, enormemente gigantesco e em hipervelocidade, a maioria das informações necessárias à solução da maioria dos problemas agora se encontra nas mãos das pessoas situadas na periferia e não no centro das organizações. E o país ou empresa que não democratizou o processo decisório e desconcentrou o poder, de modo a capacitar as pessoas a usar e compartilhar o conhecimento, com certeza enfrentará sérias desvantagens.

Como observa Warren Bennis no seu livro *Organizing Genius*, "nenhum de nós é tão inteligente quanto todos nós". John Chambers, descrevendo a democratização do processo decisório na sua própria empresa, a Cisco, reforçou essa observação: "No atual ritmo da economia, sou capaz de tomar apenas um número limitado de decisões e de reunir somente uma quantidade limitada de informações. Quero tomar as grandes decisões estratégicas, mas, em seguida, se eu distribuir para baixo o processo decisório, entre as pessoas que estão mais perto da ação, e se eu difundir entre essas pessoas as mesmas informações à minha disposição, passarei a contar com inúmeras pessoas que decidem trabalhando para mim, com melhores chances de não perdermos o mercado. Também será mais provável que essas mesmas pessoas experimentem e encontrem a resposta certa para alguns problemas realmente complexos. O processo decisório de cima para baixo apenas funciona onde o mercado se move com mais lentidão e a cúpula seja capaz de controlar permanentemente o pulso da situação, o que é muito raro hoje em dia. Não me interprete mal. Ainda sou o responsável. Ainda tenho a palavra final. Mas na maioria das vezes minhas decisões são referentes à estratégia geral, para onde estamos indo, qual será o nosso negócio, quais serão a nossa estratégia e cultura essenciais. Em seguida, deixo o pessoal sair em campo e executar a estratégia. Pois, se dermos poderes a pessoas que não conhecem a estratégia básica, todas partirão em direções diferentes e estarão fadadas ao fracasso."

Saímos de um modelo de liderança de comando e controle, na Guerra Fria, para aderir ao que a revista *World Link* chama de modelo de liderança de "comando e conexão", na era da globalização. Um modo de sintetizar essa mudança é pensar na mensagem encontrada com freqüência na sala dos líderes e executivos da Guerra Fria: "Eu Seguro a Peteca".* Esse era um lema

---

* No original: "*The Buck Stops Here*". Significa que a pessoa assume a responsabilidade e não a transfere para outros. Trata-se do responsável em última instância. (N.T.)

adequado à Guerra Fria, pois todas as informações fluíam para a cúpula e, assim, todas as decisões se difundiam de cima para baixo, numa época em que o mercado era suficientemente lento para esperar pelas decisões de uma só pessoa. Mas hoje, os melhores executivos principais na era da globalização não serão os do tipo "Eu Seguro a Peteca", mas sim os que adotam o estilo "Eu Lanço a Peteca". Eu, o chefe, estabeleço as grandes estratégias, mantenho todos conectados na mesma trilha, e asseguro a continuidade do jogo; mas os empregados coletam as informações, compartilham as informações e tomam todas as decisões possíveis, rapidamente e perto do mercado.

Meu sogro, Matthew Bucksbaum, é presidente de uma grande empresa de incorporação imobiliária de *shopping centers*, a General Growth Properties, e decidiu testar essa idéia. Sua empresa tem sede em Chicago, mas controla 130 *shopping centers* espalhados pelos Estados Unidos. Cada *shopping center* tem um gerente que mora na cidade e opera o empreendimento. Uma vez por ano, todos os gerentes se reúnem numa convenção. E na reunião de 1999, Matthew usava um *button* que dizia: "Eu Lanço a Peteca", e deu para cada um dos seus 130 gerentes de *shopping center* um outro que dizia: "Eu Seguro a Peteca".

Essa foi a maneira como Matthew tentou vacinar a sua empresa contra a deficiência imunológica ao microchip, de modo que o Muro de Berlim não desabasse em cima dele. Todas as empresas precisam adotar essa medida, à sua maneira; e eu reuni várias histórias de diferentes estratégias. Aqui estão três dessas histórias — uma de um fazendeiro, no Minnesota; outra de um gigante dos grandes negócios, em Chicago; e a última de um pequeno empresário, em Baltimore.

Gary Wagner, 44 anos, e seus dois irmãos possuem uma fazenda de 1.700 hectares em Red River Valley, Minnesota, periferia de Crookston, na fronteira com North Dakota. Ao longo dos anos 90, Gary percebeu o que estava ocorrendo com as empresas agrícolas: ou se tornavam grandes, capazes de aproveitar as economias de escala e de atuar no mercado agrícola global, ou eram engolidas por alguém que conseguia fazer isso. Wagner e seus irmãos não queriam ser engolidos, e assim começaram a buscar alguma vantagem que os distinguisse dos concorrentes. Talvez porque tinha 24 anos quando seu pai morreu, deixando-o responsável pela fazenda, Wagner era um pouco mais aberto às novas idéias, como naquele dia de 1993, quando a empresa de pesquisas agrícolas AgLeader o procurou com algumas tecnologias excêntricas. Era um sensor à base de um microchip, a ser adaptado à sua colheitadeira. À medida que a máquina fosse colhendo o trigo, o sensor media o fluxo exato do trigo extraído de cada metro quadrado do campo. Ao mesmo tempo, o trator era conectado por um transmissor ao sistema de posicionamento global por satélite (*global positioning satellite* – GPS), no espaço exterior, capaz de rastrear a sua localização exata no campo, a qualquer momento. Ao combinar os dados do sensor que monitorava a colheita a cada metro quadrado com os dados do satélite que rastreava a movimentação da colheitadeira a cada metro quadrado, Wagner determinava imediatamente, com exatidão, a quantidade de trigo colhido de cada hectare da fazenda.

Demorou um pouco até que ele conseguisse coordenar todo o sistema. "O programador do software se sentava comigo na colheitadeira", Wagner conta, "e escrevia o programa no seu *laptop*, enquanto prosseguíamos; depois, retornava ao hotel, fazia alguns ajustes e saía de novo no trator para novos testes." Mas depois que o sistema entrou de fato em operação, as informações produzidas compensaram o esforço.

"O que descobrimos foi realmente uma surpresa", continuou Wagner. "Em geral acreditava-se que o rendimento da terra não variava muito de uma para outra área do campo. Observava-se a plantação e toda ela parecia uniforme a olho nu. Mas depois que o programa mapeou com exatidão o rendimento da terra, constatamos que era grande a diferença entre as áreas, chegando a US$ 150 por acre, que talvez representasse a distância entre o lucro e o prejuízo. Uma vez disponível, aquela informação valia o seu peso em ouro para mim, pois em cada estação do ano temos que decidir entre os vários tipos de plantação. Com base nesse sistema computadorizado de monitoração do rendimento, somos capazes de definir exatamente as variedades que melhor se adaptam a cada tipo de solo da fazenda."

Anteriormente, Wagner se sujeitava ao sistema de planejamento central das empresas agrícolas. A informação chegava a ele de cima para baixo. Adotava as variedades de safra recomendadas pelas empresas que vendiam as sementes. Mas essas empresas se limitavam a determinar que variedades médias se dariam melhor numa fazenda média como a sua, numa região média como aquela. As alternativas nunca eram adaptadas exatamente a cada hectare da fazenda. A partir do momento que obteve as informações específicas sobre a sua fazenda, Wagner teve condições de desconcentrar e "democratizar" os seus campos. Tornou-se capaz de transferir a informação e o processo decisório para cada hectare, e, com efeito, deixar que cada hectare lhe indicasse, com exatidão, a variedade de safra, o nível de água e o tipo de fertilizante mais adequado às suas características, de modo que gerasse os maiores rendimentos, a partir das especificações do solo, da umidade e da inclinação da terra. Também podia programar (centralizar) todas aquelas informações no aplicador de fertilizantes e conectá-lo ao satélite do GPS. Após a integração de todo o sistema, percorria com a máquina os seus campos de beterraba, e o satélite do GPS identificava o hectare, o software determinava a quantidade de fertilizante para aquele hectare específico e o aplicador de fertilizante automaticamente liberava a quantidade exata de nitratos, adequada para aquele hectare específico — mais em alguns lugares, menos em outros. Economizava em fertilizantes, o que era bom para o ambiente, e maximizava os rendimentos, o que era bom para o seu bolso.

"Em vez de ter que trabalhar com as informações de um conjunto centralizado, baseadas em médias para a região e para o fazendeiro padrão, fomos capazes de adaptar tudo às nossas próprias necessidades", gabava-se Wagner. "O custo foi alto. O investimento foi elevado para nós. Mas, agora, o retorno é compensador. Sejamos honestos, estamos concorrendo com os nossos vizinhos e necessitamos de um trunfo. Todos têm, basicamente, os mesmos tratores, as mesmas colheitadeiras, as mesmas terras e a mesma água; assim, a única coisa capaz de nos diferenciar dos concorrentes é a intensidade do conhecimento."

Aparelhado com mais conhecimento, Wagner agora tem condições de dar mais atribuições aos seus trabalhadores, de modo a concentrar-se na estratégia crítica, ou seja, aumentar a sua fazenda, para ser um dos que sentam à mesa, e não a refeição.

Ele conta: "Contratamos analistas de solo para alimentar os nossos bancos de dados com algumas das informações básicas necessárias. No passado, os analistas de solo colhiam algumas amostras aleatórias no campo e indicavam o tipo de solo. Agora, é o contrário. Como conheço melhor os meus campos, digo aos analistas de solo exatamente onde tirar as amostras e eles usam o GPS para navegar exatamente até esses pontos. Assim, quando estou procurando áreas uniformes nos meus campos para plantar exatamente as mesmas variedades de safra, indico-lhes com precisão os locais dos testes. Dessa forma, posso dividir a tarefa e obtenho informações tão boas quanto as que conseguiria se eu mesmo tivesse executado o trabalho. Assim, tenho condições de me concentrar na meta de aumentar de tamanho. Mas a única maneira de aumentar de tamanho e manter a lucratividade é ficar mais inteligente. Se consigo mostrar aos banqueiros esse tipo de melhoramento, eles se mostrarão mais dispostos a emprestar o dinheiro imprescindível para o crescimento."

Wagner ainda é um pioneiro no que é conhecido como "agricultura de precisão". A maioria dos seus vizinhos ainda está indecisa. "Acho que se meu pai estivesse vivo, ele se interessaria pelo assunto, mas nunca permitiria que enveredássemos com tanta rapidez por essa trilha", comenta. "Mas como somos apenas eu e meus irmãos os responsáveis, e não existe um chefão acima, estamos um pouco mais abertos às novas idéias. No entanto, a comunidade da agricultura de precisão ainda é muito pequena e nos mantemos em contato uns com os outros pela Internet. Temos agora uma sala de bate-papo dos fazendeiros de precisão, onde compartilhamos problemas e soluções."

O escritório de Robert Shapiro, o *chairman* da Monsanto, está localizado no gigantesco Merchandise Mart, no centro de Chicago — uma longa distância entre a fazenda de Gary Wagner e o Muro de Berlim. Mas Shapiro também compreendeu a mesma verdade simples que iluminou Wagner — se não mudasse o processo decisório e democratizasse o acesso à informação, nas atividades em ritmo acelerado das ciências da vida, que eram o feijão com arroz da Monsanto, ele seria devorado por um dos concorrentes. Assim, com o tempo, Shapiro reformulou o centro da empresa, de modo a adaptar-se às novas exigências e aderir às três democratizações.

"Nos velhos tempos, algo acontecia em algum lugar do mundo exterior", explicou ele, no cubículo aberto em que trabalha, do mesmo tamanho do que ocupa sua secretária. "Alguém nos níveis inferiores da empresa percebia o fenômeno. Em geral, era uma pessoa dos escalões mais baixos, que ficava lá fora observando os acontecimentos. A observação dessa pessoa de um nível hierárquico inferior tinha alguma coisa a ver com o que ocorria com os seus clientes e os seus concorrentes. A informação gerada por essa pessoa de um nível inferior da periferia galgava os escalões hierárquicos — desde que os habitantes de cada escalão reconhecessem a sua importância, não fossem ameaçados pela novidade e, portanto, não tentassem eliminá-la. Mas suponhamos que a informação acabasse chegando a alguém perto da cúpula, que tivesse poder decisório. As chances são no sentido de que, na atual era da globalização, no momento em que alcançasse o topo, a informação não interessasse mais. Provavelmente estaria distorcida e, pior ainda, a pessoa responsável pela decisão quase certamente decidiria com base nas suas velhas experiências, da época em que ainda ocupava a base da pirâmide, 15 anos atrás. 'Ah, sim', lembraria. 'Deparei-me com um problema desses uma vez, antes do Dilúvio.' No entanto, estava tudo bem quando todos operavam nas mesmas bases gerais e não havia qualquer desvantagem em ser um pouco mais vagaroso, estar um pouco menos atualizado e manter-se um pouco mais distante do cliente. Mas esse é um mundo extinto.

"Portanto, o que estamos fazendo na Monsanto agora é tentar redefinir o centro", continuou Shapiro. "Não estamos apenas descentralizando tudo e deixando que as pessoas saiam e atuem com liberdade. Não estamos afirmando que a sede corporativa não é importante. Mas estamos redefinindo o significado do centro, de forma mais abrangente, de maneira a permitir que nos movimentemos com mais rapidez e sejamos mais sensíveis às mudanças no mercado. No passado, eu justificava [a minha liderança] pelo fato de dispor de maior número de informações e, por conseguinte, de uma perspectiva exclusiva, inacessível a qualquer outra pessoa na empresa, de modo que eu agregava valor ao processo, tomando pessoalmente as decisões. Mas agora, com o correio eletrônico, as intranets e a Internet, todos nas linhas de frente contam com as mesmas informações ao meu alcance, e, freqüentemente, ainda mais. Mesmo que eu quisesse, não conseguiria privá-los das informações. Assim, qualquer hierarquia que se fundamente na privação de informações aos cidadãos ou aos empregados não é mais viável. Atualmente, o esforço em equipe é muito mais necessário. Acho que agora, constantemente, ouço melhor um número muito maior de pessoas, pois sei que hoje todos dispõem de muito mais informações e, portanto, têm uma base mais sólida para os seus pontos de vista — mais firme do que a sua base de informações anterior, mais confiável do que a minha própria base de informações no passado. Agora, entro em contato direto com a pessoa na periferia, aquela que está tendo a idéia ou a experiência com o cliente, e que, no passado, teria que escalar toda a hierarquia organizacional.

"Hoje, envolvo nas discussões muitas pessoas de todo o mundo, simultaneamente, e lhes pergunto: 'Ei, algum de vocês está vendo isso no seu pedaço do mundo? Alguém mais está percebendo esse tipo de resposta em relação aos nossos produtos novos ou da parte dos nossos concorrentes?' Assim, o que se obtém, no final das contas, quando se dizem e se fazem todas essas coisas, em comparação com a maneira como as empresas eram gerenciadas no passado, é um processo decisório muito mais respeitoso, muito mais de equipe, muito mais abrangente; com um pouco mais de modéstia na cúpula, da parte de pessoas como eu; com um pouco mais de positividade nas bases tradicionais; e com aquelas velhas áreas intermediárias quase extintas."

Quando se começa a democratizar o processo decisório dessa maneira, ocorrem várias coisas, diz Shapiro. "Antes de tudo, significa que é preciso contratar as pessoas em bases diferentes. Não se procura mais alguém que seja capaz apenas de executar uma ordem da cúpula, pois isso se transforma num componente cada vez menor de qualquer trabalho. Ao contrário, queremos pessoas que tenham condições de visualizar todo o campo e que sejam gestores das suas próprias equipes. Como líder da empresa, preciso assegurar-me de que os meus gerentes recebem treinamento em função de cultura, valores e estratégia da empresa, de modo que, ao coletarem informações, disponham de um contexto adequado para avaliá-las e para saber se confirmam ou contradizem as nossas trajetórias. Mas, para tanto, precisam conhecer as nossas trajetórias, além de constantemente receber informações sobre o percurso nesses rumos. Meu trabalho é fazer com que isso aconteça."

O que é verdadeiro para uma multinacional de um bilhão de dólares como a Monsanto também é verdadeiro para a empresa de 35 pessoas de Jerry Portnoy, Valley Lighting, Inc., de Baltimore.

"Basicamente, somos distribuidores de material de iluminação comercial", Portnoy explicou-me. "Fornecemos materiais para empreiteiros e incorporadores de grandes projetos comerciais, tanto em licitações como na base da negociação. Apresentamos a proposta, elaboramos o projeto e preparamos o orçamento — fazemos o que for necessário — para oferecer o melhor aos nossos incorporadores e empreiteiros por cada dólar gasto com iluminação. Somos bem-sucedidos apenas quando agregamos valor às empresas dos clientes. Agora, talvez fosse o caso de perguntar: como uma empresa de iluminação agrega valor? Agregamos valor ao oferecer soluções e serviços de iluminação ao menor custo, para quaisquer especificações."

No entanto, em princípios dos anos 90, mais ou menos na época em que, por acaso, um muro desabava em Berlim, Portnoy percebeu que, de repente, o seu mercado estava mudando.

"Era como se alguém tivesse acabado de baixar uma persiana, encerrando uma era", contou ele. "Nossos clientes mudaram suas atitudes, tornando-se muito mais exigentes; pessoas que costumavam rapidamente se comprometer com projetos para a empresa não se comprometiam mais; pessoas que negociavam exclusivamente conosco de repente começaram a pedir propostas de todo mundo e de qualquer um. O pessoal de vendas começou a dizer: 'Não conseguimos pedidos, as coisas se tornaram muito mais competitivas, e quando ganhamos o pedido, não geramos lucro.' Já estava achando que a empresa corria risco, mas, realmente, não compreendíamos o que estava acontecendo. Como você diria, o Muro de Berlim desmoronava nas nossas cabeças e não percebíamos a realidade."

Em resposta à situação, Portnoy e o seu sócio decidiram fazer algumas mexidas. Separaram algum dinheiro — US$ 100 mil — para que o pessoal de vendas fechasse negócios com a metade da margem de lucro normal. Assim, por exemplo, se um vendedor fechasse um negócio abaixo da margem de lucro normal, seria possível retirar a diferença desses US$ 100 mil.

"O que eu estava tentando fazer", explicou Portnoy, "era realmente verificar o quanto podíamos melhorar em rapidez e eficiência, e compreender o que estava acontecendo no mercado. Ao fechar aqueles contratos, eu averiguava se tínhamos condições de comprar a matéria-prima, operá-la com eficiência e continuar a prestar serviços aos clientes — tudo a custos mais baixos — e ainda gerar lucro. Então ocorreu uma coisa engraçada. Meus principais produtores conseguiram as mesmas receitas brutas do passado, sem precisar entrar na reserva de US$ 100 mil. Era uma questão de honra para eles. Ninguém queria ser aquele que meteu a mão na reserva. Tinham que trabalhar muito mais para manter as posições anteriores, mas muitos conseguiram, pelo menos por enquanto. Mas, devo dizer, meu pessoal ainda se sentia muito frustrado pelo tratamento que recebiam dos clientes. Ao sairmos dos anos 80, todos nos julgávamos os bons, e, de repente, éramos tratados com se fôssemos uma empresa de *commodities* qualquer. Continuamos a agregar valor, mas os clientes nem mesmo reconheciam o fato. Comentavam: 'É... o seu serviço é bom, mas e daí?' Estavam perdendo dinheiro e só se preocupavam em ficar com quem apresentasse o menor número. Todo o setor de construções se transformava em *commodity*, de modo que ninguém mais contava com amortecedores de choque. Em meados dos anos 90, o pessoal de vendas me procurava com maior freqüência para dizer que não conseguiriam evitar o desgaste de alguns velhos relacionamentos. Todos se queixavam de que não tinham condições de fazer boas propostas como antes, em parte porque, para ganhar o mesmo dinheiro, tinham que apresentar muito mais propostas, que resultavam em poucos pedidos; e assim tinham menos tempo para estudar cada componente de um projeto e para descobrir onde exatamente estavam os dólares e as oportunidades. E, lembre-se, o segredo da apresentação de propostas está na informação e no conhecimento. Quanto mais se conhecem um projeto e seus diferentes componentes, maiores serão as chances de apresentar uma proposta correta e cobrar um preço baixo, mas que ainda garanta as margens de lucro necessárias à sobrevivência."

Em 1994, a Valley Lighting ainda não estava perdendo dinheiro, mas os seus lucros eram muito mais baixos. O MIDS começava a atacar. Estava claro que os processos de democratização das finanças, da tecnologia e da informação tinham alterado fundamentalmente o ambiente de negócios de Portnoy, transformando em *commodity* muitas coisas que, no passado, eram produtos diferenciados.

"Assim, comecei a olhar em torno da empresa e percebi que necessitávamos sobretudo de informações", lembra-se Portnoy. "Não tínhamos bastante informações e conhecimento para sobreviver no mercado. Nossa promessa aos clientes sempre fora a de que, ao nos deixarem gerenciar suas necessidades em iluminação, sempre agregaríamos mais valor aos seus projetos do que o preço cobrado por nossos serviços. Caso os clientes tivessem restrições orçamentárias, descobriríamos um meio de proporcionar-lhes 90% das suas necessidades em iluminação por 70% do custo, ao contrário dos concorrentes, que lhes dariam apenas 70% das suas necessidades em iluminação por 90% do custo. Sabia que precisávamos retomar aquele tipo de estratégia de agregação de valor, nesse novo ambiente competitivo."

Assim, Portnoy realmente se tornou radical. Contratou um consultor de software e gastou US$ 20 mil para verificar a existência de algum programa no mercado capaz de tornar a sua empresa mais inteligente e mais rápida, de modo que, nesse novo mercado, continuasse a prestar serviços com agregação de valor, evitando transformar-se em *commodity*.

"Após mais ou menos um ano de busca, não conseguíamos encontrar um pacote de software que atendesse a mais de 50% das nossas necessidades. Assim, resolvemos desenvolver o nosso próprio pacote de software", explica Portnoy. "Não sei nada de software, mas dois dos meus principais colaboradores na área de iluminação eram autodidatas em eletrônica e, apenas como *hobby*, adoravam essas questões de software. Contratei um programador profissional, que trabalhou com o meu pessoal, e juntos projetaram um sistema capaz de ser aplicado exatamente da maneira como imaginávamos que a empresa deveria ser conduzida. Não sei como executaram o trabalho. Minha tarefa consistia simplesmente em aprovar o orçamento. Mas era um grande compromisso para mim. Acabou custando US$ 350 mil, mas salvou a nossa empresa. Eles desenvolveram um programa que ajudava os vendedores e avaliadores a compreender melhor cada componente do projeto e a elaborar propostas e cotações com muito mais eficiência e rapidez, apenas mediante o preenchimento de um conjunto de lacunas, que eram as variáveis críticas. E o que é ainda mais importante, todo o sistema operava de forma integrada. Assim, as cotações originais automaticamente se convertiam em ordens de compra e as ordens de compra automaticamente se convertiam em informações para a entrega, em faturas e notas fiscais e em dados para a manutenção. E todas essas informações são exibidas numa tela, de modo que as pessoas não precisem ficar parando para digitar cada fase separadamente. A mesma informação, digitada apenas uma vez, é utilizada para várias finalidades. Quando começamos, operávamos apenas com computadores isolados. Mas agora, temos uma rede baseada em PC's, e assim a totalidade do sistema interliga toda a empresa. Nos primeiros seis meses de 1998, nossas vendas e lucros cresceram 33%, com o mesmo número de pessoas. Quando se aumenta a empresa em um terço, com as mesmas pessoas, isso significa que é possível realmente expandir o negócio com o acréscimo de outras pessoas. Nesse ambiente de o vencedor-leva-tudo, é necessário ser maior, mais inteligente e mais rápido do que os concorrentes, ou sair da estrada. Não sei se essa estratégia é sustentável, mas sei que ela me proporcionou condições de sobrevivência na próxima fase — até que alguém se torne mais eficiente."

"Como isso alterou o seu papel de executivo principal?", perguntei a Portnoy.

"Para ser honesto, agora sei menos do que está acontecendo no chão da fábrica, mas não fico aborrecido com a situação. Deixei que o meu pessoal tomasse mais decisões, a partir de mais informações. Meu pessoal de vendas não é comissionado. Trabalham em equipe; assim, podem ser interativos e não competir uns com os outros. Sabem que, se a empresa ganhar dinheiro, também ganharão dinheiro. Eu realmente os encorajo a compartilhar as informações. Agora, todos eles dispõem de mais informações e, por conseguinte, de mais poderes. Têm autoridade para decidir por si mesmos quais as propostas com as maiores chances de concretização, quais oferecerão as maiores margens brutas e quais acarretarão os serviços mais fáceis. E, o que é mais importante, com o novo software, agora eles têm tempo para pensar. E isso é tremendamente importante, em vez de ficarem o dia inteiro batucando nas calculadoras. Agora, são capazes de dirigir a empresa, em vez de serem dirigidos pela empresa. É como se fossem centros de lucro individuais — cada um com a sua própria empresa —, e o meu trabalho consiste em mantê-los unidos e em lhes proporcionar o apoio e as ferramentas necessárias, para que façam o que fazem da melhor maneira possível."

Eu lanço a peteca.

Com esse lema, Jerry Portnoy se juntou a Robert Shapiro, John Chambers, Dell Computer e Gary Wagner, entre os sobreviventes do desmoronamento do Muro de Berlim.

Era isso exatamente que o governo chinês tentava fazer ao estimular as eleições nos vilarejos, mesmo que a metade fosse fajuta. Estavam tentando lançar a peteca para o nível local, pois Beijing concluíra que a única maneira de lidar com os problemas econômicos das zonas rurais seria permitir que os habitantes dos vilarejos realizassem suas próprias eleições para chefe. Os líderes autoritários da China esperavam que essas eleições produzissem novos líderes locais, que compreendessem melhor as necessidades e circunstâncias das zonas rurais, que fossem mais convincentes e que, em termos ideais, reforçassem por si próprios as economias locais. Era a sua forma de desconcentrar o poder e o processo decisório — não na esfera política, mas na seara econômica — na esperança de evitar que o Muro de Berlim desabasse sobre as suas cabeças.

Estou convencido de que a realização das eleições locais não será suficiente para sustentar o crescimento da economia chinesa às taxas necessárias. Para tanto, será preciso muito mais desconcentração do poder. Mas estou certo de que foi um primeiro passo imprescindível, e os chineses com que me encontrei estavam igualmente convencidos disso.

A propósito, ainda não revelei quem venceu a eleição no vilarejo de Gujialingzi. Aguardamos algumas horas, enquanto contavam os votos a giz, no quadro-negro da escola. Nunca me esquecerei da cena daqueles camponeses, apinhando-se na entrada ou comprimidos contra as janelas, observando o registro dos votos com as marcas a giz. Apesar do seu apelo ao voto feminino, Liu Fu, o desafiante, foi derrotado pelo então ocupante. Muitos de nós conversamos com Liu após a apuração. Ele disse que estava triste com a derrota, mas que já vira coisa pior, muito pior. Durante a Revolução Cultural, fora banido, e agora, 20 anos depois, concorria a chefe do lugarejo (numa eleição monitorada por uma equipe dos Estados Unidos).

Quando lhe perguntaram se alguma vez perdera a esperança durante a Revolução Cultural, respondeu com um provérbio chinês: "Não há mão capaz de tapar o sol."

Capítulo 5
A Camisa-de-força Dourada

Durante aquela viagem de monitoração das eleições locais na China, quando o meu intérprete e eu andávamos pelo vilarejo de Heng Dao, fizemos uma visita rápida a um camponês e mecânico que tinha gansos e porcos no pátio da frente, mas também um aparelho de som e televisão em cores na cabana de tijolos. Meu intérprete, um chinês que estudava nos Estados Unidos, percebeu algo que eu nunca notaria — aparentemente, não havia qualquer alto-falante nas redondezas. Nos tempos de Mao, o Partido Comunista instalou alto-falantes nas "brigadas", como os pequenos vilarejos eram conhecidos, e os utilizava para difundir propaganda e outras mensagens, exortando os trabalhadores. Perguntamos ao nosso anfitrião o que ocorrera com os alto-falantes.

"Nós os retiramos no ano passado", o camponês explicou. "Ninguém mais queria ouvi-los. Agora, temos sons e TV's." Mas o que o camponês não disse foi que ninguém mais precisava ouvir as mensagens de Beijing e do Partido Comunista, pois já as conheciam e sabiam que não eram os ensinamentos do presidente Mao. A única mensagem que divulgavam era muito simples: "Vocês estão por sua conta. Arranjem um trabalho. Enviem dinheiro."

Poucos meses antes, eu estivera na Tailândia, observando a queda em parafuso do capitalismo clientelista do país. Marquei uma entrevista com Sirivat Voravetvuthikun, incorporador imobiliário tailandês, que havia falido com o colapso da economia tailandesa. Ele e sua mulher se transformaram nos órfãos-modelo do desastre tailandês, pois decidiram entrar no negócio de venda de sanduíches para ganhar algum dinheiro. Esse casal, que já tinha sido rico, alugou algum espaço vago no centro de Bangcoc, montou um negócio de preparação de sanduíches com muitos dos antigos empregados e começou a vender pães frescos com queijo e presunto pelas ruas da cidade. Sirivat chegou na nossa entrevista com uma cesta de piquenique amarela a tiracolo. No entanto, minha lembrança mais nítida da conversa foi a ausência de amargura em sua voz, mas um ar de resignação muito mais tocante. Sua mensagem foi a de que a Tailândia tinha feito uma trapalhada e estragado tudo. O povo sabia disso. Agora, teriam que apertar os cintos e sofrer com o programa, e não havia muito mais a acrescentar. Ele não estava revoltado?, perguntei. Será que não queria incendiar alguns prédios governamentais, pela raiva de ter sido atropelado pelos acontecimentos?

Não, Sirivat me explicou: "O comunismo fracassou, o socialismo falhou, e agora só restava o capitalismo. Não queremos retornar à selva, todos ansiamos por um padrão de vida melhor; logo, precisamos fazer com que o capitalismo dê certo, pois não temos outra opção. Temos que melhorar e seguir as regras do mundo... Apenas os competitivos sobrevivem. Provavelmente, necessitaremos de um governo de unidade nacional, pois a carga é muito pesada."

Poucos meses mais tarde, assisti a uma conferência em Washington de Anatoly Chubais, o arquiteto das tentativas fracassadas de reforma econômica e de privatização na Rússia. Chubais viera a Washington para fazer um último apelo ao FMI por mais ajuda para a Rússia; mas, na época, o Duma, o parlamento russo, ainda dominado pelos comunistas, resistia às condições do FMI. O Duma também acusava, freqüentemente, Chubais de traidor e de agente estrangeiro por ter aceitado as exigências feitas pelo FMI de que a Rússia efetuasse reformas radicais na economia, adotando, de fato, os princípios do livre mercado. Perguntei a Chubais como ele respondia aos seus críticos, e ele me explicou: "'OK', digo a eles, 'Chubais é espião da CIA e do FMI. Mas qual é a alternativa? Vocês têm alguma outra idéia viável?'" Chubais observou que nunca recebeu qualquer resposta coerente, pois os comunistas não têm alternativa.

Estive no Brasil poucos meses mais tarde, onde entrevistei Fabio Feldmann, ex-secretário de Meio Ambiente de São Paulo e deputado federal no Congresso Nacional, que estava em campanha para a reeleição em São Paulo. Seu escritório era uma colmeia de auxiliares, entulhado de pôsteres e da parafernália de campanha. Feldmann é liberal e eu lhe perguntei sobre a natureza do atual debate político no Brasil. Ele respondeu: "A esquerda [ideológica] perdeu a bandeira. O desafio do governo federal é a criação de trabalho e de emprego. É preciso gerar e distribuir renda. E qual é o programa da esquerda? Eles não têm propostas para gerar renda, apenas para distribuí-la."

O que essas histórias nos ensinam? Com a conjugação dos três processos de democratização, em fins dos anos 80, e a conseqüente derrubada de todos os muros, também se extinguiram todas as principais alternativas ideológicas para o capitalismo de livre mercado. Talvez se discutam alternativas para o livre mercado e para a integração global, talvez se busquem alternativas, é até possível que se insista em uma "Terceira Via"; mas, por enquanto, nada existe de concreto.

Essa situação é muito diferente da que prevalecia na primeira era da globalização. Durante o século XIX e princípios do século XX, quando a Revolução Industrial e o capitalismo das finanças globais gritavam na Europa e na América, muitas pessoas se chocavam com a sua brutalidade darwiniana e com as "sinistras fábricas satânicas". Essas novas forças destruíram as velhas ordens e hierarquias, produziram enormes disparidades de renda e exerceram fortes pressões sobre as pessoas em geral; mas também resultaram em acentuado aumento do padrão de vida para os bem-sucedidos. Essas experiências desencadearam um grande debate e muita teorização revolucionária, à medida que se buscavam maneiras de proteger os trabalhadores contra os aspectos mais cruéis do capitalismo de livre mercado daqueles dias. Karl Marx e Friedrich Engels descreveram esses tempos no *Manifesto Comunista*: "A constante revolução da produção, a perturbação ininterrupta de todas as condições sociais, o permanente estado de incerteza e agitação diferenciam a era burguesa das anteriores. Todos os relacionamentos fixos e rígidos, com a sua gama de preconceitos e opiniões tradicionais e veneráveis, são levados de roldão; todos os de formação recente se tornam antiquados antes mesmo de criar calo. Tudo que é sólido se desmancha no ar, tudo que é sagrado se profana; e o homem, afinal, é forçado a encarar com sobriedade suas reais condições de vida e suas interações com a própria espécie."

Finalmente, surgiram aqueles que se declararam capazes de varrer do livre mercado aquelas oscilações desestabilizadoras e embrutecedoras, e criar um mundo que nunca mais dependeria do capitalismo burguês desenfreado. Um governo central planejaria e financiaria todas as atividades, supriria cada trabalhador de acordo com as suas necessidades e esperaria de cada trabalhador uma contribuição compatível com as suas capacidades. Esses pensadores revolucionários foram Engels, Marx, Lenin e Mussolini, entre outros. Suas alternativas não-democráticas de planejamento central — o comunismo, o socialismo e o fascismo — ajudaram a abortar a primeira era da globalização, à medida que foram testadas no cenário mundial, entre 1917 e 1989.

Há apenas uma coisa a se afirmar sobre essas alternativas: *elas não funcionaram.* E os que manifestaram esse julgamento foram aqueles que viveram sob o seu domínio. Assim, após o colapso do comunismo na Europa, na União Soviética e na China — e com a queda de todos os muros que resguardavam esses sistemas —, aqueles que estão infelizes com a brutalidade darwiniana do capitalismo de livre mercado não dispõem agora de qualquer alternativa ideológica consumada. Hoje, quando se discute qual seria o sistema mais eficaz na geração de padrões de vida em ascensão, não existe debate ideológico. A resposta é o capitalismo de livre mercado. Outros sistemas talvez sejam capazes de distribuir a renda de forma mais eficiente e eqüitativa, mas nenhum é tão eficaz na geração de renda para distribuição quanto o capitalismo de livre mercado. E cada vez mais pessoas sabem dessa realidade. Assim, em termos ideológicos, acabaram-se as pastilhas de chocolate com menta, foram-se os confeitos de morango, passou a época dos limões. Hoje, resta apenas a monotonia do livre mercado e a Coréia do Norte. Existem diferentes marcas de livre mercado e é possível ajustar a sociedade à nova ordem com maior ou menor velocidade. Mas, no final, para quem aspira a padrões de vida mais elevados num mundo sem barreiras, o livre mercado é a única alternativa ideológica possível. Uma estrada. Diferentes velocidades. Mas apenas uma estrada.

Quando um país percebe esse fato, quando reconhece as regras do livre mercado na economia global da atualidade, e decide observá-las, passa a usar o que denomino "a Camisa-de-força Dourada". Esse é o traje político-econômico típico dessa era da globalização. A Guerra Fria tinha o terno de Mao, o paletó de Nehru, a peliça russa. A globalização tem apenas a Camisa-de-força Dourada. O país que ainda não fez a prova de um desses trajes, em breve será chamado.

A Camisa-de-força Dourada começou a ser alinhavada e popularizada por Margaret Thatcher, na Inglaterra, em 1979. Logo, foi reforçada por Ronald Reagan, nos Estados Unidos, nos anos 80, que estofou a camisa-de-força e as suas regras com alguma massa crítica real. Transformou-se em moda global com o fim da Guerra Fria, depois que as três democratizações varreram todas as modas alternativas e demoliram seus muros protetores.

A revolução Thatcher-Reagan germinou porque as maiorias populares nessas duas grandes economias ocidentais concluíram que as velhas abordagens econômicas de dirigismo governamental simplesmente não ofereciam níveis de crescimento satisfatórios. Thatcher e Reagan em conjunto arrancaram do Estado, dos advogados da Grande Sociedade e da política keynesiana tradicional enormes fatias de poder decisório na economia, transferindo-as para o livre mercado.

Para caber na Camisa-de-força Dourada, o país precisa adotar, ou pelo menos incorporar gradualmente, as seguintes regras douradas: transformar o setor privado no principal motor do crescimento econômico; manter baixas taxas de inflação e preservar a estabilidade dos preços; encolher a burocracia estatal; permanecer tão próximo quanto possível do equilíbrio orçamentário, se não do superávit; eliminar e reduzir tarifas sobre as importações; remover as restrições aos investimentos estrangeiros; libertar-se de quotas e de monopólios domésticos; aumentar as exportações; privatizar os setores e as empresas estatais de serviços públicos; desregulamentar os mercados de capitais; tornar a moeda conversível; abrir os setores de atividades, o mercado acionário e os mercados de títulos à propriedade e aos investimentos estrangeiros diretos; liberar a economia e promover ao máximo a competição interna; eliminar tanto quanto possível a corrupção governamental, os subsídios e o suborno; abrir os sistemas bancário e de telecomunicações à propriedade privada e à concorrência; e assegurar aos cidadãos o direito de escolha entre um conjunto de esquemas previdenciários concorrentes, inclusive fundos mútuos e sistemas de origem externa. Ao costurar todas essas peças, compõe-se a Camisa-de-força Dourada.

Infelizmente, a Camisa-de-força Dourada é quase que de "tamanho único". Assim, o traje incomoda certos grupos, aperta outros e mantém a sociedade sob uma pressão incessante para dinamizar as suas instituições econômicas e aprimorar o seu desempenho. Os que a despem em breve ficam para trás, mas os que a vestem corretamente contam com a sua ajuda para alcançar os concorrentes com uma rapidez sem precedentes. Nem sempre é atraente, aconchegante e confortável. Mas ela está aí e é o único modelo disponível nas prateleiras dessa estação histórica.

Quando o país enverga a Camisa-de-força Dourada, duas coisas tendem a acontecer: a economia cresce e a política encolhe. Ou seja, na frente econômica, a Camisa-de-força Dourada geralmente promove a aceleração do crescimento e a elevação da renda média — mediante o aumento do comércio, dos investimentos estrangeiros e da privatização e por meio do uso mais eficiente dos recursos, sob a pressão da competição global. Mas, na frente política, a Camisa-de-força Dourada restringe as opções dos donos do poder, em termos de política econômica e partidária, em face da adoção de parâmetros mais ou menos rigorosos. Esse é o motivo pelo qual se torna cada vez mais difícil hoje em dia encontrar diferenças efetivas entre os partidos governantes e de oposição nos países que vestiram a Camisa-de-força Dourada. Quando o país passa a usar a Camisa-de-força Dourada, suas opções políticas se reduzem a Pepsi ou Coca — a ligeiras nuanças de sabor; a imperceptíveis variações de políticas; a pequenas alterações nos projetos, para levar em conta as tradições locais; a alguma flexibilidade aqui ou ali, mas nunca ocorre um desvio mais acentuado em relação às regras douradas essenciais. Os governos que se afastarem demais das regras essenciais — sejam eles democratas ou republicanos, conservadores ou trabalhistas, gaullistas ou socialistas, democratas-cristãos ou sociais-democratas — logo assistirão à debandada dos investidores, à ascensão das taxas de juros e à queda dos mercados acionários. Só se conquista maior liberdade de movimento na Camisa-de-força Dourada quando ela se alarga, e a Camisa-de-força Dourada só se alarga, quando é mantida apertada. Essa é a sua grande virtude: quanto mais apertada, mais ouro produz e mais estofo comporta, para o bem-estar da sociedade.

Não admira que uma proporção tão grande do debate político nos países desenvolvidos gire em torno de pequenos ajustes de corte e costura na Camisa-de-força Dourada, não envolvendo alterações radicais. Nas eleições presidenciais americanas de 1996, Bill Clinton argumentava, basicamente: "Sim, estamos vestindo a Camisa-de-força Dourada, mas precisamos colocar um pouco mais de enchimento nos ombros e alargar um pouco no meio." E o adversário republicano Bob Dole contra-argumentava: "Não, não, não podemos afrouxar no meio, de modo algum. Vamos deixá-la apertada e colocar um pouco mais de enchimento no cotovelo." E na campanha eleitoral inglesa de 1997, Tony Blair prometia, basicamente, caso vencesse: "Vamos deixá-la tão apertada quanto os conservadores, mas vamos acrescentar um pouco mais de enchimento nos ombros e no peito." Já o seu oponente, o conservador John Major, parecia retrucar: "Não se atreva a tocar num fio da camisa. Margaret Thatcher a desenhou justa e confortável e, por Deus, é assim que ela deve ficar." Assim, não causa surpresa que Paddy Ashdown, líder do Partido Liberal inglês, observando Tony Blair e John Major durante as eleições de 1997, tenha declarado que não havia a mínima diferença entre eles. Ashdown declarou que Blair e Major estavam praticando "nado sincronizado".

Com a queda dos muros da Guerra Fria e a ascensão da Camisa-de-força Dourada, observo muito nado sincronizado quando viajo hoje em dia pelo mundo afora. Antes das eleições alemãs de 1998, em que o social-democrata Gerhard Schroeder derrotou o democrata-cristão Helmut Kohl, a Associated Press citou Karl-Josef Meiers, da Sociedade Alemã para Assuntos Externos, ao afirmar o seguinte quanto aos dois candidatos: "Esqueça os rótulos direita e esquerda. Todos estão sentados no mesmo barco." Lee Hong Koo, da Coréia, aprendeu em primeira mão sobre a vida na Camisa-de-força Dourada quando atuou como primeiro-ministro do país, em meados dos anos 90. "Nos velhos tempos, costumávamos dizer que 'a história dita isso ou aquilo'", comentou comigo, um dia. "Agora, afirmamos que as 'forças do mercado' impõem isso e temos que conviver [com essas forças]. Demorou para que compreendêssemos o que ocorrera. Não percebemos que a vitória da Guerra Fria foi a vitória das forças do mercado sobre a política. As grandes decisões de hoje dizem respeito a ter ou não ter uma democracia e a ter ou não ter uma economia livre. Essas são as grandes opções. Mas, uma vez exercidas essas opções, a política se reduz a um trabalho de engenharia para implementar decisões no estreito espaço de manobra disponível no sistema." Lee fez carreira no Grande Partido Nacional, dominante já há muito tempo. Mas, após o colapso econômico da Coréia, em 1997-98, quando o país descobriu que deveria usar a Camisa-de-força Dourada bem mais justa, para continuar a prosperar e a atrair os investimentos estrangeiros, o povo coreano rejeitou os políticos veteranos e antiquados e elegeu presidente o advogado dos direitos humanos, liberal de longa data, Kim Dae Jung, do partido de oposição Congresso Nacional para a Nova Política. Mas Kim convidou Lee para ser embaixador em Washington. Conversando comigo, Lee observou: "No passado, seria impensável que alguém como eu, candidato presidencial pelo meu partido e ex-primeiro-ministro e presidente do partido, viria para Washington como embaixador por outro partido, como o do presidente Kim. Mas agora, com o que a Coréia tem pela frente para superar a crise econômica, as diferenças entre mim e Mr. Kim são insignificantes. Não temos muitas opções." Como se diz "mesmo barco" ou "nado sincronizado" em coreano?

Manmohan Singh era ministro das Finanças da Índia, quando, em 1991, o país decidiu abandonar décadas de uma economia estatista, quase socialista, e vestir a Camisa-de-força Dourada. Em seu escritório no Parlamento Indiano, no verão de 1998, ele comentou comigo o seu sentimento de perda de controle, quando a Índia embarcou nesse rumo: "Sabíamos que havia vantagens no acesso aos mercados de capitais internacionais, [mas] a capacidade do governo de produzir e controlar foi encolhendo, à medida que a economia se abria para o mundo. Para quem opera numa economia globalizada, a percepção dos demais participantes é muito mais importante — não importa se estejam certos ou errados. Daí a necessidade de captar essas percepções e transformá-las em importante insumo do processo decisório... Vivemos num mundo em que os destinos estão interligados, mas os interesses e as aspirações [da Índia, especificamente] não são levados em consideração. Para quem opera uma política de taxa de juros ou uma política monetária, a sua atuação se transforma em mero complemento das decisões de Alan Greenspan. O grau de liberdade é limitado, mesmo nas políticas fiscais. Num mundo caracterizado pela mobilidade internacional do capital, não é possível adotar alíquotas tributárias muito diferentes das vigentes em outros países, e quando a mão-de-obra também se caracteriza pela mobilidade, é preciso manter-se alinhado com os níveis salariais dos outros países. Assim, reduziu-se a margem de manobra. Tenho um amigo de um país vizinho que também se tornou ministro das Finanças. No dia em que assumiu o cargo, telefonei para cumprimentá-lo. Sua resposta: 'Não me cumprimente. Sou apenas meio ministro. A outra metade está em Washington.'"

Nem todos os países vestem a Camisa-de-força Dourada de uma vez — alguns a colocam apenas em parte ou aos poucos (Índia, Egito). Outros a vestem e a despem (Malásia e Rússia). Outros ainda tentam ajustá-la às suas culturas específicas e a usam com alguns botões abertos (Alemanha, Japão e França). Alguns países se julgam capazes de evitar totalmente o desconforto da Camisa-de-força Dourada, uma vez que dispõem de recursos naturais, como o petróleo (Irã, Arábia Saudita). E finalmente outros são tão pobres e isolados, com um governo capaz de forçar o povo a aceitar a pobreza, que conseguem vestir o povo não com a Camisa-de-força Dourada, mas com a velha camisa-de-força convencional (Coréia do Norte, Sudão e Afeganistão).

Mas, com o tempo, os países enfrentam dificuldades cada vez maiores em evitar a Camisa-de-força Dourada. Sempre que menciono essa questão em alguma conferência, sobretudo para não-americanos, constato alguma versão da seguinte reação: "Não nos diga que temos que vestir uma camisa-de-força e nos conectarmos ao mercado global. Temos a nossa própria cultura, nossos próprios valores, e agiremos à nossa maneira e no nosso ritmo. A sua tese é excessivamente determinista. Por que motivo todos nós não seríamos capazes de nos reunirmos e concordar com um modelo diferente, menos restritivo?"

Ao que respondo o seguinte: "Não estou afirmando que vocês terão que vestir a camisa-de-força. E se as suas culturas e tradições sociais forem incompatíveis com os valores incorporados na camisa-de-força, certamente compreenderei essa dificuldade. Mas quero destacar o seguinte: o atual sistema de mercado global, o Mundo Rápido e a Camisa-de-força Dourada são o produto de poderosas forças históricas que reformularam em profundidade a maneira como nos comunicamos, como investimos e como vemos o mundo. Resistir a essas mudanças é problema de cada um. E assim deve continuar sendo. Mas não se iludam achando que é possível resistir a essas mudanças sem pagar um preço cada vez mais alto ou sem levantar barreiras cada vez mais altas."

Eis o motivo: os processos de democratização das finanças, da tecnologia e da informação não se limitaram a demolir os muros protetores dos sistemas alternativos — atingindo o Pequeno Livro Vermelho de Mao, o Manifesto Comunista, os Estados do bem-estar social da Europa Ocidental e o capitalismo clientelista do Sudeste da Ásia. Esses três processos de democratização também deram origem a uma nova fonte de poder no mundo — o que chamo de "Rebanho Eletrônico".

O Rebanho Eletrônico é composto por todos os operadores anônimos de ações, títulos e moedas, sentados em frente à tela dos computadores em todo o mundo, movimentando o dinheiro a cliques de *mouse*, dos fundos mútuos para os fundos de pensões e para os fundos dos mercados emergentes, ou negociando na Internet dentro de casa. E também consiste em grandes empresas multinacionais, que agora espalham suas fábricas por todo o mundo, transferindo-as constantemente para onde for possível produzir com o máximo de eficiência ao menor custo.

O rebanho cresceu exponencialmente, graças aos processos de democratização das finanças, da tecnologia e da informação — a ponto de hoje estar substituindo os governos como a principal fonte de capital para o crescimento das empresas e dos países. Para prosperar no atual sistema da globalização, o país não apenas precisa vestir a Camisa-de-força Dourada, como também conectar-se no Rebanho Eletrônico. O Rebanho Eletrônico adora a Camisa-de-força Dourada, pois ela incorpora todas as regras liberais, de livre mercado, que ele espera encontrar nos países. Aqueles que vestem a Camisa-de-força Dourada e a usam permanentemente são recompensados pelo rebanho com os investimentos de capital necessários ao crescimento. Os que não a vestem são punidos pelo rebanho — que evita o país ou dele retira o seu dinheiro.

A Moody's Investors Service e a Standard & Poors são os cães de caça do Rebanho Eletrônico. Essas agências de classificação de crédito rondam o mundo, farejando constantemente novos países. Devem latir alto quando deparam com um país tentando se livrar da Camisa-de-força Dourada (embora, às vezes, a Moody's e a S&P também percam o faro ou cedam à euforia, como no Sudeste Asiático, e só comecem a latir quando já for tarde).

Essa interação entre o Rebanho Eletrônico, os países e a Camisa-de-força Dourada situa-se no centro do atual sistema de globalização. Percebi esse fenômeno pela primeira vez em fevereiro de 1995, às vésperas da primeira visita do presidente Clinton ao Canadá. Na época, eu fazia a cobertura da Casa Branca e, preparando-me para a visita do presidente, estava atento aos artigos no *Financial Times* e em outros jornais, para ver o que os canadenses diziam antecipadamente sobre a visita do "Homem da Esperança". Fiquei intrigado ao constatar que não falavam, em absoluto, sobre o presidente americano. Ao contrário, comentavam sobre a visita recente ao Canadá do "Homem da Moody's". Na época, o Parlamento canadense estava debatendo o orçamento do país. Uma equipe da Moody's acabara de chegar a Ottawa e fazer um sermão para os legisladores e para o ministro das Finanças canadense. A equipe da Moody's lhes advertira que, se não reduzissem o índice do déficit em relação ao PIB para patamares mais compatíveis com os níveis e expectativas internacionais, a Moody's rebaixaria a sua classificação de crédito A-triplo e, em conseqüência, o Canadá e todas as empresas canadenses pagariam taxas de juros mais altas nos seus empréstimos internacionais. Para destacar esse ponto, o Ministério das Finanças canadense divulgou a seguinte declaração: "A simples magnitude da dívida externa canadense em relação ao tamanho da economia significa que o Canadá se tornou excessivamente vulnerável às tendências passageiras dos mercados financeiros globais. Sofremos perdas substanciais na nossa soberania econômica." Para os canadenses que talvez não tivessem percebido o aspecto mais importante da questão, o ministro das Finanças Paul Martin foi mais direto: "Estamos endividados até o pescoço." Não, os canadenses não estavam nem um pouco interessados no "Homem da Esperança". Eram o "Homem da Moody's" e o Rebanho Eletrônico que atraíam a sua atenção exclusiva.

De onde veio esse rebanho e como se transformou numa força tão formidável, a ponto de intimidar e enriquecer países como se fosse uma superpotência?

Capítulo 6
O Rebanho Eletrônico

Em setembro de 1997, o primeiro-ministro da Malásia, Dr. Mahathir Mohamad, utilizou a reunião do Banco Mundial em Hong Kong para denunciar os males da globalização, depois que a moeda e o mercado acionário da Malásia foram devastados pelos investidores globais e locais. Mahathir fulminou os "mentecaptos" que negociam com moedas e acusou as "Grandes Potências" e os financistas como George Soros de forçar os asiáticos a abrir os seus mercados domésticos aos especuladores globais e de manipular as suas moedas para destruí-los como concorrentes. Comparou os mercados de capitais globais de hoje com uma "selva de animais ferozes", e sugeriu que eram conduzidos por uma conspiração judia. Ao ouvir o discurso de Mahathir, tentei imaginar o que o secretário do Tesouro dos Estados Unidos Robert Rubin, que estava na audiência, teria dito ao líder malaio, se de fato pudesse falar com franqueza. Imaginei que talvez fosse algo assim:

"Ah, desculpe, Mahathir, mas em que planeta você vive? Você fala em participar da globalização como se fosse uma opção. A globalização não é uma escolha. É a realidade. Hoje, existe apenas um mercado global, e a única maneira de crescer à velocidade desejada pelo seu povo é por meio do aproveitamento dos mercados globais de ações e títulos, da busca de empresas multinacionais que invistam no país, e da venda da produção das suas fábricas no sistema comercial global. E a verdade mais elementar sobre a globalização é a seguinte: *Ninguém está no comando* — nem George Soros, nem as 'Grandes Potências', nem eu. Não desencadeei a globalização. Não posso interrompê-la e tampouco você — senão a um custo enorme para a sua sociedade e para as suas perspectivas de crescimento. Você continua procurando alguém a quem se queixar, alguém que desafogue os seus mercados, alguém a quem culpar. Bem, adivinha, Mahathir, não há ninguém do outro lado da linha! Sei que é difícil aceitar. É como dizer às pessoas que Deus não existe. Todos queremos acreditar que alguém está no comando e é o responsável. Mas o mercado global de hoje é um Rebanho Eletrônico de investidores anônimos em ações, títulos e moedas, interconectados por telas e redes. E, Mahathir, não banque o burro comigo. Todos sabemos que o seu Banco Central perdeu US$ 3 bilhões especulando com a libra britânica, em princípios dos anos 90 — portanto, não me venha dar uma de inocente. O Rebanho Eletrônico não dá moleza pra ninguém. *Ninguém.* Não reconhece as circunstâncias exclusivas de ninguém. O rebanho conhece apenas as suas próprias regras. Mas as regras do rebanho são bastante coerentes — são as regras da Camisa-de-força Dourada. Agora, o rebanho pasta em 180 países, Mahathir, e não tem tempo de ficar olhando para você, em detalhe, o tempo todo. Faz julgamentos rápidos sobre quem está respeitando as regras, e recompensa generosamente os países que atuam de maneira transparente. O rebanho odeia surpresas. Durante anos, a Malásia pareceu observar as regras, e atraiu volumes maciços de investimentos diretos e de investimentos em portfólios, possibilitando que você aumentasse a renda *per capita* do seu país de US$ 350 para US$ 5 mil em duas décadas. Mas quando você começou a desrespeitar as regras, endividando-se excessivamente e depois construindo demais, o rebanho debandou. Será que você realmente precisava construir as duas torres de escritórios mais altas do mundo? Você já alugou pelo menos a metade do espaço disponível? Acho que não. E então o rebanho passou por cima de você e o deixou como carniça de estrada. O Índice KLCI, o seu Dow Jones, caiu 48% em 1997, e a sua moeda despencou numa baixa recorde de 26 anos. Mas, nessas situações, não adianta pedir clemência ao rebanho, não adianta acusar o rebanho de 'conspiração judia'. O importante é levantar-se, sacudir a poeira, vestir a Camisa-de-força Dourada um pouco mais apertada, e retomar o rumo do rebanho. Sem dúvida, não é justo. De algum modo, o rebanho o atraiu para esse problema: ofereceu-lhe todo esse dinheiro barato, você o tomou e construiu represas demais, fábricas demais e escritórios demais. Porém, eis o que é realmente assustador, Mahathir: *O rebanho não é infalível.* Ele também comete erros. Reage em excesso e atira longe demais. No entanto, se os fundamentos forem essencialmente sólidos, o rebanho sabe reconhecê-los e acaba voltando. O rebanho nunca é estúpido por muito tempo. No final, sempre reage de modo favorável à boa governança e à boa gestão econômica. Ei, a América também sofreu flutuações semelhantes, quando era um mercado emergente, com os ciclos de prosperidade e depressão das nossas ferrovias. Você precisará gerenciá-los e instalar tantos amortecedores de choque quanto possível. Rastreio os movimentos do rebanho todos os dias na tela da Bloomberg, junto à minha mesa. As democracias votam nas políticas governamentais a cada dois ou quatro anos. Mas o Rebanho Eletrônico vota a cada minuto de cada hora de cada dia. A qualquer hora que você queira saber, o rebanho lhe dirá exatamente qual a sua aparência na Camisa-de-força Dourada e se ela está lhe caindo bem ou não. Sei que você me considera o todo-poderoso secretário do Tesouro dos Estados Unidos. Mas, Mahathir, eu vivo como você — apavorado com o Rebanho Eletrônico. Aqueles idiotas da mídia sempre me colocam nas primeiras páginas, como se eu estivesse de fato no comando, e eu fico sentado aqui, aterrorizado com a hipótese de que nosso Congresso se recuse a conceder poderes ao presidente para expandir o livre comércio, ou estoure o limite orçamentário, e o rebanho se volte contra mim e pisoteie o dólar e o Dow. E vou lhe contar um pequeno segredo, Mahathir, não o revele a ninguém. Nem tenho mais um telefone na minha mesa, pois sei melhor do que ninguém: *Não há a quem recorrer.*"

Gostemos ou não, o meu secretário do Tesouro imaginário basicamente está dizendo a verdade. Os países não prosperarão no mundo de hoje se não se conectarem ao Rebanho Eletrônico. E não sobreviverão se não aprenderem a extrair o melhor desse rebanho, sem se sentirem afrontados ou chocados pelos seus movimentos inevitáveis. O Rebanho Eletrônico é como um fio de alta voltagem que entra na sua casa. Nas épocas normais, o aquecerá, iluminará o seu lar e suprirá boa parte das suas necessidades de energia. Mas se você não dispuser dos reguladores de voltagem e dos protetores de oscilação adequados, e ocorrer de repente uma alta ou baixa muito acentuada, talvez você leve um choque de alta tensão e acabe carbonizado.

O Rebanho Eletrônico de hoje consiste em dois grupos básicos. Chamo um grupo de "Reses de Chifre Curto". São todos aqueles que participam da compra ou venda de ações, de títulos e de moedas em todo o mundo e são capazes de movimentar o dinheiro, e freqüentemente de fato o movimentam, com muita rapidez e com prazos muito curtos. As reses de chifre curto são os operadores de moedas, os grandes fundos mútuos e de pensões, os fundos de *hedge*, as seguradoras, as salas de operações dos bancos e os investidores individuais. Incluem todos da Merrill Lynch, do Crédit Suisse, do Fuji Bank, de outros semelhantes e do *site* da Charles Schwab na Internet, onde qualquer um com um PC e um modem tem condições de negociar *online* dentro de casa.

Denomino o outro grupo "Reses de Chifre Longo". São as multinacionais — as General Electrics, as General Motors, as IBMs, as Intels, as Siemenses — que, cada vez mais, realizam investimentos externos diretos, para a construção de fábricas no mundo inteiro; ou fazem acordos e alianças de longo prazo, com empresas no mundo inteiro, para a produção ou montagem dos seus produtos. Chamo-as de reses de chifre longo porque se envolvem em compromissos de longo prazo quando investem num país. Mas, hoje, até mesmo essas reses entram e saem dos países, como rebanho, com uma velocidade surpreendente.

Embora o Rebanho Eletrônico tenha nascido e crescido durante a era da Guerra Fria, seus membros nunca foram capazes de reunir massa crítica, desenvolver velocidade ou chegar àqueles sistemas excessivamente regulamentados e cercados de muros. A maioria dos países mantinha controles de capitais (pelo menos durante os anos 70), de modo que o capital não se movimentava além-fronteiras, como é possível hoje, na era da globalização. Assim, era muito mais difícil reunir o rebanho global. Nas economias relativamente fechadas do sistema da Guerra Fria, anterior aos anos 70, a política monetária do governo dominava completamente o ambiente das taxas de juros e a política fiscal do governo era de longe o instrumento dominante para estimular o crescimento. Do mesmo modo, durante a Guerra Fria, os governos dos Estados Unidos e da União Soviética podiam justificar com facilidade a tributação pesada da política fiscal usando como desculpa a Guerra Fria: "Precisamos dos dólares dos impostos para combater o inimigo, colocar um homem na Lua e construir uma nova malha rodoviária que possibilite a rápida movimentação dos nossos exércitos." Ao mesmo tempo, muitos países em desenvolvimento se livravam das dificuldades mamando nas tetas das superpotências — ou seja, os Estados Unidos, a União Soviética e a China — ou das instituições internacionais de empréstimo — para financiar uma represa, sustentar um exército ou construir uma rodovia. E como os cidadãos desses países em desenvolvimento não eram tão bem informados quanto hoje sobre como viviam as pessoas nas outras partes do mundo, estavam mais dispostos a tolerar os padrões de vida mais baixos resultantes de uma economia relativamente fechada.

Mas, com a gradual eliminação dos controles de capital nos anos 70; com os processos de democratização das finanças, da tecnologia e da informação; com o fim do sistema da Guerra Fria e a queda dos muros em todo o mundo, de repente surgiu na paisagem uma vasta planície global, por onde pastavam com liberdade os rebanhos dos investidores dos mais diferentes países. Nessas amplas planícies abertas, que mais tarde se estenderam até o ciberespaço, os Rebanhos Eletrônicos realmente tinham condições de pastar, crescer, reproduzir e, finalmente, formar os poderosos Supermercados.

Os Supermercados são os megamercados de Tóquio, Frankfurt, Sydney, Cingapura, Xangai, Hong Kong, Bombai, São Paulo, Paris, Zurique, Chicago, Londres e Wall Street. Esses são os locais onde as maiores reses do Rebanho Eletrônico se reúnem, trocam informações, executam as suas negociações e emitem ações e títulos para diferentes empresas, que servem de alimento para todo o rebanho. De acordo com Saskia Sassen, especialista em globalização da Universidade de Chicago, em fins de 1997, 25 Supermercados controlavam 83% do capital acionário sob gerenciamento institucional e respondiam por cerca de metade da capitalização de mercado global — algo em torno de US$ 20.9 trilhões (*Foreign Affairs*, janeiro de 1999).*

---

* Capitalização de mercado de uma empresa é o valor de mercado total das ações ordinárias em circulação. Ações em circulação são as ações emitidas menos as ações em tesouraria. A capitalização de mercado é calculada pela multiplicação da quantidade de ações em circulação pelo preço de mercado corrente da ação. (N.T.)

Esse Rebanho Eletrônico e os Supermercados onde eles se reúnem para se alimentar e procriar se transformaram em importantes atores internacionais no sistema da globalização. Embora não tenham poderes para declarar guerra e invadir países, como os Estados soberanos, eles são capazes, sob muitos aspectos, de modelar o comportamento dos Estados soberanos. E esse é o motivo pelo qual argumentei que, enquanto o sistema da Guerra Fria se baseava no equilíbrio entre os Estados, o sistema da globalização se fundamenta não só no equilíbrio dos Estados entre si, como também no equilíbrio entre os Estados, o Rebanho Eletrônico e os Supermercados.

Desde a invenção do cabo transatlântico, na era da globalização anterior à Primeira Guerra Mundial, algum tipo de rebanho eletrônico sempre esteve em atuação no cenário mundial, mas durante a Guerra Fria a sua participação nunca foi tão importante quanto hoje. A mudança no desempenho do rebanho de hoje é mais uma diferença de intensidade do que de natureza. Como resultado da globalização, o atual Rebanho Eletrônico — tanto as reses de chifre curto como as reses de chifre longo — combinam tamanho, velocidade e diversidade num grau nunca visto na História. Um rato e um *Tyrannosaurus rex* têm cauda. O prolongamento da coluna vertebral de ambos é denominado "cauda". Mas quando os dois sacodem a cauda, os impactos de cada um sobre o mundo à sua volta são muito diferentes. O rebanho, na primeira era da globalização, foi como a cauda do rato. O Rebanho Eletrônico de hoje é como a cauda do *Tyrannosaurus rex*, que, ao sacudir, provoca alterações radicais no mundo ao seu redor. Este capítulo explica como o rebanho se transformou em fonte abundante de crescimento econômico e, ao mesmo tempo, em força avassaladora e aterrorizante, capaz de derrubar governos a uma simples mudança de humor.

As Reses de Chifre Curto

O fator mais impressionante sobre as reses de chifre curto é a incrível diversidade de produtos financeiros que hoje lhes serve de alimento. A enorme variedade de ações e títulos, de mercadorias e de contratos futuros, de opções e derivativos, em oferta por uma grande quantidade de países e mercados em todo o mundo significa que hoje é possível apostar em quase tudo. De fato, quando olho para os embornais do Rebanho Eletrônico de hoje, sempre me lembro daquela cena do musical *Guys and Dolls*,* em que Nathan Detroit quer apostar com Sky Masterson se Mindy's vende mais queijadinhas ou folheados. A cena é a seguinte:

Nathan Detroit: "Gostaria de saber. Sem pensar, você diria que a Mindy's vende mais queijadinhas ou folheados?"

Sky diz que, seguindo sua própria preferência, ele acharia que a Mindy's vende mais queijadinhas do que folheados. A seqüência é um diálogo espirituoso sobre o quanto Sky estaria inclinado a apostar nas queijadinhas em relação aos folheados — enquanto Nathan, que já conferiu na cozinha e sabe que os folheados vendem mais do que as queijadinhas, tenta convencer Sky a aplicar o dinheiro com base no estômago. Mas Sky Masterson era um homem que adorava apostar. Normalmente, apostaria em *spreads*** de queijo com a mesma rapidez com que um operador da Salomon Brothers apostaria em *spreads* de taxas de juros. Mas Sky fareja alguma armação. Nathan está muito ansioso para fazer uma aposta de US$ 1 mil. Assim, em vez de aceitar a aposta, Sky lhe oferece alguns conselhos. "Nathan, vou contar-lhe uma história", diz. "No dia em que saí de casa para ganhar a vida, meu pai me chamou de lado. 'Filho', começou meu pai, 'lamento não ter condições de lhe dar dinheiro suficiente para muita coisa. Mas, como não tenho muita grana para ajudá-lo, gostaria de lhe passar alguns conselhos muito valiosos. Qualquer dia, nas suas viagens, alguém vai lhe mostrar um baralho novo em folha, com o selo ainda intacto. Então, essa pessoa vai querer apostar com você que fará o valete de espadas saltar do baralho e espirrar cidra na sua orelha. Mas, filho, não aceite a aposta, pois, tão certo quanto estamos aqui, você vai terminar com a orelha cheia de cidra.' Agora, Nathan, não estou insinuando que você andou espionando as queijadinhas da Mindy's..."

Nathan: "Nunca faria uma coisa dessas."

Sky: "No entanto" (tapando com as mãos a gravata-borboleta de Nathan), "se você está realmente à procura de emoções, aposto os mesmos

---

* Musical da Broadway (1950), de Frank Loesser (1910-1969). (N.T.)

** Diferencial entre taxas ou preços, como, por exemplo, entre as taxas de captação e de aplicação ou entre os preços de contratos futuros em meses diferentes ou entre mercadorias diferentes. Posição assumida em duas ou mais opções ou contratos futuros, de modo a lucrar com as variações nos preços relativos. (N.T.)

mil dólares que você não consegue dizer a cor da gravata que está usando. Quer apostar?"

Nathan: "Nada de apostas."

E então, olhando para a sua gravata-borboleta, Nathan exclama: "Bolinhas! Em todo o mundo, ninguém, a não ser Nathan Detroit, torraria mil dólares em bolinhas!"

Bem, Se Nathan e Sky estivessem em cena hoje, provavelmente poderiam comprar um título baseado na venda de queijadinhas e folheados na Mindy's. E também é quase certo que contariam com um instrumento financeiro personalizado para fazer o *hedge* das suas apostas, não importando que pusessem o dinheiro nas queijadinhas, nos folheados ou nas bolinhas. Em conseqüência da democratização das finanças e do surto de securitizações, quase tudo hoje pode ser transformado em títulos, ou *securitizado*. É até possível emitir títulos lastreados em si mesmo e nos próprios talentos exclusivos, como fez o cantor David Bowie, que levantou US$ 55 milhões, em 1997, por meio de títulos Bowie, garantidos pela projeção dos seus *royalties*. *The New York Times* disse tudo na manchete: "Você também pode ser AAA."

Minha amiga Lesley Goldwasser, uma das principais operadoras de títulos da Wall Street, é especialista em converter em títulos filmes cinematográficos ainda na fase do projeto. Ela explica como a coisa funciona: "Suponha uma companhia de crédito hipotecário em Minneapolis, com 100 empréstimos hipotecários no mercado local. Esses 100 empréstimos hipotecários representaram uma saída de caixa de US$ 100 milhões para a companhia de crédito hipotecário e proporcionam uma entrada de caixa de US$ 1 milhão por mês em recebimentos de principal e juros. A companhia hipotecária poderia reunir num único pacote todos os empréstimos hipotecários e, com base neles, emitir títulos que seriam vendidos a US$ 1 mil. A vantagem para a empresa financeira é a recuperação imediata dos US$ 100 milhões, sem precisar esperar o pagamento de todos os empréstimos hipotecários, ao longo dos próximos 30 anos. As vantagens para os donos dos títulos são a remuneração e o resgate dos títulos com o fluxo de caixa proveniente do principal e dos juros pagos pelos credores hipotecários, com as taxas de juros um pouco mais elevadas do que as dos mercados financeiros e das contas de poupança. Além disso, os títulos serão garantidos pelos imóveis e como, em geral, cada pacote envolve centenas de devedores, as probabilidades são de que, mesmo com a inadimplência de uns poucos, a maioria liquide os empréstimos sem maiores problemas. Então, o pessoal descobriu que, se era possível empacotar hipotecas para a compra da casa própria, também seria possível empacotar filmes de Hollywood, mesmo ainda no projeto. Imagine uma empresa cinematográfica que não tenha qualquer classificação de crédito. O banco de investimento empacotaria dez projetos cinematográficos. Nem mesmo seria necessário que já estivessem na fase de produção. Bastaria que se encontrassem em andamento. Com base em precedentes históricos, seria feita uma análise do desempenho provável dos dez filmes: um será um estouro de bilheteria, outro será um grande sucesso, dois proporcionarão resultados razoáveis, quatro ficarão no ponto de equilíbrio e dois serão grandes fracassos. Com base nessa análise de probabilidades, estima-se a receita da empresa cinematográfica num período de cinco anos. Suponha que a produção dos filmes custará US$ 500 milhões, com uma expectativa de receita total de US$ 600 milhões. Nesse caso, o banco de investimento adiantaria para a empresa cinematográfica US$ 400 milhões, a uma taxa de juros igual à do título do Tesouro dos Estados Unidos, mais 1% ou 2%. A empresa cinematográfica terá que entrar com US$ 100 milhões de capital próprio para completar os custos de produção. Em seguida, os US$ 400 milhões emprestados à empresa cinematográfica serão fatiados em títulos de US$ 1 mil cada um, para serem distribuídos ao público. Os juros e o principal dos títulos serão pagos com a receita proveniente dos filmes. Rapidamente, a empresa cinematográfica, que não tinha classificação de crédito e possuía apenas um pequeno capital próprio, consegue um financiamento que nunca obteria junto aos bancos comerciais, e o investidor contribui com uma parcela desses recursos, recebendo um rendimento um pouco mais elevado do que o oferecido pelas aplicações mais convencionais. É assim que funciona. Qualquer atividade que gere um fluxo de caixa estatisticamente previsível, durante um certo período de tempo, pode ser transformada em títulos."

E não importa que sejam vendas de queijadinhas da Mindy's, empréstimos hipotecários para a casa própria, contas a receber de cartões de crédito, contas a receber duvidosas, financiamentos de automóveis, empréstimos comerciais, reconstrução do *Titanic*, dívidas de empresas brasileiras, títulos do Tesouro libanês, financiamentos para a General Motors ou o fluxo de rendimentos do roqueiro David Bowie. Quanto menores os controles de capitais entre os países, mais aumentam as ofertas de venda de qualquer coisa, sob a forma de ações, títulos e derivativos. Esse movimento rumo à securitização de tudo "alterou profundamente a natureza dos mercados de crédito", afirma o economista veterano da Wall Street Henry Kaufman. É fácil entender os motivos. Nos velhos tempos, o empréstimo hipotecário, o financiamento do carro, as dívidas do cartão de crédito e as apólices de seguro dos seus pais, e até mesmo o empréstimo do banco dos seus pais ao governo brasileiro, nunca foram negociados no mercado aberto. Eram mantidos na contabilidade dos bancos ou das seguradoras pelo valor nominal original e permaneciam como ativos nessas instituições, até a data do vencimento. Mas, durante os anos 80, todas essas transações foram securitizadas, empacotadas e vendidas como títulos para você, para mim e para a Tia Bev, passando a ser negociadas nos mercados, a preços que flutuavam diariamente, dependendo do desempenho aparente desses títulos, das condições econômicas gerais e da sua taxa de retorno, em comparação com as de outros ativos. O efeito líquido, segundo Kaufman, é que essa securitização lançou no mercado, literalmente, trilhões de dólares em ativos — que nunca foram negociados antes ou que jamais se pensou em transformar em títulos — "para o brilho ofuscante das circunstâncias do mercado em transição". A conjugação de todos esses fatores trouxe para os mercados uma incrível diversidade — proporcionando ao Rebanho Eletrônico pastagens muito mais férteis do que no passado — e acrescentou um fator de flutuação a ativos nunca antes negociados.

Os mais capazes de contar essa história são os principais touros do Rebanho Eletrônico. Eles se lembram de como era pastar nos velhos tempos dos campos cercados da Guerra Fria. Leon Cooperman, ex-diretor de pesquisas da Goldman Sachs, e agora gerente de um fundo de *hedge* na sua própria empresa, a Omega Advisors, comentou comigo em 1998: "Durante toda a minha carreira na Goldman Sachs — de 1967 a 1991 — nunca tive uma ação de empresa estrangeira ou um título de mercado emergente. Agora, tenho centenas de milhões de dólares na Rússia, Brasil, Argentina e Chile, e me preocupo constantemente com a taxa de câmbio dólar-iene. Todas as noites, antes de dormir, consulto a cotação dólar-iene e verifico o andamento dos índices

Nikkei e Hang Seng. Temos apostas em todos esses mercados. Exatamente neste momento, o Paul, lá naquela mesa", (e aponta para um dos seus operadores, que está observando um dispositivo manual que lhe proporciona em tempo real as cotações das principais ações e títulos), "está comprado* em dólares canadenses. Temos apostas em todos os lugares. Não estaria preocupado com nada disso há 20 anos. Hoje, preocupo-me com tudo."

Cooperman puxa um exemplar do dia do *Wall Street Journal* e começa a ler as diferentes apostas possíveis: "Vamos ver aqui... os eurodólares, os títulos do Tesouro dos Estados Unidos, os S&P futuros, a libra inglesa, a soja, o óleo para aquecimento, os títulos de Cingapura, os títulos da Venezuela, o NASDAQ 100, o índice do Japão, o índice Dow, os fundos mútuos, os títulos das empresas de serviços públicos, os títulos de alto rendimento, os títulos das empresas..." Minutos depois, quando me levanto para ir embora, ele ainda está lendo a lista.

Essa diversidade de instrumentos e de oportunidades de investimento tem sido uma dádiva divina para os países em desenvolvimento e para as empresas, possibilitando taxas de crescimento até então inimagináveis. A revista *The Economist* já observou: "Os países pobres, com grandes necessidades de investimento, não estão mais impedidos pela falta de capital. Os poupadores não estão mais limitados aos mercados domésticos, sendo capazes [agora] de buscar em todo o mundo as oportunidades de investimento que proporcionem os mais altos retornos" (25 de outubro de 1997). Hoje, qualquer grande grupo de fundos mútuos dos Estados Unidos oferece pelo menos uma oportunidade de investimento em "mercados emergentes" exóticos.

Quando se têm tantos produtos diferentes, com tamanha disponibilidade de informação, a velocidades tão elevadas, a capacidade de conquistar um trunfo em relação à competição e de aproveitar oportunidades antes de qualquer outro fica cada vez menor. Assim, os investidores precisam praticar todos os tipos de ginástica para encontrar aquele pequeno algo mais que significaria passar à frente, discretamente, do restante do mercado.

---

* Estar *comprado* ou assumir um *posição comprada* (*long*) em alguma coisa significa dispor do objeto, lucrando *se o preço subir*. É a situação mais comum. Estar *vendido* ou assumir uma *posição vendida* (*short*) significa não dispor do objeto e efetuar uma *venda a descoberto*, que depende de uma compra posterior. Nesse caso, o investidor lucra *se o preço cair*. (N.T.)

"Quando entrei na Goldman Sachs, em 1967", recorda-se Cooperman, "era o chefe de pesquisa e contratava analistas. Naquela época, o analista típico cobria 75 empresas e, talvez, seis diferentes setores. Recentemente, eu conversava com um dos analistas que contratei naquela época e ele me contou que estava tremendamente sobrecarregado, pois cuidava de 12 empresas. Ri. Só 12 empresas? Mas hoje é preciso analisar essas empresas com tanta profundidade para se identificar algum trunfo que se gasta todo o tempo. O mesmo acontece com as informações econômicas. [Nos velhos tempos], quando o governo divulgava os números sobre os níveis do emprego, tudo que víamos era a taxa de desemprego. Depois, fomos um pouco além daquele número genérico, para analisar as folhas de pagamento — os salários totais estão subindo ou descendo? — pois isso talvez fosse o indício de alguma coisa [em que apostar]. Em seguida, chegamos ao detalhe da composição dos números das folhas de pagamento. Quem aumentou e quem diminuiu e o que extrair dessas constatações? Agora, o volume de trabalho necessário para se desenvolver alguma vantagem que resulte em dinheiro é muito maior."

Conheço um operador de fundo de *hedge* que passa horas esmiuçando os relatórios meteorológicos! O objetivo, explicou-me, "é encontrar tendências não-convencionais e descobrir o seu impacto potencial sobre os dados econômicos. Por exemplo, o fato de não termos tido inverno em 1998 talvez tenha causado a ilusão de uma economia mais forte do que realmente é o caso; assim, preciso descobrir um meio de usar esse conhecimento para fazer determinada aposta nos rumos prováveis das taxas de juros. Ou considere o fato de terem ocorrido terríveis deslizamentos de terra na Costa Oeste, exatamente no momento em que os dados econômicos estavam sendo levantados pelo governo, para a elaboração das principais estatísticas, como o índice de preços ao consumidor. Como esses dados econômicos só interessam na margem, alguns deslizamentos de terra, na época certa, num grande estado como a Califórnia, às vezes produz diferenças nas estatísticas. Assim, talvez eu pensasse: 'Puxa, a ação da Home Depot, que vende todos os tipos de produtos para construção e reparos em residências, provavelmente se beneficiará com os deslizamentos de terra e com os tornados.' Ou é possível que eu atentasse para a ocorrência de uma forte tempestade de neve na semana em que o governo estava reunindo os números sobre o desemprego. E que essa constatação me levasse à conclusão da existência provável de uma distorção temporária nesses números. Todos estariam esperando, de fato, a criação de 250 mil novos empregos fora do setor agrícola, mas, por causa do tempo, o número realmente caiu para 150 mil novos empregos, sugerindo que a economia estaria em desaceleração e perdendo o vigor, ao contrário do que se supunha; mas a conclusão não seria verdadeira, pois a anomalia no tempo se refletira nos números. Mas como os números se apresentaram daquela forma, sabemos que o raciocínio provável seria no sentido da redução do ritmo da atividade econômica, com a queda das taxas de juros, o que seria bom para os títulos. Assim, talvez fosse o caso de assumir uma posição comprada em títulos, na expectativa dos números do desemprego — apenas com base nos relatórios meteorológicos — reforçá-la quando os números sobre a criação de empregos se apresentarem abaixo das expectativas, mas vendê-la rapidamente, logo depois, antes da divulgação dos números do mês seguinte, pois eles revelarão que os números do mês anterior foram atípicos devido ao clima. É a oportunidade de ganhar alguma grana, apenas com base no relatório meteorológico. Seria possível utilizar o clima do mesmo modo para especular nos mercados futuros de petróleo, eletricidade, gás natural, índices de preços, taxas de juros, trigo, soja, gasolina, gasolina sem chumbo, suínos, cobre, ouro, prata..."

Tantos mercados, tantas informações e tão poucas vantagens. Assim, quando tudo falhar, não procure o seu corretor, procure o meteorologista.

Para ganhar dinheiro nesses mercados, as reses de chifre curto precisam de algo mais além daquele fiapo de vantagem: precisam efetuar apostas cada vez maiores em cima dos pequenos trunfos. Imagine um bilhão de dólares equilibrados numa cabeça de alfinete e você pode ter uma idéia da situação. Essa é, em geral, a proeza dos gestores de fundos que exploram produtos de negociação exóticos — *swaps*, contratos futuros, contratos a termo, opções, derivativos e indexações — e que elevam mais ainda as suas posições, levantando dinheiro mediante empréstimos, além do fornecido pelos investidores, de modo que amplie as suas apostas: é o que se chama alavancagem. Esse fato contribuiu para o enorme aumento nos volumes de transações que agitam o mundo todos os dias. Assim, hoje, quando os gestores de fundos ganham, os ganhos são muito, muito grandes; e quando perdem, as perdas são muito, muito grandes. Esse é o motivo pelo qual, nos últimos anos, temos visto uma grande corretora (a Barings foi a mais importante) se afundar, com a aposta de um único operador alavancado. Esse também é o fator que potencializa as oscilações da cauda do *Tyrannosaurus rex*. Um amigo meu, de um dos grandes bancos de investimento dos Estados Unidos, me contou que um dos clientes do banco era um fundo de *hedge* com US$ 200 milhões de capital próprio. No entanto, através do milagre da alavancagem, esse fundo de *hedge* adquirira US$ 900 milhões em títulos da Rússia e US$ 5 bilhões em títulos Sallie Mae (resultantes do pacote de créditos educativos). Com o desastre da Rússia em agosto de 1998, esse fundo de *hedge* perdeu praticamente todos os seus investimentos naquele país. Qual foi a sua reação? Vendeu, de repente, uma grande posição em títulos de empréstimo aos estudantes americanos, para pagar as suas perdas na Rússia, provocando a queda em parafuso, durante algum tempo, dos Sallie Mae, e destruindo algumas das posições do meu amigo nesse mercado, que provavelmente não tinha nada a ver com os problemas da Rússia.

Mas a diversificação não ocorreu apenas com o embornal. O próprio rebanho, principalmente o grupo das reses de chifre curto, se tornou muito mais diverso. Como observa Kaufman: "O peso relativo das instituições financeiras tradicionais, como os bancos comerciais, as associações de poupança e empréstimo e as companhias de seguros, diminuiu. Em compensação, uma nova geração de instituições ocupou a cena. Essas instituições se distinguem pela ênfase no desempenho dos investimentos de curto prazo, pelo recurso intenso à alavancagem e pela capacidade de entrar e sair dos mercados de ações, títulos, moedas e mercadorias, sempre buscando os retornos mais elevados." O mais notável desses novos participantes são os chamados fundos de *hedge*, que agregam grandes volumes de dinheiro dos indivíduos e instituições ricos, multiplicam esses volumes com empréstimos bancários, e efetuam apostas de alto risco e de alto retorno em moedas, ações e títulos em todo o mundo. Mas, nos últimos anos, observa Kaufman, muitos bancos comerciais, corretoras, bancos de investimento, companhias de seguros, tesourarias de multinacionais e até mesmo as salas de operações dos grandes bancos centrais do mundo sentiram necessidade de desenvolver operações próprias no estilo das negociações dos fundos de *hedge*. Não é raro que um grande banco de investimento atue como corretor das negociações de um fundo de *hedge* e também reproduza as transações do fundo de *hedge* nas suas operações com recursos próprios.

Evidentemente, quanto mais se derrubam as cercas, mais as reses se aventuram em áreas desconhecidas. Imagine algo mais ou menos assim: a instituição tailandesa Thai Farmers' Savings & Loan Bank recebe um telefonema dos escritórios em Bangcoc do First Global Investment Bank, com sede nas Ilhas Caimã, dizendo o seguinte: "Caras, vocês realmente deveriam comprar títulos da Rússia. Estão pagando 20% e, mesmo com alguma desvalorização do rublo, vocês ainda ganhariam uma fortuna." De repente, o Thai Farmers' Savings & Loan Bank está com US$ 20 milhões em títulos da Rússia nos seus livros contábeis, e quando os títulos russos vão para o brejo, aquele banco cujo objetivo consistia em efetuar empréstimos para produtores de arroz tailandeses também afunda junto. O mundo ficou chocado e surpreendido com a quantidade de bancos coreanos que detinham títulos russos, quando, em 1998, a Rússia começou a entrar em colapso. Quando o crédito se torna muito fácil, a tendência é que os "mentecaptos marginais", aqueles que nunca obteriam financiamento num período mais conservador ou de recessão, se tornem capazes de levantar dinheiro junto a investidores e bancos, fazendo suas apostas junto com os jogadores mais sérios. Esses mentecaptos marginais acentuam ainda mais as oscilações nos mercados globais.

Além disso, com os Supermercados tornando os investimentos globais tão rápidos e fáceis, qualquer um agora é capaz de movimentar o seu dinheiro pelo computador doméstico, utilizando alguns *sites* de corretagem impressionantes da Internet. No entanto, justamente pelo fato de os investimentos globais terem ficado tão mais fáceis e acessíveis, as pessoas talvez imaginem que qualquer mercado do mundo funciona como a Wall Street. O vice-secretário do Tesouro Larry Summers gosta de dizer: "Quando se constroem melhores rodovias, as pessoas tendem a dirigir em maior velocidade. E, na realidade, mais pessoas acabam morrendo em acidentes nas novas rodovias, por superestimarem as condições de segurança e acabarem dirigindo em velocidades muito superiores aos limites da prudência."

E então o First Global Investiment Bank telefona para o Thai Farmers' Savings & Loan e diz: "Na verdade, vocês deveriam investir em títulos turcos. Ganhariam uma nota, de uma hora para a outra." Os banqueiros tailandeses responderiam: "Os títulos turcos estão pagando 25%, não é? Não sabíamos que os turcos tinham um mercado de títulos. Bem, vamos aplicar alguns milhões, como vocês estão sugerindo." Mas aqui está o perigo. Quando se ouve falar que "os turcos têm um mercado de títulos", imediatamente se pensa: "Bem, Wall Street tem um mercado de títulos, Frankfurt tem um mercado de títulos, Tóquio tem um mercado de títulos, e agora a Turquia tem um mercado de títulos. Que bom!" Mas ainda que o mercado de títulos turco produza os sons de um mercado, ande como um mercado e pareça um mercado, ele em nada se assemelha ao mercado de títulos da Wall Street. E chega-se a essa conclusão quando os títulos turcos caem e se tenta vendê-los. Nesse momento, descobre-se que, por ser um mercado tão pequeno, basta que alguns grandes participantes queiram vender seus títulos, para que não haja compradores suficientes, para que o mercado perca a liquidez nos períodos de baixa e, portanto, fique sem saída. Como observa Kaufman, a globalização dos mercados cria a ilusão de que todos os mercados "são eficientes, líquidos e simétricos" e que cada mercado se caracteriza pela transparência e pela ampla disponibilidade de informações. Longe disso. Basta pensar no seguinte: o valor total de todas as ações da Microsoft hoje gira em torno de US$ 380 bilhões. Assim, as ações de uma única empresa americana valem mais do que a totalidade das ações dos mercados acionários de todos os mercados emergentes do mundo.

O jogo de hoje não conta apenas com maior quantidade de "grandões". Os "pequeninos" também são muito mais numerosos. Em 1980, 4,6 milhões de famílias americanas tinham ações em fundos mútuos. Hoje, de acordo com o Investment Company Institute, mais de 60 milhões de americanos, de 37 milhões de famílias, estão investindo em fundos mútuos, diretamente ou através de planos de aposentadorias e pensões. Os ativos dos fundos mútuos dos planos de aposentadoria, como os do IRA,* cresceram

---

* *Individual Retirement Account* (conta de aposentadoria individual). Plano de aposentadoria americano, com benefícios fiscais, instituído originalmente em 1974, para pessoas não incluídas em planos de aposentadoria empresariais. (N.T.)

de US$ 412 bilhões, em 1992, para US$ 1.6 trilhão, em 1997. Cerca de 10% dos ativos desses fundos mútuos foram investidos em ações dos mercados globais. Pela primeira vez na história americana, tanto o Joe Six-Pack como o Billionaire Bob estão acompanhando pela CNBC o desempenho das suas ações. Na verdade, um comercial de 1998, da Charles Schwab, a corretora com descontos, mostra um casal de classe média, Marion e Rick, sentados num sofá, conversando sobre suas últimas férias de verão.

Marion: "Quando estávamos viajando pelo país, paramos num lugar em que tinham o Business Channel. Começamos a assistir e vimos que o mercado estava caindo. Dissemos que havia aquelas ações que queríamos comprar e telefonamos da estrada..."

Rick: "Telefonamos para a Schwab porque não tínhamos um *modem* no nosso *trailer*, e não podíamos negociar *online*. Onde estávamos?

Marion: "Utah."

Rick: "Utah?"

Marion: "Estávamos em Utah."

Rick: "Num telefone pago, falando com a Schwab."

Marion: "Tentando conseguir..."

Rick: "Comprando as ações. E estávamos meio empolgados. Puxa, conseguimos... Depois, voltamos para o *trailer* e seguimos viagem."

Marion: "E as compras deram certo."

Rick e Marion, bem-vindos ao Rebanho Eletrônico. Estou satisfeito de que tudo tenha dado certo, mas o fato é que a proliferação dos instrumentos de investimento tem atraído muitos Ricks e Marions para mercados inadequados. Não tenho condições de provar o que digo, mas acho que nunca antes na História tantas pessoas investiram tamanho volume de dinheiro em lugares que não conseguiriam encontrar no mapa. Como observa Leon Cooperman: "Nos últimos cinco anos, as pessoas que normalmente aplicavam as suas economias em títulos do Tesouro, para assegurar-se de que nunca perderiam aquela reserva, passaram a adquirir títulos de outras procedências. E aqueles que geralmente já compravam esses outros títulos, porque estavam dispostos a assumir um pouco mais de risco para obter um pouco mais de retorno, partiram para títulos dos mercados emergentes, de países como a Rússia e o Brasil; e os que normalmente já adquiriam títulos dos mercados emergentes agora investem em ações dos mercados emergentes. O que deverá acontecer, com certeza, é que muitos dos que subiram essa escada do risco perderão muito dinheiro e então terão que descer."

A integração global arrancou na frente da educação. Graças à globalização, todos nós, definitivamente, sabemos mais do que nunca "da existência" uns dos outros, mas ainda não sabemos tanto assim "sobre" os outros. O assustador é que a diversidade de reses no Rebanho Eletrônico se expandiu de tal forma que não é apenas o dentista de Nova Jersey que não compreende o que está ocorrendo; são também alguns sujeitos influentes, gerindo grandes fundos de mercados emergentes. Minha citação preferida sobre esse aspecto é a do gestor anônimo de um fundo de *hedge* que disse a Moisés Naím, editor da revista *Foreign Policy*, após a crise da dívida mexicana de 1995: "Entramos na América Latina sem saber nada sobre o lugar. Agora, estamos saindo, e continuamos não sabendo nada."

Embora estejamos tratando da diversidade do Rebanho Eletrônico, uma outra questão de importância crítica sempre deve ser levada em consideração: o rebanho não é apenas uma força externa. Não é composto somente de dinheiro estrangeiro, de investidores do exterior atuando pela Internet, e dos Supermercados distantes. Também abrange os residentes locais de vários países que se abriram para o rebanho. O poder do rebanho não está apenas no fato de que, quando se eliminam os controles de capital em determinado país, os estrangeiros se tornam capazes de ingressar com facilidade nos mercados locais e de comprar e vender moedas, ações e títulos. *Ao contrário, o poder do rebanho deriva sobretudo do fato de os residentes locais terem condições de sair com facilidade dos seus próprios mercados!* O maior segredo não revelado sobre o Rebanho Eletrônico é que a maioria dos estouros da boiada não se inicia com um fundo de *hedge* na Wall Street ou com um grande banco em Frankfurt. Começa com um banqueiro local, com um financista local ou com um gestor de fundos local, que retiram o dinheiro do país, convertendo a moeda local em dólares ou apostando contra a própria moeda local (posições vendidas) nos mercados a termo. O estudo do FMI, de 1998, "Hedge Funds and the Financial Market Dynamics", observou que as análises cuidadosas da crise do peso mexicano de

1994-95 mostraram que "os residentes locais, e não os investidores internacionais" desempenharam o principal papel na crise. Num mundo de mercados financeiros globalizados, o FMI concluiu o seguinte: os investidores estrangeiros que gerenciam portfólios com diversificação internacional talvez encontrem dificuldades em manter-se a par das condições vigentes num grande número de países. Quanto menor o mercado emergente, menores os incentivos para que os grandes investidores mantenham um acompanhamento constante. Em conseqüência, os residentes locais, desfrutando vantagem comparativa na obtenção e processamento de informações relevantes sobre aquele mercado, freqüentemente são os primeiros a assumir uma posição contra o câmbio fixo. E a desregulamentação dos mercados financeiros domésticos e das transações financeiras internacionais — que durante muito tempo inibiram o posicionamento dos investidores locais — tornou muito mais fácil a atuação mais dinâmica desses participantes. Em outras palavras, foram os financistas mexicanos *locais*, os especuladores indonésios locais e os banqueiros tailandeses locais que deflagraram a disparada contra as suas próprias moedas, ações e títulos — com o resto do Rebanho Eletrônico limitando-se a segui-los. Evidentemente, essa interpretação faz sentido, pois os agentes locais quase sempre estarão muito mais bem informados, através de contatos familiares, de amizade e de negócios, sobre a efetiva situação do país, e assim serão os primeiros a sair à procura de pastagens mais seguras. E hoje essas migrações são fáceis, sem a necessidade de contrabandear o dinheiro ou de conseguir que algum amigo abra uma conta bancária no exterior, como ocorria nos velhos tempos dos controles de capital.

Richard Medley, que faz análises de risco político e econômico para muitos bancos internacionais e fundos de *hedge*, contou-me que começou a alertar os clientes sobre uma possível reversão da situação nos mercados e moedas asiáticas cinco meses antes da sua efetiva ocorrência em 1997, não porque fosse um gênio, mas porque observava os rebanhos locais. "Meu primeiro ponto de investigação", explicou, "são as instituições financeiras locais que estão efetuando empréstimos em moeda estrangeira e não em moeda local. Se um banco tailandês não emprestar dinheiro a uma empresa tailandesa em baht tailandês, mas insistir, ao contrário, em emprestar dólares ou ienes, é porque sabe que alguma coisa não vai bem com a moeda tailandesa, que talvez não sustente o seu valor. É preciso confiar nesse tipo de evidências casuísticas, pois em muitos países as informações econômicas são retardatárias. Nas economias altamente personalizadas, como as da Ásia, sempre presumo que os residentes locais estão mais bem informados." O governo chinês tem relutado em tornar a sua moeda totalmente conversível, ao contrário dos países vizinhos, não porque tenha medo de não conseguir controlar os investimentos vindos do exterior, mas por temer que não seria capaz de controlar as transferências dos próprios chineses para o exterior. E tem razões para isso: já existe na China um enorme mercado negro de especulação contra a moeda chinesa. O jornalista de uma agência de notícias financeiras americana em Xangai me contou a sua conversa com um amigo chinês que se queixava da "conspiração" dos banqueiros ocidentais e dos fundos de *hedge*, ao venderem as moedas da Tailândia, Malásia, Coréia do Sul e Indonésia, durante a crise econômica asiática de 1997-98.

"Por que estão fazendo isso conosco?", perguntou o empresário chinês ao jornalista americano.

"Diga-me", respondeu o jornalista financeiro americano, "você converteu iuan (a moeda chinesa) em dólares, recentemente?"

"Sim, converti", reconheceu o empresário chinês. "Estou um pouco preocupado com a situação."

Lembre-se: nos estouros do Rebanho Eletrônico, a primeira rês da manada é sempre local.

O Rebanho Eletrônico não apenas está muito maior e muito mais diversificado do que em qualquer outra época, mas também se movimenta a velocidades muitíssimo mais elevadas. Joseph Sassoon, sócio do escritório londrino da Goldman Sachs, juntou-se ao Rebanho Eletrônico em 1982. "Naquele ano, em Londres, como estávamos cinco a seis horas adiante de Nova York, geralmente só sabíamos como fechou o Dow em Nova York quando chegávamos ao escritório, na manhã seguinte", contou-me. "Poucas pessoas tinham máquinas Quotron, o que era o nosso caso. A Goldman Sachs se considerou muito inteligente, na época, pois alguém em Nova York concluiu que podia pagar a um garoto para ir ao escritório de

Nova York às 3h30, horário local. O garoto tirava uma cópia das duas principais colunas do *Wall Street Journal*, 'Heard on the Street' e 'Abreast of the Market' — ambas contendo dicas sobre ações, que geralmente movimentavam o mercado — e as transmitia para Londres. Dessa forma, ganhávamos uma vantagem de quatro horas sobre todas as outras corretoras de Londres, de modo que tínhamos condições de oferecer aos nossos clientes exatamente as ações mais badaladas em Nova York, antes que os concorrentes sequer tomassem conhecimento, pois ainda aguardavam a abertura dos escritórios em Nova York, para conseguirem o *Journal*. Demoraram um pouco para perceber o nosso truque. Isso foi agora, em 1982, mas hoje, quando conto essa história ao pessoal do escritório, olham para mim como se eu estivesse falando de algo da época do meu tetravô."

Não é de admirar. Quem anda pelos escritórios de um fundo de *hedge* de Nova York hoje encontra alguns profissionais carregando consigo, para todos os lugares, monitores manuais, que rastreiam qualquer mercado e qualquer ação ou título, em tempo real, de forma que essas pessoas permanecem conectadas o tempo todo, mesmo quando estão no banheiro, e ainda mais quando vão para casa. As rodas hoje estão de tal modo lubrificadas, que volumes enormes do que o economista David Hale chama de "capital cigano" se movimenta em torno do mundo, explorando oportunidades de compra e venda em qualquer lugar, a custos de transação praticamente zero, a custos de transmissão praticamente zero e a velocidades praticamente instantâneas. A situação do jogo poderia ser resumida no título de impacto de um anúncio do Crédit Suisse/First Boston, que começou a circular em 1998, sobre os serviços denominados Prime Trade, que oferecem a execução mais rápida possível de qualquer negociação, em quaisquer das bolsas de derivativos do mundo. O anúncio diz: "Prime Trade: Em qualquer mercado, a qualquer hora, em qualquer lugar."

O fator velocidade pode ser vantajoso ou vicioso. Se o rebanho vier em sua direção, é capaz de fazer chover, rapidamente, bilhões e bilhões de dólares sobre os mercados acionários e de títulos de um país, além de irrigar, diretamente, fábricas e usinas. Esse é o motivo pelo qual cada vez mais países estão interessados em fazer qualquer coisa para se conectar ao rebanho. Mas quando, por motivos políticos, econômicos ou sociais, os mercados de um país se tornam instáveis ou frágeis, o Rebanho Eletrônico é capaz de transformar o que seria apenas um pequeno ajuste descendente em algo muito mais doloroso e grave, além de difundir a instabilidade com muito mais rapidez, contagiando os mercados sadios com o mal dos mercados enfermos.

Como Alan Greenspan tem observado nos seus discursos, essa mesma globalização financeira, "que tem induzido a aumentos tão drásticos nos fluxos de capitais privados, também tem demonstrado uma capacidade muito maior para disseminar investimentos mal orientados". O presidente do Federal Reserve americano (Banco Central dos Estados Unidos) acrescenta que "é difícil imaginar a magnitude das perdas (US$ 1 bilhão) de um único operador, empregando tecnologias modernas, que provocaram a queda do Barings, em 1995, no ambiente das negociações em papel e lápis das décadas anteriores. Sem dúvida, a nossa produtividade para gerar prejuízos aumentou significativamente nos últimos anos". Ou, como gosta de comentar o ministro da Economia do Egito, Yousef Boutros-Ghali: "Nos velhos tempos, o pânico se concentrava numa sala com 100 banqueiros; agora, o pânico está em todos os lugares. O pânico foi democratizado."

Em tudo isso, constata-se apenas uma compensação: o que sai mais rápido também retorna mais rápido, mas, em seguida, novamente muda de sentido com maior rapidez. Embora os problemas cheguem com rapidez, o mesmo ocorre com as soluções — *desde que o país atue da maneira correta.* Quando tudo se acelera, a memória do mundo se torna mais curta. O México apavorou os credores em 1995 e em 1998 era novamente o queridinho dos investidores internacionais. Quem se lembra de 1995?

As Reses de Chifre Longo

Embora geralmente sejam as reses de chifre curto do Rebanho Eletrônico, como George Soros, que fazem as manchetes da atualidade, as reses de chifre longo desempenham um papel de importância crescente. As reses de chifre longo são as empresas multinacionais que fazem os chamados "investimentos externos diretos" — no sentido de que não se limitam a aplicar nas ações e títulos de um país em desenvolvimento, mas, ao contrário, investem diretamente em fábricas, serviços de utilidade pública, usinas geradoras de energia, e em toda uma gama de outros projetos, cujo planejamento e execução demandam tempo e que não são repatriáveis da noite para o dia. As reses de chifre longo são empresas como a Ford, Intel, Compaq, Enron e Toyota. Graças à globalização, essas empresas estão investindo volumes cada vez maiores no exterior, sob formas cada vez mais diversas, numa variedade crescente de países, como nunca antes na História.

No sistema da Guerra Fria, quando os países geralmente protegiam os mercados locais com barreiras tarifárias, as empresas efetuavam investimentos de longo prazo, de muitos milhões de dólares, em países com grandes mercados, com o principal objetivo de suplantar esses muros divisórios. Em outras palavras, a Toyota contornava a quota americana para a importação de automóveis japoneses com a construção de uma fábrica nos Estados Unidos, que fabricava os Toyotas exclusivamente para venda no mercado americano; e a Ford fazia o mesmo no Japão. Para sobreviver num mundo cheio de barreiras, as multinacionais precisavam construir fábricas nos principais mercados, para aumentar a produção e a venda *locais* naquele mercado.

No entanto, quando os processos de democratização da tecnologia, das finanças e da informação demoliram muitos dos muros da Guerra Fria, as reses de chifre longo do Rebanho Eletrônico passaram a contar com incentivos muito mais poderosos, e um tanto diferentes, para construir fábricas no exterior. Com uma intensidade crescente, desenvolvia-se o mercado global único e aberto e ampliava-se o ciberespaço, onde as multinacionais eram capazes de vender qualquer coisa, em qualquer lugar, ou de fabricar qualquer coisa, em qualquer lugar. Esse fenômeno aumentou a competição e diminuiu as margens de lucro em muitos setores de atividade. Em conseqüência, todas as grandes empresas multinacionais precisam vender em todo o mundo, de modo a compensar por meio dos volumes o encolhimento das margens de lucro; e precisam produzir em todo o mundo — desmembrando a cadeia de produção e terceirizando cada segmento para o país capaz de oferecer as condições mais baratas e mais eficientes — a fim de manter baixos os custos de fabricação e continuar competitivas. Assim, as empresas multinacionais, cada vez mais, passaram a investir em unidades de produção em todo o mundo, com o objetivo de redução de custo, ou começaram a formar alianças com fornecedores mais baratos no exterior — não para sobreviver no mundo de compartimentos estanques, *mas para sobreviver no mundo sem barreiras.* Na era da globalização, as multinacionais têm que se expandir cada vez mais para o exterior, não por se tratar da única maneira de ser um produtor local eficaz nesses países, mas sim como condição para se transformar em produtor global eficaz.

Kevin Maney, do *USA Today*, relatou uma história na edição de 24 de abril de 1997, que reflete o modo como a IBM está recorrendo a todas as modalidades de parcerias e de subsidiárias no exterior para se tornar um produtor global melhor e mais inteligente, num mundo sem barreiras. Maney narrou o seguinte: "Um grupo de programadores de computador na Universidade de Tsinghua, em Beijing, está elaborando software com a tecnologia Java. Eles trabalham para a IBM. Ao final de cada dia, enviam o trabalho pela Internet para a unidade da IBM em Seattle. Lá, outros programadores desenvolvem os programas e os enviam pela Internet para o Instituto de Ciências de Computação, em Belarus, a 8.500 km de distância, e para o Grupo de Software, na Letônia. De lá, o trabalho é enviado para o Grupo Tata, na Índia, que remete os programas de volta para Tsinghua, em Beijing, de onde retorna a Seattle e assim por diante, num grande circuito mundial incessante, até o término do projeto. 'Nós o chamamos de *Java Around the Clock*', diz John Patrick, vice-presidente de tecnologia da Internet, na IBM. 'É como se tivéssemos criado o dia de 48 horas, por meio da Internet.'"

Nos anos 70, a fabricante de sapatos canadense Bata talvez tivesse uma dúzia de fábricas de sapatos nos principais mercados do mundo, mas cada uma se voltava para o próprio mercado local, adaptada aos estilos e à demanda local e vendendo praticamente 100% da produção no respectivo mercado. Hoje, em contraste, a Nike projeta um sapato no Oregon e transmite por fax ou correio eletrônico os últimos ajustes no projeto para as suas fábricas e fornecedores em toda a Ásia, que começarão a produzir um novo modelo de tênis para o consumo mundial no dia seguinte.

Embora seja verdade que as Fords, as Nikes e as Toyotas — as reses de chifre longo — não movimentam o capital com a mesma rapidez das reses de chifre curto, elas estão girando os investimentos entre os países com muito maior rapidez do que supõe a maioria das pessoas. Boa parte dos investimentos estrangeiros efetuados pelas reses de chifre longo hoje em dia não se destina mais à construção de fábricas. É utilizada para o desenvolvimento de alianças com fábricas de propriedade local, que atuam como associadas, fornecedoras ou parceiras da empresa multinacional, e esses relacionamentos de produção se transferem de país para país e de produtor para produtor com uma velocidade crescente, em busca das melhores condições tributárias e das ofertas de mão-de-obra mais eficientes e mais baratas. As reses de chifre longo jogam os países em desenvolvimento uns contra os outros. Cada um desses países está desesperado pelos investimentos das multinacionais, como o propulsor mais poderoso dos saltos tecnológicos. A Ásia, de início, localizou a sua unidade de produção asiática no Japão, mas a transferiu sucessivamente para a Coréia, Tailândia, China, Filipinas, Indonésia e Vietnã, em razão dos aumentos de custo nesses países.

"Elas são um bem necessário", observa o consultor brasileiro em gestão empresarial Joel Korn, ao se referir às empresas multinacionais. "A América Latina ainda apresenta forte dependência em relação ao capital externo, pois a poupança interna simplesmente não é suficiente para sustentar altos níveis de crescimento econômico. Assim, precisamos de investimentos diretos externos. [Essas reses de chifre longo] também trazem consigo padrões e tecnologias internacionais e nos ajudam na sintonia fina com os padrões de diferentes mercados, além das parcerias externas que as acompanham de perto, as quais, por sua vez, também oferecem oportunidades de transferências de tecnologia e conquista de novos mercados. Os países que hoje não se abrem [para as reses de chifre longo] vivem como se estivessem num outro planeta."

Embora tenha começado durante o sistema da Guerra Fria, esse tipo de produção globalizada se expandiu de modo acelerado durante a era da globalização, à medida que as reses de chifre longo proliferavam em ritmo acelerado. De acordo com o Banco Mundial, a parcela da produção mundial total das controladas, coligadas e interligadas de multinacionais cresceu de 4,5% do produto interno bruto global, em 1970, para o dobro dessa proporção, hoje em dia. Embora esses percentuais talvez pareçam pequenos, os volumes em dólares são enormes, pois estamos tratando da produção mundial total. Em 1987, os investimentos diretos externos nos países em desenvolvimento correspondiam a 0,4% do PIB desses países. Hoje, a proporção subiu para mais de 2% e se encontra em expansão, não apenas para os dez maiores mercados emergentes, mas em todo o mundo. Se levarmos em conta todas as controladas, coligadas e interligadas no exterior de empresas americanas — uma empresa como a Ford Motor México, por exemplo — e perguntarmos quais as percentagens das vendas de 1966 que foram destinadas às exportações e aos mercados locais, as respostas seriam 20% e 80%, respectivamente. Hoje, 40% são exportados e apenas 60% se destinam aos mercados locais. Não surpreende que Craig Barrett, o *chairman* da Intel, tenha comentado comigo que uma sucessão de embaixadores e estadistas de todo o mundo o visite todos os meses no Vale do Silício, sempre com a mesma mensagem: "Venha para cá com a sua fábrica."

George St. Laurent é fundador e presidente do conselho de administração da Vitech, empresa fabricante de computadores, com sede no estado da Bahia, no Nordeste do Brasil, e se destaca como típico espécime de chifre longo do Rebanho Eletrônico. Ele sabe que, hoje, dispõe de muito poder e, numa ocasião, no Brasil, me explicou que não hesita em transmitir às autoridades brasileiras exatamente o que precisa para manter a sua empresa de computadores no país, com a conseqüente geração de empregos e transferência de tecnologia. "Preciso de uma moeda estável para continuar a atrair o capital estrangeiro; assim, o país necessita de um orçamento equilibrado, do controle da inflação e da redução do tamanho do governo. Um dos nossos principais objetivos é trazer investimentos de capital, e o capital não entrará no país se não tiver certeza sobre os valores que prevalecerão quando quiser sair do país. [Além disso], preciso estar convencido de que os políticos vêem da mesma maneira que eu o relacionamento cliente-fornecedor. Para convencer o cliente a comprar o meu computador *notebook*, estou disposto a ficar de quatro. Os políticos daqui não gostam de pensar assim, pois não costumam assumir o papel de vendedor. Ao contrário, estão habituados a ver todos prostrados ao pé do trono, enquanto distribuem miçangas e privilégios, conforme suas conveniências."

Realmente, conforme sugere St. Laurent, muitos líderes tradicionais apenas estão começando a compreender o poder crescente desse Rebanho Eletrônico, ao mesmo tempo em que tentam adaptar-se às novas circunstâncias. Cheguei a essa conclusão pela primeira vez em 1965, ao visitar o México no auge da crise do peso. Meu treinamento se iniciou no vôo de ida. Estava concentrado no preenchimento dos formulários aduaneiros que recebi no avião, quando empaquei na linha 3. Lá estava dito que eu deveria traçar um círculo em torno da minha ocupação e seguiam-se nove diferentes alternativas. "Colunista" não estava entre elas, mas havia "fazendeiro", "motorista", "criador de gado" e uma que me saltou aos olhos. Era "detentor de títulos". O termo me disse tudo sobre as dificuldades do México na época. O México se tornara tão dependente, em termos de desenvolvimento econômico, dos investidores externos que compravam os títulos de emissão do governo e das empresas, que "detentor de títulos" era considerado uma categoria nos formulários da alfândega.

Infelizmente para o México, a maioria das pessoas que, na época, se enquadravam naquela categoria estava saindo do país, juntamente com o seu dinheiro, e não entrando no país. Quando entrevistei um traumatizado funcionário do Banco Central do México, ele me perguntou sobre os detentores de títulos globais que estavam descartando os papéis mexicanos. "Por que estavam tão aborrecidos? Por que a vingança?", indagou. Não sabia como dizer-lhe que não havia no inferno fúria semelhante à de um quotista americano de um fundo mútuo que acabasse de tomar conhecimento pelo telefone celular de que o seu investimento se desvalorizara. Em seguida, fui visitar Enrique del Val Blanco, funcionário do Ministério dos Serviços Humanos do México, cuja aparência era a de alguém que acabara de ser vítima dos *Invasores de corpos*.* Ele se lamentou: "Todos sentem que a sua vida é determinada por alguém de fora, e todos querem saber quem é essa pessoa, qual é essa força. Pensávamos que estávamos entrando no Primeiro Mundo e, de repente, algo deu errado. Minutos atrás, o Banco Mundial e o FMI afirmavam que o México era o melhor exemplo. Agora, somos o pior exemplo. O que fizemos? Estamos perdendo o controle. Se não encontrarmos outro tipo de desenvolvimento, estamos liquidados. Nós desistimos."

---

* *Invasion of the Body Snatchers*, no original. Conto do escritor americano Jack Finney que inspirou três versões cinematográficas, em 1956, 1978 e 1994, dirigidas, respectivamente, por Don Siegel, Phil Kaufman e Abel Ferrara. Enquanto as pessoas dormem, alienígenas invadem seus corpos, mantêm inalterada a aparência externa da vítima, mas geram seres totalmente destituídos de sentimentos, de consciência e de alma, como vagens humanas. Outro título no Brasil foi *Vampiros de alma*. (N.T.)

No mesmo dia, atravessei a cidade em direção ao palácio presidencial de Los Pinos, para visitar o presidente Ernesto Zedillo, que ainda se recuperava do colapso do peso. Não me recordo exatamente do que ele disse, mas nunca me esquecerei da cena. Eu e meu colega do *Times* fomos introduzidos no palácio por um guarda que nos disse para subir a escada e depois seguir por alguns corredores até o gabinete do presidente. Parecia que não havia ninguém por perto. Passamos por um conjunto de portas, e depois outro, e depois outro, até que chegamos à pequena mesa de uma secretária, que nos indicou o escritório cavernoso do presidente. Entramos, e lá, sentado sozinho a uma mesa no canto, estava o presidente Zedillo, ouvindo a "Abertura 1812" de Tchaikovsky, com toda a pinta de Napoleão depois da Batalha de Waterloo.

Na última década, toda uma geração de líderes pós-coloniais — Zedillo, Mahathir, Suharto e mesmo Boris Yeltsin — descobriu o que é ser pisoteado pelo Rebanho Eletrônico. E não é nada agradável. O rebanho se revelou diferente de qualquer um dos inimigos internos tradicionais. Não havia como prendê-los, censurá-los, cassá-los, suborná-los e, freqüentemente, nem mesmo eram visíveis. Alguns desses líderes, como Zedillo, apenas cederam às suas exigências. Mahathir e Suharto, todavia, adotaram uma tática diferente. Eles o xingaram, alegaram conspirações, ameaçaram vingar-se da sua brutalidade e, no caso de Mahathir, este impôs controles de capitais na tentativa de conter o seu ímpeto. Mahathir e Suharto cresceram no sistema da Guerra Fria, que freqüentemente impedia mesmo as superpotências de falar com maus modos aos líderes do Terceiro Mundo, cujo apoio era cobiçado no jogo internacional. Mas com o término do sistema da Guerra Fria, aquelas restrições foram levadas pelo vento. E, hoje, as principais redes do rebanho não são como o Departamento de Estado, as Nações Unidas ou o Movimento dos Não-Alinhados. Não dizem ao Terceiro Mundo que compartilham sua dor ou que compreendem as suas dificuldades em razão da experiência colonial. Não afirmam que determinado país é tão singular e tão importante para a estabilidade na região, que não ousariam tocá-lo com um dedo. Apenas se impõem e prosseguem no seu rumo. O Rebanho Eletrônico transforma todo o mundo num sistema parlamentarista, em que os governos vivem sob o receio de um voto de desconfiança do rebanho.

Conversei com o vice-primeiro-ministro da Malásia, Anwar Ibrahim, em Kuala Lumpur, no auge da crise econômica asiática de 1997, antes de ser afastado por Mahathir. Anwar contou-me que, quando Mahathir insistiu em acusar os judeus, Soros e outros conspiradores de derrubar deliberadamente a moeda malaia, ele e alguns dos seus colegas acabaram procurando Mahathir, com um gráfico debaixo do braço, e lhe disseram mais ou menos o seguinte: "Olha, você atacou o Soros na segunda-feira, e o ringgit caiu até aqui. Você acusou os judeus na terça-feira, e o ringgit despencou até esse ponto. Você atacou os investidores globais na quarta-feira, e o ringitt mergulhou ainda mais. CALA A BOCA!" No caso de Suharto, o Rebanho Eletrônico de fato contribuiu para o desencadeamento do levante que o depôs em princípios de 1998, abalando de tal forma a moeda e os mercados do país, que o povo e o exército perderam toda a confiança na liderança de Suharto.

Supachai Panitchpakidi, vice-primeiro-ministro e ministro do Comércio da Tailândia, carrega hoje as cicatrizes de guerra, como alguém que tentou enfrentar o rebanho e perdeu: "Cometemos um erro — atrelar a nossa moeda [o baht] ao dólar por mais seis meses além do razoável, sem promover a desvalorização. Não deveria ter sido um desastre, mas por causa do efeito de propagação [deflagrado pelo rebanho], todos se voltaram contra a moeda. E assim, em vez de cair 15% ou 20%, despencou 50%. E, por ser globalizado, o mercado [o rebanho] logo soube da nossa escassez de reservas. A moeda foi atacada pela primeira vez em fevereiro, depois em março, e em seguida em abril. E, a cada investida, o Banco Central tailandês defendia a moeda com as reservas e proclamava vitória. Mas, na realidade, o Banco Central foi derrotado em todos esses ataques, pois, de fato, as reservas se escoavam rapidamente. Pensávamos que o mundo não tivesse conhecimento dos nossos níveis de reserva, mas os mercados sabiam — o próprio povo ignorava —, os mercados estavam cientes. Meus amigos em Cingapura e em Hong Kong acompanhavam a situação e a cada baque recalculavam o saldo de reserva disponível para a intervenção governamental. Se você perguntar ao nosso primeiro-ministro, ele responderá que nenhuma dessas informações era do seu conhecimento. Mas o mercado constantemente fazia as suas estimativas e previa o momento crítico, quando não mais seríamos capazes de defender a moeda. E foi quando realmente avançaram com todo o ímpeto."

A adaptação ao poder dos Supermercados e do Rebanho Eletrônico exige dos líderes todo um conjunto de novas atitudes mentais, sobretudo nos mercados emergentes. Em poucas palavras: agora, todos os líderes mundiais precisam pensar como governadores. Os governadores dos estados americanos tomam algumas decisões, como os presidentes e os primeiros-ministros. Às vezes, chegam a ponto de convocar a Guarda Nacional. Mas hoje a sua principal atribuição consiste em atrair o Rebanho Eletrônico e os Supermercados para investir nos seus estados, fazendo o necessário para retê-los e vivendo sob o constante pavor de que debandem para outras bandas. Esse é o motivo pelo qual o mundo, hoje, é dirigido cada vez mais por governadores, independentemente dos títulos formais. E eis por que o eminente líder político da era da globalização é o governador de todos os governadores, o governador dos Estados Unidos, William Jefferson Clinton.

Reis, ditadores, emires, sultães, presidentes tradicionais e primeiros-ministros — todos foram rebaixados à condição de governadores. No outono de 1997, visitei o Catar, o minúsculo estado petrolífero árabe, na costa leste da Arábia Saudita, e fui convidado uma tarde para almoçar com o emir, xeque Hamad bin Khalifa al-Thani. Trata-se de um sujeito encantador, esperto como uma raposa, mas que está acostumado a dar ordens, e não a recebê-las. Perguntou-me sobre a crise econômica na Malásia e no Sudeste da Ásia e eu lhe contava como o Rebanho Eletrônico e os Supermercados estavam punindo a Malásia pelos excessos de Mahathir, inclusive a construção das duas torres mais altas do mundo. O xeque Hamad ouviu e em seguida disse algo que mais pareceu o comentário de um governador, e não de um emir: "Bem, acho melhor não construir nenhum edifício alto aqui. É possível que os mercados fiquem insatisfeitos."

A maneira como os líderes, os indivíduos, os investidores e as empresas estão aprendendo a adaptar-se a essa nova era da globalização é de fato a marca registrada deste final de século. No entanto, gostaria de comentar algo mais sobre a questão: vocês ainda não viram nada.

Como tenho tentado explicar, os processos de democratização da tecnologia, das finanças e da informação — que transformaram o modo como nos comunicamos, como investimos e como vemos o mundo —

deram origem a todos os fatores críticos do sistema da globalização. Foram esses processos que demoliram os muros. Foram eles que teceram as redes que nos permitem alcançar qualquer parte do mundo e nos transformaram em Indivíduos com Superpoderes. Foram eles que criaram as condições e o espaço para o efetivo desenvolvimento do Rebanho Eletrônico e dos Supermercados. Foram eles que aniquilaram todas as ideologias, com exceção do capitalismo de livre mercado. Foram eles que impuseram às empresas novas exigências de eficiência, sob pena de desaparecerem. Foram eles que rebaixaram as barreiras de entrada em praticamente todos os setores de atividade. Foram eles que mudaram a abordagem das pessoas, que antes colocavam o pensamento local na frente do pensamento global, passando então a inverter as posições.

A Internet é o que está por trás da minha afirmação de que ainda não vimos nada. A ascensão da Internet, que se deu nos últimos estágios dos processos de democratização da tecnologia, das finanças e da informação, certamente contribuiu para a nova era da globalização. Mas a proliferação da Internet será o motor turbinado que impulsionará a globalização. A Internet é que irá garantir a crescente globalização da maneira como nos comunicamos, investimos e vemos o mundo. Pois, a partir do momento em que nos conectamos com a Internet, somos capazes de nos comunicar com todo o mundo praticamente de graça; a partir do momento em que nos conectamos na Internet, somos capazes de investir em todo o mundo praticamente de graça; e a partir do momento em que constituímos uma empresa que dispõe de um *site* na Internet, onde quer que estejamos no mundo, somos obrigados a pensar de maneira global — em termos de quem será o nosso concorrente e de quem será o nosso cliente.

Em princípios de 1998, fui ao Vale do Silício para conversar sobre essas questões com John Chambers, presidente da Cisco Systems, que fabrica os condutores e as caixas pretas que interconectam a Internet em todo o mundo. Na época, ele me afirmou: "A Internet mudará tudo. A Revolução Industrial associou as pessoas e as máquinas nas fábricas, e a revolução da Internet reunirá pessoas com conhecimento e informação em empresas virtuais. E o seu impacto sobre a sociedade será, sob todos os aspectos, tão intenso quanto o da Revolução Industrial. Seus efeitos promoverão a globalização numa velocidade vertiginosa.

Só que em vez de se desenrolar ao longo de 100 anos, como a Revolução Industrial, sua evolução ocorrerá em sete anos."

Enquanto Chambers falava, anotei suas observações e até mesmo as transcrevi numa coluna, mas elas nunca assentaram no meu íntimo. Interpretei-as como típicas afirmações exageradas muito comuns entre os adeptos da tecnologia. "É isso aí", pensei, "a Internet vai mudar tudo. É o que sempre dizem." Mas, à medida que avançava neste livro, fui me dando conta de que, além de verdadeiras, as afirmações de Chambers não diziam tudo.

Poucos meses depois da minha visita a Chambers, seu escritório me enviou uma caixa com copos, canetas e uma camisa com o novo logotipo de propaganda da Cisco, que provavelmente vocês já viram pela televisão. É muito simples. O anúncio da Cisco na TV mostra pessoas jovens e velhas, de todas as partes do mundo, olhando diretamente para a câmera e indagando: "Você está pronto?" Novamente, na primavera de 1998, quando recebi a caixa com o material da Cisco, mostrando o logotipo, olhei para aquilo e pensei comigo mesmo: "O que é isso? Que campanha estranha. 'Você está pronto' para quê?"

Mas quando 1998 e 1999 se transformaram nos anos da Internet, o período em que a Internet alcançou a massa crítica e de fato passou a formatar o comércio e a comunicação, comecei a compreender exatamente o que a Cisco queria dizer com "Você está pronto?". A Internet será como um enorme torno que comprime o sistema de globalização descrito nesta seção do livro — o Mundo Rápido, o Rebanho Eletrônico, os Supermercados, a Camisa-de-força Dourada — e que continua estreitando incessantemente o sistema ao redor de todos, de maneira a tornar o mundo cada vez menor e cada vez mais rápido, dia após dia.

Raciocine sobre a questão: graças à Internet, dispomos agora de um sistema postal mundial em comum, pelo qual somos capazes de trocar correspondência. Temos agora um *shopping center* global em comum, em que todos podemos comprar e vender. Contamos agora com uma biblioteca global, à disposição de todos, para as mais diversas pesquisas, e ainda existe a universidade global, para os nossos cursos. A Internet não é mais como um jogo Nintendo. Transformou-se em equipamento de sobrevivência essencial. Em janeiro de 1999, a Delta Airlines decidiu começar a forçar os clientes a ingressar na era da Internet, ao se tornar a primeira empresa de aviação a cobrar uma taxa extra por todos os bilhetes *não adquiridos através do seu site na Internet.* Segundo essa política, qualquer reserva por telefone terá um adicional de US$ 2 para cada passagem de ida e volta. Se a reserva for efetuada pela Internet, o adicional será dispensado. Quando o *The Washington Post* perguntou a um funcionário da Delta como iriam fazer as pessoas que não tivessem computador conectado à Internet — como deveriam agir —, a resposta foi: "Dirijam-se a uma biblioteca e utilizem os seus computadores." Após o protesto de alguns clientes, a Delta acabou cancelando o adicional de US$ 2. Mas estou certo de que esse acréscimo será restabelecido. O simples fato de a Delta se sentir encorajada a enfrentar os clientes e forçá-los a recorrer à Internet mostra os rumos da situação. E não se trata de um fenômeno tipicamente americano. Veja o caso da Índia. Nas periferias pobres de Délhi, uma nova empresa indiana de telefonia celular, denominada Usha Group, conta com moças Avon no estilo indiano, que vão de casa em casa, nos vilarejos mais pobres, levando telefones celulares para as pessoas que não têm telefones em casa. Por um preço módico, as pessoas usam o telefone celular por alguns minutos, para fazer suas ligações. Agora, a Usha está instalando centros de telefonia públicos em muitos desses vilarejos — com acesso barato à Internet.

O vice-secretário do Tesouro Larry Summers gosta de contar a seguinte história: "Tempos atrás, estive em Moçambique — sob alguns aspectos, o país mais pobre do mundo — para discutir algumas questões relacionadas com a redução da dívida do país. Sentado à mesa do almoço com a comunidade empresarial local, perguntei à pessoa ao meu lado como andavam os negócios. Ele respondeu: 'Muito bem, mas estou preocupado com o futuro.' Quando perguntei o motivo, a pessoa me explicou que detinha o monopólio do acesso à Internet em Moçambique, mas receava que a chegada da concorrência reduziria os seus lucros."

E ele tinha motivos de preocupação. A adaptação à próxima fase da globalização impulsionada pela Internet, com o mundo se tornando cada vez menor e mais rápido a cada dia, será um desafio gigantesco para todos nós — indivíduos, países e empresas. As duas próximas seções do livro — "Conectando-se ao Sistema" e "A Reação contra o Sistema" — explicam o que tenho em mente.

Você está pronto?

Parte Dois

CONECTANDO-SE AO SISTEMA

Capítulo 7

DOScapital 6.0

Moscou (AP) — Hoje, o proprietário de uma galeria de artes em Moscou foi interrogado pelos promotores, depois que um bolo em tamanho natural com a imagem de Vladimir Lenin foi devorado pelos visitantes e pelos críticos de arte numa exposição recente. O Times *de Moscou relatou na terça-feira que Sergei Taraborov foi interrogado pelos promotores, em conseqüência da queixa de 20 membros comunistas do Parlamento, no sentido de que o bolo violava as leis contra o insulto a figuras nacionais.*

— AP Moscou, 8 de setembro de 1998

"Quanto você está levando em dinheiro?"

A pergunta foi disparada por uma agente da alfândega albanesa, no aeroporto de Tirana, num tom de voz de Jesse James, quando eu tentava sair do país. Assim que as palavras saíram da sua boca, tive a sensação imediata de que meu dinheiro estava a ponto de ser extorquido.

"Tenho US$ 3,500", respondi, batendo na bolsa do dinheiro presa ao cinto.

"US$ 3,500", ela repetiu, com os olhos iluminados. "Ele tem US$ 3,500", ela disse ao colega do sexo masculino, em pé ao seu lado, na máquina de raios X de bagagem.

"De onde você é?", ela perguntou, aparentemente na tentativa de avaliar a minha vulnerabilidade e assegurar-se de que eu não era diplomata. Respondi que era jornalista de *The New York Times*. "*The New York Times*?", o homem repetiu, dando o caso por encerrado. "Deixe-o ir."

Quem diria que *The New York Times* tem tamanha influência em Tirana! Praticamente corri para o avião. Tinha motivos para estar nervoso.

Já estivera em situação semelhante antes — em outro país onde o império da lei também não era exatamente soberano, o Irã. Mas lá o incidente não teve um final feliz. Tudo começou da mesma maneira, no Aeroporto Internacional de Teerã, quando tentava passar pela alfândega às 4h da madrugada. Um agente da alfândega mandou que eu abrisse a minha maleta e lhe entregasse o meu formulário de declaração aduaneira. Lá havia um espaço para a informação do dinheiro que a pessoa carregava consigo, e eu o preenchi com a importância exata, US$ 3,300, que ainda tinha comigo. Como os cartões de crédito americanos não são aceitos no Irã, precisava levar muito dinheiro. O agente aduaneiro, que era magro e usava bigode, examinou o formulário e então voltou-se para mim, com um olhar malicioso e guloso: "Senhor, senhor, só é possível sair do país com US$ 500."

"Essa não", lamentei, "o que é que eu faço?"

O agente aduaneiro iraniano se inclinou e cochichou no meu ouvido: "Por US$ 300 eu resolvo o problema." Havia uma longa fila de iranianos atrás de mim, observando a cena — todos, sem dúvida, sabiam exatamente o que estava acontecendo. Meti a mão na bolsa de dinheiro presa ao cinto, puxei três notas de US$ 100 estalando de novas e amassei-as com a mão fechada.

"Cuidado", sussurrou o agente — como se alguém na fila atrás de nós fosse de fato denunciar a ocorrência. Então, ambos fingimos vasculhar a maleta aberta e com um movimento rápido da mão ele arrancou os US$ 300 dos meus dedos. Foi tudo tão rápido — como a truta abocanhando a mosca — que a visualização da cena exigiria a sua reprodução em câmera lenta. Então, com a outra mão, o agente me entregou um outro formulário em branco, que eu deveria preencher, declarando que estava saindo do país com US$ 500. Mas ainda não era o fim. Quando subi as escadas em direção ao portão de embarque, descobri que passaria por uma revista física, depois de transpor o detector de metais. Entrei no cubículo atrás da cortina e o soldado iraniano pediu que eu abrisse a bolsa presa ao cinto. Entrei em pânico, pensando comigo mesmo: "Como vou explicar os US$ 3 mil? O que dizer: 'Ei, já subornei o seu colega lá embaixo para chegar até aqui, cai fora'?" Felizmente, ele apenas olhou para o dinheiro, murmurou alguma coisa em persa e liberou-me.

Os viajantes experientes saberão que as minhas aventuras albanesa e iraniana não foram nada excepcionais. Atualmente, depara-se freqüentemente com esse fenômeno mais bem definido como "cleptocracia". A cleptocracia vai além do suborno e da corrupção corriqueira que se encontram em qualquer país em desenvolvimento e, em menor grau, também nos países desenvolvidos. A cleptocracia ocorre quando muitas ou as principais funções de um sistema estatal — a arrecadação tributária, as alfândegas, a privatização e a regulamentação — ficam tão infestadas pela corrupção, que as transações legais se transformam em exceção, em vez de ser a regra. A situação normal, que passa a ser tolerada e esperada, é que os funcionários e autoridades públicas em todos os níveis recorram aos seus poderes para extorquir todo o dinheiro possível dos cidadãos, dos investidores e do próprio Estado, com a colaboração dos cidadãos e investidores, que sabem que apenas conseguirão as decisões e serviços de que necessitam mediante suborno. Os Estados variam de cleptocracias maduras — onde tudo é na base do roubo, como a Nigéria — às cleptocracias principiantes — onde a corrupção é galopante, tolerada e esperada, mas convive com alguns princípios legais e até democráticos, como na Índia. A diferença entre a cleptocracia madura e a cleptocracia principiante é mais bem ilustrada pela velha piada que corre no Banco Mundial sobre os ministros da Infra-estrutura asiático e africano que trocaram visitas aos respectivos países. Primeiro, o ministro africano visita o ministro asiático no seu país e no fim do dia o asiático leva o africano para jantar em sua casa. O ministro asiático mora num palacete absolutamente deslumbrante. E o ministro africano pergunta ao colega asiático: "Puxa, como você consegue morar nessa mansão com o seu salário?" O ministro asiático conduz o africano até uma enorme sacada e mostra uma nova ponte a distância. "Está vendo aquela ponte lá longe?", o ministro asiático pergunta ao africano. "Sim, estou vendo", o africano responde. Então o ministro asiático aponta para si mesmo e cochicha: "Dez por cento", indicando que 10% do custo da ponte foi para o seu bolso. Bem, um ano depois, o asiático visita o ministro africano no seu país e descobre que ele morava num palacete ainda mais suntuoso do que o seu na Ásia. "Puxa, como você consegue morar nessa mansão com o seu salário?", o asiático pergunta ao africano. O africano puxa o colega asiático até uma enorme sacada na sala de estar e aponta em direção ao horizonte. "Está vendo aquela ponte lá longe?", o africano pergunta ao asiático. "Não, não tem nenhuma ponte lá", respondeu o asiático. "Isso mesmo", o ministro africano retruca, batendo com a mão no peito. "Cem por cento."

Quais os sinais visíveis de que se está numa cleptocracia madura ou principiante? Bem, aqui estão alguns indicadores que juntei ao longo dos anos.

Cleptocracia é Moscou em 1995 (e em 1996, 1997, 1998, 1999!), numa época em que a criminalidade nas ruas era generalizada, na esteira do colapso da União Soviética. Assim que me registrei no Penta Hotel, no centro de Moscou, coloquei o dinheiro no balcão da recepção e disse ao funcionário que queria alugar um cofre do hotel. Não queria me arriscar andando por Moscou com os bolsos cheios de dólares.

"Desculpe", respondeu o funcionário. "Todos os cofres estão ocupados. Estamos com uma lista de espera. Quer que eu o inclua na lista?"

Tive que rir. Lista de espera para os cofres de um hotel? Parecia a dica para uma piada de mau gosto: "Como você sabe quando está numa cidade de fato perigosa? Resposta: Quando todos os cofres do hotel estão ocupados." Não é de admirar que um investidor com quem me encontrei em Moscou, que acabara de adquirir uma participação societária num banco russo, descobriu que o banco tinha mais seguranças do que funcionários de escritório. Ele me falou de uma cadeia de restaurantes ocidental que enviara uma equipe de auditores para descobrir por que a sua franquia em Moscou vendia tanto e ganhava tão pouco dinheiro. Os auditores descobriram que quase todos os empregados praticavam algum tipo de falcatrua — desde os cozinheiros que roubavam hambúrgueres até os gerentes que levavam propinas.

Cleptocracia é o fato de na Albânia a fraude fiscal ser tão desenfreada que em 1997, o 35º maior contribuinte pessoa jurídica do país era uma pizzaria albanesa-americana, e o roubo de automóveis era tão comum pelas estimativas das autoridades americanas, 80% dos carros em circulação no país eram roubados de algum lugar na Europa.

Cleptocracia é a corrupção na Rússia, tão comum entre a liderança do Kremlin, que os russos contam a história do homem que chega a Moscou vindo do campo e estaciona o seu carro novo nas proximidades do Portão Spassky do Kremlin, na Praça Vermelha. Chega um policial e o adverte: "Olha, você não pode parar aqui. Esse é o portão utilizado pelos nossos líderes." Ao que o homem responde: "Não se preocupe. Tranquei o carro."

Cleptocracia é o caso que me foi narrado por um amigo que morou na Indonésia durante o império da corrupção selvagem da família Suharto. Era um jornalista veterano em Jacarta, que trabalhava para um jornal de Cingapura. Periodicamente, ele precisava renovar a papelada da sua casa. A corrupção na Indonésia era tão intensa, explicou-me, que as autoridades "efetivamente lhe davam recibo dos subornos. No duro. Todos os anos, renovava as licenças de imigração. Pagava o suborno e ficava com o recibo. Os contadores do escritório exigiam comprovantes e as autoridades subornadas os forneciam normalmente". Não é de admirar que na época de Suharto corresse um provérbio entre os indonésios. Se o vizinho lhe roubar um bode, jamais o leve aos tribunais; se o fizer, após subornar os policiais e juízes, você ficará sem a vaca.

Cleptocracia é quando as autoridades executivas e reguladoras, responsáveis pela supervisão das normas, acreditam que estão acima das normas. Nayan Chanda, editor da *Far Eastern Economic Review*, contou-me uma das suas experiências na China: "Estava em Beijing e rodávamos pela Second Ring Road, com um tradutor do Ministério das Relações Exteriores, o motorista oficial e o nosso assistente do escritório. Descíamos a estrada, quando o motorista do Ministério das Relações Exteriores de repente fez uma curva em U e subiu uma rampa de acesso à rodovia, buzinando furiosamente, enquanto se desviava freneticamente dos carros que vinham em sentido contrário, em direção à rodovia. Fiquei estarrecido e aterrorizado e perguntei ao tradutor: "O que ele está fazendo?!!" Ele respondeu que o motorista percebera um enorme congestionamento de trânsito logo adiante e decidira sair da rodovia na contramão, pela rampa de entrada de sentido único. Fechei os olhos, encolhi-me atrás do banco, e rezei para sair vivo. Sobrevivi. Mas depois, ocorreu-me o seguinte pensamento: e todas as empresas estrangeiras que estão ingressando na China? Os chineses sinalizam com um acordo, obtêm a tecnologia e depois mudam as regras e mandam as empresas de volta para casa. Será que essas empresas sobrevivem à aventura?

Não, se as autoridades chinesas estiverem dispostas a receber subornos. O chefe da agência chinesa de um dos maiores bancos canadenses me contou, em 1997, que o banco transferira vários milhares de dólares da agência de Hong Kong para a agência de Xangai e que a compensação demorara 18 dias. "Acho que sabemos o que aconteceu", contou-me o banqueiro um dia, durante um almoço em Xangai. "Alguém no Banco Central pegou o dinheiro, especulou com ele na bolsa de valores de Xangai durante 17 dias e depois o devolveu no 18º dia, quando o dinheiro apareceu na nossa conta."

Cleptocracia são os bilhões de dólares ganhos nos programas de privatização corruptos, realizados em toda a Europa Oriental e na Rússia, onde as minúsculas elites oligárquicas, geralmente em conluio com a máfia e com as autoridades governamentais locais, adquiriram o controle das antigas fábricas e dos recursos naturais estatais, a preços inferiores aos de mercado, transformando-se em bilionários da noite para o dia. Os preços dos imóveis de Paris a Telaviv, passando por Londres, subiram graças a essas oligarquias russas e a outros artistas da bandalheira, que surrupiaram os ativos do país numa velocidade espantosa. Quando era um mercado emergente, os Estados Unidos também tinham os seus barões ladrões,* como a Rússia também tem hoje os seus barões ladrões. Mas os barões ladrões dos Estados Unidos investiam o dinheiro nos mercados acionário e imobiliário americanos, ao passo que agora, graças à globalização e ao livre fluxo de capitais, os barões ladrões da Rússia também investem o seu dinheiro nos mercados acionário e imobiliário dos Estados Unidos, empobrecendo o seu próprio país.

No entanto, às vezes, a cleptocracia não se constitui apenas das oligarquias que exploram o país, mas também de pessoas modestas que tentam sobreviver num ambiente desprovido de redes de segurança sociais. Um dia, estava fazendo a troca de vôos no aeroporto de Jacarta e precisava deslocar-me do terminal doméstico para o internacional. Saí do aeroporto para a calçada, com a minha bagagem, e esperei na fila junto a um aviso onde se lia: "Transporte Gratuito entre os Terminais". Quando o ônibus chegou, peguei a bagagem e constatei que era o único passageiro no veículo. Quando passei pelo motorista para saltar no terminal, ele me parou. "Mister", disse ele, e apontou para um aviso tosco que rabiscara acima do seu acento, com tinta vermelha. O aviso informava que o percurso custava 4.900 rupias (cerca de US$ 2 na época). Simplesmente dei de ombros e lhe passei o dinheiro.

---

* *Robber barons*, no original. Os grandes magnatas industriais e financeiros americanos, de fins do século XIX, que se tornaram imensamente ricos por meios éticos, como operações questionáveis nos mercados acionários e exploração do trabalho. (N.T.)

A cleptocracia acompanhou John Burns, chefe do escritório de *The New York Times*, em Nova Délhi, no verão de 1998, ao visitar o Parlamento indiano, onde se elaboram as leis do país. Enquanto aguardávamos no saguão a nossa liberação, Burns avistou um livro à venda na livraria do Parlamento: *Quem é Quem no Parlamento Indiano* — com biografia e fotografia de todos os legisladores indianos. Burns decidiu comprar um exemplar. "A quem me dirijo para comprar o livro?", perguntou a um funcionário em pé, junto ao mostruário dos livros. "Aqui, senhor", respondeu o funcionário, "700 rupias (indianas)". O homem então saiu para apanhar um exemplar. Quando retornou, Burns pediu-lhe um recibo. "Fechamos ao meio-dia", disse o homem, "esta venda será 'não oficial'", o que significava sem recibo. Em seguida, entregou o livro e embolsou o dinheiro. Achei a situação um tanto deselegante — ter que subornar alguém no *hall* da legislatura indiana, para adquirir um livro sobre os legisladores indianos.

Acho que isso explica o motivo pelo qual o *Times* da Índia relatou, em 16 de dezembro de 1998, o fim de um esforço de pesquisa de 18 meses no estado de Punjab, infestado de corrupção. O objetivo da pesquisa era encontrar um servidor público que merecesse um prêmio de 100 mil rupias (US$ 2.380) por sua atuação honesta numa região onde tudo, desde as ligações elétricas às matrículas nas escolas públicas, exigia algum tipo de suborno. Mas não se encontrou qualquer servidor público que satisfizesse os requisitos do prêmio. Em vez de identificar alguém que merecesse o prêmio, o jornal de Nova Délhi relatou que a pesquisa produziu provas para o indiciamento de 300 funcionários corruptos.

O que tudo isso tem a ver com a globalização? Responderei à pergunta estabelecendo algumas analogias simples com o mundo dos computadores. Primeiro, temos a máquina em si, o "hardware". Essa é a estrutura básica da economia. E durante todo o sistema da Guerra Fria, eram três os tipos de hardware existentes no mundo — o hardware do livre mercado, o hardware comunista e o hardware híbrido, que conjugava aspectos das duas modalidades anteriores.

O segundo componente é o "sistema operacional" do hardware. Comparo-o com as políticas macroeconômicas gerais de qualquer país. Nos países comunistas, o sistema operacional econômico básico era o planejamento central. Não havia livre mercado. O governo decidia sobre a distribuição do capital. Chamarei esse sistema operacional da economia comunista de DOScapital 0.0.

Nos estados híbridos, os sistemas operacionais eram várias combinações de socialismo, livre mercado, economias dirigidas pelo Estado e capitalismo clientelista, em que os burocratas do governo, das empresas e dos bancos se entrelaçavam uns com os outros. Classifico esses sistemas de DOScapital 1.0 a 4.0, dependendo da intensidade do envolvimento governamental e do grau de sofisticação da economia. A Hungria, por exemplo, é DOScapital 1.0; a China é DOScapital 1.0 no interior e DOScapital 4.0 em Xangai; a Tailândia é DOScapital 3.0; a Indonésia é DOScapital 3.0; e a Coréia é DOScapital 4.0.

Finalmente, entram em cena os grandes sistemas capitalistas industriais. Alguns desses sistemas possuem sistemas operacionais baseados no livre mercado, mais ainda apresentam muitos ingredientes do Estado do bem-estar social. Esse grupo inclui a França, a Alemanha e o Japão, e chamo os seus sistemas operacionais de DOScapital 5.0. Outros, todavia, como os Estados Unidos, Hong Kong, Formosa e o Reino Unido, liberaram as suas economias e vestiram integralmente a Camisa-de-força Dourada. São impulsionados a DOScapital 6.0.

Além do hardware, que constitui a estrutura da economia, e o seu sistema operacional básico, há ainda o "software" necessário para extrair o máximo de ambos os componentes. O software, ou aplicativos, para mim, se compõe de tudo aquilo que se enquadra na ampla categoria de império da lei. O software é o indicador da qualidade dos sistemas legal e regulamentário de um país, e do grau em que as suas autoridades, seus burocratas e cidadãos compreendem as leis, adotam-nas e sabem como aplicá-las. O bom software inclui a legislação bancária, a legislação comercial, a legislação falimentar, a legislação contratual, os códigos de conduta empresarial, um banco central genuinamente independente, direitos de propriedade que encorajem assumir riscos, processos judiciais, normas de contabilidade internacionais, tribunais comerciais, órgãos de supervisão regulamentária apoiados por um judiciário imparcial, leis contra conflitos de interesse e contra negociações na base de informações privilegiadas por autoridades governamentais, além de autoridades e cidadãos dispostos a adotar essas normas de maneira razoável e positiva.

Durante a Guerra Fria, o grande conflito era a respeito do hardware que dominaria o mundo. Os soviéticos e americanos não estavam tão preocupados com a qualidade da atuação do respectivo hardware em qualquer país aliado específico. Apenas queriam assegurar-se de que outros países estavam usando a sua marca, com adesivos identificadores. Na verdade, um país era capaz de ir levando durante muito tempo, com um terrível sistema operacional e um software corrupto no seu interior, pois os soviéticos e americanos estavam tão ansiosos por mantê-lo em sua equipe que o subsidiavam ou efetuavam reparos de graça — desde que o país ostentasse a marca da superpotência. Ambas as superpotências viviam sob o pavor do "efeito dominó", segundo o qual, se alguns países-chave trocassem de hardware, todos os vizinhos seguiriam o mesmo rumo.

Esse conflito terminou com o colapso do sistema da Guerra Fria. De repente, os modelos comunista, socialista e mesmo híbrido caíram no descrédito. De uma hora para outra, vivíamos um momento notável da História: pela primeira vez, praticamente todos os países do mundo tinham o mesmo hardware básico — o capitalismo de livre mercado. Quando isso aconteceu, todo o jogo mudou. Os países não precisavam mais optar entre alternativas de hardware, mas apenas procurar tirar o melhor proveito do único hardware que parecia funcionar — o capitalismo de livre mercado.

Mas há um ditado no mundo da tecnologia da computação: "O hardware está sempre à frente do software e dos sistemas operacionais." Ou seja, os engenheiros ficam inventando chips cada vez mais rápidos e apenas mais tarde se desenvolvem sistemas operacionais e software mais sofisticados para alcançar o melhor aproveitamento do novo hardware, e conseguir extrair-lhe o máximo. Este provérbio também se aplica ao mundo da globalização. O que o mundo testemunhou desde o colapso do comunismo e do socialismo na Rússia, na Europa Oriental e no Terceiro Mundo foi a adoção do hardware básico do livre mercado por um grande número de países, que chegaram a ponto de conectar o seu hardware com o Rebanho Eletrônico de alta-tensão, mas freqüentemente sem que tivessem o sistema operacional, o software e outras instituições imprescindíveis para a gestão efetiva e a alocação racional das correntes de capital e de energia que fluem para dentro e para fora de um país conectado com o Rebanho Eletrônico.

Como estamos descobrindo, esse é um dos problemas centrais na transição do sistema da Guerra Fria para o sistema da globalização: a questão da "globalização prematura". Repito o que disse antes: é impossível prosperar hoje em dia sem estar conectado com o Rebanho Eletrônico e com os Supermercados; também não há como sobreviver na atualidade sem dispor de um sistema operacional e de um conjunto de software que proporcionem condições para se obter o máximo de ambos os agentes, ao mesmo tempo em que oferecem proteção contra os excessos dos estouros do Rebanho Eletrônico.

A primeira década da nova era da globalização serviu apenas para que o mundo começasse a aprender essa lição. Com todos se transferindo ao mesmo tempo para uma só marca de hardware — o livre mercado — era inevitável que surgissem defasagens no desenvolvimento dos sistemas operacionais e do software pelos diferentes países. É fácil comprar um computador, sobretudo quando existe uma única marca. Qualquer mentecapto é capaz de ir à Computer City e adquirir um computador. E na transição da Guerra Fria para o sistema da globalização, muitos países agiram exatamente assim, sem sequer verificar se tinham o sistema operacional e o software para a operação eficaz do computador. Os países se limitavam a observar: "Ei, parece fácil. Vou conectar o meu novo hardware maneiro naquele Rebanho Eletrônico agora mesmo..."

Mas, na realidade, o processo era muito mais complexo. É fácil proclamar o livre mercado num país. O difícil é instituir sistemas eqüitativos de efetiva aplicação das leis e dos códigos comerciais, com tribunais que protegerão as pessoas do capitalismo desenfreado. É fácil criar um mercado acionário. Hoje, até mesmo a Mongólia tem um mercado acionário. Mas é muito difícil construir um órgão regulador nos moldes da Securities and Exchange Commission (SEC), capaz de controlar as negociações com informações privilegiadas. É fácil soltar repentinamente as rédeas da imprensa e permitir o livre fluxo de informações econômicas. Mas é muito difícil desenvolver e proteger uma imprensa livre e verdadeiramente independente capaz de mostrar a corrupção dentro do governo e denunciar as empresas fajutas que enganam os acionistas.

No sistema da Guerra Fria, a grande divisória do mundo era entre as economias comunista e capitalista, com uns poucos híbridos pelo meio. Agora que praticamente todos dispõem do mesmo hardware, o grande divisor do mundo será cada vez mais entre as democracias de livre mercado e as cleptocracias de livre mercado. Os países capazes de desenvolver sistemas operacionais e conjuntos de software compatíveis com o livre mercado evoluirão no rumo das democracias de livre mercado. Os países incapazes de desenvolver sistemas operacionais e conjuntos de software compatíveis com o livre mercado, ou que, mesmo sendo capazes, se mostrem relutantes em fazê-lo, se extraviarão no desvio das cleptocracias de livre mercado, onde o Estado basicamente é dominado pelos barões ladrões e pelos delinqüentes de todo gênero, não tendo nenhum deles qualquer interesse em obedecer à lei.

Adeus, comunistas *versus* capitalistas. Sejam bem-vindos, democratas de livre mercado *versus* cleptocratas de livre mercado.

Como a maioria das pessoas sabe como são as melhores democracias de livre mercado, vou mostrar como são as piores cleptocracias de livre mercado. Assim, é possível localizar qualquer país que esteja numa posição intermediária.

A forma mais pura de cleptocracia de livre mercado que já vi é a Albânia dos anos 90. Durante 50 anos, a Albânia foi um dos países comunistas mais isolados do mundo, tendo adotado durante a Guerra Fria uma posição maoísta pró-China. Após a queda do Muro de Berlim, também caiu, em 1991, o regime comunista da Albânia. Realizaram-se eleições rudimentares e estabeleceu-se um governo quase-democrático em Tirana. Finalmente, imaginavam os albaneses, vamos conseguir o que todos têm: o hardware do livre mercado. Infelizmente, foi tudo o que conseguiram. A Albânia era apenas hardware, sem sistema operacional e sem software.

Quando estive em Tirana, capital da Albânia, em 1998, Fatos Lubonja, de 47 anos, escritor e editor do jornal literário albanês *Endeavor*, descreveu-me como era viver na cleptocracia albanesa: "Depois do comunismo", contou, "passamos todos a desfrutar a mais absoluta igualdade. Todos estávamos no zero. Poucas pessoas tinham propriedades ou relacionamentos.

Assim, apenas numa segunda etapa surgiu o sistema hierárquico. Basicamente, as pessoas consideravam a política um negócio, pois atuar como político significava ser capaz de abrir as portas fechadas. Era possível carimbar ou não carimbar. O livre mercado foi interpretado como ter liberdade para fazer qualquer coisa. Assim, os mais ousados começaram a praticar todos os tipos de ações, e os criminosos descobriram que precisavam dos políticos para certos fins, e os políticos constataram que precisavam de dinheiro para permanecer no poder. As pessoas não tinham experiência. Não eram educadas (em questões de governo). Não percebiam que sem o software a Albânia estaria numa selva, e assim começaram a sofrer, e muitas foram seqüestradas pelos bandidos ou fugiram para o exterior. [Logo, as pessoas perceberam que] a Albânia era incapaz de competir no livre mercado, a não ser que tivesse uma economia ilegal. Assim, criamos essa burguesia criminosa. Eles não pagam impostos. Não são responsáveis pelo lado social do povo ou pela infra-estrutura. Limitam-se a sugar, e a sugar cada vez mais. Se é impossível competir com os microchips, competiremos com a máfia. Quanto à construção de uma efetiva democracia de livre mercado, ainda estamos na estaca zero. Os primeiros cinco anos representaram apenas a última mutação do comunismo. Em vez de construir uma economia de livre mercado que recompensasse a iniciativa e o risco, criamos uma economia delinqüente, vinculada ao esquema das pirâmides. As pessoas colocavam o dinheiro nessas pirâmides. E, em vez de investir, ficavam apenas tomando café e esperando a chegada do dinheiro, que era a promessa dos donos das pirâmides. Isso me lembra quando aguardávamos e dependíamos [na Guerra Fria] da ajuda da China. O que quer que fosse, não era uma economia real."

Na realidade, o que aconteceu na Albânia foi que, no lugar de um sistema bancário adequado, o governo tolerou e até certo ponto incentivou os esquemas Ponzi — uma das formas mais antigas de estelionato. Os esquemas Ponzi estavam tão bem estabelecidos na Albânia, que o mais audacioso chegou a ponto de patrocinar uma equipe de corrida de automóveis na Itália, como se fosse o MasterCard International. O fundador de um típico esquema Ponzi procurava as pessoas e lhes dizia que se aplicassem suas economias no "fundo" ganhariam um rendimento de 20%, 30% ou mesmo 50% em seis meses. Como os fundos Ponzi tinham pouco ou nenhum investimento real que proporcionasse retornos tão elevados, a maneira como pagavam esses juros estratosféricos era através do constante aliciamento de novos investidores, para a remuneração dos antigos — sempre salvando algum dinheiro para os gestores dos fundos. Tudo ia bem, até que se esgotassem os novos investidores.

"Os esquemas Ponzi se iniciaram com os esforços de obtenção de dinheiro para financiar a compra de gasolina a ser contrabandeada a preços muito elevados para os vizinhos Montenegro e Sérvia, que se encontravam sob sanção internacional, durante a guerra dos Bálcãs", explicou-me Carlos Elbirt, chefe do escritório do Banco Mundial em Tirana. "Mas após a suspensão das sanções, não restava qualquer atividade real por trás dos esquemas Ponzi, que assim se reduziram, efetivamente, a um mecanismo de obter dinheiro novo para pagar o dinheiro velho. Quando os responsáveis por essas armações ficavam de fato desesperados por dinheiro novo, chegavam a oferecer 50% de juros. Para mim, era difícil convencer até mesmo os albaneses do escritório [do Banco Mundial] de que esses esquemas Ponzi estavam condenados ao desastre. O meu pessoal sacudia a cabeça para os meus gráficos e aplicava mais dinheiro nos esquemas Ponzi. A tentação era grande e todos agiam da mesma maneira. Era como uma febre. As pessoas vendiam a casa, aplicavam o dinheiro nos esquemas Ponzi e em dois ou três meses recompravam a velha casa e mais outra casa com os rendimentos. O FMI e o Banco Central alertaram o governo albanês, 'Dinheiro não dá em árvores', mas não houve intervenção governamental."

Essa omissão se explica em parte porque o governo albanês não dispunha de muitas pessoas suficientemente esclarecidas e em parte porque muitas das próprias autoridades se envolveram na febre Ponzi. "Quem fosse à residência de um embaixador no dia nacional do seu país, lá encontraria alguns proprietários dos esquemas das pirâmides", contou Elbirt. "Desfrutavam de plena aceitação e legitimação e esse era um dos fatores que contribuíam para o aliciamento das pessoas comuns."

No entanto, em 1997, os fundos de poupança piramidais da Albânia acabaram explodindo, como sempre acontece, desencadeando um colapso total da lei e da ordem, com os albaneses enfurecidos saqueando o próprio Estado, no esforço de recuperar o seu dinheiro. Elbirt e outros diplomatas do exterior tiveram que ser retirados do país por questões de segurança.

Juntaram-se a um comboio organizado pelos ingleses, que os levou de Tirana ao porto albanês de Durrës. Ao chegarem a Durrës, o helicóptero que os conduziria para fora do país não conseguiu aterrissar por causa do intenso tiroteio. Assim, o comboio deslocou-se para outra área do porto, controlada pelos italianos. Todos os diplomatas tinham sido levados para Durrës nos seus carros oficiais, pelos motoristas oficiais, e todos os motoristas estacionaram no porto, esperando para levar os carros de volta a Tirana. Mas imperava a anarquia, e um grupo de ladrões albaneses meio embriagados atacou o porto e começou a roubar todos os carros. Elbirt contou que o momento mais impressionante foi quando um ladrão albanês apareceu, sacou uma "arma enorme", exigiu as chaves do carro de um dos refugiados e saiu em disparada com o carro, tudo em menos de um minuto. No entanto, dez minutos depois, o ladrão voltou e exigiu toda a papelada do veículo que acabara de roubar. Foi como se, de repente, atinasse com o fato de que, se algum dia a Albânia tivesse algum software, talvez precisasse dos documentos de propriedade do veículo.

"Ele foi muito educado. Uma vez concluído o roubo, era como se apenas quisesse oficializar a transação", observou Elbirt.

A história da Albânia nos anos 90 é um exemplo extremo que demonstra uma questão simples: quem prevê, ou se preocupa com a hipótese de que, em conseqüência da globalização e da crescente abertura das fronteiras, os Estados soberanos começarão a morrer ou a perder a importância, está totalmente errado. Na realidade, trata-se de uma enorme tolice. Em razão da globalização e da crescente abertura das fronteiras, a qualidade do Estado é ainda mais importante, e não o contrário. Pois a qualidade do Estado realmente significa a qualidade do software e do sistema operacional imprescindíveis à convivência com o Rebanho Eletrônico. A capacidade de uma economia de resistir às inevitáveis altas e baixas do rebanho depende em grande parte da qualidade do seu sistema legal, do seu sistema financeiro e da sua gestão econômica — tudo ainda sob o controle dos governos e dos burocratas. O Chile, Formosa, Hong Kong e Cingapura resistiram tão melhor do que os vizinhos às crises econômicas dos anos 90 porque dispunham de um Estado de melhor qualidade, gerindo conjuntos de software e sistemas operacionais de melhor qualidade.

O primeiro-ministro tailandês Chuan Leekpai comentou comigo, no início de 1998, depois que o seu país foi atropelado pela crise econômica asiática: "Para sermos parte integrante desse mercado global, é melhor que sejamos capazes de nos defender do mercado... uma das lições que extraímos da crise é a constatação de que muitas das nossas estruturas e instituições não estavam preparadas para a nova era. Agora, precisamos adaptar-nos aos padrões internacionais. Essa é a expectativa de toda a sociedade. Todos querem um governo melhor e mais transparente."

Mas se o Estado agora é mais importante, e não menos, o que mudou foi o significado de Estado. Na Guerra Fria, o importante era o *tamanho* do Estado. Precisava-se de um Estado grande para combater os comunistas, preservar os muros em torno do país e sustentar um generoso esquema de bem-estar social que atraísse os trabalhadores e não permitisse que se convertessem ao comunismo. Na era da globalização, o importante é a *qualidade* do Estado. Necessita-se de um Estado menor, pois é o livre mercado que distribui o capital, e não o governo lento e inchado; mas também se precisa de um Estado melhor, de um Estado mais inteligente, e de um Estado mais rápido, dotado de burocratas capazes de regulamentar o livre mercado, sem inibi-lo, mas sem permitir que descambe para o descontrole. Hoje, a proeza dos governos consiste em melhorar a qualidade dos Estados e, ao mesmo tempo, reduzir o tamanho dos Estados.

A grande questão para muitas das antigas economias comunistas e híbridas, dominadas pelo Estado, é se, ao começarem a diminuir o tamanho do governo (pela liberação, desregulamentação e privatização dos setores estatais), serão capazes de, ao mesmo tempo, melhorar a qualidade do governo; pois menos governo sem melhor governo é realmente perigoso. Se o livre mercado significa apenas pistas de alta velocidade, sem semáforos, surge o caos. E esse foi o resultado da globalização prematura de países como a Rússia e a Albânia. A Rússia se conectou ao Rebanho Eletrônico praticamente sem sistema operacional e sem software. Em conseqüência, muitos na Rússia enriqueceram com os privilégios do livre mercado — atraindo investimentos estrangeiros, emitindo ações e títulos, contraindo empréstimos externos — sem a suficiente supervisão e tributação que proporcionassem receitas para a remuneração dos donos de títulos. No final, tudo se converteu numa versão ampliada dos esquemas Ponzi da Albânia. E quando o rebanho finalmente percebeu que a Rússia era nada mais que uma carcaça de hardware de livre mercado, sem sistema operacional ou software no interior, arrancou em disparada e pisoteou o emaranhado de fios que constituía a economia russa.

Os acontecimentos no Sudeste Asiático resultaram de outra forma de globalização prematura. A Tailândia, a Malásia, a Coréia do Sul e a Indonésia são diferentes da Rússia. Desde o início, possuíam uma forma rudimentar de hardware de livre mercado. E até dispunham de versões mais simples do sistema operacional — do DOScapital 3.0 ao 4.0. Essas versões anteriores do DOScapital foram adequadas para elevar a renda *per capita* de US$ 500 para US$ 5 mil. Pois, como sabemos, qualquer sistema operacional é satisfatório para o primeiro computador e sempre será mais produtivo do que a máquina de escrever. Mas as versões do DOScapital eram relativamente lentas e estavam contaminadas pelo capitalismo clientelista. Na Indonésia, por exemplo, a gerência dos bancos estatais era dominada pelo Ministério das Finanças.

"Ao receberem um telefonema de políticos, de membros da família do presidente ou de autoridades do Ministério das Finanças, os banqueiros se sentiam forçados a conceder empréstimos até mesmo para projetos que consideravam não-lucrativos; e quando o pagamento dos empréstimos se tornava duvidoso, ocultavam o problema", escreveu Shiraishi Takashi, especialista da Universidade de Kyoto em Finanças do Sudeste Asiático. "Os bancos privados também acumulavam créditos duvidosos. Sua função era servir aos grupos empresariais de que faziam parte, e quando um membro do grupo enfrentava dificuldades, emprestavam fundos adicionais, provenientes de fontes externas, a altas taxas de juros."

Quando, nos anos 90, o Rebanho Eletrônico engrenou marcha de alta velocidade e aumentou a sua potência de um Pentium 286 para a de um Pentium II, os países do Sudeste Asiático passaram a contar com maior disponibilidade de dinheiro. Os banqueiros locais, em sua maioria sujeitos a regulamentação deficiente, contraíam um excesso de empréstimos em dólares, convertendo-os em moedas locais a taxas fixas, sem qualquer modalidade de *hedge*. Em seguida, repassavam o dinheiro aos cupinchas, para uma quantidade crescente de investimentos não-produtivos — abrangendo uma vasta gama de clubes de golfe, as mais altas torres de escritórios do mundo e ampliações megalomaníacas dos conglomerados sul-coreanos. Os países do Sudeste Asiático precisavam atualizar os velhos DOScapital 3.0 e 4.0 e aproximar-se do DOScapital 6.0. Careciam de sistemas operacionais mais liberais, que reduzissem o papel do governo, proporcionassem maior liberdade aos mercados para a aplicação dos recursos em projetos mais produtivos, encorajassem a competição interna e liquidassem os fracassados, por meio de falências eficazes. Também necessitavam de software mais sofisticado, que melhorasse a qualidade da governança, regulamentasse uma economia mais ágil e mais aberta, disciplinasse os gestores das empresas, submetendo-os à avaliação dos acionistas e fosse bastante flexível para lidar com qualquer debandada repentina, em grande escala, do Rebanho Eletrônico.

Infelizmente, os países do Sudeste Asiático mantiveram-se presos ao DOScapital 3.0. Grande erro. O DOScapital 3.0 talvez tenha sido muito bom para aumentar a renda *per capital* de US$ 500 para US$ 5 mil, quando o rebanho se deslocava à velocidade de um chip 286. Mas, quando se pretende elevar a renda *per capita* de US$ 5 mil para US$ 15 mil e o rebanho se movimenta com a potência de um Pentium II, mas o sistema operacional ainda é o velho DOScapital 3.0, o hardware provavelmente congelará. Você já viu o que ocorre quando se usam versões ultrapassadas e vagarosas do sistema operacional DOS num novo computador Pentium II? O resultado é que aparecem mensagens na tela do tipo "Você executou uma função ilegal", "Falta de memória" e "Impossível salvar o item". Em suma, foi o que ocorreu com o Sudeste Asiático, em 1997-98, só que as mensagens na tela eram diferentes: "Você executou uma série de investimentos irracionais. Impossível salvar os itens. Destrua a memória de todos os setores ineficientes. Entre em contato com o provedor de serviços e baixe novo sistema operacional e novo software." E, desde então, é o que estão tentando fazer.

O ex-primeiro-ministro coreano Lee Hong Koo comentou comigo que o seu governo levou vários anos para compreender as mensagens: "Eu era primeiro-ministro em 1995, quando a Coréia foi admitida na OCDE e alcançou a renda *per capita* anual de US$ 10 mil", contou. "Pensamos que, finalmente, havíamos chegado ao destino. Imaginamos que, como havíamos completado o ensino médio com notas excelentes, seríamos universitários brilhantes. Mas as qualidades necessárias num estágio eram muito diferentes das que eram requeridas no seguinte. Não percebemos que a nossa burocracia de Estado grande, da qual tanto nos orgulhávamos, era mais uma pedra no caminho do que uma força positiva. Vivíamos com base na fórmula de que fabricação mais exportação é igual a crescimento e sucesso econômico. A crise [de fins dos anos 90] nos mostrou os erros, mas o preço foi muito elevado. Aprendemos que a derrota do comunismo foi a vitória do capitalismo, e a vitória do capitalismo significava que o capital assumira o controle. A globalização do capital nos anos 90 foi muito rápida, mas não havíamos preparado as nossas instituições para lidar com os mercados de capitais globais. Não dispúnhamos dos mecanismos imprescindíveis. Estávamos indefesos. Tratávamos os nossos bancos como se fossem instituições de serviços públicos, como se fossem uma extensão do governo. Achávamos que não se devia ganhar dinheiro com o dinheiro. Julgávamos que se ganhava dinheiro fabricando coisas. Assim, o trabalho dos bancos consistia em promover o crescimento. Logo, os bancos eram parte da burocracia governamental. Não compreendíamos que os bancos e os fluxos de capitais eram a essência da nova economia, e que deveríamos reformá-los, sob pena de sucumbir."

Como o economista Dani Rodrik, da Universidade de Harvard, demonstrou com as suas pesquisas, "o importante não é globalizar-se, mas a maneira de globalizar-se". Os países que construíram infra-estruturas legislativas e financeiras honestas e confiáveis — e o processo exige tempo — estão muito mais bem posicionados para repelir os ataques especulativos às suas moedas, são muito mais capazes de resistir às repentinas fugas de capital promovidas pelo rebanho e exibem muito maior agilidade na adoção de medidas que minimizem o seu impacto. No entanto, há exceções. Mesmo os países com sistema operacional e software adequados às vezes enfrentam problemas — veja o caso da Suécia, em 1992, ou dos Estados Unidos com as suas associações de poupança e empréstimo. Mas a Suécia e os Estados Unidos reagiram com rapidez, por causa da qualidade por trás dos sistemas operacionais e do software. Como Alan Greenspan tem observado nos seus discursos, os países com sistemas operacionais e conjuntos de software financeiros avançados "geralmente têm condições de desestimular os ataques especulativos contra uma moeda sólida, pois os seus sistemas financeiros são robustos e capazes de resistir às rápidas e amplas saídas de capital [e de mobilizar] reações políticas quase sempre enérgicas para conter esses ataques".

Por todos esses motivos, constata-se um reconhecimento crescente entre os líderes dos países em desenvolvimento de que o necessário para serem bem-sucedidos na era da globalização não é apenas dispor de um mercado emergente, mas daquilo que o ex-embaixador dos Estados Unidos na Hungria, Donald Blinken, chamou de "uma sociedade emergente". Não vale a pena privatizar a economia em meio ao vácuo social e institucional. "Colocar o mercado adiante da sociedade", advertiu Blinken, "é um convite às dificuldades e decepções."

Por conseguinte, é de importância fundamental que tanto os investidores como os políticos comecem a ampliar a definição do que constitui uma sociedade emergente saudável. Numa visão retrospectiva, o maior erro do mundo em relação à Rússia, na sucessão da União Soviética, consistiu em abordar a entrada da Rússia no sistema global como, fundamentalmente, um "problema financeiro", deixando a sua solução por conta do FMI. Quando se transfere um problema para os banqueiros, eles o resolverão sob o foco estreito dos banqueiros. Concentrarão as suas atenções no sistema operacional, ignorando o software e outras instituições sociais e políticas imprescindíveis para a sua complementação.

James Wolfensohn, presidente do Banco Mundial, está absolutamente correto ao propor que revisemos a nossa metodologia de classificação dos países, substituindo a atual lista de verificações, que se limita quase que exclusivamente a estatísticas financeiras — PIB, PNB, renda *per capita* — por uma "nova forma de contabilidade" que avalie a saúde do país como sociedade emergente e não apenas como mercado emergente. Os países devem ser avaliados pela qualidade do software de governança, do sistema judicial, dos procedimentos para a solução dos conflitos, da rede de segurança social, do império da lei e do sistema operacional representado pelas políticas econômicas.

Enquanto todos os tipos de pretensos geoarquitetos ocidentais debatem a configuração de um novo Banco Central global e de novas instituições de governança global para controlar o Rebanho Eletrônico, os líderes de muitos países em desenvolvimento estão concluindo que nenhuma dessas providências irá protegê-los das catástrofes, a menos que disponham de melhores governos locais.

"Algumas vozes, algumas muito estridentes, estão proclamando que talvez a integração tenha ido longe demais, com rapidez excessiva — sobretudo nos mercados financeiros", comentou comigo o presidente do México, Ernesto Zedillo, no inverno de 1997. "Bem, só que eu acho exatamente o contrário. A globalização lança desafios, mas também oferece enormes oportunidades. O fato de o capital financeiro ser capaz de deslocar-se com tanta rapidez de fato acarreta riscos, mas é totalmente errado chegar à conclusão apressada de que precisamos controlar os movimentos de capital." Sim, ele acrescentou, necessitamos de um FMI forte para ajudar nas emergências e para nos alertar a respeito das distorções nos países e em determinados bancos. Mas, afinal, "todos esses fluxos financeiros [globais]", observou o presidente Zedillo, "acabam desembocando num sistema financeiro local ou terminam como recursos a serem emprestados pelos bancos locais". Assim, o importante, acrescenta, é desenvolver instituições financeiras e políticas locais que regulamentem de forma apropriada a totalidade do processo.

Na época da Guerra Fria, não era muito importante a qualidade do sistema operacional e do software dos vizinhos, uma vez que os países não eram muito integrados. Mas hoje, na era da globalização, é muito maior a capacidade do rebanho de transmitir a instabilidade dos países ruins para os países bons. Atualmente, o efeito dominó se aplica ao mundo das finanças, e não à política.

Mas, embora o nosso interesse em como os vizinhos e parceiros comerciais gerenciam os seus assuntos econômicos internos seja maior do que em qualquer outra época, a capacidade do governo dos Estados Unidos ou de qualquer outro país de ajudá-los a desenvolver o software é de fato muito limitada. O secretário de Estado dos Estados Unidos gosta de viajar de avião, mas para construir o software, é necessário tomar um táxi — do Ministério da Justiça local para a Bolsa de Valores, para o Ministério do Comércio ou para a sede das corporações. São questões de micropolítica e de microdiplomacia, totalmente estranhas para a maioria dos diplomatas de hoje.

Então, como chegar lá? Seria bom se todas as sociedades fossem capazes de instalar a totalidade do sistema operacional e a totalidade do software antes de conectar-se ao Rebanho Eletrônico. Mas essa expectativa não é realista. O processo será muito mais caótico — dois passos para a frente e um para trás. Sabemos agora que países como a Rússia, o Brasil ou a Tailândia farão algumas tentativas de conexão, serão golpeados pelo rebanho ou golpearão o rebanho, aprenderão algumas lições, implementarão reformas e repetirão as tentativas de conexão, reiniciando todo o processo, na expectativa de que o façam cada vez de forma mais eficaz. Será um longo e arrastado processo de aprendizado que dominará as políticas internas e as relações internacionais na era da globalização.

Nesse processo dialético, os Supermercados e o Rebanho Eletrônico talvez acabem desempenhando um papel mais importante do que a superpotência americana na condução da reforma política. Seria ótimo se todos os movimentos democráticos fossem deflagrados por heróis como Andrei Sakharov. Seria maravilhoso se todos os países fossem persuadidos a aderir ao império da lei pela leitura de James Madison. Mas na era em que estamos penetrando, o principal motor da mudança talvez seja a Merrill Lynch. O próximo capítulo explica os motivos.

Capítulo 8
Globalução

História nº 1: No inverno de 1998, entrevistei o primeiro-ministro da Tailândia, Chuan Leekpai. Meio de brincadeira, meio sério, comecei a entrevista olhando para ele, do outro lado da mesa, e declarando: "Senhor primeiro-ministro, tenho uma confissão a fazer. Ajudei a depor o seu antecessor e nem mesmo sei o nome dele. Sabe, estava sentado na minha sala, assistindo à queda do baht tailandês (e vendo o seu antecessor gerenciar de forma desastrada a economia). Então, telefonei para o meu corretor e pedi que me tirasse dos mercados emergentes do Sudeste Asiático. Eu mesmo poderia ter traído o seu país, via Internet, mas, em vez disso, decidi ouvir o conselho do corretor. Um dólar cada voto, senhor primeiro-ministro. Que tal Tom Friedman como eleitor?"

O primeiro-ministro riu, mas ele sabia o que eu estava dizendo: ingressar na economia global e conectar-se ao Rebanho Eletrônico equivale a *abrir o capital* do país. É como transformar o país numa *companhia aberta*,* com a única diferença de que os acionistas não são apenas os próprios cidadãos. Eles são os membros do Rebanho Eletrônico, onde quer que estejam. E, como observei antes, não votam apenas uma vez a cada quatro anos. Vo-

* No Brasil, em oposição à companhia fechada, *companhia aberta* é aquela registrada como tal na Comissão de Valores Mobiliários (CVM), cujos títulos (ações, debêntures e outros) estejam admitidos à negociação em bolsa ou no mercado de balcão (Lei 6.404/76, artigo 4º). (N.T.)

tam a toda hora, todos os dias, por meio dos fundos mútuos, dos fundos de pensão, dos corretores e, cada vez mais, diretamente da sua casa, via Internet.

História nº 2: No segundo semestre de 1997, estive em Moscou com uma delegação de executivos e de acadêmicos americanos. Nosso grupo incluía Donald Rice, ex-principal executivo operacional da gigantesca empresa americana de alta tecnologia Teledyne, e agora titular de uma empresa de biotecnologia. Durante a visita, Don me contou que um dia estava conversando sobre oportunidades de negócios com um empresário russo, interessado numa parceria com uma empresa americana. Rice é um executivo experiente e, antes de ir muito longe com o empresário russo, formulou uma pergunta simples: "Você paga os seus impostos?" O empresário russo respondeu que não, de forma evasiva. Rice desculpou-se, mas esclareceu que, nesse caso, como o russo não pagava impostos, não havia condições de serem parceiros, pois a sua empresa era uma companhia aberta e se uma das suas subsidiárias internacionais não pagasse impostos o fato transpareceria na auditoria anual. Assim, o empresário russo agora tem duas alternativas: ser um mau cidadão russo, continuar não pagando os seus impostos, e competir sozinho; ou tornar-se melhor cidadão russo e, talvez, formar uma parceria com uma empresa americana, com acesso à mais recente tecnologia. Quanto mais os países se conectarem com o rebanho, com mais freqüência se depararão com o dilema do empresário russo de Don Rice — juntar-se ao Rebanho Eletrônico, e aceitar as suas regras, ou correr solitário, conforme as suas próprias regras, e conformar-se com o fato de ter menos acesso ao capital, menos acesso à tecnologia e, em última instância, resignar-se com um padrão de vida inferior.

Essas duas histórias ilustram claramente os efeitos conflitantes da globalização sobre a democratização. O Rebanho Eletrônico, em geral, pressionará os países para instalar um sistema operacional e um software melhores, pois estes constituem os pilares da democracia. No entanto, ao mesmo tempo, o Rebanho Eletrônico e os Supermercados se transformam rapidamente em duas das forças mais intimidadoras, coercitivas e invasivas do mundo atual. Essas forças provocam o sentimento vago de que, qualquer que seja a democracia de um país, não importa que escolhas se façam nas eleições locais ou nacionais, independentemente de quem seja eleito para dirigir as sociedades, tudo não passa de ilusões — pois, na verdade, são os grandes mercados e rebanhos distantes e anônimos que determinarão os seus destinos.

O paradoxo da globalização é que, às vezes, o rebanho irrompe na cidade como o paladino da justiça, pistolas em brasa, defendendo o império da lei; outras vezes, debanda da cidade como um King Kong, arrasando tudo em seu caminho. Um dia, o rebanho é 1776, no dia seguinte é 1984.* Vou mostrar como, às vezes, é ambos ao mesmo tempo.

Chamo o processo pelo qual o rebanho ajuda a construir os pilares da democracia de "revolução do além" ou "globalução". Descobri pela primeira vez a globalução na Indonésia, durante uma visita em 1997, no fim da era Suharto. Estava jantando com Wimar Witoelar, anfitrião de um *talk-show* popular em Jacarta, que descrevia para mim a geração jovem da classe média indonésia. Ele observou que o ponto em comum de muitas dessas pessoas na casa dos 20 e dos 30 anos era a vontade de enriquecer, sem corrupção, e o anseio pela democracia, desde que não tivessem que sair às ruas em seu nome. Essa geração compreendia que, sob Suharto, nunca haveria uma revolução democrática de cima para baixo, mas se aterrorizavam com a hipótese de uma revolução democrática de baixo para cima, pois se os pobres das cidades se revoltassem, seria outro ano vivendo perigosamente. Assim, toda a estratégia desses jovens era a *revolução do além*, ou globalução. Toda a sua estratégia consistia em fazer o que estivesse ao seu alcance, às vezes conscientemente, às vezes inconscientemente, para integrar a Indonésia no sistema global. A sua esperança era de que ligando a Indonésia às instituições e aos mercados globais — à Organização Mundial do Comércio, à Pizza Hut, à APEC (Grupo de Cooperação Econômica da Ásia e do Pacífico), à Asean (Associação das Nações do Sudeste Asiático), à Merrill Lynch, à PricewaterhouseCoopers ou as organizações não-governa-

---

* Alusão ao livro *1984*, do escritor inglês George Orwell (1903-1950), escrito em 1948, que imagina a Inglaterra de 1984 sob um governo totalitário, que mantém controle rigoroso sobre todas as pessoas. (N.T.)

mentais de direitos humanos (ONGs) — talvez fossem capazes de importar do exterior os padrões e os sistemas baseados em regras que, conforme estavam convencidos, nunca seriam o produto da iniciativa de cima e jamais poderiam ser o resultado de movimentos impostos pelas massas.

Por exemplo, a imprensa indonésia não tinha condições de combater diretamente o regime Suharto pelo nepotismo desenfreado; assim, em vez disso, relatava com grande satisfação como os Estados Unidos e o Japão estavam levando a Indonésia ao tribunal da OMC, em protesto contra o fato de uma empresa automobilística do país — então controlada pelo filho do presidente — estar sendo protegida por tarifas fora das normas da OMC. A estratégia dos globalucionários da Indonésia era, em suma, reduzir o regime Suharto a dimensões microscópicas, mediante a globalização da sociedade indonésia. O analista militar indonésio Juwono Sudarsono descreveu para mim a globalução no sentido de que "os mercados globais irão impor-nos práticas e disciplinas empresariais que somos incapazes de gerar internamente". Outro reformista indonésio expressou esse sentimento de forma mais simples. Contou-me que ele e seu filho se vingam de Suharto uma vez por semana, "comendo no McDonald's".

A política externa tradicional, sobretudo a extrema direita e a extrema esquerda, subestima o poder do Rebanho Eletrônico e da globalização como fatores de democratização. Como observa Michael Mandelbaum, especialista em política externa da Johns Hopkins University: "Ainda vivemos sob os símbolos das revoluções de 1776, 1789, 1917 e 1989, que deixam a impressão de que a democracia só é produzida por revoltas populares que depõem governos corruptos. São os Minutemen, na Câmara dos Comuns de Lexington; ou as multidões em Paris, marchando sobre a Bastilha; ou o Solidariedade, fazendo greve na Polônia; ou o Poder do Povo, se erguendo nas Filipinas. Assim, nossa imagem da democratização nunca é a de um empresário externo convencendo o governo de que será incapaz de gerar lucros suficientes para a criação de empregos, se o país não instituir melhores garantias legais e não adotar normas contábeis e padrões de transparência internacionais."

O fato de que os Estados Unidos não imponham todos os dias que a China se democratize, e que o povo chinês não se revolte, todos os dias, exigindo o direito de divulgar suas idéias pela página de artigos assinados de *The*

Wall Street Journal asiático, não significa que a democratização local não esteja em andamento. Ainda vemos a democratização como um evento — como a queda do Muro de Berlim —, mas trata-se, na realidade, de um processo.

Evidentemente, para que o processo de democratização conduza a uma democracia liberal bem-sucedida, é necessário que os seus vetores não se limitem apenas às forças de mercado, observa Larry Diamond, co-editor do *Journal of Democracy*, e um dos acadêmicos mais esclarecidos sobre as tendências mundiais de democratização. O rebanho é necessário, mas não é suficiente. "Também é imprescindível que o governo dos Estados Unidos se manifeste em alto e bom som, com vigor e consistência, em favor da democratização", explicou. "É importante que a União Européia, o Programa das Nações Unidas para o Desenvolvimento e a rede de organizações governamentais em constante crescimento, que orientam e promovem os direitos humanos, apóiem as iniciativas de democratização nos mercados emergentes. Também é fundamental que a globalização da informação informe constantemente cada vez mais pessoas sobre as condições de vida das outras pessoas. É importante que o desenvolvimento econômico nos países crie novas classes médias em todo o mundo, com as suas exigências naturais por maior participação no processo decisório e no pluralismo político. Não é por acaso que todos os países com renda *per capita* acima de US$ 15 mil se enquadrem na categoria das democracias liberais, com exceção de Cingapura, que é uma cidade-Estado e que quase certamente se tornará uma democracia liberal, com a sucessão das gerações. Também foi fundamental o fato de que o fim da Guerra Fria e o colapso do comunismo tenham desacreditado todos os demais modelos, diferentes da democracia liberal."

Sobretudo, é imprescindível que todos os fatores atuem em conjunto.

A essência da minha argumentação é simplesmente que o Rebanho Eletrônico e os Supermercados não apenas assumirão o seu lugar entre as outras forças apontadas por Diamond como críticas para a promoção da democratização, como também, nessa era da globalização, ambos os fatores talvez se transformem nas forças mais poderosas. Isso se deve à capacidade do rebanho de penetrar profundamente na fiação interna dos países, de maneira inacessível aos governos e mesmo às organizações de direitos humanos. O rebanho é capaz de impor pressões irresistíveis para a maioria dos governos. É movido por interesses próprios e também incute nas pessoas interesses próprios para que se amoldem às suas pressões.

Certamente, o rebanho é motivado a invadir o cerne dos países não pelos valores democráticos em si. Não é assim. O rebanho valoriza a estabilidade, a previsibilidade, a transparência e a capacidade de transferir e proteger a propriedade privada das arbitrariedades e do confisco criminoso. Mas para assegurar esses valores, o rebanho necessita que os países em desenvolvimento instalem software, sistemas operacionais e governança — que são os alicerces da democracia. No mundo de hoje, é impossível passar de Mao a Merrill Lynch sem alguma dose de Madison.*

Examinemos em detalhes como o rebanho está forçando a construção de alguns dos pilares da democracia.

Transparência: *The Wall Street Journal* relatou que, ao se reunirem na Malásia, em novembro de 1997, as principais autoridades financeiras dos Estados Unidos, do Japão, da China e de 11 outros países asiáticos descobriram que o Banco Central malaio instalara um placar eletrônico, do tipo geralmente encontrado nos jogos de basquete da NBA, que exibia a evolução das reservas monetárias da Malásia, de modo a tranqüilizar os visitantes sobre a solidez da economia do país.

Nem todos os países irão tão longe, a ponto de instalar um placar desse tipo no terminal de chegada do aeroporto — ou talvez até o façam. Nos últimos anos, o Rebanho Eletrônico aprendeu, geralmente da maneira mais difícil, a exigir mais transparência nos relatórios financeiros. Os países que se conectam ao rebanho também aprendem, em doses crescentes e pelos meios mais árduos, que a probabilidade de uma fuga em debandada do rebanho é tanto menor quanto maior a transparência dos governos e das empresas nas respectivas informações e transações financeiras.

Imagine o Rebanho Eletrônico como a manada de antílopes pastando numa ampla área da África. Quando um antílope na ponta da manada

---

* Madison, James (1751-1836). Quarto presidente dos EUA (1809-1817). Membro do Congresso Continental (1780-1783) e da Convenção Constitucional (1787). Um dos autores de *The Federalist Papers*. (N.T.)

percebe algo se movendo no matagal alto e denso um pouco adiante, não se dirige ao antílope ao seu lado e berra: "Puxa, acho que tem um leão se mexendo naquela moita." De modo algum. O antílope apenas detona um estouro da manada, e os outros antílopes não se limitam a correr apenas uns poucos metros. Debandam até o próximo país, arrasando tudo em seu caminho. Assim, de que maneira proteger o país dessas surpresas? Resposta: aparando o matagal e removendo as moitas mais altas, de modo que, na próxima vez em que o antílope mais atento perceber alguma coisa se mexendo no capim, pensará consigo mesmo: "Tudo bem. Estou vendo o que é. É apenas um coelho." Ou, se for o caso de um leão se aproximando, o antílope o verá a distância, e terá tempo para afastar-se aos poucos, sem provocar um estouro da manada. Em caso contrário, pelo menos terá condições de reunir a manada, de modo a assustar o leão. A função da transparência é proporcionar mais informações aos antílopes, com maior rapidez, de modo que, quando sentirem a necessidade de salvar a pele, sejam capazes de fazê-lo de maneira ordenada. No mundo das finanças, talvez seja essa a diferença entre um pequeno ajuste dos mercados e um mergulho descontrolado num furacão de perdas, cuja recuperação exigirá meses ou anos.

Quando a economia da Coréia do Sul entrou em dificuldades, em dezembro de 1997, as autoridades do país garantiam que as reservas em moedas externas eram de US$ 30 bilhões, quando, na verdade, se limitavam a US$ 10 bilhões. Ao descobrir a verdade, o rebanho simplesmente debandou. Na mesma época, o governo de Seul declarou ao FMI que seus empréstimos externos eram de US$ 50 bilhões. Uma semana depois, divulgou que eram de US$ 100 bilhões. Opa!

Essa falta de transparência, observa Richard Medley, que efetua análises de risco político para instituições financeiras, é que provoca alguns dos piores estouros. A falta de transparência, argumenta, "é exatamente o que oferece aos ilusionistas otimistas e aos ilusionistas paranóicos as maiores pastagens por onde circular com liberdade". Pense na Tailândia, na Coréia ou na Rússia do início dos anos 90. Nos bons tempos, a falta de transparência das economias encorajou os ilusionistas otimistas a criar uma bolha de prosperidade, bombeando mais e mais dinheiro para esses países, confiantes em que seriam capazes de garantir os mesmos retornos elevados do ano anterior, mesmo que os primeiros fluxos de dinheiro tenham sido dirigidos a fábricas produtivas, enquanto as entradas posteriores se destinaram a condomínios de luxo e a novas fábricas para as quais não havia demanda. "É realmente impossível efetuar análises sérias em sistemas opacos", argumenta Medley. "Quando se oferece [ao Rebanho Eletrônico] esse tipo de ilusão otimista sobre o país, as cotações do mercado dispararão para a estratosfera. O ilusionista otimista então observa: 'Feche os olhos e compre, certamente haverá água na piscina para amortecer a queda.' Mas é muito perigoso. Pois a mesma falta de transparência que leva os ilusionistas otimistas a puxarem as cotações para níveis exagerados também leva os ilusionistas paranóicos, quando mudam as tendências, a empurrarem os preços para baixo, num mergulho vertiginoso. E então, na trajetória de queda, todas as histórias que o ilusionista otimista contou para si próprio, todas as suposições a respeito das reservas externas e das obrigações futuras do país caem por terra."

Passa-se do extremo de acreditar em tudo para o extremo de não acreditar em nada. Na realidade, o ilusionista paranóico acredita em mais do que nada — crê na existência de dívidas ocultas e em passivos não-contabilizados, espalhados pelo país. Todos os rebanhos têm os seus ilusionistas otimistas e paranóicos, que, quando têm oportunidade, exageram os estouros de entrada e de saída.

Nos últimos anos, o Rebanho Eletrônico ensinou essa lição a muitos países. Hoje, o Ministério das Finanças da Coréia do Sul envia um e-mail aos investidores globais detalhando as suas reservas externas ao fim de cada dia útil, incluindo, tanto quanto possível, os fluxos de capitais privados. "Os coreanos foram do extremo de pensar que a transparência não é nada para o extremo de julgar que a transparência é tudo", comentou comigo um gestor de fundos da Wall Street. "Chegariam a ponto de nos enviar um relatório meteorológico diário, se o pedíssemos." Rick Johnston, que chefia os investimentos na América Latina efetuados pelo Offitbank, um banco privado de Nova York, contou-me o seguinte: "Quando vou ao Brasil, eu aviso: 'Preciso saber de tudo.' Digo-lhes com muita franqueza. 'Não é para mim. Sou amigo de vocês. Acredito em vocês. Mas como vocês me ajudarão a convencer os descrentes?' E os descrentes agora exigem: 'Se vocês não se despirem e nos deixarem ver tudo, não lhes daremos qualquer dinheiro, pois vocês têm uma tendência histórica para decepcionar. Sem transparência, nada de dinheiro. Mostrem-nos tudo. Queremos ver os seus livros comerciais pelo avesso, à luz do dia e ao luar.' Diariamente, recebo informações sobre todos os aspectos da economia brasileira, além de um fax no fim do dia detalhando todos os fluxos de capitais naquele dia. Conheço a movimentação das contas comerciais e financeiras e as transações efetuadas às taxas de câmbio oficial do Banco Central e às taxas de câmbio do mercado paralelo. Esses dados são enviados por uma empresa privada local, com informações provenientes do Banco Central do Brasil. Investirei mais se souber sempre o que eles têm nos cofres — embora ainda haja riscos. Pois, com as informações adequadas, tenho condições de avaliar os riscos e mudar de posição se os fluxos se tornarem negativos; do contrário, estaria especulando sobre rumores, e é assim que se entra em falência."

E quando os países se comprometem com esse nível de investigação pelo rebanho, não existe retorno, exceto a um preço muito elevado.

Normas: "Se alguém estivesse escrevendo a história dos mercados de capitais americanos", comentou um dia o subsecretário do Tesouro Larry Summers, "eu sugeriria que a inovação mais importante que modelou o nosso mercado de capitais foi a idéia dos princípios contábeis geralmente aceitos. Precisamos de algo semelhante no âmbito internacional. Uma vitória pequena, mas significativa, do FMI é o fato narrado por alguém que leciona contabilidade numa escola noturna da Coréia. Normalmente, a escola tem 22 alunos nos cursos de inverno, mas nesse ano [1998] está com 385 alunos. Na Coréia, precisamos disso no nível corporativo. E também no nível nacional."

Uma razão pela qual explodiu a procura pelo curso de contabilidade na Coréia talvez tenha sido o fato de que o rebanho, no rastro da crise financeira de 1997-98 no Sudeste Asiático, começou a exigir normas contábeis melhores e mais uniformes em todos os países. Quando o rebanho passou a examinar com mais cuidado as demonstrações financeiras de muitas empresas na Coréia do Sul, Tailândia ou Indonésia, constatou que era incapaz de interpretá-las, pois não existiam balanços patrimoniais consolidados, que agregassem todas as unidades e subunidades das empresas, de modo a possibilitar a visualização de *todos* os ativos e de *todos* os passivos, para não mencionar *todos* os ativos e passivos fora dos livros.

Quanto mais o rebanho sai por aí, investindo em fábricas e em mercados nos diferentes países, e quanto mais os países querem atrair os investimentos do rebanho, e quanto mais as empresas nesses países querem ser registradas nas bolsas de valores de um dos grandes Supermercados, maior será a pressão para que observem as normas contábeis internacionais nas suas demonstrações financeiras.

Considere apenas o exemplo que encontrei na edição de dezembro de 1997 da revista *Hemispheres*, da United Airlines, que trazia um artigo sobre uma das empresas de software em mais rápido crescimento no mundo, a Infosys, da Índia. O artigo diz o seguinte: "A chave do sucesso dessa empresa tem sido o abandono das políticas e práticas do Terceiro Mundo, que arrasam muitas empresas do subcontinente indiano, substituindo-as por uma estreita conexão com o Primeiro Mundo, que proporciona o máximo em conveniência para o cliente. 'Decidimos, desde o início, que não haveria qualquer confusão entre os recursos privados e os corporativos', afirma Narayana Murthy, o visionário fundador e presidente da empresa. Isso significa que ninguém usa o carro da empresa para fins particulares — uma ruptura radical em relação à cultura empresarial tradicional na Índia. Freqüentemente, na Índia, os altos funcionários utilizam os ativos da empresa para atender a objetivos pessoais. Os eletricistas da empresa trabalham na casa dos executivos. Os subordinados apanham os filhos dos supervisores na escola e cuidam deles. A empresa financia compras domésticas. Os empregados toleram essas práticas porque não têm opção. No entanto, esses vícios levam a uma alienação crescente e ao retraimento de qualquer iniciativa própria de natureza criativa. Essa situação não ocorre na Infosys... A Infosys é a primeira empresa indiana a divulgar suas demonstrações financeiras anuais verificadas uma semana após o encerramento do exercício financeiro; a primeira a publicar relatórios trimestrais resultantes de auditorias; a primeira a elaborar as demonstrações financeiras em conformidade com os Princípios Contábeis Geralmente Aceitos dos Estados Unidos e a divulgar as informações exigidas pela Securities and Exchange Commission dos Estados Unidos. 'Seus critérios de divulgação e suas práticas contábeis estabeleceram padrões que devem ser seguidos por outras empresas', afirma o relatório de um analista."

À medida que, cada vez mais, ingressamos num mundo onde a Internet define o comércio, a demanda por normas internacionais padronizadas ganhará um enorme impulso, por uma razão muito simples: a partir do momento em que se decide fazer negócios na Internet, como varejista ou prestador de serviços, a partir do instante exato em que se abre um *site* na Internet, surge a empresa global — independentemente da sua localização na Índia, Itália ou Indianápolis. Fazer negócios na Internet é, por definição, uma atividade global. Por conseguinte, é necessário pensar em termos globais e identificar os fatores que terão apelo para os compradores em todo o mundo, atraindo-os para o produto ou serviço à venda. Também é importante tranqüilizar os clientes sobre a pontualidade e segurança da entrega do produto ou da prestação do serviço, além de convencê-los de que as informações sobre cartões de crédito estarão protegidas no *site*, de que o dinheiro poderá ser transferido segundo as melhores normas, leis e práticas internacionais, e de que todas as questões contábeis e comerciais serão tratadas de acordo com as normas internacionais. "Quanto maior a quantidade de negócios efetuados pela Internet, por mais pessoas, das mais diversas partes do mundo, mais se harmonizará a maneira como as pessoas negociam em todo o mundo", argumenta Bob Hormats, vice-*chairman* da Goldman Sachs International.

Já se constata esse fenômeno na área de corretagem pela Internet. As negociações *online*, afirma John T. Wall, presidente da NASDAQ International, "definitivamente intensificam a investigação sobre os governos e as empresas quanto à melhor governança. A partir do momento em que as pessoas podem investir no exterior e do exterior, e efetuar negociações *online*, elas querem saber cada vez mais, sobre as empresas, e também querem saber se as informações sobre as empresas são confiáveis. Será que [as informações financeiras] estão sendo registradas de acordo com as normas contábeis internacionais? Qual a qualidade da governança corporativa? Essas exigências conduzirão à harmonização dos sistemas tributário e legal."

Realmente, uma das revelações da crise econômica asiática de 1997-98 foi o fato de que a maioria das Cinco Grandes empresas de contabilidade americanas que fizeram auditoria na contabilidade das grandes instituições financeiras asiáticas mais afetadas pelas dificuldades não levantou qualquer bandeira vermelha sobre os seus problemas, segundo um estudo da Conferência das Nações Unidas sobre o Comércio e Desenvolvimento. A principal razão dessa falha, segundo um artigo no *The New York Times*, de 17 de novembro de 1998, seria a não-adoção pelas Cinco Grandes, na Ásia, das mesmas práticas e normas contábeis minuciosas aplicadas nos Estados Unidos. A principal razão para esse procedimento era que a maioria das grandes empresas de contabilidade — como a PricewaterhouseCoopers ou a Ernst & Young — ingressaram na Ásia por meio de aquisições de empresas de contabilidade locais, cujos clientes insistiam na manutenção das normas contábeis mais frágeis.

Isso não vai mais acontecer. O Banco Mundial está pedindo que as Cinco Grandes deixem de assinar qualquer auditoria que não tenha sido feita de acordo com as normas contábeis internacionais. Quando executadas por uma das subsidiárias locais, com base nas normas locais, a auditoria será assinada apenas pela empresa local — e os investidores que se cuidem. O estudo das Nações Unidas afirmou que as deficiências de auditoria não provocaram a crise econômica da Ásia, mas que uma auditoria melhor teria detectado mais cedo os problemas que estavam para surgir, atenuando a gravidade da crise. Robert A. Campbell, sócio-gerente regional para a região Ásia-Pacífico da Deloitte Touche Tohmatsu, fez a seguinte afirmação: "Do mesmo modo como as tomadas elétricas são diferentes em todos os países, também o são as normas contábeis. As Cinco Grandes estão [agora] ansiosas por adotar normas válidas em todo o mundo."

Talvez o melhor exemplo no mundo de hoje de imposição de padrões do além pela globalução, em situações onde é impossível implantá-los a partir de iniciativas de cima para baixo ou de baixo para cima, é a decisão da União Européia de adotar uma única moeda e normas financeiras padronizadas para todos os seus membros, sob um único Banco Central, a partir de 1999. Para um país como a Itália, conhecido por seu governo corrupto e ineficiente, a União Monetária Européia é uma dádiva divina. Forçará o país a permanecer dentro da Camisa-de-força Dourada, transferindo atividades governamentais críticas para o Banco Central Europeu, em Frankfurt.

A National Public Radio divulgou um relatório da Itália, em 1997, sobre como os italianos — após uma geração de governos incompetentes, cuja gestão desastrosa convertera a moeda italiana em dinheiro de brinquedo, como as notas do jogo Banco Imobiliário — estavam ansiosos para que a União Européia assumisse a direção do país. Mario Abate, um advogado italiano, especialista em direito empresarial, afirmou: "Um dos efeitos imediatos da adesão ao euro é o de conseguir o que eu chamo de 'faxina doméstica' — a situação realmente está forçando o governo a enfrentar os seus enormes déficits, a inflação e as despesas excessivas. Não há como evitá-lo. E, evidentemente, as medidas resultantes serão vantajosas para a economia, motivo pelo qual sou muito favorável a essa mudança." Abate acrescentou que a maioria dos italianos provavelmente ficaria muito feliz se todo o país fosse dirigido por funcionários da União Européia. Há pouco ressentimento entre os italianos em relação aos centros de poder da Europa, em Bruxelas, em Frankfurt e em Estrasburgo. "A hostilidade contra Roma é muito maior", concluiu Abate, "pois Roma, para nós, tem sido o centro da criminalidade. Eles têm roubado o nosso dinheiro. Consideramos roubo, pois o levam e não o devolvem." O ministro das Finanças da Itália, Vincenzo Visco, declarou ao jornal italiano *La Repubblica*, no dia do nascimento da moeda européia única, no começo de 1999, que o euro significa que haverá "menos palhaçada" da parte dos políticos e dos empresários italianos, que, no passado, mostraram "uma freqüência anormal de comportamentos ilegais". A União Monetária, acrescentou, "significa que não iremos mais aceitar padrões inferiores, simplesmente por serem mais agradáveis".

São declarações globalucionárias.

Corrupção: A globalução está impondo custos muito mais elevados aos países que toleram a corrupção; se não por outra razão, apenas porque, num mundo onde são tantas as opções de investimento, não há motivo para aborrecer-se investindo no país X, onde será preciso subornar todo o mundo, e ainda o tio, quando é possível ir para o país Y, conseguir o mesmo custo de mão-de-obra, sem precisar distribuir propinas. Para o rebanho, a corrupção é apenas um outro nome para imprevisibilidade, pois qualquer negócio pode ser desfeito por alguém subornando alguém, e não há nada que o rebanho odeie mais do que isso.

Derek Shearer, que serviu como embaixador dos Estados Unidos na Finlândia, em meados dos anos 90, viu, em primeira mão, como a globalução está forçando os russos, cada vez mais, a optar entre controlar a corrupção ou permanecer pobres e subdesenvolvidos para sempre. "Como embaixador americano na Finlândia, uma das minhas atribuições consistia em circular entre os líderes empresariais do país e encorajá-los a investir na Rússia, sob o argumento de que essa era a melhor maneira de assegurar a estabilidade nas fronteiras", contou Shearer. "Mas os finlandeses sempre argumentavam: 'Claro, faremos negócios com os russos. Que eles tragam os caminhões para cá e os encham com o que quiserem, desde que também tragam sacos de dinheiro para pagar contra-entrega. Mas não iremos lá fazer negócios. É muito corrupto e perigoso. E por que o faríamos? Podemos ir à Hungria ou à Estônia ou à República Tcheca e ganhar dinheiro, com a certeza de trazer os lucros para casa. Por que nos incomodaríamos com a Rússia, nas condições em que se encontra o país?' E eu dizia: 'Sim, sim, mas vocês devem raciocinar em termos de investir na Rússia como uma questão de estabilidade regional.' E eles me lançavam um olhar vazio. Bem, agora estou fora do governo e estou assessorando várias companhias de investimento na Wall Street. Outro dia, perguntaram-me sobre investimentos na Rússia e eu me limitei a aconselhá-los: 'Não há condições.' Se eu analisar a questão não do ponto de vista de um formulador de políticas, mas da perspectiva do empresário, seria loucura investir na Rússia agora. Os finlandeses estavam certos."

Samir Hulaileh ajuda a dirigir uma das primeiras empresas palestinas na Margem Ocidental, a Nassar Investment Company. Conversava com ele uma tarde, no seu escritório, sobre os negócios no Oriente Médio e, sem querer, ele descreveu muito bem como a globalução afetará a corrupção, mesmo naquela área notoriamente corrupta. "Atualmente, a competição na região é feroz para determinar quem crescerá no futuro", observou Hulaileh. "Acabei de ir ao Marrocos comprar terras, mas não consegui, por causa dos subornos e da burocracia. A corrupção de alto nível no Marrocos é parte do sistema. Sessenta itens de importação e exportação são reservados como monopólios exclusivos do rei e da família real. Queríamos investir numa pedreira no Marrocos e nos disseram: 'Não, isso é reservado ao Rei.' Não se desfruta segurança e liberdade no Marrocos como investidor, pois as pessoas que decidem geralmente estão contra você e talvez até se tornem seu concorrente. Esse é o sistema no Marrocos, e ninguém se incomoda com a situação. Assim, procuramos outro lugar. Recentemente, fui a Dubai, onde abri nosso escritório regional. Lá, me deram isso [e mostrou um cartão de identidade especial]. Esse cartão me permite entrar e sair de Dubai na condição de investidor estrangeiro, sem qualquer visto. Querem facilitar as coisas tanto quanto possível. O Egito também está mudando. Estão elaborando um novo sistema, injetando novo sangue e desenvolvendo um novo ambiente regulamentário muito mais aberto do que no passado. Há corrupção no Egito, mas é principalmente dos pobres e dos que não recebem bons salários. [A maioria das autoridades egípcias] atua com correção e sem corrupção. Como investidor [global], preciso assegurar-me de que não existem tabus — de que a competição é livre. Devo ter condições de permanecer num país, de entrar e sair sem suborno e sem ter que aturar pessoas influentes que me forcem a aceitá-las como sócios. Sou capaz de enfrentar a burocracia, mas quero ter a certeza de que acabarei atendendo às minhas necessidades. Se observo as regras básicas, preciso saber que, no final, conseguirei o que eu quero. Enfrento problemas no Egito com a *baksheesh* [propina para a obtenção de serviços], mas sei que estou pagando a *baksheesh* apenas para que as coisas [meu negócio] andem mais rápido, e que no final atingirei o meu objetivo. No Marrocos, é 'paga agora ou paga depois', e mesmo assim não é certo obter os resultados esperados."

Abrindo cada vez mais a sua economia para os Estados Unidos, o Marrocos necessita de investimentos externos e de tecnologia para competir e, certamente, os estrangeiros não lhes fornecerão nenhum dos dois, se saírem do país com os mesmos sentimentos de Hulaileh.

Às vezes, as imposições do rebanho em termos de padrões mais elevados representam um enorme choque, mesmo para as economias mais avançadas. Veja o artigo do *Washington Post* de 20 de fevereiro de 1998, com o título "Congressista Japonês se Enforca no Hotel". O relato explicava que Shokei Arai, congressista japonês e personagem de um escândalo de corrupção de proporções crescentes, cometeu suicídio no seu quarto de hotel em Tóquio, poucas horas antes da sua provável prisão. No entanto, a história envolvia dois aspectos muito reveladores: "Existe a preocupação entre alguns políticos de que Arai talvez tenha deixado provas incriminando outros... Não se encontraram indicações sobre a existência desses documentos, mas numa reunião com a imprensa na tarde da quarta-feira, ele realmente se queixou de que não foi justa a sua escolha pelos promotores públicos. Arai declarou aos repórteres que a Nikko Securities assegurou-lhe de que havia proporcionado lucros semelhantes a centenas de outros clientes. *Os empresários japoneses comentam, reservadamente, que estão surpresos com a rapidez com que mudou o que é permitido e proibido na cultura empresarial do país.* Outrora, os burocratas esperavam ser homenageados em jantares suntuosos, acompanhados dos melhores vinhos, com a contribuição ostensiva das empresas nessas atividades, nas quais se dizia que os burocratas e os empresários trocavam de modo informal as informações necessárias. As 'contas VIP' e os subornos dos corruptores também eram um segredo de polichinelo, afirmam os empresários, e até recentemente os promotores públicos ignoravam essas atividades. [O comentarista político Minoru] Morita *atribui a atitude mais rigorosa a um grupo de promotores públicos mais jovens e mais agressivos, educados no exterior.* 'Eles estão começando a pensar como ocidentais e a interpretar a tradição japonesa de oferecer entretenimento generoso às autoridades governamentais como algo extremamente incompatível com os padrões internacionais', afirmou Morita."

Robert Shapiro, *chairman* da Monsanto, comentou comigo, uma vez, que a sua empresa não estava envolvida numa cruzada pela difusão de práticas anticorrupção. Mas a sua maneira de fazer negócios não admite o pagamento de subornos, e ele está bastante seguro de que, assim procedendo, a Monsanto está ajudando a semear o mundo com pessoas que compartilham os seus valores. "Atualmente, contratamos muitas pessoas num grande número de países e nos tornamos uma espécie de curso de aperfeiçoamento para essas pessoas", observa Shapiro. "Muitas pessoas que entram na empresa no exterior relutam em acreditar que levamos a sério essa questão de anticorrupção e que de fato jamais faremos uma contribuição para os mandachuvas locais."

Para ser exato, as exceções sempre existiram e continuarão existindo, sobretudo quando a competição global se torna mais acirrada, aumentando a tentação de correr atrás de negócios duvidosos. Segundo um estudo do Congresso dos Estados Unidos, o Citibank estava tão ansioso para fazer negócios com Raúl Salinas de Gortari, irmão do ex-presidente do México, que ignorou as suas próprias medidas de segurança e o ajudou a retirar do México US$ 100 milhões em dinheiro sujo, de modo a disfarçar a origem e destinação dos fundos. Mas, por enquanto, esses casos continuam sendo apenas exceções. A tendência internacional dominante é claramente na outra direção. A Lei de Práticas Corruptas no Exterior (Foreign Corrupt Practices Act), aprovada em 1977, torna ilegal para as empresas americanas o pagamento de subornos para a facilitação de negócios no exterior. Em 20 de novembro de 1997, os 29 países da Organização de Cooperação e Desenvolvimento Econômico (OCDE), que compreende as principais democracias industriais do mundo, concordaram em adotar boa parte da legislação anticorrupção americana. Sob a nova regulamentação da OCDE, as empresas européias e japonesas estão proibidas de subornar autoridades estrangeiras para ganhar contratos, e também será mais difícil para essas empresas a contabilização dos subornos como despesas dedutíveis, prática até então aceita na França e na Alemanha. Embora ainda restem algumas lacunas na nova legislação, trata-se de uma vitória das reses americanas no Rebanho Eletrônico, que argumentavam estarem perdendo bilhões de dólares em contratos, em conseqüência dos subornos dos europeus e japoneses.

Liberdade de imprensa: A China vai ter uma imprensa livre. É uma conseqüência da globalução. Ah, os líderes chineses ainda não sabem, mas estão sendo conduzidos diretamente nessa direção.

Basta ver o que aconteceu nas duas últimas semanas de dezembro de 1996. Em 1996, os dois mercados acionários mais quentes da Ásia estavam na China — as bolsas de valores de Xangai e Shenzhen. Entre 1º de abril e 9 de dezembro, o índice composto da Bolsa de Valores de Xangai subiu 120%, enquanto o de Shenzhen disparava em 315%. Uma das razões pelas quais esses mercados acionários estavam tão aquecidos era o fato de, praticamente, não terem nenhuma regulamentação, e eram tão pouco regulamentados porque a China dispõe apenas do mais elementar dos sistemas de títulos mobiliários e de bolsas de valores, e praticamente não conta com uma imprensa financeira independente, responsável e honesta, capaz de chamar a atenção para as melhores ações e de denunciar de forma ostensiva as empresas chinesas fajutas, que não divulgam as suas demonstrações financeiras de forma oportuna, precisa e transparente. Publicações como *Barron's*, *Fortune*, *Business Week*, *The Far Eastern Economic Review*, *The New York Times* e *The Wall Street Journal* desempenham constantemente esse papel de cão de guarda. Em dezembro de 1996, o governo chinês percebeu que os mercados de Xangai e Shenzhen estavam fora de controle — em razão de todo tipo de especulação selvagem e de práticas de negociação condenáveis — mas as suas ferramentas para lidar com a questão estavam limitadas a uma única marreta: a imprensa oficial. Assim, em 16 de dezembro de 1996, *O Diário do Povo*, o jornal oficial da China, publicou um editorial indignado, advertindo que os preços das ações tinham sido puxados para níveis "irracionais" e "anormais".

Sabe o que aconteceu? Todos tentaram vender suas ações de uma vez, ambos os mercados despencaram e muitos pequenos investidores saíram feridos — em número tão grande que a polícia precisou manter a ordem entre os investidores furiosos que protestavam em frente às corretoras em muitas das grandes cidades chinesas. O *Wall Street Journal* asiático relatou que "do lado de fora de uma corretora em Beijing, um trabalhador lamentava-se por ter perdido 20 mil iuan (cerca de US$ 2.400) até então, naquela semana. 'Antes de *O Diário do Povo* abrir a boca, as compras e as vendas estavam equilibradas', proclamou um homem que vestia um paletó de couro, aos gritos de aprovação de dezenas de outros investidores. 'Depois disso, ninguém mais ousou comprar. O mercado está afundando'".

A pessoa mais revoltada do mundo não é a que perdeu o emprego, mas sim aquela que se considera tremendamente roubada na poupança feita com sacrifício, com o suor do seu trabalho. Com o tempo, os líderes chineses simplesmente não foram capazes de controlar seus explosivos mercados livres e de evitar que os pequenos investidores fossem ludibriados e, em seguida, se revoltassem contra o governo, pois não dispunham das outras instituições que atuassem como guardiãs dos mercados livres — desde uma SEC (Securities and Exchange Commission) eficaz, até uma imprensa livre e responsável, amparada pelo império da lei. Numa palavra, a globalução. Não foi por acaso que o país do Sudeste Asiático dotado de maior liberdade de imprensa, Formosa, também tenha sido o país do Sudeste Asiático que menos sofreu com o retrocesso econômico desencadeado pelo colapso asiático de 1997-98.

Cerca de 30 milhões de chineses já possuem ações. Com tantos acionistas novos, surgiram muitas publicações clandestinas especializadas em ações, pois os investidores precisam de informações econômicas. "Começam como um tipo de boletim de dicas, produzido pelos escritórios de pesquisa de várias corretoras e divulgados por fax pela cidade", explicou Seth Faison, o chefe do escritório de *The New York Times*, em Xangai. "São notícias voltadas para o mercado, sobre diferentes empresas ou ações, ou talvez sejam palpites sobre as próximas medidas de um ministro em Beijing. Muitas não passam de boatos, mas algumas acabam sendo verdadeiras. Destinam-se a um público composto de pessoas que estão atuando nos mercados, mas que reclamam da falta de informações suficientes, apenas com os jornais diários." Mas quando o governo chinês declara que a imprensa tem liberdade para escrever sobre empresas e negócios, jornais como o *Southern Weekend* se aproveitam dessa abertura para encaixar nas páginas de economia e finanças todos os tipos de notícias e críticas quase-políticas sobre a corrupção e os abusos de autoridades. É assim que nascerá a imprensa livre na China.

Mercado de títulos: Além do software da governança, o Rebanho Eletrônico está gerando um importante componente do sistema operacional que também promove a democratização — o mercado de títulos, os fundos mútuos e os fundos de pensão. Observe os países da Ásia Oriental — Coréia, Tailândia, Malásia e Indonésia. O que todos tinham em comum ao serem atingidos pela crise econômica eram os altos níveis de poupança e o baixo endividamento público. O povo não gastava e o governo não contraía empréstimos. O que é muito bom, não é? Não necessariamente. Embora o povo desses países adorasse poupar, a única alternativa para a aplicação das suas poupanças, na maioria dos casos, eram os bancos, pois os fundos mútuos, os fundos de pensão e o mercado locais de títulos ou não existiam ou eram muito subdesenvolvidos. Assim, os bancos locais acumularam enormes saldos de caixa. A única aplicação para essas poupanças consistia em emprestá-las às empresas locais. Assim, desencadeou-se uma competição feroz entre os bancos locais, que passaram a enterrar o dinheiro em credores cada vez menos qualificados, para o desenvolvimento de projetos cada vez mais desqualificados. Além do mais, quando as empresas são totalmente dependentes de empréstimos bancários — sobretudo nos sistemas operacionais de capitalismo clientelista, onde os banqueiros estão amarrados nas empresas e nas autoridades governamentais — elas se livram de boa parte das análises rotineiras às quais teriam que se submeter se emitissem títulos privados destinados ao público investidor, que seriam classificados pelo grau de risco e negociados diariamente.

O Rebanho Eletrônico há muito tempo encoraja o mercado de títulos, tanto para saciar o seu próprio apetite, como também pelas vantagens que apresenta um mercado de títulos bem regulamentado. Cingapura e Hong Kong criaram deliberadamente os seus mercados de títulos — apesar de toda a disponibilidade de capital local, através das poupanças bancárias — pois queriam um mercado de títulos local que proporcionasse o chamado "capital paciente": financiamento de longo prazo para os credores corporativos, de modo a não ficarem sujeitos aos caprichos dos empréstimos bancários de curto prazo. O mercado de títulos também ofereceu aos poupadores de Cingapura e de Hong Kong a oportunidade de participar de fundos mútuos e de fundos de pensão de alto rendimento, como alternativa de investimento para as contas de poupança bancárias. E, o que é mais importante, um mercado de títulos regulamentado de forma adequada promove a divulgação e a transparência das informações, pois a única maneira de avaliar o risco de um título ou de registrar ações nas bolsas de valores é por meio da divulgação de informações. E quando se pretende atrair os investidores internacionais e receber a avaliação da Moody's ou da Standard & Poor's, a propaganda deverá basear-se nas normas internacionais.

Considere esse relato do *Washington Post*, de 15 de novembro de 1998, de Paris: A história começa com as declarações de Serge Tchuruk, um dos executivos mais conhecidos da França, numa reunião durante o café da manhã com grandes investidores internacionais, no sentido de que os lucros da sua empresa, a Alcatel, o gigante de telecomunicações da França, seriam bem mais baixos do que as previsões de apenas algumas semanas atrás. O rebanho não gosta dessas surpresas. Entre o fim do café da manhã e o fechamento dos negócios naquele dia, as ações da Alcatel despencaram 38%

— a maior queda num único dia em toda a história da Bolsa de Valores da França — quando principalmente os fundos mútuos e de pensão americanos e ingleses abandonaram a Alcatel. A repórter do *Post*, Anne Swardson, observou como o rebanho estava reformulando as velhas práticas da Europa, S.A.: "Nos últimos anos, os estrangeiros forçaram muitas empresas a mudar a gerência, a reformar os sistemas contábeis, a promover fusões internacionais e a introduzir o inglês — o idioma do comércio internacional — nas salas de reunião do Conselho de Administração. De um modo geral, a gerência européia, historicamente negligente em relação às demandas dos acionistas, se tornou mais sensível e atenta."

No entanto, o que mais apreciei foi ler nos jornais do dia seguinte que o rebanho pisoteara as ações da Alcatel e que Tchuruk tomou um avião e voou para Londres; e, em seguida, deu um pulo de Concorde até Nova York para se encontrar com os investidores dos fundos mútuos americanos, tudo na tentativa de explicar o que deu errado e reconquistar a sua confiança.

"Ele se desculpou, mas não adiantava mais", declarou um participante americano ao *Post*. "Naquela altura, já tínhamos vendido todas as ações."

Democratização: O Rebanho Eletrônico intensificará as pressões pela democratização, em geral, por três razões muito importantes — flexibilidade, legitimidade e sustentabilidade. Eis o porquê:

Quanto mais rápido e maior o rebanho, quanto mais lubrificada e mais aberta a economia, maior se torna a necessidade de flexibilidade, de modo a se extrair o máximo do rebanho e proteger-se dele. Embora sempre se encontrem exceções, ainda acredito que, como regra geral, quanto mais democrática, responsável e aberta a governança, menos provável é a exposição do sistema financeiro a surpresas. E quando, ainda assim, o sistema financeiro é exposto a choques financeiros, mais rápido é o seu ajustamento às circunstâncias e demandas em mutação. Do mesmo modo, quanto mais aberta e democrática a sociedade, mais intenso é o fluxo de realimentação, maiores são as chances de correções de curso antes do choque com os rochedos e mais fácil é a contratação de novos gestores para a substituição dos incompetentes.

Além do mais, quando o país é forçado a fazer essas correções de rumo, quanto maior o grau de democratização do país, maior será a legitimidade do governo para compartilhar os sacrifícios da reforma com a totalidade da população. "Pense no que os líderes do Sudeste Asiático pregavam ao povo durante boa parte da era pós-Segunda Guerra Mundial", observa o acadêmico Larry Diamond, especializado em democracias. "Os líderes proclamavam: 'Dê-me a sua liberdade e fique de boca fechada, e eu lhe darei a oportunidade de ficar rico.' Era fácil para as pessoas serem apolíticas quando todos os barcos subiam com a maré e todos sentiam que poderiam deixar a gestão política com terceiros, sem prejudicar o bem-estar econômico. Bem, o sistema pareceu adequado durante 30 anos, mas então o crescimento entrou em colapso e a distribuição das riquezas, do bem-estar e dos benefícios naufragou. E as pessoas perceberam que não podiam deixar a política por conta de terceiros. E foi assim que se deu a ruptura do pacto. Em conseqüência, o que o povo reivindicou aos governos da Tailândia, da Indonésia, da Coréia e, em breve, também exigirá do governo chinês, já que haviam sido privados do crescimento, uma vez que o Estado não mais era capaz de cumprir o pacto anterior, foi um novo pacto, e nesse pacto o povo teria muito mais participação na maneira de operar o sistema. No entanto, com uma participação mais intensa, o povo estaria disposto a maiores sacrifícios, enquanto o sistema é reformado e adquire condições para retomar a velocidade. E esse é o motivo pelo qual o povo está demonstrando muito maior paciência em relação ao sofrimento econômico do que esperavam muitas pessoas. Como a política foi aberta e democratizada, o povo tem ao menos o sentimento de que os problemas estão sendo resolvidos com algum grau de igualdade. O povo, em parte, se transforma em dono do jogo."

Dentre os países asiáticos que se conectaram integralmente com o Rebanho Eletrônico (a China, sem moeda conversível e mercados de capitais abertos, ainda não está plenamente conectada), os que apresentam os sistemas mais democráticos, responsáveis e menos corruptos — Formosa e Coréia — foram os menos atingidos pelo desabamento de 1997. Os países que contavam com sistemas democráticos corruptos — Tailândia e Coréia — vieram em segundo lugar entre os mais atingidos; no entanto, como eram democracias, foram capazes de responder à crise sem revoltas populares, mediante a eleição de melhor governança e melhor software. Após ter sido golpeada pelo Rebanho Eletrônico, no outono de 1997, a Tailândia elegeu o regime mais limpo e mais democrático do país e aprovou uma nova constituição, com medidas radicais contra a corrupção. A nova constituição tailandesa determinava pela primeira vez que os políticos teriam que apresentar declarações de bens ao assumirem e ao se desligarem de cargos públicos e que estariam sujeitos a *impeachment* se mais de 50 mil eleitores assinassem petição requerendo a instauração de inquérito sobre a prática de corrupção. A constituição pretendia pôr fim à prática tailandesa de compra de votos para cargos eletivos e à subseqüente utilização do próprio cargo para ganhar o dinheiro necessário ao pagamento dos votos. Também garantia a liberdade de imprensa contra ordens judiciais de fechamento de jornais e revistas. Um funcionário do Banco Mundial, em Bangcoc, comentou comigo: "A nova constituição nunca teria sido aprovada pelo Parlamento sem a crise bancária. Nunca. A crise bancária levou o rei e o exército, que antes se mostravam hesitantes, a promover a reforma constitucional. E como reagiu a Coréia? Elegendo o democrata mais liberal do país, Kim Dae Jung, um homem que, antes da crise financeira, não seria eleito nem para apanhador de cachorros.

O país mais autoritário e mais corrupto do Sudeste Asiático, a Indonésia de Suharto, foi o menos flexível e o menos capaz de adotar um novo software, e o que acabou afundando com a crise — pois as massas indonésias não estavam preparadas para compartilhar as dores da reforma, uma vez que não se consideravam participantes do governo. Quando a moeda indonésia foi golpeada em 1998 e o FMI se propôs a conceder empréstimos de emergência desde que a Indonésia cortasse as despesas, o presidente Suharto deveria ter dito ao povo: "Amigos, precisamos apertar o cinto. Estamos todos no mesmo barco." Mas ao fazer essa tentativa, a resposta do povo, num espasmo de violência, foi: "Senhor presidente, não temos nada a ver com os pedágios rodoviários, os hotéis, as linhas aéreas e as empresas de táxi de sua propriedade e dos seus filhos. Portanto, dane-se."

Finalmente, uma coisa é o governo melhorar no papel o sistema operacional e o software; no entanto, a única maneira de assegurar-se de que essas melhorias são sustentáveis é implantá-las com solidez num sistema democrático ou em democratização. Como observou Diamond: "Os países que tentam conectar-se ao rebanho, mesmo dispondo de bom software, do império da lei e de responsabilidade administrativa — mas sem eleições livres regulares — não serão capazes de acompanhar o rebanho por muito tempo. Pois é impossível sustentar um bom software com um regime autoritário e sem responsabilidade, que não permita o livre fluxo de informações, que não admita um judiciário independente no combate à corrupção, e que não aceite eleições livres, capazes de renovar os quadros políticos."

A melhor maneira de se preservar o software é fazer com que o político que o está supervisionando saiba que há sempre alguém o vigiando e que poderá ser afastado do cargo a qualquer momento.

Considere a história recente da Bulgária, sintetizada por *The Economist* (19 de janeiro de 1999): "Como em muitos outros países comunistas, os chefes das fábricas na Bulgária interpretaram o advento do livre-mercado como uma oportunidade para a pilhagem. Pagavam muito pelas matérias-primas e cobravam pouco pelos produtos acabados. Para cobrir as perdas, contraíam empréstimos nos bancos. O governo de comunistas mal-convertidos, eles próprios encalacrados até o pescoço em negócios obscuros, fechou os olhos à ruína dos bancos. Mas os cidadãos búlgaros, que previam o desfecho da situação, começaram a sacar o dinheiro dos bancos... O desastre foi evitado apenas porque o governo convocou eleições em abril de 1997, e foi derrotado; os reformadores recém-eleitos tornaram o combate à corrupção uma das suas maiores prioridades."

Mas apenas as eleições nunca serão suficientes para assegurar a boa governança, assim como somente o sistema operacional e o software, sem eleições capazes de derrubar os líderes corruptos, jamais serão eficazes. Assim, os líderes mais sábios dos países em desenvolvimento serão aqueles que compreenderem com maior rapidez que, sem o rebanho, não haverá crescimento; sem um sistema operacional e um software melhores, não haverá rebanho; e sem eleições livres, não haverá governança duradoura melhor.

Embora a lógica da globalução me deixe otimista com relação ao fato de que o rebanho trará uma contribuição cada vez mais importante para a democratização, a realidade sobre a evolução dos acontecimentos exige algum cuidado. Não basta conectar-se ao rebanho para melhorar o sistema operacional, o software e a democracia. É necessário trabalhar para o aprimoramento de cada um desses fatores. A construção do software é um processo eminentemente político, envolvendo seres humanos reais, que geralmente opõem resistências de natureza política, econômica, histórica e cultural. Não há atalhos e as pessoas geralmente aprendem da maneira mais difícil. Os Estados Unidos chegaram ao ponto em que se encontram atualmente graças a 200 anos de ciclos de prosperidade e depressão no setor ferroviário, a muitas liquidações de bancos, a falências gigantescas, ao surgimento e desaparecimento de monopólios, ao desastre do mercado acionário de 1929 e à crise das associações de poupança e empréstimo dos anos 80. Não nascemos como somos.

Evidentemente, nem todos os países reagirão às demandas do rebanho com a mesma velocidade, e para muitos a marcha será de "um passo para a frente e dois para trás", que se prolongará por muitos anos. Países como a Polônia, a Hungria e a República Tcheca desfrutaram enorme vantagem em relação à Rússia pós-comunista, por exemplo, pois esses países da Europa Oriental ainda contavam com muitos cidadãos que haviam experimentado o capitalismo antes da ocupação soviética, e mesmo sob o comunismo restavam alguns agricultores e pequenos comerciantes com autorização para cuidarem da própria terra e da propriedade privada. A Rússia não dispunha desse velho trunfo, pronto para ser usado depois de sacudida a poeira. A Rússia é um país onde, historicamente, a receita era gerada pela extração de algo do solo ou de alguém, e não por meio do capital e dos investimentos. Durante os 70 anos do regime comunista, muitos estabelecimentos eram chamados simplesmente de "Pão", "Carne" ou "Leite". Esses não são exatamente os pilares que servem de base para o sistema de livre mercado. Uma vez, perguntei a Anatoly Chubais, o arquiteto de muitas das reformas econômicas capengas da Rússia, sobre as dificuldades do país em evoluir para o sistema de livre mercado.

"Não dispúnhamos de muitas pessoas com experiência nas inovações das áreas de governança, tecnologias e mercados, pois não tínhamos mercados", respondeu. "A própria palavra 'mercado' era proibida na União Soviética. Não sou velho, mas me recordo de um amigo, um economista, que perdeu o emprego em 1982, por ter escrito um artigo num jornal científico onde usou a palavra 'mercado'."

E eis o fato realmente assustador. Mesmo quando se descobre o que é o mercado, mesmo quando se desenvolve melhor software, o aprimoramento constante é uma tarefa incessante. O que acontece quando se instala o DOScapital 6.0?

Começa-se a trabalhar no DOScapital 7.0.

Julia Preston, correspondente de *The New York Times* na Cidade do México, narrou-me uma vez uma reunião insólita dos guerrilheiros zapatistas, o grupo camponês que combatia os efeitos do livre comércio e da globalização no México. Os zapatistas realizaram uma convenção nas selvas do sul do México, denominada "Fórum Internacional em Favor da Humanidade e contra o Neoliberalismo". A sessão de encerramento ocorreu num anfiteatro enlameado e úmido e foi presidida pelo líder zapatista "Subcomandante Marcos" — uma combinação mexicana de Robin Hood e Ralph Nader.* A sessão terminou com uma espécie de rufar de tambores e a condenação da instituição mais nociva e perigosa do mundo contemporâneo. Sob aplausos retumbantes, os zapatistas declararam a Organização Mundial do Comércio, em Genebra, o maior inimigo da humanidade, por promover o livre comércio global e o fim do protecionismo.

Essa história sempre me lembra o fato de que, embora sejam fatores importantes para a democratização, o Rebanho Eletrônico e os Supermercados também desencadearão reações no sentido oposto. Ambos contribuirão para um sentimento vago, sobretudo nas democracias, de que mesmo sob regimes democráticos as pessoas perderam o controle sobre o próprio destino, pois até os seus representantes eleitos se curvam diante dos déspotas do mercado.

Quanto maiores, mais rápidos e mais influentes serão os rebanhos, argumenta Stephen J. Kobrin, especialista em globalização da Wharton School, "mais os cidadãos começam a perceber que o centro do controle econômico e do processo decisório político sobre assuntos econômicos desloca-se do nível local, onde está sujeito a controles, para o nível global, onde ninguém é responsável e ninguém cuida da loja. Quando toda a política é local, o voto de cada um é importante. Mas quando o poder

---

* Advogado americano, nascido em 1934, que se destacou como paladino da proteção aos direitos dos consumidores. A partir do seu livro *Unsafe at Any Speed* (1965), influenciou o Congresso americano a impor controles federais sobre os projetos dos automóveis. (N.T.)

se transfere para as esferas transnacionais, não há eleições nem pessoas a serem eleitas".

Não há dúvida de que, no sistema da globalização, no qual o poder é compartilhado com mais uniformidade entre os Estados e os Supermercados, uma parcela do processo decisório se desloca da esfera política de cada país para o âmbito do mercado global, onde não existe pessoa, país ou instituição capaz de exercer o controle político exclusivo — pelo menos até agora. Pense em quantas vezes você escutou expressões do tipo "Os mercados dizem...", "Os mercados estão exigindo que...", "Os mercados não ficaram satisfeitos...".

Como observa o teórico político israelense Yaron Ezrahi: "Os mais arbitrários poderes da história sempre se ocultaram sob a alegação de alguma lógica impessoal — Deus, as leis da natureza, as leis do mercado — e sempre provocaram reações, quando desigualdades moralmente intoleráveis se tornaram claramente visíveis. O Iluminismo foi realmente a globalização da ciência e da racionalidade e a reação se desencadeou quando todos os ladrões, trapaceiros, exploradores e fraudadores passaram a justificar as suas atitudes como imposição da ciência e da lógica. O mesmo talvez ocorra com a globalização. Muitos a interpretarão como nada mais do que um disfarce utilizado por certas elites econômicas para silenciar os cidadãos. Esse é o motivo pelo qual algumas pessoas argumentam que os globalizadores em cada sociedade querem primeiro comprar a mídia, no intuito de transformar cidadãos angustiados e revoltados em consumidores conformistas. A transformação da política num esporte de espectadores é um dos processos sutis que sustenta a globalização. Ele transforma ou converte o cidadão de ator em espectador, com a ilusão de participação."

Quanto mais os cidadãos começarem a perceber que, no sistema da globalização, as coisas são controladas a distância, e não de casa, mais os globalizadores nos diferentes países estarão expostos aos ataques. O ministro da Economia do Egito, Yousef Boutros-Ghali, disse uma vez: "Todo o processo de globalização está sujeito à demagogia com muita facilidade. Os que querem reagir à mudança apontam para os que pretendem abrir a economia aos investimentos externos e afirmam: 'Vejam, aqui está alguém que traiu a nossa causa, pois quer abrir o nosso sistema aos estrangeiros.'

E então um outro responde: 'Sim, mas é melhor deixar que os mercados determinem os preços'; ao que os primeiros respondem: 'Você está doido? Os mercados são dominados pelos estrangeiros. Como deixar que os mercados definam os preços quando os mercados são controlados pelos estrangeiros?'"

Evidentemente, um dos maiores desafios da teoria política na era da globalização é como proporcionar aos cidadãos o sentimento de que são capazes de exercer a sua vontade, não apenas sobre os próprios governos, mas também sobre pelo menos parte das forças globais que modelam as suas vidas. "Pois as forças e as instituições dos mercados são eticamente indiferentes, exigem uma inteligência atuante e comunitária que previna as injustiças extremas", afirma Ezrahi. "Esse papel atuante é a essência da cidadania e da governança democrática — preservando e modelando o espaço público e a vida coletiva. E realmente enfrentaremos uma situação problemática se o espaço público e a vida coletiva estiverem sendo determinados por forças além da própria política." As aulas de civismo dos nossos filhos precisarão ir além do estudo dos governos locais, estaduais e nacionais, para tratar de questões como as condutas aceitáveis no relacionamento entre os Estados e os Supermercados, entre os Estados e os Indivíduos com Superpoderes e entre os Indivíduos com Superpoderes e os Supermercados. Como lidar com um mundo em que o Rebanho Eletrônico passa a votar em todos os tipos de países, diariamente, embora os países não tenham o direito de julgar os comportamentos do Rebanho Eletrônico, de maneira tão direta e imediata? Quem governará os relacionamentos entre os indivíduos e a Internet, entre os Supermercados e os indivíduos, e entre os governos e os Supermercados? Usando as palavras de Larry Summers, este é "o trilema da globalização".

A única coisa que se pode afirmar em favor do sistema da globalização é a ausência de discriminação — ele deixa o fraco e o poderoso com um sentimento de perda de controle, sob o domínio de forças não-eleitas e, às vezes, descontroladas. Estive com o ministro das Finanças do México, Guillermo Ortiz, imediatamente após a queda do peso mexicano, em 1995. Ele estava sentado à sua mesa, com os olhos grudados nas telas de computador, que mostravam a queda do peso a cada segundo, como o eletrocardiograma de alguém em vias de sofrer um infarto.

"Vocês podiam dar uma trégua", disse Ortiz, dirigindo-se aos mercados globais. "Vocês nos golpearam até a morte. Parem de nos vender a descoberto." Quando lhe perguntei qual a sensação de estar preso nas garras dos mercados globais, que o caçaram mesmo enquanto ele vestia a Camisa-de-força Dourada, Ortiz apontou para as três telas de computador próximas à sua mesa, que monitoravam o peso segundo a segundo: "Há dias em que me sinto absolutamente incapaz. Às vezes, vou trabalhar na outra sala, longe das telas, onde consigo me concentrar".

Capítulo 9

Compre Formosa, Mantenha a Itália, Venda a França

Redmond, Wash., 21 de outubro de 1997 — Numa resposta direta à acusação do Departamento de Justiça, a Microsoft Corporation anunciou hoje que estará adquirindo o Governo Federal dos Estados Unidos da América por importância não revelada. "Trata-se, na realidade, de uma expansão lógica da nossa projeção de crescimento", declarou o *chairman* da Microsoft, Bill Gates. "De fato, será uma iniciativa positiva para todas as partes."

Os representantes da Microsoft realizaram um encontro com a imprensa no Salão Oval da Casa Branca, com a presença do presidente dos Estados Unidos, Bill Clinton, e garantiram aos jornalistas que as mudanças serão "mínimas". Os Estados Unidos serão gerenciados como uma subsidiária integral da Microsoft.

Planeja-se uma oferta pública inicial para julho do próximo ano, e espera-se que o Governo Federal seja lucrativo antes do "4ºT de 1999, o mais tardar", segundo o presidente da Microsoft, Steve Ballmer.

Em pronunciamento à imprensa, Bill Clinton declarou que aceitou "de boa vontade e com entusiasmo" a posição de vice-presidente da Microsoft, e que continuará a gerenciar o governo dos Estados Unidos, reportando-se diretamente a Bill Gates. Quando interrogado sobre como se sentia ao renunciar ao manto de autoridade executiva para Gates, Clinton sorriu e referiu-se ao fato como "uma sensação de alívio". E prosseguiu afirmando que Gates tinha "antecedentes comprovados" e que os cidadãos dos Estados Unidos deveriam oferecer a Gates o "mais irrestrito apoio e confiança". No seu novo papel na Microsoft, comenta-se que Clinton terá uma remuneração correspondente a várias vezes os US$ 200 mil anuais que recebia como presidente dos Estados Unidos.

Gates descartou como "tola" a sugestão de que o Congresso dos Estados Unidos seja transferido para Redmond, embora tenha afirmado que tomará as decisões executivas referentes ao Governo dos Estados Unidos do seu atual gabinete na sede da Microsoft. Continuando, Gates informou que a Câmara dos Deputados e o Senado "evidentemente" serão extintos. "A Microsoft não é uma democracia", observou, "e vejam como temos sido bem-sucedidos". Quando interrogado sobre se continuavam em andamento as providências para a subseqüente aquisição do Canadá, objeto de muitos rumores, Gates respondeu: "Não desmentimos os rumores sobre o assunto." Os representantes da Microsoft encerraram a reunião declarando que os cidadãos dos Estados Unidos podem contar com a redução dos impostos, a melhoria dos serviços públicos e descontos em todos os produtos Microsoft."

Sobre a Microsoft:

Fundada em 1978, a Microsoft (NASDAQ "MSFT") é a líder mundial em software para computadores pessoais e para governos democráticos. A empresa oferece uma vasta linha de produtos e serviços para uso público, empresarial e pessoal, com a missão de tornar mais fácil e mais agradável para todos, no dia-a-dia, o pleno aproveitamento das vantagens do poder total da computação pessoal e da sociedade livre.

Sobre os Estados Unidos:
Fundados em 1789, os Estados Unidos da América são a nação mais bem-sucedida da história mundial, e têm sido um símbolo de democracia e de oportunidade nos últimos 200 anos. Com sede em Washington, D.C., os Estados Unidos são uma subsidiária integral da Microsoft Corporation.

— *Sátira anônima sobre a Microsoft, que apareceu na Internet.*

Um dia, no outono de 1995, eu estava lendo o *Financial Times*, quando me saltou aos olhos uma fotografia de primeira página. Mostrava Bill Gates, o *chairman* da Microsoft, em conversação com Jiang Zemin, presidente da China. A legenda estava escrita como se se tratasse de uma reunião de cúpula comum, entre dois líderes mundiais. Afirmava que os dois homens mantiveram entendimentos "muito cordiais", em contraste com o encontro gélido de 18 meses atrás. Pensei comigo mesmo, Bill Gates se reuniu com Jiang Zemin duas vezes em 18 meses. Humm, uma reunião a mais do que Bill Clinton com o líder chinês. Não foi por acaso. Na época, o chineses pareciam acreditar que precisavam mais de Bill G. do que de Bill C. E quem os culparia por isso? Os chineses estavam preocupados com o fato de a tradução do Windows 3.1 para o idioma chinês ter sido efetuada por lingüistas de Formosa — utilizando caracteres e códigos de computador no estilo da língua chinesa de Formosa. Possivelmente, nada enfureceria mais a China do que imaginar Formosa modelando o sistema operacional e o software para todos os computadores chineses. Em conseqüência, as autoridades de Beijing estavam bloqueando o acesso do Windows 95 aos mercados chineses, até que a Microsoft concordasse que a versão chinesa daquele software fosse produzida em conjunto pela Microsoft e por uma empresa da China Continental.

Lendo essa história e estudando a legenda, comecei a pensar se os atributos dos países e das empresas não estariam, de algum modo, convergindo. Afinal, se estou certo ao afirmar que, quando um país se conecta à economia global, é como se esse país abrisse o seu capital — algo equivalente a transformar o país numa companhia aberta, com acionistas em todo o mundo —, o próprio fato em si já confere aos países uma certa sensação de corporação. Os cidadãos se comportam mais como acionistas; os líderes atuam mais como gestores; e os analistas de política externa funcionam mais como agências de classificação de crédito.

Mas há também uma outra razão pela qual é cada vez maior a semelhança dos países com as empresas: atualmente, os países, como as empresas, são capazes cada vez mais de exercer a opção pela prosperidade. Não precisam mais ser prisioneiros dos seus recursos naturais, geografia e história. Num mundo onde um país tem condições de se conectar à Internet e importar conhecimento; num mundo onde um país pode recorrer a acionistas de qualquer outro país, para investir na sua infra-estrutura; num mundo onde, com a liderança correta, um país é capaz de implementar o DOScapital 6.0 em relativamente pouco tempo; num mundo onde um país consegue importar tecnologia para se tornar produtor de automóveis ou fabricante de computadores, mesmo sem ter matéria-prima, nesse mundo, os países serão capazes, mais do que em qualquer outra época, de optar pela prosperidade ou pela pobreza, dependendo das políticas adotadas. Como já afirmou o professor Michael Porter, da Escola de Gestão Empresarial da Universidade de Harvard: "A riqueza de um país é [agora] sobretudo uma questão de opção da própria coletividade. A localização, os recursos naturais e até mesmo o poderio militar não são mais fatores decisivos. Ao contrário, a maneira adotada pelo país e pelos cidadãos para organizar e gerenciar a economia, as instituições em funcionamento e as decisões individuais e coletivas sobre as alternativas de investimento determinarão a prosperidade nacional."

Se agora os países são capazes de optar pela prosperidade, exatamente da mesma maneira como as empresas, em que fatores os países devem lançar seu foco nessa era da globalização? É fácil. Basta perguntar às melhores empresas globais. Estou falando sério. Uma vez que os países, sob muitos aspectos, estão assumindo feições de empresas, se queremos saber que fatores constituem, hoje, um país poderoso e globalizado, devemos começar indagando quais são os principais ingredientes de uma empresa forte e global.

Apresento a seguir a minha própria lista, feita a partir de entrevistas com executivos seniores da Compaq Computer Corporation, e com representantes da Chevron, Monsanto e Cisco. Chamo-a de "Os Oito Hábitos dos Países Altamente Eficazes". Trata-se apenas de um bom ponto de partida para identificar os atributos de que os países necessitam para serem bem-sucedidos no novo sistema. Hoje, ao chegar a um país, essas são as minhas primeiras perguntas, na tentativa de avaliação do seu poderio e potencial econômico.

Quão Conectado é o País?

Em outubro de 1995, fui a Redmond, Washington, para entrevistar o segundo homem da Microsoft, o presidente da empresa, Steve Ballmer, com o objetivo de formular uma pergunta simples: Hoje, a Microsoft é a empresa mais importante dos Estados Unidos; como a Microsoft avalia o poder no seu universo? Quando sai pelo mundo, que países o impressionam como poderosos, e por quê? Em outubro de 1995, a resposta de Ballmer foi simples: "Avaliamos o país com base num único índice: PC's por domicílio", afirmou. Tudo bem, eu disse, então me dê o seu mapa-múndi do poder. Bem, ele falou, a região em mais rápido crescimento para a Microsoft era a Ásia, onde a Coréia do Sul apresentava a mais alta densidade de PC's por domicílio. O Japão estava apenas decolando, comentou, mas a Microsoft estava mais entusiasmada com a China.

"Como você pode gostar da China?", indaguei. "As pessoas lá ganham US$ 50 por mês."

"Ah, você não entendeu", Ballmer respondeu. Então, foi até um quadro-negro e desenhou duas linhas curtas, juntas, de um lado; duas linhas curtas, juntas, do outro lado; duas linhas curtas embaixo, entre os dois pares; e uma linha na base. "O que é isso?", perguntei. Ele, então, traçou um círculo em torno de cada par de linhas no alto e depois em torno do par de linhas embaixo e, por último, circulou a linha na base, e disse: "Esses são dois avós maternos chineses, dois avós paternos chineses, e um casal chinês, todos economizando para comprar o Windows 95 para a criança chinesa." Isso mesmo, até o controle de natalidade na China funciona em favor da Microsoft.

"Continue a viajar pelo mundo", pedi. O Brasil e a Índia eram ambos quentes, com rápido crescimento em PC's por domicílio, afirmou Ballmer. Mas o Oriente Médio é como um buraco negro para a Microsoft, do Marrocos à fronteira do Paquistão, com exceção de Israel, que tinha o seu próprio centro de desenvolvimento Microsoft — um nível de poder totalmente diferente — e a Arábia Saudita, onde egípcios estavam rodando programas Microsoft para as multinacionais. A Europa Ocidental era forte em todos lugares, observou Ballmer, com exceção de um país — a França. "Não quero dizer que [a França] ficou para trás", ressalvou Ballmer, "mas a presença de PC's em relação à população já foi muito elevada na França. Isso não é mais verdade."

Denominei o mapa do poder de Ballmer "Política Externa 3.1". Três anos depois, em 1998, achei que deveria atualizá-lo. No entanto, dessa vez, decidi ir ao Vale do Silício e perguntar às principais empresas de hardware e de software da região — Intel, Sun e Cisco, e também aos professores da Escola de Engenharia da Universidade de Stanford — como mediam o poder. Curiosamente, descobri o quanto as coisas tinham evoluído. O Vale do Silício, explicaram, media o poder em 1998 não mais somente em termos de PC's por domicílio, mas pelo "grau de conectividade". O importante agora, disseram, é a amplitude e a profundidade com que o país adota os PC's, os conecta em redes nas empresas, nas escolas e nos centros de entretenimento e, em seguida, liga essas intranets à Internet e à World Wide Web. O grau de conectividade é geralmente medido pela extensão da largura de faixa de um país: a capacidade dos seus cabos, linhas telefônicas e fibras ópticas de transmitir comunicações digitais — todos aqueles conjuntos de 1's e 0's — de ponto a ponto, dentro das redes. Se o mantra da década do PC, os anos 80, foi "Nunca se terá excesso de memória no computador", o mantra da década pós-PC, a era das redes, é "Nunca se terá excesso de largura de faixa no país".

Quanto mais largura de faixa for instalada num país, maior o grau de conectividade. Para saber quão conectado é um país, medem-se os seus "megabits *per capita*" — a quantidade de largura de faixa instalada do país dividida pelo número de usuários potenciais. Os megabits *per capita* agora se juntaram aos PC's por domicílio como o principal indicador de poder no universo do silício. Eles indicam a velocidade da disseminação da informação entre a população, assim como das pessoas que decidem para a população, e da população para as pessoas que decidem. Os empregos, o uso do conhecimento e o crescimento econômico serão atraídos para as sociedades mais conectadas, dotadas de mais redes e com as mais amplas larguras de banda — pois esses países encontrarão maior facilidade para reunir, distribuir e compartilhar o conhecimento, com o objetivo de inventar, projetar, fabricar, vender, prestar serviços, comunicar, educar e divertir. Como Brian Reid, executivo da Digital Equipment Corporation, que realizou alguns dos trabalhos pioneiros sobre a Internet, afirmou um dia a *The New York Times* (8 de dezembro de 1997): "A largura de faixa é o sistema de entrega pelo qual as empresas vendem os seus produtos na era da informação. Nesse final dos anos 90, a largura de faixa é tão importante para o comércio quanto as ferrovias foram em 1890 e os portos marítimos em 1790. É a maneira como se vendem os produtos."

John Chambers, da Cisco, gosta de dizer que as empresas e os países que prosperarão nessa economia da Internet serão aqueles que primeiro perceberem a importância da conectividade, e se conectarem antes que o resto do mundo perceba a necessidade da mudança. Quem for mais rápido que os concorrentes, observa Chambers, terá apenas uma coisa a dizer-lhes: "O jogo terminou."

À medida que ingressamos rapidamente num mundo em que a Internet definirá o comércio e as comunicações, restarão apenas dois tipos de empresas: as empresas da Internet e as empresas anti-Internet. As empresas da Internet são aquelas capazes de operar através da Internet, desde a venda de livros à corretagem e ao jogo, ou de ampliar as suas atividades, de forma significativa, através da Internet, abrangendo tudo, da consultoria gerencial ao controle de estoques. As empresas anti-Internet são aquelas incapazes de operar por meio da Internet — fabricação de alimentos, corte de cabelo ou siderurgia — e aquelas que, de algum modo, representam uma reação contra a Internet. Aí se incluem atividades como *shopping centers* e os cafés Starbucks. Chamo a Starbucks e os *shopping centers* de empresas anti-Internet por se beneficiarem do fato de que, quanto mais as pessoas ficam em casa sozinhas, com os seus computadores, surfando pela Internet, mais essas pessoas terão vontade de sair de casa, ir ao *shopping* ou a Starbucks ou simplesmente andar pela rua e tocar alguém, sentir o cheiro de alguma coisa, provar ou experimentar algo. Os produtos ainda serão expostos; as pessoas ainda procurarão a comunidade. Quanto mais estiverem nos seus Lexus, mais ansiarão por recostar-se nas suas oliveiras.

À medida que a Internet se transforma na principal via do comércio e da comunicação global, a qualidade e o alcance das redes nos países serão fatores decisivos para a determinação do seu poderio econômico. Assim, hoje, quem é quente e quem não é quente, de acordo com esse novo padrão de poder das redes? Formosa é temida no Vale do Silício pela capacidade de inovação, pela conectividade e pela cultura de capitalismo empresarial dinâmico. Se Formosa fosse uma ação, eu a compraria. Os Estados Unidos, Inglaterra, Canadá, Austrália e partes de Israel, Itália, Cingapura e Índia também se enquadram nessa categoria. A China está desenvolvendo as suas redes com uma rapidez surpreendente e a Escandinávia, sobretudo a Finlândia, atinge marcas muito elevadas em conectividade total (mas carece de cultura potencial para explorá-la na sua plenitude). O Japão e a Coréia têm ficado para trás nos investimentos em rede, em razão das suas dificuldades econômicas dos últimos anos, enquanto a Alemanha ganha impulso e a França está apenas acordando. A Rússia ainda está adormecida.

O que virá em seguida, depois dos PC's por domicílio e das redes *per capita*, como indicador do poderio econômico? Para responder a essa pergunta, é necessário estar ciente de que estamos evoluindo rapidamente de um mundo de PC's solitários para um mundo onde a rede se torna mais importante do que o dispositivo específico de conexão à rede. Por conseguinte, quando se pergunta no Vale do Silício o que virá depois dos PC's, das intranets e da Internet, a resposta é que será a "Semprenet" (Evernet). Estaremos constantemente *online* — e chegaremos lá por meio do aparelho de televisão, do *pager*, do telefone celular, do computador ou de algum outro equipamento de informação que ainda nem mesmo foi inventado. Cada um desses dispositivos servirá como combinação de telefone, *pager*, máquina de fax, correio eletrônico e ligação com a Internet. A IBM está trabalhando num produto que combina muitas dessas características e que simplesmente ficaria preso à geladeira por um ímã. Bastará ativá-lo com instruções e ele responderá com informações. O próximo grande produto de consumo da Sony será chamado "Netman", em oposição ao Walkman, e será um dispositivo portátil para acesso à Internet de qualquer lugar.

Esse é o motivo pelo qual o índice de PC's por domicílio se tornará cada vez menos relevante, enquanto a rede assumirá uma importância crescente. Como se diz no Vale do Silício, daqui em diante a Internet *é* o seu computador. Como surfá-la é problema seu.

À medida que avançamos nessa trajetória, os países cada vez mais serão avaliados pela sua proximidade em relação à conectividade universal — quão perto se encontram de um mundo em que todos estarão *online*, permanentemente, em qualquer lugar — e pela variedade de serviços oferecidos por essa Semprenet.

Por exemplo, quantos domicílios disporão de serviços de transcrição fala-ao-texto, por meio da Semprenet, de modo que as pessoas sejam capazes de ditar qualquer coisa para alguém, nos seus computadores domésticos? Qual será a qualidade dos serviços de vídeo oferecidos pela Semprenet, para que as pessoas tenham meios de transmitir imagens e conversar face a face, praticamente de graça? Qual será a qualidade da criptografia secreta da Internet, de modo que os dados sejam armazenados com segurança e todo o comércio seja realizado sem a preocupação com as fraudes? Qual o grau de conveniência e de multifuncionalidade dos dispositivos de informação, permitindo que as pessoas os levem consigo o tempo todo, de modo que estejam constantemente *online*? Em outras palavras, uma vez que estejamos todos permanentemente conectados, a medida do poder será a capacidade de explorar e ampliar essa conectividade da forma mais criativa.

Quem sabe se, nessa época, Singapura não será o único país no mundo a realizar um concurso de beleza anual para escolher a "Miss Internet". A legenda do *USA Today* (19 de janeiro de 1999), sob a fotografia de uma jovem de Cingapura, dizia: "Cingapura leva tão a sério a era digital que tem o seu concurso de Miss Internet. Stella Tan, sentada, ganhou o título em agosto. As categorias do concurso incluíam trajes formais e desenho pela Internet."

De Bert Parks para Bill Gates: a largura da cintura está em baixa, a largura de faixa está em alta.

Quão Rápido é o País?

Klaus Schwab, do Fórum Econômico Mundial de Davos, uma vez comentou: "Evoluímos de um mundo em que o grande comia o pequeno para um mundo em que o rápido come o vagaroso."

E ele está certo. Como comentei antes, em conseqüência dos três processos de democratização, as barreiras de entrada em praticamente qualquer setor de atividade baixaram drasticamente, o que significa que os produtos se transformam de inovação em *commodity* com uma velocidade vertiginosa. O país ou empresa que, por motivos sociais, econômicos ou políticos, de alguma forma impedir que a destruição criativa de Schumpeter atue com a mesma rapidez dos turbomercados de hoje certamente ficará para trás. Não é à toa que Bill Gates gosta de dizer que na Microsoft apenas uma coisa é certa: em quatro anos, todos os produtos de hoje estarão obsoletos. A única dúvida é sobre quem os tornará obsoletos: se a própria Microsoft ou um concorrente. Se a Microsoft os tornar obsoletos, a empresa prosperará. Se a iniciativa partir de um dos concorrentes, a Microsoft estará em dificuldades. Bill Gates quase condenou a Microsoft a ficar para trás ao sugerir, inicialmente, que a Internet não era o futuro da computação. Sorte dele dar a volta por cima antes que se passassem os quatro anos.

Ninguém precisa explicar essa questão de velocidade aos gerentes seniores da Compaq Computer — a isso se deve a sua ascensão e queda. A empresa decolou por ser mais rápida do que a IBM na destruição criativa. E, enquanto ganhava altura, quase promoveu a destruição criativa da IBM. O que aconteceu foi que, em 1985, a Intel lançou o seu novo microprocessador 386, oferecendo muito mais velocidade do que os chips 286. No entanto, a IBM, na época, ainda seguia o velho modelo empresarial da Guerra Fria. A IBM — hoje é difícil de acreditar — garantia aos clientes que comprassem o seu computador mais recente — que na época era o modelo *desktop* AT (Advanced Technology) — que as suas novas máquinas não estariam obsoletas antes de cinco anos! Seria possível imaginar hoje qualquer fabricante de computador prometendo que o seu produto não estará ultrapassado antes de cinco anos? (Atualmente, as empresas se gabam de que lançarão um produto novo, de maior velocidade, a cada cinco meses.)

"A IBM operava com um modelo de empresa ultrapassado. Não compreendia que essa nova categoria de produtos estava sujeita a normas completamente diferentes", disse-me Eckhard Pfeiffer, presidente da Compaq (de 1991 a 1999). "E, assim, a Intel veio com o seu chip 386 e disse à IBM: 'Trabalha com esse chip', e a IBM respondeu: 'Não.' Então a Intel veio até a Compaq e propôs: 'Trabalha com esse chip', e nós respondemos: 'Aceitamos', e fechamos o negócio com a Intel."

Fim do jogo. A Compaq abocanhou uma enorme fatia do negócio de PC's da IBM e desde então continua dando as suas mordidas.

"Eu diria que há 10 ou 15 anos não era tão desastroso não estar na linha de partida quando a Intel lançou o seu novo microprocessador", acrescentou Pfeiffer. "As pessoas não tinham esse senso de urgência. Pensavam consigo mesmas, 'Bem, vou esperar um mês ou dois. Talvez ainda consiga arrancar uns dólares do atual sistema'. Mas, hoje, é uma necessidade imperiosa estar pronto para assumir imediatamente o novo microprocessador e arrancar em disparada com ele desde o primeiro momento. Atualmente, desenvolvemos três ciclos de produto por ano com cada computador de nossa fabricação. São dois novos projetos por ano, a partir do zero, e um aprimoramento intermediário, com base na tecnologia existente."

Quinze anos atrás, quando se lançava um novo computador pessoal, a sua entrada no mercado era gradual: primeiro nos Estados Unidos; poucos meses depois, na Europa; e, finalmente, chegaria à Índia e ao Oriente Médio. Partia-se da premissa de que os mercados europeus e asiáticos estavam de algum modo isolados do que ocorria nos Estados Unidos. Esqueça. Agora, o novo produto deve ser lançado de forma absolutamente simultânea em todo o mundo. E quando a Intel lança um novo chip e as pessoas lêem sobre ele nos jornais ou na Internet, logo surge a expectativa de que a inovação já esteja incorporada no computador a ser adquirido no dia seguinte. "Naquele dia, o seu produto precisa estar na prateleira do revendedor", afirma Enrico Pesatori, vice-presidente sênior de marketing corporativo da Compaq. "E se houver um atraso de duas semanas, você é considerado lento, a empresa será classificada de vagarosa pelos analistas e vista como incapaz de aproveitar as margens brutas mais elevadas que favorecem o pioneirismo no mercado."

Não admira que a Compaq seja uma empresa que se desenvolveu em torno do conceito de velocidade, e que assim tenha ficado rica. A empresa era capaz de projetar os produtos com mais rapidez do que os concorrentes e, portanto, tinha condições de oferecer soluções aos clientes com maior agilidade do que os concorrentes. Em conseqüência, gerava lucros mais polpudos e com maior rapidez do que os competidores. O processo é conhecido como o ciclo da procriação — movimentar o produto da pesquisa para o projeto, para o desenvolvimento, para a fabricação, para as vendas, e, finalmente, para a geração de lucros, e, em seguida, de volta ao ponto de partida, para recomeçar todo o ciclo. Nesse esforço incessante pela procriação mais rápida, a Compaq encolheu o seu "ciclo caixa-a-caixa" (ou simplesmente ciclo de caixa) — o intervalo médio entre o pagamento ao fornecedor e o recebimento das duplicatas dos clientes — de 121 dias, há três anos, para 72 dias. Earl Mason, principal executivo financeiro da Compaq, explicou: "Quando se consegue reduzir, continuamente, o período que se estende da saída de caixa para pagamento aos fornecedores à entrada de caixa proveniente dos recebimentos dos clientes, o giro do ativo total começará a acelerar-se, a ponto de possibilitar a geração de enormes volumes de caixa... De fins de 1985 ao primeiro trimestre de 1998, a aceleração do ciclo caixa-a-caixa permitiu que aumentássemos o caixa de US$ 900 milhões para US$ 7 bilhões. Quem consegue ser rápido, por definição será grande. Mas quem é apenas grande, mas não é rápido, afundará."*

Num mundo como esse, o esforço do país, hoje, deve ser no sentido de capacitar os cidadãos e empresários a atuar com maior velocidade. Assim, quando chego a um país, uma das minhas primeiras perguntas é: Em que extensão a economia foi reestruturada para aumentar a velocidade das aprovações governamentais, das transações, dos investimentos e da produção? Com que velocidade um cidadão é capaz de movimentar uma idéia da sua garagem até o mercado? Com que rapidez é possível levantar capital para uma idéia maluca e com que freqüência surgem as novas idéias? E com que agilidade as empresas ineficientes são destruídas pela falência?

Uma das razões pelas quais o Japão se afundou na recessão desde a queda do Muro de Berlim é que, por motivos culturais e políticos, o país não tem sido capaz de adaptar-se ao sistema da globalização, que envolve muito mais confrontação capitalista. A globalização exige que o Banco

---

* Mal sabia Mason que, nove meses depois, ele e Mr. Pfeiffer cairiam, por terem sido um pouco lentos na visualização de como a Internet está transformando a maneira de vender computadores e prestar serviços aos clientes.

A grande estrela hoje entre os fabricantes de computadores é a Dell Computer. No último "The Info Tech 100 — The World's Best Performers", da revista *Business Week* (21 de junho de 1999), a Dell Computer ocupa a segunda classificação entre as 100 empresas mais eficientes do mundo no setor de tecnologia da informação, após conquistar o primeiro lugar no ano passado. Suas principais características são as vendas diretas pela Internet (30% hoje, com o objetivo de chegar a 70% ou 80% em dois anos), os serviços aos clientes e a velocidade operacional, dando origem ao termo "dellocity" ou "dellocidade". A Compaq estava na 96ª posição em 1998 e não entrou entre as 100 melhores de 1999. A IBM se classificou nos 22º e 15º lugares, respectivamente. (N.A.)

Japonês A diga à Empresa Japonesa B: "Você está liquidada. Você é ineficiente e não-lucrativa e vou parar de alimentá-la com crédito, pois quero oferecer esse capital a outra empresa mais eficiente." E também exige que o governo japonês diga ao Banco Japonês A: "Você está liquidado. Você está sob intervenção. Estamos vendendo os seus ativos ou forçando a sua incorporação pelo Banco B, que é sólido. Não continuaremos subsidiando você, como fizemos durante toda a Guerra Fria, quando o mundo era mais lento e mais protegido."

Alguns países ou regiões são rápidos na criação capitalista, pois os seus governos aprenderam a acelerar os processos. "Antes, ninguém produzia na Escócia", afirma Pesatori. "Hoje, não se pode estar ausente da Escócia. Por quê? Porque construíram uma infra-estrutura. Quem vai para a Escócia encontra tudo pronto — o sistema regulamentário, o ambiente tributário, os transportes, as telecomunicações — para instalar a empresa tão rapidamente quanto possível."

Alguns países são rápidos porque o seu povo — por motivos culturais, históricos ou simplesmente de DNA — é naturalmente ágil, e se torna ainda mais rápido à medida que o governo lhe proporciona os elementos básicos e em seguida sai de cena. Regiões como o norte da Itália, Telaviv, Xangai, Coréia do Sul, Beirute e Bangalore (Índia) são naturalmente rápidas e estão decolando, destacando-se de outras áreas do próprio país. Essas regiões são as "zonas quentes", e se constituirão em possantes motores de crescimento para os respectivos países. Quando se concentram os esforços numa dessas zonas quentes, quando se equipa a região com meios de acesso à Internet e quando se conecta a base geográfica com a sua comunidade dispersa por todo o mundo (diáspora) — como ocorre com os chineses, judeus, italianos, libaneses, indianos ou coreanos —, surge o que denomino a "cibertribo". Essas cibertribos combinam velocidade, criatividade, talento empreendedor e rede global, de forma a gerar enorme riqueza.

Na verdade, o norte da Itália, hoje, é a região mais rica da Europa. Reginald Bartholomew, ex-embaixador americano na Itália, me explicou os motivos: "Digamos que você vá à França, à Alemanha e à Itália e diga: 'Quero comprar queijo vermelho.' O que acontece? Bem, o francês responderá: 'Senhor, o queijo nunca é vermelho.' O alemão responderá: 'O queijo vermelho não está no catálogo este ano.' Mas os italianos... Ah, os italianos logo lhe dirão: 'Qual a tonalidade de vermelho? Magenta?'"

Se o norte da Itália fosse uma ação, eu a manteria.

O País Está Colhendo o Conhecimento?

Evoluímos de um mundo onde o que determinava riqueza era saber conquistar, manter e explorar territórios, para um mundo em que a riqueza é determinada pela maneira como os países e as empresas acumulam, compartilham e colhem o conhecimento. Conforme observou Walter Wriston, ex-*chairman* do Citibank, num ensaio publicado na revista *Foreign Affairs* (setembro de 1997): "Agora, a busca da riqueza é, sobretudo, a busca da informação e das suas aplicações aos meios de produção. As regras, os costumes, as habilidades e os talentos necessários à descoberta, captação, produção, preservação e exploração da informação são agora os ativos mais importantes da humanidade. A competição pela melhor informação substituiu a competição pelas melhores terras ou pelas melhores jazidas de carvão. Na realidade, já diminuiu o apetite pela anexação de territórios e as grandes potências se retiraram das terras antes ocupadas... No passado, quando se alteravam os métodos de criação de riqueza, as velhas estruturas de poder perdiam a influência e outras surgiam em seu lugar, afetando todos os setores da sociedade. No momento em que já vislumbramos os primórdios desse processo de mudança na revolução em curso, é possível afirmar que, nas próximas décadas, a atração e a gestão do capital intelectual determinará que instituições e países sobreviverão e prosperarão e quais se extinguirão."

"Quão conectado é o país?" é um indicador da amplitude e profundidade das suas redes. "O país está colhendo o conhecimento?" é um indicador da qualidade do uso das redes pelos países e pelas empresas. Estar conectado é condição necessária, mas não suficiente. O país também precisa acumular conhecimento de forma eficaz e distribuí-lo de maneira eficaz. É necessário que o país esteja mais conectado do que em qualquer outra época e que o povo seja mais educado do que nunca. Esse é o motivo pelo qual gosto de examinar duas tabelas quando chego a um país. Uma é a tabela preparada pela Hewlett-Packard, mostrando quais são os países mais conectados do mundo. A outra é a tabela da OCDE, indicando quais dos 29 países mais ricos do mundo estão produzindo os percentuais mais elevados de alunos que concluíram o ensino médio e gastando os percentuais mais altos da renda nacional com salários de professores. Ao se identificarem os países que se situam no alto de ambas as relações — megabits *per capita* e alunos que concluíram o ensino médio *per capita* — tem-se uma boa indicação dos que estão na trajetória correta e dos que estão à deriva. Por exemplo, não é por acaso que a Finlândia, que hoje ostenta um dos mais elevados padrões de vida do mundo, se situa no topo de ambas as listas.

O mesmo se aplica às empresas. O gigante alemão da eletrônica — a Siemens — é uma empresa muito conectada, mas tem a reputação de ser fraca no aproveitamento do próprio conhecimento. Já ouvi o seguinte comentário de um consultor de gestão empresarial que trabalhou para a Siemens: "Se a Siemens apenas soubesse o que a Siemens sabe, a Siemens seria uma empresa ainda mais rica." O mesmo também se aplica aos países: "Se a França apenas soubesse o que a França sabe... Se a China apenas soubesse o que a China sabe..." As empresas e os países que aprenderem a utilizar as suas redes da forma mais eficiente prosperarão. Esse princípio é mais bem compreendido quando aplicado a uma empresa que, normalmente, não seria associada a atividades do conhecimento — digamos, por exemplo, a empresa petrolífera Chevron. Em 1997, no Kuwait, conversei com H. F. Iskander, gerente-geral do escritório da Chevron naquele país e um dos empresários do petróleo mais espertos do Golfo. Trocávamos idéias sobre como a Chevron estava tentando retornar à exploração de petróleo na região. Ao relacionar os pontos fortes da Chevron e ao explicar por que essas vantagens seriam atraentes para o Kuwait, Iskander observou, de passagem, que "a Chevron não é uma empresa petrolífera, é uma empresa que aprende".

"O que você quer dizer com 'uma empresa que aprende'?", perguntei. Empresas petrolíferas são empresas que perfuram. Aqueles caras com capacetes, com as mãos e o rosto besuntados de petróleo. Que negócio é esse de "empresa que aprende"?

Iskander explicou: Nos anos 70, praticamente todos os países exportadores de petróleo do Oriente Médio deram um chute nas grandes multinacionais, para extrair o seu próprio petróleo. Era em parte uma decisão econômica e em parte uma decisão política, refletindo a ampla afirmação de independência dos países pós-coloniais, durante a Guerra Fria. No entanto, 20 anos depois, muitos desses países exportadores de petróleo estão reconsiderando a sua decisão e parecem dispostos a chamar de volta as multinacionais do petróleo. Em parte, isso é conseqüência do fato de que, com a diminuição das reservas de petróleo e com a necessidade de procurar reservas menos evidentes, a exploração se torna mais dispendiosa e exige mais capital. Mas em parte é porque, nessas condições, a exploração do petróleo exige mais conhecimento.

"A Chevron está extraindo petróleo em diferentes localidades, em todo o mundo", prosseguiu Iskander. "Não há problema que não tenhamos enfrentado e resolvido. Não há rocha que não tenhamos perfurado. Centralizamos todo esse conhecimento na nossa sede, onde o analisamos e classificamos, de modo que resolva qualquer problema de perfuração de petróleo, em qualquer lugar. Os países em desenvolvimento podem ter uma empresa nacional de petróleo que esteja extraindo o seu próprio petróleo há 20 anos. No entanto, argumentamos com eles: 'Olha, vocês têm 20 anos de experiência, mas sem diversidade. É como um ano de conhecimento, multiplicado por 20.' Quando se opera em vários países, como faz a Chevron, experimenta-se uma enorme variedade de problemas diferentes, que exigem uma vasta gama de soluções. Ou se resolvem os problemas ou se sai do mercado. Todas essas soluções estão armazenadas na memória corporativa da Chevron. O fator crítico do nosso negócio hoje é explorar essa memória, e recuperar a solução de um problema na Nigéria para resolver o mesmo problema na China ou no Kuweit. Nos velhos tempos, talvez demorássemos dois anos para identificar a pessoa na empresa que realmente encontrou a solução para o problema na Nigéria e levá-la para a China, onde aplicaria a mesma solução. Agora, com o correio eletrônico e com a globalização da nossa força de trabalho, quando as pessoas se movimentam em torno do mundo, em diferentes atribuições, com muito mais freqüência, somos capazes de encontrar aquela solução na memória da Chevron com muito maior rapidez."

Esse é o motivo pelo qual as empresas hoje protegem a suas redes de conhecimento internas da mesma maneira como os reinos da Antiguidade construíam muralhas e fossos em torno dos seus territórios e plantações. Visitei a sede corporativa da Sun Microsystems na periferia de Palo Alto. Antes de ser autorizado a entrar para reunir-me com o executivo que eu entrevistaria, a recepcionista entregou-me um formulário de uma página, intitulado "Acordo de Não-divulgação de Informações Confidenciais". No alto do formulário, havia duas lacunas a serem assinaladas: "Visita Confidencial" ou "Visita Não-confidencial". Entre as condições com que deveria concordar nesse documento, antes de entrar nos escritórios da Sun, estava a seguinte: "O signatário concorda em não revelar as Informações Exclusivas da empresa a terceiros de qualquer espécie. O signatário concorda em utilizar as Informações Exclusivas apenas para os fins expressamente autorizados por escrito pela Sun e em não utilizar tais informações para o seu próprio proveito." Talvez seja possível entrar na CIA com menos papelada.

Esse também é o motivo pelo qual hoje todas as grandes empresas, e outras não tão grandes, criaram a função de principal executivo de informação (*chief information officer* — CIO). As empresas constataram que alcançam benefícios expressivos e uma eficácia muito maior ao assegurarem-se de que estão fazendo bom uso do conhecimento e da informação em todos os estágios dos processos de desenvolvimento e produção. Talvez não demore muito tempo para que todos os países tenham um "ministro da Informação", cuja função consistirá não em divulgar no mundo exterior o que ali está ocorrendo, como acontecia na Guerra Fria, mas em ajudar o país a conhecer o próprio conhecimento e em certificar-se de que está colhendo o próprio conhecimento da maneira mais eficiente possível.

T.J. Rodgers, fundador da Cypress Semiconductor, afirma: "Os vitoriosos e os derrotados da era da informação serão diferenciados pelo poder cerebral. Bastam 2% dos americanos para alimentar a todos nós, e 5% para fabricar tudo que necessitamos. Todo o resto consistirá em serviços e em tecnologia da informação, e nesse mundo os seres humanos e seus cérebros serão a variável crítica."

Qual o Peso do País?

Estamos evoluindo de um mundo onde o pesado devorava o leve para um mundo onde o leve devora o pesado. Assim, quando hoje chego a um país, a primeira coisa que pergunto é qual o seu peso — ou melhor, quanto pesa um contêiner médio das suas exportações.

Alan Greenspan ensinou-me a importância dessa pergunta. Tem a ver com o que o economista denomina "o efeito substituição", pelo qual as idéias, o conhecimento e as tecnologias da informação estão substituindo cada vez mais o peso bruto na criação do valor econômico. Quanto maior o conteúdo de conhecimento e de tecnologia da informação presentes no produto, como nos microchips miniatuarizados, menor tenderá a ser o seu peso, maior tenderá a ser a sua produtividade, maior tenderá a ser o seu preço de venda e maior será a riqueza dos países e empresas que fabricarem esses produtos. Ao substituir as válvulas a vácuo por transistores, diminuímos o tamanho dos rádios. Os cabos de fibra óptica de espessuras capilares substituíram os pesados cabos de cobre. Os gravadores digitais agora oferecem qualidade de gravação de voz sem a necessidade de fitas, utilizando apenas microchips e dígitos. A velha máquina de somar de mesa do papai agora é a versátil calculadora manual. Os avanços na arquitetura e na engenharia, assim como o desenvolvimento de materiais de construção mais leves e mais fortes, proporcionam o mesmo espaço de trabalho, mas em edifícios com muito menor tonelagem de concreto, vidro e aço do que nos velhos tempos. A recepcionista de 60 quilos, atrás de um balcão de 200 quilos, provavelmente já foi substituída por um minúsculo dispositivo de correio de voz no seu telefone, que pesa menos do que uma pena.

Assim, um dos indicadores da força, vitalidade e poderio do país, hoje, é o peso do seu PIB. Atualmente, cada dólar do PIB dos Estados Unidos pesa menos do que em qualquer época da história. Há bem pouco tempo, em meados do século XX, explica Greenspan, "os símbolos da força da economia americana" ainda eram a nossa produção de produtos pesados como aço, veículos automotores e maquinarias — nos quais a maior proporção dos custos de produção refletiam o valor e o peso da matéria-prima e o trabalho manual necessário para a sua manipulação e fabricação. Tão arraigada era a noção de que "peso é igual a valor" que, segundo a lenda, quando a Apple Computer lançou o primeiro Apple II, o primeiro computador doméstico verdadeiro, em 1977, o pessoal da empresa realmente considerou a hipótese de adicionar algum peso artificial ao equipamento, pois ele era tão leve, que talvez as pessoas não o levassem a sério. No entanto, a partir de então, salienta Greenspan, as tendências convergiram para "os produtos compactos, menores e menos palpáveis". Hoje, o país que exporta sobretudo matérias-primas — *commodities*, minério de ferro e petróleo bruto — será muito pesado. Já o país que se especializa em tecnologias e em serviços relacionados com a informação será muito menos pesado e, provavelmente, proporcionará um padrão de vida mais elevado para a maioria do seu povo.

E assim ocorre com as empresas. O prospecto da Compaq de 1983, quando a empresa se tornou uma companhia aberta, se gabava: "O Computador Portátil Compaq... é um computador pessoal de 16 bits, numa unidade portátil auto-suficiente, com 50 cm de largura, 21 cm de altura e 40 cm de profundidade. A configuração-padrão pesa aproximadamente 13 quilos e é bastante leve para ser carregada de escritório a escritório, trazida para casa no fim de semana ou levada em viagens de negócios..."

O "*laptop*" de 13 quilos era conhecido na Compaq como o "arrastável", pois a única maneira de levá-lo por aí era arrastando-o. O seu preço de varejo para a configuração-padrão era de US$ 2,995. Em 1999, o mais recente *laptop* da Compaq, o Compaq Armada 3500, pesava apenas 2 quilos, com 500 vezes a memória do seu precursor. O seu preço variava de US$ 3,299 a US$ 4,399, dependendo da configuração. Uma vez que a Compaq operava em 1983 com a margem bruta de 27,6% e em 1997 continuava praticamente com idêntica margem bruta, a empresa agora ganha mais dinheiro por ter aprendido a inserir mais poder cerebral num produto com um sétimo do seu peso em 1983.

A Compaq ficou mais rica ao se tornar mais leve e mais inteligente.

O País Ousa Ser Aberto?

Evoluímos de um mundo onde os mais fechados se julgavam mais capazes de sobreviver do que os abertos, para um mundo em que os abertos prosperam muitíssimo mais do que os fechados.

Mais uma vez, observe o mundo do computador. Os fabricantes de computadores que tentaram competir mediante a preservação dos seus próprios padrões monopolistas encontraram maiores dificuldades em sobreviver; enquanto aqueles que optaram por competir na base de padrões abertos de hardware prosperaram — conceito introduzido pela IBM, com a ajuda da Intel. Os chamados clones do PC IBM — Compaq, Dell,

Gateway, HP, Micron, Acer — adotaram o padrão estabelecido pela IBM e partiram para a tentativa de liquidar a IBM e uns aos outros, pela produção de computadores capazes de melhor operar naquele padrão, com menores custos e com maior segurança tecnológica. As empresas Data General, Commodore, Wang, Prime e Apple tentaram manter seus próprios padrões patenteados. Elas imaginavam, como observou Nicholas Negroponte no seu livro *Being Digital* (Vida digital), que, se fossem capazes de desenvolver um sistema ao mesmo tempo popular e único, teriam condições de eliminar a concorrência. Dentre essas empresas, a única a prosperar foi a Apple, e isso apenas porque conseguiu construir uma rede fechada de usuários de uma lealdade fanática, em vez de aderir à corrente dominante.

"Num sistema aberto, competimos com a imaginação, e não com travas e chaves", observou Negroponte. "O resultado é não apenas o aumento da quantidade de empresas bem-sucedidas, mas também maior variedade de escolhas para os consumidores e o desenvolvimento de um setor comercial ainda mais ágil, capaz de mudanças rápidas e de crescimento acelerado."

Essa estratégia certamente ajudou a Compaq a prosperar com grande rapidez. Earl Mason explicou: "A estratégia da Compaq foi e tem sido assegurar que mantemos a liderança na computação de padrões abertos, pois quanto mais pessoas elaborarem aplicativos e software para o nosso hardware, mais seremos capazes de aumentar as nossas vendas de hardware, as nossas vendas de serviços e as nossas vendas de soluções. No velho modelo, o pensamento predominante no setor de computadores era o de que aquele que tivesse o seu próprio sistema operacional, aquele que dispusesse dos seus próprios fornecedores independentes e exclusivos de software, controlaria todo o processo. Era uma questão de ser independente, e não interdependente, e ter algo que ninguém mais tivesse. O sistema não funcionou, pois os elaboradores de software queriam criar os seus produtos para um público cada vez maior e o fabricante de computadores que adotasse o padrão aberto do setor venderia para um público cada vez maior. A Apple, no começo, não compartilhava os seus padrões de maneira aberta. E então os elaboradores de software constataram: 'Ei, isso não é bom. Se eu trabalhar com o software da Apple, produzirei apenas um número de aplicativos e venderei apenas uma quantidade limitada, e ainda dependerei da Apple para todo o meu volume de vendas. Mas se trabalhar com empresas que operam no sistema aberto, manterei uma relação de interdependência com muitas empresas diferentes, como Compaq, IBM e Dell, o que de fato possibilitará o aumento das minhas vendas.'"

Como a Compaq optou por competir nesse padrão aberto, o único meio de se manter à frente dos concorrentes consistia em ser bom em todos os aspectos do feijão-com-arroz — aprender a ser mais rápida, aprender a desenvolver uma engenharia mais inteligente, aprender a se relacionar melhor com os clientes, aprender a gerenciar melhor o conhecimento, aprender a controlar os custos com maior eficácia e aprender a fabricar com maior confiabilidade. Quem for capaz de dominar o feijão-com-arroz, tem condições de competir com qualquer um, em qualquer padrão. Realmente, o único conhecimento a ser protegido e mantido em segredo são as técnicas desenvolvidas para fazer melhor o que todos conhecem. "Essas são as coisas que não compartilhamos", explicou Mason. "A razão pela qual não queremos que pessoas de fora vejam certas coisas que fazemos na fábrica é porque essas coisas constituem a nossa efetiva vantagem no negócio, e se um concorrente as observar e sair daqui com esse conhecimento, seria capaz de facilmente implementar os mesmos métodos e processos."

Um dos motivos pelos quais a Internet já foi tão longe, com tal rapidez, é o fato de ser um padrão aberto. As melhores soluções rapidamente ganham a frente e os mortos são removidos do campo de batalha. E não há cerimônias fúnebres. As empresas gastam pouco tempo com patentes e mais tempo com o desenvolvimento de idéias vitoriosas.

Robert Shapiro, o *chairman* da Monsanto, gosta de afirmar que umas poucas coisas sempre devem ser mantidas em segredo. Mas a cultura que se desenvolve em torno do segredo é mais lenta e mais adequada a um mundo vagaroso. As empresas sempre acabam superavaliando os próprios conhecimentos e subavaliando o que está lá fora, ao alcance de todos. Como observa Shapiro: "Para mim, seria muito melhor dizer: 'Olha, vou contar-lhe tudo que sei sobre o funcionamento desse sistema e ainda continuarei melhor do que você no desenvolvimento e execução do trabalho.' Pois a verdade é que não se pode confiar por muito tempo no monopólio da informação. No final, o que importa é o que faz de você o melhor competidor numa corrida amplamente aberta. A maneira como se efetua o gerenciamento e o intercâmbio de informações e a maneira como se desenvolve o aprendizado da empresa — essas são as vantagens sustentáveis."

E o mesmo se aplica aos países. "Tudo que sei", disse Mason, "é que, se você adotar a abertura em vez do fechamento, as suas chances de se tornar vítima da ilusão do conhecimento serão muito menores. Veja o setor bancário do Japão. Por que os bancos japoneses estão tecnicamente falidos? Porque são muito fechados. Eles caíram na armadilha da ilusão do conhecimento."

Na realidade, existe uma correlação direta entre a abertura da economia de um país e o seu padrão de vida. Um estudo realizado pelo economista Jeffrey Sachs e pelo Harvard Institute for International Development descobriu que a abertura era decisiva para o crescimento rápido. As economias abertas, relatou Sachs, "cresceram 1,2 ponto percentual por ano acima das economias fechadas, assumindo o controle de todos os setores, pois, quanto maior o grau de abertura, maior a integração nas redes de idéias, de mercados, de tecnologias e de inovações gerenciais do mundo atual".

Ao visitar a província de Jilin, no norte da China, acompanhando as eleições locais, um dos vilarejos que visitamos foi Kai An, onde conseguimos observar muitos habitantes nas suas casas. Na sua maioria, as habitações eram constituídas de três partes. A primeira parte era um pequeno casebre de tijolos de barro, onde a família morava na época de Mao; a segunda era uma estrutura maior, de tijolos vermelhos, onde a família morava na época de Deng Xiaoping; e a terceira, sempre a mais nova, era uma estrutura de tijolos brancos, com lajotas pintadas em torno da porta dianteira, construída na era Jiang Zemin. Literalmente, observava-se como se ampliavam as casas, à medida que a China se tornava um país mais aberto.

No futuro, as vantagens da preservação do máximo de abertura econômica possível apenas se multiplicarão, pois na era da globalização o conhecimento é o fator mais importante para o crescimento econômico, e se o país de alguma forma se fechar para os melhores cérebros ou para as melhores tecnologias do mundo, ficará cada vez mais para trás, com uma rapidez cada vez maior. Eis por que as sociedades de mente mais aberta, mais tolerantes, mais criativas e mais diversificadas enfrentarão com maior facilidade a globalização; enquanto as sociedades e empresas mais fechadas, rígidas, convencionais, centralizadoras e tradicionais, que não se sentem à vontade com a abertura, se defrontarão com maiores dificuldades.

AnnaLee Saxenian, especialista em estudos urbanos da Universidade da Califórnia, em Berkeley, realizou um trabalho fascinante intitulado "Vantagem Regional", explicando os fatores que tornam o Vale do Silício um lugar tão diferenciado das outras colmeias de alta tecnologia. O que transforma o Vale do Silício num fenômeno único, concluiu, são as fronteiras extremamente abertas entre as empresas de tecnologia, e entre essas empresas e a comunidade de capital de risco, a comunidade bancária, a comunidade de pesquisa universitária e o governo local. Saxenian observa que o Vale do Silício da Costa Leste, Route 128, em Boston, sempre ficou atrás do verdadeiro Vale do Silício, pois a Route 128 era dominada por uma cultura de segredo e de auto-suficiência por parte das empresas, e de aversão ao risco nas comunidades empresarial e financeira.

Alguns países pequenos estão desenvolvendo as virtudes da abertura. *The Washington Post* (17 de outubro de 1997) relatou que, enquanto a imigração se transformava na grande controvérsia entre os ideólogos conservadores e liberais dos Estados Unidos, "outros países decidiram reproduzir a experiência da imigração americana". A embaixadora de Cingapura em Washington, Heng-Chee Chan, revelou a iniciativa do país para atrair imigrantes para Singapura, induzindo-os a "Marchar para o Oeste" — o verdadeiro Oeste, o Extremo Oeste, o Faroeste — "cada vez mais para o Oeste, até chegar à Ásia". Citou-se a seguinte afirmação da embaixadora: "Reconhecemos que necessitamos de mais pessoas que contribuam para a nossa visão de uma cidade inteligente, a cidade do futuro." A idéia de buscar imigrantes, ela explicou, resultou de uma pesquisa entre sociedades prósperas, como os Estados Unidos e a Inglaterra, que progridem em razão da abertura e da diversidade.

"Descobrimos que as sociedades abertas permanecem inovadoras e em evolução", destacou a embaixadora. Assim, Cingapura estava buscando a "fertilização cruzada", nas áreas de tecnologia da informação, engenharia, produtos farmacêuticos e pesquisa e desenvolvimento, além das atividades bancárias. "Continuaremos a presenciar o crescimento nesses [diversos] países", afirmou. "Este é o motivo pelo qual Cingapura está tão confiante no recrutamento de talentos." O programa de Cingapura para o recrutamento de trabalhadores, denominado "Procure Cingapura", já atraiu jovens europeus e australianos. A embaixadora de Cingapura garantiu que os salários oferecidos eram altos e competitivos com os do Vale do Silício, e — isso mesmo — Cingapura "também tem Brooklyn Bagels". (No entanto, Cingapura ainda carece de certas liberdades políticas imprescindíveis à sustentação da abertura intelectual aspirada pelo país. Mas a situação mudará com o afastamento da atual geração de líderes.)

A abertura atrai não apenas mais cérebros, como também mais transferência de tecnologia pelo Rebanho Eletrônico. As barreiras tarifárias e comerciais mais baixas de um país são um sinal muito importante para o Rebanho Eletrônico, sobretudo para as empresas multinacionais, as reses de chifre longo. Vamos supor que a Xerox tenha decidido construir uma fábrica de copiadoras no Brasil. Se o Brasil mantiver aberto o mercado de copiadoras e não tentar proteger as suas próprias fábricas de copiadoras, a Xerox terá maiores incentivos para transferir a sua tecnologia de topo de linha para a nova fábrica brasileira, pois precisará enfrentar no mercado brasileiro a competição de qualquer parte do mundo, inclusive das melhores copiadoras japonesas e européias. Mas se a Xerox souber que o Brasil pretende manter altas barreiras tarifárias para a proteção das suas fábricas de copiadoras, a Xerox talvez ainda abra uma fábrica no país para competir no mercado local, mas não se sentirá pressionada a instalar a sua tecnologia mais recente na fábrica brasileira. Por que o faria, se precisará competir apenas com empresas brasileiras e de pequeno porte? Assim, o Brasil acaba em desvantagem. Seus trabalhadores, seu mercado e seus consumidores não terão acesso às melhores tecnologias disponíveis.

Essa é uma história verdadeira. O Brasil e Formosa tinham mais ou menos a mesma renda *per capita*, em princípios dos anos 80, com muitas empresas nacionais sérias, capital abundante, trabalhadores qualificados e gerências de nível médio bem treinadas. Ambos decidiram mergulhar fundo no mercado internacional de produtos eletrônicos e, principalmente, no mercado de fabricação de máquinas de fax. O problema era que ambos os países contavam com a mesma fonte da melhor tecnologia de fax, a empresa japonesa Fujitsu. O Congresso brasileiro, em 1988, impôs uma vasta gama de tarifas sobre os produtos eletrônicos, inclusive fax, com o objetivo de proteger a nascente indústria de fax no país. Em conseqüência, ninguém se animou a transferir a sua melhor tecnologia de fax para o mercado brasileiro. Formosa, ao contrário, anunciou tarifas zero e abriu a competição para quem fosse capaz de fabricar as melhores máquinas. De acordo com um estudo do Banco Mundial, Formosa era, em 1994, o principal fabricante de máquinas de fax do mundo, ao passo que as máquinas de fax brasileiras custavam muito mais que a média mundial e estavam à beira da extinção. Em 1995, o Congresso brasileiro rescindiu as tarifas sobre as máquinas de fax e decidiu competir na base da abertura.

O País É Bom em Fazer Amigos?

Evoluímos de um mundo onde todos queriam trabalhar sozinhos — onde o individualista feroz era o protótipo do executivo e onde a empresa vertical que faz tudo sozinha era o modelo corporativo — para um mundo onde a sobrevivência é impossível sem um monte de aliados, onde o promotor de alianças no estilo de Churchill é o protótipo do executivo e onde a empresa com uma rede de aliados horizontais é o modelo corporativo.

Na economia global, é impossível sobreviver em certos setores quando não se é capaz de competir em bases globais, e é impossível competir em bases globais sem uma rede de alianças. É fácil compreender os motivos. Em vários setores — como o de semicondutores, aeroespacial, produtos farmacêuticos e telecomunicações — observa Stephen J. Kobrin, especialista em globalização da Wharton School, "a escala da tecnologia atingiu o ponto em que até mesmo os líderes setoriais não dispõem dos recursos para desenvolver sozinhos esforços competitivos de P&D, em face dos enormes custos envolvidos, da incerteza dos resultados e, um aspecto muito importante, do encurtamento do ciclo de vida dos produtos". Além disso, o conhecimento científico e técnico necessário para o desenvolvimento de certos produtos complexos exige cada vez mais a conjugação dos recursos de várias empresas. Finalmente, a única maneira pela qual as empresas conseguem recuperar seus enormes investimentos em pesquisa e desenvolvimento é vendendo não apenas nos mercados nacionais, em geral muito pequenos, mas em todo o mundo, o que também exige alianças.

As alianças não são fusões e incorporações. Envolvem duas empresas que mantêm identidades distintas, mas que concordam em trabalhar juntas de maneira muito íntima. Essa pressão crescente pelas alianças, conclui Kobrin, "é uma das características dessa era da globalização, inédita não apenas em intensidade, mas também quanto à própria natureza. É um dos fatores que entrelaça todo o mundo de forma sutil, promovendo ainda mais a globalização, de maneira nem sempre aparente".

Uma atividade em que as alianças são mais evidentes a olho nu é o setor de aviação. Observe o anúncio da "Star Alliance" — que envolve seis empresas de aviação na atividade de reserva de assentos nos vôos uma das outras, por meio do compartilhamento de códigos, respeitando os programas de cada empresa em relação aos usuários freqüentes. A aliança permite que as empresas participantes, por meio de parcerias, ofereçam aos clientes condições de viajar por todo o mundo, através de uma única compra. As empresas sabem que, no mundo de hoje, precisam prestar esse tipo de serviço, mas para tanto é necessário que se reúnam em alianças, pois nenhuma delas sozinha tem condições de cobrir o mundo inteiro. O anúncio mostra um avião alongado, cujo nariz é da United; a cabine, da Air Canada; a seção intermediária, da SAS, Varig e Thai Airways; e a cauda, da Lufthansa — todo o conjunto com a seguinte legenda: "Star Alliance: A Rede de Linhas Aéreas da Terra".

A Compaq, por meio de uma parceria estratégica com a Intel, na fabricação dos microprocessadores, e com a Microsoft, no fornecimento do sistema operacional Windows e de outros itens de software, tem condições de incorporar imediatamente aos seus computadores os mais recentes avanços tecnológicos em ambas as áreas, de modo a permanecer na crista da onda da tecnologia. O relatório anual de 1997 da Compaq declara: "Os clientes estão reconhecendo cada vez mais que o melhor em computação provém da empresa que tem as melhores parcerias. Essa empresa é a Compaq." A *Forbes* já citou um consultor em gestão empresarial que descreveu o relacionamento entre Andy Grove, da Intel, e Eckhard Pfeiffer, da Compaq, nos seguintes termos: "Da boca de Andy para os ouvidos de Eckhard. É como uma espécie de casamento."

Não admira que *The Economist* (4 de abril de 1998) tenha relatado a formação de 32 mil novas alianças empresariais em todo o mundo, nos últimos três anos, das quais três quartos são além-fronteiras.

A mesma situação das empresas se aplica aos países. Em termos de segurança econômica, os Estados Unidos sempre recorreram às alianças na questão da economia internacional. Nunca fomos uma ilha que se trancou em si mesma. Mas agora precisamos de mais aliados, com mais freqüência. "Não consigo imaginar os meus antecessores de 20 ou 25 anos atrás preocupados com uma crise econômica na Tailândia, na Indonésia ou mesmo na Coréia", disse-me o secretário do Tesouro dos Estados Unidos, Robert Rubin. "Estávamos preocupados com a Inglaterra. E também com o Japão. Mas não com a Tailândia. No entanto, hoje, muito mais países fazem parte do que, para fins práticos, consideramos a economia global. O seu desempenho é capaz de afetar o nosso país, e gasto muito mais tempo e energia tratando dessas ramificações."

Muitas dessas pressões sem precedentes para encontrar novos parceiros e aliados também se aplicam aos aspectos de segurança nacional. Para começar, na falta de uma Guerra Fria como cenário principal e de um único inimigo ameaçador, nenhum povo quer pagar um preço elevado em sangue ou dinheiro para derrotar os bandidos menores — ainda que sejam tremendamente perigosos. Mesmo quando se trata de Saddan Hussein, ameaçando as rotas do petróleo e exibindo novas armas de destruição em massa, o governo Bush levou seis meses formando uma coalizão de parceiros, não apenas para enfrentar Saddan, mas, sobretudo, para dividir as despesas. Eu estava encarregado da cobertura jornalística do secretário de Estado Baker, quando ele partiu na sua missão de levantamento de fundos para a primeira Guerra do Golfo. Todos os jornalistas no avião fizeram uma vaquinha e compraram para ele um pires de alumínio.

Mas além da necessidade de mais alianças no combate aos bandidos, há todo um conjunto de questões internacionais que agora, num mundo sem muralhas, são mais ameaçadoras do que em qualquer época do passado. Essas questões serão enfrentadas com eficácia apenas por um grupo de Estados em atuação conjunta contra os atores não-Estados — como terroristas, a máfia, os traficantes de armas ou o El Niño.

Por exemplo, os Estados Unidos, nos últimos anos, têm tentado convencer um governo russo enfraquecido a conter a venda de tecnologia nuclear e de fabricação de mísseis ao Irã, por empresas *privadas* russas. No sistema da Guerra Fria, os Estados Unidos jamais precisariam se preocupar com empresas privadas russas atuando por conta própria. Era algo inexistente. Todas as vendas de armamentos pela União Soviética eram oficiais, suscetíveis de retaliação pela ameaça de transferência oficial de armamentos americanos ou de outras iniciativas de Estado-para-Estado. Mas não é mais o caso. Os fabricantes de armamentos russos se transformam cada vez mais em atores independentes, desesperados por dinheiro. Os Estados Unidos são incapazes, por conta própria, de impor restrições às exportações de empresas privadas russas. Ao contrário, precisam recorrer a todos os tipos de artifícios, coordenados por Washington, mas com o apoio dos europeus, dos israelenses e de empresas privadas. Na realidade, no caso da transferência de armamentos russos para o Irã, o governo Clinton precisou chegar a ponto de impor sanções econômicas a uma universidade e a dois institutos técnicos russos e convencer os europeus a agir da mesma maneira, pois os especialistas russos nesses estabelecimentos eram suspeitos de trabalhar para o governo do Irã, enquanto o governo russo não fazia ou era incapaz de fazer qualquer coisa. Durante a Guerra Fria, os Estados Unidos tinham condições de deter essas transferências atuando como solista. Agora, para tanto, precisam agir como o maestro da orquestra.

Esse é o motivo pelo qual, no sistema da globalização, o maior desafio para a liderança americana consiste em identificar os problemas que ainda é capaz de enfrentar de forma isolada, através da clássica dissuasão militar, e aqueles que exigem a formação de parcerias.

Robert Shapiro, *chairman* da Monsanto, uma vez conversou comigo sobre como a sua empresa encara esse desafio. Trata-se de questão crucial para a Monsanto, pois a empresa desenvolve novas variedades sofisticadas de sementes para comercialização junto aos agricultores, mas precisa trabalhar em estreito relacionamento com grandes empresas de produtos agrícolas, como a Cargill, para assegurar-se de que a Cargill reconhecerá a exclusividade dessas novas variedades fabricadas pela Monsanto e atribuirá maior valor às safras cultivadas com essas novas sementes, de modo que os agricultores em todo o mundo se sintam motivados a usar as novas sementes, pagando um preço mais elevado. A Cargill e a Monsanto precisam saber exatamente o que cada uma está fazendo em termos globais, para que a Monsanto colha as recompensas das suas grandes inovações científicas. Ao descrever essa modalidade de aliança, Shapiro parecia o presidente dos Estados Unidos, planejando a operação de socorro financeiro ao México ou o tipo de coalizão necessária, se for o caso, no confronto militar com o Irã. Shapiro comentou: "Esse novo mundo de alianças é uma terra desconhecida. Todos têm um modelo na cabeça mas ninguém sabe como funciona: como equilibrar os interesses compartilhados e os interesses exclusivos, os ganhos de curto prazo e os ganhos de longo prazo? Onde existem fatores em comum e onde se pretende, de fato, preservar as identidades distintas? Sabemos como executar as operações de fusão e incorporação, mas as alianças entre iguais são diferentes. Preciso contar com as capacidades alheias como elemento importante na minha vida. E o verdadeiro desafio consiste no fato de que não bastará apenas uma dessas alianças. Para quem está competindo globalmente, serão necessárias muitas alianças ao mesmo tempo. E então tudo se resume em como optar entre mim e você, entre você e o Fred e entre mim e o Fred. É de fato complicado."

A Gestão do País Funciona?

Muitos anos atrás, eu estava entrevistando o líder de um país árabe e, durante a conversa, cumprimentei-o pela promoção do país pela agência Moody's, que o elevou do grau abaixo de investimento para o grau investimento. O líder árabe agradeceu-me pelo cumprimento e então dirigiu-se a um assessor sentado ao seu lado e perguntou em árabe: "O que é Moody's?"

A gestão é sempre importante, mas nesse sistema mais complexo e de ritmo acelerado, a gestão e a liderança importam apenas um pouco mais. Hoje, quando observo um país ou uma empresa, sempre indago se o chefe é capaz de fazer a arbitragem de informações, se tem condições de sintetizar constantemente e ao mesmo tempo seis dimensões diferentes, se compreende os três processos de democratização e se sabe aproveitar as vantagens deles decorrentes. Pois quem não for capaz de observar o mundo, quem não conseguir perceber as interações que estão modelando o planeta, certamente não terá condições de elaborar estratégias no mundo de hoje.

Craig Barrett, o presidente da Intel, uma vez comentou comigo: "Somos o maior investidor da Irlanda e, acredito, o maior empregador. Estamos no país porque a Irlanda é muito pró-empresa, tem uma infra-estrutura educacional muito forte, e é incrivelmente fácil entrar e sair do país. Investiria na Irlanda, antes da Alemanha e da França. A França é o único país do mundo que tornou ilegal o uso da criptografia para o comércio pela Internet." A tecnologia de criptografia, que a Intel agora está incorporando aos seus chips, é de grande importância para o comércio pela Internet, na prevenção do roubo de números de cartões de crédito e de outras informações pessoais. "A França é o único país do mundo onde não podemos receber os pedidos dos clientes pela Internet, por causa da proibição de utilizar tecnologias de criptografia", lamentou Barrett. "Eu estava em Paris para demonstrar alguns produtos novos da Intel e tivemos que conseguir uma autorização especial por escrito do governo francês, com validade de 24 horas, apenas para exibir a nossa tecnologia de criptografia durante aquele evento de marketing."

A maioria dos países ficaria aterrorizada em saber que o chefão da Intel acha que estão marchando errado. Para a França, a Intel é que está errando o passo. "Impõem uma regra tola, tornando ilegal a criptografia — algo que já se pode baixar da Internet — e acabam inibindo o crescimento do comércio e da economia", reclamou Barrett. "Ou me permitem criptografar com a tecnologia mais atual ou eu me retiro."

Em fins dos anos 80, a Intel estava realizando uma convenção de marketing, abrangendo toda a Europa, para decidir onde investir e descobrir quais seriam os países mais promissores. O responsável pelo marketing da Intel na Europa apareceu na convenção com um mapa do continente — de onde retirara a França com uma lâmina de barbear.

Se a França fosse uma ação, eu a venderia.

Qual a Qualidade da Marca do País?

No mundo globalizado de hoje, tanto a empresa global poderosa como o país poderoso necessitam de marcas "fortes", capazes de atrair e reter os clientes e investidores. O que é a marca comercial? Em 1997, uma equipe de consultoria da McKinsey definiu-a muito bem, no periódico da empresa: "Um nome se transforma em marca", escreveu a equipe da McKinsey, "quando os consumidores o associam a um conjunto de benefícios palpáveis ou não", proporcionados pelo produto ou serviço. "À medida que a associação se torna mais forte, aumenta a lealdade e a disposição dos consumidores para pagar um adicional de preço... Para construir o valor da marca, a empresa precisa tomar duas providências: primeiro, diferenciar o seu produto no mercado em relação aos concorrentes; segundo, alinhar o que afirma sobre o produto nas atividades de propaganda e marketing com o que o produto efetivamente proporciona. Desenvolve-se, então, um relacionamento entre a marca e o cliente... À medida que se fortalece essa interação, a marca se torna mais forte."

Em outras palavras, para desenvolver a força da marca, a empresa precisa destacar os pontos fortes específicos do produto e mostrar a diferença em relação aos outros produtos. A Compaq enfrentou um sério problema de marca, em meados dos anos 90, quando, de fato, a sua marca foi "superada" pela marca dos parceiros de aliança na fabricação de componentes — a Intel e a Microsoft. Os consumidores não se importavam com a "caixa" do computador, não queriam saber se a marca era Dell, Gateway, HP, IBM ou Compaq. O fundamental era se tinha processador Intel no seu interior e se funcionava com sistema operacional e software da Microsoft. Não admira que os executivos da Compaq logo começassem a protestar: "Estamos cansados de ser distribuidores de Andy Grove."

Um dos motivos da superação da marca Compaq pela Intel e pela Microsoft foi a visão limitada da Compaq a respeito de si mesma, situação que se reflete na sua propaganda. A Compaq via-se a si mesma como uma empresa puramente orientada para o produto, como fabricante e vendedora de computadores. Seus computadores eram de boa qualidade e a propaganda era pouco mais que fotografias de cada um dos seus *desktops*, *laptops* e servidores. Em junho de 1998, logo depois que a Compaq adquiriu a Digital Equipment Corporation, a empresa lançou uma nova campanha para relançar a própria marca. A estratégia consistiu em criar um vínculo efetivo entre a Compaq e os clientes, desde o menor comprador de *desktop* ao maior usuário corporativo ou governamental. O processo foi executado de três maneiras: primeiro, pela mudança da forma de entregar os produtos. A Compaq sempre vendeu os seus computadores por meio de terminais varejistas e de revendedores independentes. Em conseqüência, não mantinha um relacionamento direto com a maioria dos clientes. Assim, a empresa evoluiu para uma estratégia de distribuição híbrida, que lhe permitiria vender pelo telefone e pela Internet, de modo a revigorar a sua própria parceria direta com o cliente. Segundo, reforçou o departamento de serviços técnicos ao cliente, de modo que qualquer pessoa com um computador Compaq fosse capaz de telefonar a qualquer hora, de qualquer lugar, com um problema qualquer — não importa se relacionado com o computador, com o software ou com as palavras cruzadas da edição de domingo de *The New York Times* — e o representante de serviços da Compaq o ajudaria a solucionar a questão.

Finalmente, a Compaq redesenhou a sua campanha de publicidade para fortalecer essa nova abordagem, por meio de anúncios que passavam um sentimento de parceria em vez de exibir produtos. A Compaq comprou um espaço de 12 páginas em *The Wall Street Journal* para divulgar a sua nova marca e esse espaço de 12 páginas não continha sequer a fotografia de um computador. Ao contrário, trazia imagens, como a da última página, mostrando duas crianças caminhando pela floresta de mãos dadas, com a seguinte legenda: "Compaq. Melhores respostas."

Pense nisso: não são melhores computadores, mas melhores respostas. "Nós nos recriamos sob a marca Compaq para fortalecer a marca Compaq", salienta Earl Mason.

Atualmente, os países enfrentam o mesmo desafio em relação aos seus clientes no mercado global — os membros do Rebanho Eletrônico. Os países costumavam recorrer a marcas apenas para fins de turismo. Mas isso não é mais suficiente. À medida que evoluímos para um mundo onde todos têm o mesmo hardware e todos são forçados a instalar o mesmo software, a marca do país, como o único vínculo que desenvolverá com os investidores externos, se torna ainda mais importante. Pense na Europa após a União Monetária Européia. Por que construir uma fábrica na Itália e não na Escócia? Talvez seja apenas uma questão de clima, ou de preferência pela comida, ou talvez pelo fato de que a marca italiana parece evocar um pouco mais de diversão, de estilo e de pizza.

Meu colega Warren Hoge, chefe do escritório de Londres de *The New York Times*, captou os esforços da Inglaterra na reformulação da sua marca para a "Nova Inglaterra". Na Inglaterra de marca nova, observou Hoge em 12 de novembro de 1998, "acabaram-se as cenas de críquete no vilarejo, do chá com torradas, dos castelos aristocráticos, dos guardas da Torre de Londres, da caça à perdiz nas terras pantanosas cobertas de urzes, dos cerimoniais à base de cabeleiras e calças justas, da cerveja morna cor de âmbar, das *Union Jacks* balançando triunfantes. Entram em cena as imagens das telecomunicações pulsantes, das transações entre empresas globais, das tecnologias da informação, dos empreendedores aventureiros, da arquitetura arrojada, da propaganda ousada, da moda audaciosa, da música *britpop*, das discotecas noturnas — tudo, em síntese, que seja jovem, criativo, e, no termo mais usado pelos líderes dessa terra reinventada, 'moderno'... O novo governo trabalhista está assumindo um estilo agressivo, por sugestão da Demos, centro de pesquisas de políticas sociais próximo a Mr. Blair, que anunciou no mês passado que chegara a hora de 'reformular a marca' inglesa, 'como uma das pioneiras do mundo, ao invés de um dos seus velhos museus'. 'Estou orgulhoso do passado do meu país, mas não quero viver nesse passado', declarou Tony Blair. O órgão do Governo Britânico responsável pelo turismo refletiu o espírito dos novos tempos, em 1997, ao decidir alterar o *slogan* do país de '*Rule, Britannia!*' (Governe, Inglaterra!) para '*Cool Britannia*' (Inglaterra legal)."

Um país também é capaz de macular a sua marca. Nos anos 90, a Malásia desenvolveu uma bela imagem de marca, a de um estado muçulmano multiétnico, que estava aderindo à revolução tecnológica e transformando o seu nome em sinônimo de tecnologia da informação, a ponto de construir algo denominado Supercorredor da Tecnologia da Informação, um parque industrial de alta tecnologia em torno de Kuala Lumpur. Mas quando as moedas asiáticas entraram em colapso no verão de 1997 e o primeiro-ministro Mahathir fez um discurso acusando os judeus, George Soros e o seu próprio vice-primeiro-ministro, Anwar Ibrahim, de conspiração para destruir a economia malaia, ele, de fato, estragou a marca da Malásia S.A. e abalou a confiança internacional no país.

Atualmente, todos os países têm que cuidar da sua marca e até mesmo os ladrões de galinha compreendem essa verdade. John Bussey, jornalista de *The Wall Street Journal*, escreveu uma história notável (27 de fevereiro de 1998) sobre o que aconteceu com ele e a sua namorada quando entraram num táxi na Cidade do México, uma noite, e foram seqüestrados pelo motorista e alguns comparsas: "O cara apontando uma arma para a minha cabeça na noite de sábado, na Cidade do México, descobrira que eu trabalhava para um jornal. Rodamos pela cidade no táxi durante cerca de uma hora, eu, com o rosto para baixo no chão do táxi; ele, sentado com os pés em cima de mim. Um cúmplice estava apertado no banco ao seu lado, meio sentado sobre a minha convidada para o jantar, mantendo-a presa no lugar.

"'Você trabalha para um jornal americano?', perguntou novamente o ladrão com o revólver.

"'Sim, vim em viagem de negócios dos Estados Unidos', respondi, pensando se isso era bom ou ruim. Talvez ele não gostasse de jornalistas. Talvez odiasse gringos.

"'Bem', disse o homem, 'não escreva nada sobre o que aconteceu esta noite. Ficaria envergonhado pelo meu país.'

"'Envergonhado pelo meu país?' Se as circunstâncias fossem um pouco diferentes, se o cano de um calibre .45 não estivesse a dez centímetros da minha cabeça já há uma hora, se os ladrões não tivessem esvaziado a minha carteira, arrancado o meu relógio e agora não estivessem tentando arrombar a minha conta bancária com o cartão do caixa eletrônico — talvez tivesse achado encantadora a situação. Um pouco de orgulho nacional, uma espécie de entusiasmo patriótico tipo Copa do Mundo. O seu coração pertence ao México.

"'Não, não se preocupe', garanti aos ladrões, encolhido no chão do carro. 'É um jornal de negócios, ações e títulos. Eu não teria como meter uma história como esta no jornal — apenas mais um roubo no México.'"

Se o México fosse uma ação...

À medida que cada vez mais pessoas comecem a perceber que os seus países podem de fato optar pela prosperidade, desde que adotem políticas corretas, e que cada vez mais pessoas passem a conhecer totalmente o estilo de vida de outras pessoas, sobretudo nos países bem-sucedidos, essa multidão começará a indagar por que a sua própria governança política não optou pela prosperidade. Durante o sistema da Guerra Fria, muitos países conseguiram sobreviver em função de *onde* se situavam no presente e *o que* foram no passado. O Egito se projetou tremendamente durante a Guerra Fria pela sua posição estratégica no Oriente Médio entre os americanos e soviéticos e, mais tarde, entre os Estados árabes e Israel. Além de tudo, contava com uma grande história e com as pirâmides. A França também se destacou pela capacidade e disposição de manobrar entre os Estados Unidos e a União Soviética. E ainda por cima também tinha uma história ilustre.

No sistema da globalização, a *localização geográfica* do país não tem mais uma grande importância. Também tornou-se irrelevante o *passado* do país. Embora os países devam ser encorajados a preservar sua cultura e sua herança, é impossível viver à custa desses valores. O importante agora é *o que* o país *é*, e isso depende da escolha que será feita entre as opções pela prosperidade disponíveis no sistema.

Derek Shearer contou-me uma história interessante mais ou menos nessa linha de raciocínio. Em meados dos anos 90, quando servia como embaixador dos Estados Unidos na Finlândia, estava com a sua esposa, Ruth Goldway, que fora prefeita de Santa Mônica nos anos 80 e presidira a revitalização da cidade. Um dia, o embaixador Shearer e sua esposa viajaram de Helsinque à grande cidade russa de São Petersburgo, para se encontrar com os patriarcas da cidade, juntamente com o cônsul-geral dos Estados Unidos no local. Shearer contou o seguinte: "E, assim, nos reunimos com o vice-prefeito de São Petersburgo, com o responsável pelo planejamento urbano e com algumas outras autoridades da cidade, num jantar oferecido pelo cônsul-geral. E todas aquelas autoridades locais começaram a exaltar as grandezas da cidade de São Petersburgo e todas as suas atrações culturais. Mas naquele dia, no caminho do aeroporto à cidade, constatamos como a estrada estava esburacada, a ponto de mal se conseguir dirigir o automóvel. Também havíamos ido ao Museu do Mosteiro (Hermitage Museum) e foi triste ver como o lugar estava em ruínas — nenhuma das obras de arte estava devidamente iluminada. Não havia restaurante ou loja de suvenires. O lugar era uma desordem. São Petersburgo talvez tenha tido uma grande história, mas jamais competiria hoje com outras cidades dotadas de grandes museus. Enquanto isso, essas autoridades municipais russas ficavam discutindo sobre como rebatizar as ruas. [São Petersburgo fora chamada Leningrado nos dias da União Soviética e os nomes das ruas eram todos do período comunista.] E então Ruth falou: 'Tenho uma pequena sugestão. Em vez de ficarem discutindo sobre os novos nomes das ruas, por que vocês simplesmente não as consertam?' Eles responderam: 'Sabe, é uma boa idéia.'"

Capítulo 10
A Teoria dos Arcos Dourados sobre a Prevenção de Conflitos

Freqüentemente, nas minhas andanças pelo exterior, preciso gratificar-me com um sanduíche e um saco de batatas fritas do McDonald's. Pelo que sei, talvez eu seja a pessoa que comeu sanduíches e batatas fritas do McDonald's em mais países do mundo e posso assegurar que, de fato, *o sabor é sempre o mesmo.* Mas à medida que *sanduichei* pelo mundo nos últimos anos, comecei a perceber algo curioso. Não sei quando me deparei com o *insight.* Foi qualquer coisa inesperada que me ocorreu em algum lugar entre o McDonald's da Praça da Paz Celestial, em Beijing; o McDonald's da Praça Tahrir, no Cairo; e o McDonald's da Praça Zion, em Jerusalém. Trata-se do seguinte:

Até meados de 1999, não há nenhum caso de dois países, ambos com os seus McDonald's, que tivessem guerreado entre si desde a instalação dos McDolnald's.

Não estou brincando. Era estranho. Veja o Oriente Médio: Israel agora tem um McDonald's *kosher*; a Arábia Saudita tem McDonald's, que fecha cinco vezes por dia para as orações muçulmanas; o Egito tem McDonald's, e tanto o Líbano como a Jordânia se tornaram países McDonald's. Nenhum deles entrou em guerra desde o advento dos Arcos Dourados. Onde se encontram as grandes ameaças de guerra no Oriente Médio, hoje? Entre Israel-Síria, Israel-Irã, Israel-Iraque. Quais os três países do Oriente Médio que não têm McDonald's? Síria, Irã e Iraque.

Fiquei tão intrigado com a minha própria tese que telefonei para a sede do McDonald's, em Oakbrook, Illinois, e lhes apresentei a idéia. Eles também ficaram bastante perplexos e me convidaram a analisá-la com alguns dos seus executivos internacionais na Universidade do Hambúrguer, as instalações próprias do McDonald's para pesquisa e treinamento. O pessoal do McDonald's divulgou o modelo entre todos os seus especialistas internacionais, que também foram incapazes de encontrar uma exceção. Temi que a exceção seria a Guerra das Malvinas, mas a Argentina só instalou o seu primeiro McDonald's em 1986, quatro anos após o conflito com a Inglaterra. (Guerras civis e conflitos de fronteiras não contam: os McDonald's de Moscou, El Salvador e Nicarágua serviram sanduíches a ambos os lados nas respectivas guerras civis.)

Munido desses dados, formulei "A Teoria dos Arcos Dourados sobre a Prevenção de Conflitos" — quando um país atingisse o grau de desenvolvimento econômico que lhe permitisse desenvolver uma classe média suficientemente grande para sustentar uma rede McDonald's, ele se tansformava em país McDonald's. E as pessoas nos países McDonald's não gostavam mais de guerras. Preferiam esperar na fila pelos sanduíches.

Hoje, confesso que apresentei essa constatação com uma certa dose de ironia. Estava recorrendo ao McDonald's para ilustrar o argumento de que a integração econômica, a Internet e a globalização, em geral, estavam exercendo um efeito óbvio sobre a geopolítica.

Outros fizeram comentários semelhantes, durante períodos anteriores de paz e comércio. O filósofo francês Montesquieu escreveu no século XVIII que o comércio entre os países criara uma "Grande República" internacional, que estava unindo todos os mercadores e os países comerciais além das fronteiras nacionais, situação que certamente desenvolveria um mundo mais pacífico. Em *O Espírito das Leis*, Montesquieu observou que dois países que comercializam um com o outro se tornam reciprocamente dependentes; pois se um tem o interesse de comprar, o outro tem o interesse de vender; e assim a união se fundamenta nas suas necessidades mútuas. E no capítulo intitulado "Como o Comércio Rompeu o Barbarismo da Europa", Montesquieu sustenta a sua própria tese do Big Mac: Felizes os homens por estarem na situação em que, embora induzidos à maldade por suas próprias paixões, é, todavia, do seu próprio interesse serem humanos e virtuosos.

Na era da globalização anterior à Primeira Guerra Mundial, o escritor inglês Norman Angell observou em seu livro de 1910, *The Great Illusion*, que as maiores potências industriais do Ocidente — os Estados Unidos, a Inglaterra, a Alemanha e a França — estavam perdendo o gosto pela guerra: "Como é possível que a vida moderna, com uma proporção dominante de atividades industriais e uma proporção infinitésima de atividades militares, mantenha vivos os instintos associados com a guerra em confronto com os ligados à paz?" Com todo o livre comércio e os vínculos comerciais que interligavam as maiores potências européias da época, Angell argumentava que seria insano para elas entrarem em guerra, pois o conflito destruiria vitoriosos e derrotados.

Montesquieu e Angell estavam realmente corretos. A integração econômica tornava o custo da guerra muito elevado para ganhadores e perdedores, e qualquer país que optasse por ignorar esse fato seria devastado.

Mas a esperança de que essa verdade de algum modo superasse a geopolítica não foi confirmada pela realidade. Montesquieu e Angell, pode-se dizer, esqueceram Tucídides. Tucídides escreveu nas suas *Histórias da Guerra do Peloponeso* que os países são levados à guerra por uma de três razões — "honra, medo e interesse" — e a globalização, embora aumente o custo da guerra por motivos de honra, medo ou interesse, não torna obsoleto qualquer um desses instintos, pelo menos enquanto o mundo for feito de homens e não de máquinas, e até quando as oliveiras ainda forem importantes. E as oliveiras continuam importantes e o serão para sempre. A luta pelo poder, a busca dos interesses materiais e estratégicos, e o sempre presente apelo emocional da própria oliveira continuam presentes mesmo num mundo de microchips, telefonia por satélites e Internet. O dinheiro, as informações, os títulos de crédito, tudo isso talvez se movimente em torno do mundo à velocidade da luz e ao clique de mouses. Mas não é assim com as pessoas. Elas ainda gostam das suas raízes. "Não se trata apenas do problema de precisar falar línguas diferentes", observou a revista *The Economist* no ensaio de 06/agosto/1999 sobre geopolítica. "A maioria das pessoas tem um senso nítido de onde se situam as suas raízes, do porquê 'nós' hesitamos em ir viver entre 'eles'. E, no sentido oposto, por que 'nós' não queremos que muitos 'deles' venham viver entre nós". Não é à toa que este livro se chama *O Lexus e a Oliveira.*

Apesar da globalização, as pessoas ainda estão aferradas à cultura, à língua e a um lugar chamado pátria. E ainda exaltam a pátria, choram pela pátria, lutam pela pátria e morrem pela pátria. Eis por que a globalização não supera a geopolítica. Vamos frisar bem a afirmação para todos os realistas que lerem este livro: *A globalização não supera a geopolítica.*

Mas a globalização de fato afeta a geopolítica. A questão simples que eu tentava expor – usando o McDonald's como metáfora – é que a atual versão da globalização aumenta significativamente os custos da guerra como recurso dos países para preservar a honra, reagir aos medos e perseguir os seus interesses. A novidade de hoje, em comparação com os tempos de Montesquieu e mesmo de Angell, é apenas uma diferença de *intensidade*. A globalização de hoje em dia — com a intensificação da integração econômica e da integração digital, a sempre crescente conectividade das pessoas e países, a difusão das redes e dos valores capitalistas para os pontos mais remotos do planeta e a dependência cada vez maior em relação à Camisa-de-força Dourada e ao Rebanho Eletrônico — tece uma trama de restrições muito mais fortes sobre os comportamentos de política externa dos países conectados ao sistema. Ao mesmo tempo em que aumenta os incentivos para não guerrear, também eleva os custos de entrar em guerra como nunca antes na história moderna.

Mas isso não garante que não haverá mais guerras. Conforme ressaltei, ao observar pela primeira vez, numa coluna de 1996, que dois países com McDonald's jamais entraram em guerra desde a instalação dos seus McDonald's, mais cedo ou mais tarde quase todos os países terão McDonald's. E, mais cedo ou mais tarde, alguns países McDonald's travarão guerras uns com os outros. Sempre existirão líderes e países que, por bons e maus motivos, recorrerão à guerra; e alguns países, como a Coréia do Norte, o Iraque ou o Irã, optarão por viver fora das restrições do sistema. No entanto, a conclusão é a seguinte: se na era da globalização anterior os países do sistema pensavam duas vezes antes de tentar resolver os seus problemas por meio da guerra, na atual era da globalização os países pensarão três vezes.

Na realidade, mal a primeira edição deste livro fora lançada nos Estados Unidos, em abril de 1999, 19 países da OTAN, dotados de McDonald's, efetuaram ataques aéreos contra a Iugoslávia, com os seus 14 McDonald's. Imediatamente, todos os tipos de comentaristas tolos começaram a escrever que o fato comprovava que a teoria McDonald's estava totalmente errada.

Fiquei surpreso e feliz em ver como a minha Teoria dos Arcos Dourados conquistara a imaginação do público e em constatar a intensidade com que certas pessoas queriam contestá-la. Minha primeira reação aos críticos foi apontar que a OTAN não é um país, que a guerra de Kosovo não foi nem mesmo uma guerra real, e, na medida em que fosse uma guerra de verdade, tratava-se efetivamente da intervenção da OTAN numa guerra civil entre os sérvios e os albaneses de Kosovo. E eu afirmara expressamente que a teoria McDonald's não se aplicava às guerras civis, pois a gobalização agravaria os conflitos internos dentro dos países, entre os localistas e os globalistas — entre os que comem Big Macs e os que temem serem devorados pelos Big Macs. Também salientei que a Teoria dos Arcos Dourados era uma explicação dos motivos pelos quais os países McDonald's jamais guerrearam no passado. Nunca a apresentei nos meus livros ou colunas como uma previsão para o futuro. Exatamente o contrário.

No entanto, quanto mais pensava sobre as críticas, mais sugeria aos meus interlocutores: "Sabe de uma coisa, esqueçam todas as explicações. Vamos admitir que Kosovo seja um teste real. Vejamos como termina a guerra." E observemos o que acontece.

Como dirá o Pentágono, o poderio aéreo sozinho foi suficiente para acabar com a guerra de Kosovo de 1999 em 78 dias por uma única razão — não porque a OTAN tornara a vida impossível para as tropas sérvias em Kosovo. Na verdade, o exército sérvio acabou retirando incólume de Kosovo boa parte dos seus blindados. Não, a guerra terminou em apenas 78 dias, somente com base no poderio aéreo, porque a OTAN desgraçou a vida dos civis sérvios em Belgrado. O poderio aéreo funcionou em Kosovo não porque bombardeamos os tanques sérvios para fora de Pristina, mas sim porque explodimos os empregos dos sérvios em Belgrado. A capital da Iugoslávia é uma cidade européia moderna, parte integrante da Europa Ocidental, com uma população que deseja participar das principais tendências globais da atualidade, da Internet ao desenvolvimento econômico, conforme simboliza a presença do McDonald's. Eu estava em San Francisco, em meio à guerra de Kosovo, numa emissora da NPR (National Public Radio), sendo entrevistado sobre este livro. No intervalo, a anfitriã do programa, que conduzia a entrevista, mencionou para mim, de passagem, que a sua filha de 14 anos tinha uma amiga da mesma idade na Internet, residente em Belgrado, com quem estava aprendendo tudo sobre a guerra, diretamente.

Quando a OTAN apagou as luzes em Belgrado, e emperrou as redes do poder e a economia em geral, os cidadãos de Belgrado quase imediatamente exigiram que o Presidente Slobodan Milosevic pusesse um fim à guerra, da mesma forma como agiram os residentes das outras grandes cidades da Iugoslávia. A guerra aérea impôs-lhes uma opção: McDonald's ou Kosovo — é impossível ter os dois. E eles escolheram. Não eram apenas os soldados da OTAN que não queriam morrer por Kosovo — também os sérvios de Belgrado não o queriam. Eles almejavam participar do mundo, mais do que pretendiam ser parte de Kosovo. Eles queriam a reabertura dos McDonald's, muito mais do que a reocupação de Kosovo. Ansiavam por entrar na fila dos sanduíches, muito mais do que nas fileiras de Kosovo. O poderio aéreo não funcionou no Vietnã porque um povo que ainda está na Idade da Pedra não pode ser bombardeado de volta à Idade da Pedra. Mas funcionou em Belgrado, pois os que estavam integrados na Europa e no mundo seriam expulsos pelas bombas. E eles não queriam isso.

Sim, é verdade, agora temos uma exceção à Teoria dos Arcos Dourados — uma exceção que, afinal, apenas comprova o poder da regra geral. Uma exceção que demonstra as pressões a que estão sujeitos até mesmo os regimes nacionalistas mais fanáticos, à sombra das oliveiras, quando os custos das suas aventuras e das guerras opcionais atingem as pessoas sob a forma de devastação econômica e de ruptura com o mundo. Pois num mundo em que todos sabemos cada vez mais como vivem os outros, os governos se encontram sob uma pressão crescente para proporcionar ao povo os mesmos benefícios. Os países desenvolvidos talvez não os estejam observando, mas eles nos observam e vêem o nosso estilo de vida. E quando os seus governos praticam atos que dificultam a integração econômica e a melhoria do estilo de vida — simbolizado pela presença do McDonald's — a tolerância das pessoas não será a mesma do passado.

Atualmente, quase todos os governos parecem compreender a Teoria dos Arcos Dourados e talvez tenham aprendido a conviver com as suas restrições. Quando passam a ter uma rede de McDonald's no seu território, os países pensam três vezes antes de entrar em guerra. Outros, como a liderança sérvia, foram forçados a aprendê-lo da maneira mais difícil, e assim será com outros governos. Portanto, depois de Kosovo, não mais se afirmará, simplesmente, que dois países com McDonald's jamais guerrearam entre si. No entanto, ainda é possível declarar, taxativamente, que a lógica e o poder da integração, subjacentes à Teoria dos Arcos Dourados, continuam ainda mais fortes: Agora, a maioria dos países pensará três vezes antes de entrar em guerra, e os que não o fizerem pagarão um preço três vezes mais alto. Assim, vou alterar a Teoria dos Arcos Dourados, à luz de Kosovo e do que com certeza serão os futuros kosovos: As pessoas nos países McDonald's não mais admitem entrar em guerra, preferem esperar na fila pelos sanduíches — E OS LÍDERES OU CIDADÃOS QUE IGNORAREM ESSE FATO PAGARÃO UM PREÇO MUITO MAIS ALTO DO QUE IMAGINAM.

A Teoria McDonald's nunca teve a intenção de sugerir que não haveria mais guerras. Pretendia apenas enfatizar que hoje vivemos sob um novo sistema internacional, com novos incentivos e restrições. E o drama das relações internacionais da atualidade é a interação entre o novo — o moderno sistema da globalização — e o velho — as paixões das oliveiras arraigadas em todos nós. Ninguém será capaz de compreender as notícias do dia se não interpretá-las como o fluxo e o refluxo dessas duas forças.

Logo após o fim do conflito de Kosovo, deparei com um artigo proveniente de Belgrado, no *USA Today* (8/julho/1999). Era sobre a devastação econômica da Iugoslávia, em conseqüência da guerra. O artigo continha dois parágrafos que, se tivessem sido escritos por mim, seriam considerados forjados:

"...Zoran Vukovik, 56 anos, motorista de ônibus na cidade de Nis, ganha o equivalente a $62 por mês, menos do que a metade do seu salário antes da guerra. O governo (sérvio) demitiu quase a metade dos aproximadamente 200 motoristas no mês passado. Os restantes sofreram cortes drásticos nos salários. Como o Estado ainda controla os preços dos alimentos, Vukonic e os seus oito dependentes conseguem sobreviver. Mas a maioria das despesas extraordinárias está simplesmente fora de cogitação."

"...'O McDonald's agora é um sonho', lamenta Vukonic, que costumava levar os três netos à loja de Belgrado. 'Um dia, talvez, tudo fique melhor. Mas não acho que ainda estarei vivo nessa época.'"

O estudo do caso da Albânia ajuda a compreender tudo que é preciso saber sobre as diferenças entre a modelagem da geopolítica pelo sistema da Guerra Fria e pelo sistema da globalização.

Quando a Albânia mergulhou na guerra civil em princípios de 1997, eu estava assistindo às notícias pela CNN para manter-me a par da história. Como não havia transmissão ao vivo da Albânia, a CNN ficou mostrando um mapa do Mar Adriático, com a costa da Albânia. Lá apareciam pequenos navios, cada um representando as embarcações enviadas pelos americanos, europeus e outros países para evacuar os respectivos cidadãos da Albânia. Ao observar o mapa, ocorreu-me imediatamente o pensamento de que, se ainda estivéssemos na Guerra Fria, aqueles navios provavelmente significariam navios de guerra americanos e soviéticos, competindo entre si para ver quem preencheria o vácuo na Albânia, quem seria mais eficaz no apoio aos respectivos agentes na região e quem avançaria a maior distância com o peão da Albânia no tabuleiro de xadrez da Guerra Fria. Em suma, as duas superpotências estariam em disputa para ver quem entraria primeiro na Albânia e, uma vez lá dentro, quem iria mais longe e mais fundo. Mas não era o que a CNN mostrava naquele dia. Agora, prevalecia o sistema da globalização e no novo cenário as várias potências estavam de fato competindo para ver quem conseguiria *retirar* primeiro o seu pessoal da Albânia, indo mais *longe* e *mais rápido* na operação. O país que retirou primeiro o seu pessoal, indo mais longe e mais rápido na operação, foi o vencedor na Albânia, e o derrotado foi a potência que se atolou na tarefa de gerenciar a Albânia — que acabou sendo a Itália.

Qual a mensagem dessa história? A mensagem é que o sistema da Guerra Fria se caracterizava por dois aspectos fundamentais: o tabuleiro de xadrez e o talão de cheques. Ou seja, o sistema da Guerra Fria era dominado por duas superpotências, os Estados Unidos e a União Soviética. E ambas estavam envolvidas numa competição global pela vantagem estratégica, pelos recursos e pela honra, em que os ganhos de um lado eram as perdas do outro lado e em que todos os cantos do mundo eram fichas do cacife, que estavam em jogo e contavam tanto quanto qualquer outro. Como afirmou Michael Mandelbaum: "No sistema da Guerra Fria, o mundo era como um tabuleiro de xadrez único e integrado. Cada movimentação dos soviéticos nos afetava e cada movimentação nossa os afetava. Nós éramos as peças brancas e os soviéticos eram as peças pretas. Se eles se movimentassem para um quadrado branco, nós nos movimentávamos para um quadrado preto. Se eles movimentassem peões pretos na Albânia, nós movimentávamos peões brancos. Cada peão era importante, pois protegia o seu rei. Se tomassem um peão, estariam mais próximos do nosso rei e, em conseqüência, estaríamos mais próximos da derrota. Daí a necessidade de proteger cada peão. A defesa dos peões era um meio de defender o rei. Esse é o motivo pelo qual acabamos envolvidos em lugares sem qualquer outra importância, como o Vietnã, Angola e El Salvador."

Em outras palavras, o sistema da Guerra Fria tinha um certo incentivo implícito para o encorajamento de conflitos regionais e para a sua transformação em parte integrante da competição global entre as superpotências e, por conseguinte, em assunto de interesse global. Como a competição no tabuleiro era global, nenhuma das superpotências jamais queria conceder a perda de um quadrado branco ou preto, em qualquer lugar, pelo medo de que aquela concessão levasse a outras perdas e, em última instância, à dominação pelo adversário. Esse medo ficou conhecido como o "efeito dominó" da geopolítica.

Além do tabuleiro de xadrez, o sistema da Guerra Fria também se caracterizava pelo talão de cheques. Como já vimos, no sistema da Guerra Fria a sobrevivência econômica era muito mais fácil para um país em desenvolvimento, apesar das deficiências do sistema operacional e do software. Alguns países em desenvolvimento eram capazes de resistir a um desempenho insuficiente durante longos períodos, pois sugavam fundos das superpotências concorrentes, simplesmente mediante o compromisso de submissão a um dos lados da Guerra Fria. O governo americano e o governo soviético — e, em menor grau, o governo chinês e a União Européia — estavam prontos para recorrer aos contribuintes, arrecadar o seu dinheiro e emitir cheques polpudos para os estrangeiros, com o objetivo de comprar influência em diferentes quadrados do tabuleiro de xadrez. Essa diplomacia do talão de cheques era chamada de "ajuda externa". Os Estados Unidos impuseram aos seus contribuintes cobranças para pagar os salários dos contras, na Nicarágua, ou dos mujahideen, no Afeganistão; e os soviéticos agiram da mesma forma em relação aos sandinistas, na Nicarágua, e aos vietcongues, no Vietnã. Os Estados Unidos azucrinaram os seus contribuintes com cobranças para subsidiar o exército israelente; e os soviéticos fizeram o mesmo para reconstruir a força aérea da Síria, depois que Israel derrubou 97 caças a jato sírios no primeiro dia da guerra do Líbano, em 1982. As superpotências compravam submissão não apenas com canhões, mas também com manteiga. Elas recorriam ao talão de cheques para subsidiar estradas, represas, corredores culturais, importações — qualquer coisa que amarrasse um país do Terceiro Mundo ao seu lado do conflito global. Moscou e Washington emitiam os seus cheques, na maioria dos casos, sem impor qualquer exigência sobre como esses países gerenciavam as suas economias, pois tanto Moscou como Washington receavam que, caso pressionassem demais os peões em questões de reforma interna, eles descabariam para o outro lado. Regimes tão mercenários, ineficientes e corruptos como o de Ferdinand Marcos, nas Filipinas, ou de Anastasio Somoza, na Nicarágua, recebiam seus cheques de Washington; enquanto Cuba, Angola e Vietnã recebiam os cheques de Moscou, puramente na base do hardware econômico — capitalismo ou comunismo — por eles adotado, independentemente da eficiência com que operavam esses sistemas.

As superpotências simplesmente não estavam interessadas na fiação da rede econômica desses países, pois na época queriam comprar a sua submissão, e não as suas empresas telefônicas. Mesmo no caso do Japão, os Estados Unidos toleravam os níveis absurdos do protecionismo de Tóquio, pois necessitavam do apoio japonês na Guerra Fria, e o Pentágono e o Departamento de Estado jamais permitiam que o Departamento de Comércio ou o escritório do representante comercial apertassem muito o Japão em assuntos comerciais, pelo medo de perder o apoio do país em questões de segurança. Mas exatamente porque as superpotências estavam dispostas a assinar cheques em branco, muitos conflitos regionais da Guerra Fria fumegaram por muito mais tempo do que o necessário. Qual o incentivo da OLP para reconhecer Israel durante os anos 60 e 70, quando a União Soviética estava em constante prontidão para oferecer bolsas de estudo aos jovens palestinos e canhões aos guerrilheiros palestinos, qualquer que fosse a sua atuação?

Assim, o sistema da Guerra Fria não apenas *incentivava* como ainda *financiava* a eclosão e a globalização dos conflitos regionais — enquanto Ivan e Tio Sam emitiam furiosamente os seus cheques.

Agora, risque esse mundo do mapa.

Entra em cena a globalização. Ao se transformar no sistema internacional dominante, após o fim da Guerra Fria, a globalização enquadrou a geopolítica com outro tipo de moldura. Embora o sistema da globalização não signifique o fim da geopolítica, a idéia de que a globalização não afeta a geopolítica é absolutamente estúpida.

Para começar, na era da globalização não existe mais o tabuleiro de xadrez, em que todo o mundo se divide em quadrados brancos e pretos. Desde o colapso da União Soviética, foram-se os pretos e os brancos. Não há mais "os caras do outro lado", mas apenas "os nossos caras". Assim, acabou-se o incentivo implícito da Guerra Fria, para que todos os conflitos regionais empreendessem a escalada rumo ao conflito global. E o mesmo se aplica aos recursos. Na era da globalização, um novo personagem cuida do talão de cheques. Hoje, o Rebanho Eletrônico é a única entidade com dinheiro suficiente para distribuir pelo mundo. A União Soviética não existe mais para emitir os seus cheques e os Estados Unidos vestiram a Camisa-de-força Dourada e não assinarão mais cheques destinados à ajuda externa.

A única fonte onde os países são capazes de obter os grandes cheques é o Rebanho Eletrônico, e as suas reses não jogam xadrez. Jogam Banco Imobiliário. A localidade onde a Intel, a Cisco ou a Microsoft construirão a sua nova fábrica, ou onde os fundos mútuos globais da Fidelity investirão o seu dinheiro, é o fator que vai determinar quem conseguirá e quem não conseguirá financiamento. E as reses do Rebanho Eletrônico também não assinam cheques em branco para conquistar o amor e a lealdade de um país; apenas emitem cheques destinados a investimentos que gerem lucros. Os Supermercados e o Rebanho Eletrônico não se importam mais com a cor da fachada do país. O importante é a fiação interna do país, o nível do sistema operacional e do software instalado no hardware, e se o governo é capaz de proteger a propriedade privada.

Assim, além de não financiar as guerras regionais nem reconstruir de graça os exércitos — como agiam as Superpotências apenas para conquistar a submissão —, o Rebanho Eletrônico ainda punirá os países que se envolverem em conflitos com os vizinhos, privando-os da única fonte de capital no mundo de hoje. Portanto, os países não têm escolha, a não ser se comportarem de forma a cativar o rebanho ou, ao contrário, ignorar o rebanho e pagar o preço das pastagens vazias.

Evidentemente, alguns países optaram por dispensar o rebanho, de modo a seguir as suas próprias agendas políticas, e alguns até conseguem, temporariamente. O presidente do Iraque, Saddan Hussein, prefere correr atrás das próprias ambições megalomaníacas, atemorizando e saqueando os vizinhos, em vez de submeter-se à disciplina do rebanho; e, por meio de um regime opressivo, consegue impor a sua vontade ao povo. O mesmo ocorre com os regimes da Coréia do Norte, do Afeganistão, do Sudão e do Irã. A Teoria dos Arcos Dourados não se aplica a esses países, pois eles optaram por não se conectar ao rebanho e aos Supermercados, e ainda contam com bastante petróleo ou bastante ideologia para abrir mão do rebanho, durante algum tempo. Mas hoje essa é a situação de um número cada vez menor de países.

Veja a China. Em 1979, a China não tinha McDonald's. Deng Xiaoping apenas começara a abrir a China para o mundo. Ao visitar os Estados Unidos para uma reunião de cúpula com o presidente Carter, Deng mencionou de passagem que, ao retornar à China, invadiria o Vietnã, pois os vietnamitas estavam ficando muito confiados e arrogantes. Carter tentou fazer com que ele desistisse da idéia, com base no argumento de que essa medida seria ruim para a imagem da China, mas Deng não se convenceu e invadiu o Vietnã.

Agora avance rápido para 1996. A China tem 207 franquias de McDonald's. Estou em Beijing observando a tensão entre a China e Formosa. No momento, entrevisto um economista sênior da Academia Chinesa de Ciências, um pouco antes da primeira eleição totalmente democrática de Formosa, que, segundo os temores de muitas autoridades de Beijing, seria o prelúdio da declaração de independência total de Formosa em relação à China. A China está ameaçando invadir Formosa, se a ilha continuar a seguir trajetória própria. Enquanto saboreávamos nosso macarrão num restaurante de cobertura em Beijing, fiz uma pergunta simples ao economista chinês: A China seria capaz de atacar Formosa? Sua resposta imediata foi: "Não — isso significaria o fim dos investimentos na China, a paralisação do crescimento e a perda da nossa última oportunidade de alcançar o resto do mundo."

Como todas as demais pessoas com quem conversei na China, na época, esse economista sentia que a China tinha razões de sobra para esmigalhar Formosa, impedindo a sua independência. Mas, ao contrário dos outros, ele estava pronto para expressar o que era do conhecimento de todos os líderes chineses, embora não o dissessem em voz alta — que a China não atacaria Formosa sem a devastação da sua própria economia.

Na era da globalização, China e Formosa se encontram na situação da certeza da destruição econômica mútua,* e ambas sabem disso. Sob a perspectiva de Beijing, a China não é mais a economia agrícola isolada, da era de Mao e do início do período Deng. Agora, o país se encontra parcialmente conectado ao Rebanho Eletrônico, e hoje a única ideologia da liderança chinesa é: "Enriquecer é glorioso." Os líderes do país não serão capazes de praticar essa ideologia sem os cerca de US$ 40 bilhões de investimentos externos que inundam a China anualmente — correspondendo a mais ou menos 20% da totalidade dos investimentos anuais. Uma parcela significativa desses US$ 40 bilhões evaporaria no momento exato em que a China atacasse Formosa. O Congresso americano certamente responderia com o bloqueio de boa parte das vendas chinesas para os Estados Unidos — que correspondem a 40% da totalidade das suas exportações. Atualmente, existem cerca de 40.600 empresas e fábricas formosinas na China, empregando milhões de chineses, que sem dúvida seriam desativadas. Wang Shougeng, diretor da Comissão de Investimentos Externos de Xangai, foi quem provavelmente melhor resumiu a vulnerabilidade da China numa guerra com Formosa, ao declarar, no auge da crise China-Formosa, em 1996, que mesmo na hipótese de um ataque da China a Formosa,

---

* Expressão que faz lembrar a sigla símbolo da Guerra Fria *MAD (louco)* — *Mutual Assured Destruction.* Teoria da dissuasão nuclear (*theory of nuclear deterrence*), pela qual cada superpotência se assegurava de que dispunha dos meios de retaliação (capacidade para um segundo ataque), na hipótese de um primeiro ataque inimigo. Também conhecida como "Equilíbrio do Terror", nenhum lado deveria assumir uma vantagem muito grande. (N.T.)

"não ocorreria grande mudança na nossa atitude em relação aos investidores de Formosa". Adoro essa declaração. Mesmo se invadirmos o seu país, esperamos que os seus investidores não levem a coisa para o lado pessoal! (Não é à toa que a China vem perseguindo uma nova estratégia de "guerra sem sangue", que se refere a várias formas de guerra eletrônica de alta tecnologia, com o objetivo de incapacitar temporariamente uma economia avançada. O propósito aparente talvez seja o de um dia colher os ovos de ouro de Formosa — sem quebrá-los.)

Mas essa certeza da destruição mútua é de fato mútua. Formosa ainda é mais vulnerável do que a China à perda de confiança dos investidores internacionais, e esse é um dos motivos pelos quais o principal partido de oposição de Formosa, o DPP, recentemente abandonou o seu compromisso com a independência de Formosa. A simples exibição do aparato militar chinês é capaz de arrasar a economia de Formosa. Em julho de 1995, quando a China disparou pela primeira vez quatro mísseis M-9 em direção ao Mar da China Oriental, ao norte de Formosa, para expressar o seu descontentamento com a visita do presidente de Formosa, Lee Teng-hui, à Cornell University, a Bolsa de Valores de Formosa despencou 33% e as reservas externas do país iniciaram uma fuga à razão de US$ 500 milhões por dia.

Não tenho qualquer dúvida de que, se Formosa fosse muito longe na adoção de um perfil mais independente no cenário mundial, a China recorreria à força militar para deter Taipé — quaisquer que fossem as conseqüências econômicas. Nenhum líder chinês sobreviveria à independência de Formosa. A legitimidade da liderança chinesa ficaria comprometida. Mas nenhum líder chinês seria capaz de sobreviver, hoje, sem o fluxo contínuo do comércio internacional e dos investimentos estrangeiros. Atualmente, a sua legitimidade depende mais dos fatores econômicos do que dos políticos. Assim, a liderança chinesa, com o país parcialmente conectado ao Rebanho Eletrônico, se viu envolvida em considerações muito diferentes das do passado.

No final, a crise Formosa-China de 1996 acabou sendo resolvida pela ação conjunta das superpotências e dos Supermercados. Os Estados Unidos enviaram uma flotilha com um porta-aviões para a costa de Formosa, e os Supermercados emitiram uma advertência, por meio de uma queda acentuada nas bolsas de valores de Formosa e de Hong Kong. Ambas as providências eram necessárias, e as duas foram decisivas para evitar o cumprimento das ameaças chinesas — mas as superpotências é que ficaram com o crédito.

As grandes guerras ocorrem apenas quando as superpotências estão dispostas a lutar, e o primeiro instinto das grandes potências, no atual sistema de globalização, é não partir para a briga. Em vez de se deixar arrastar pelos conflitos regionais, como os da Bósnia, Ruanda, Libéria, Argélia ou Kosovo, as grandes potências de hoje preferem erguer cortinas de ferro em torno desses conflitos civis e contorná-los, como se fossem uma comunidade indesejável. Esse é o motivo pelo qual muitos dos atuais conflitos regionais, em vez de se globalizarem automaticamente, como na Guerra Fria, tendem a se transformar em guetos. Talvez seja uma tendência lastimável, no sentido de que são ignorados com maior rapidez, mas é a realidade. Enquanto as crises militares regionais de hoje viram guetos, o que se globaliza são as crises econômicas regionais, como as do México, em meados dos anos 90; a do Sudeste Asiático, em fins dos anos 90; e, recentemente, a da Rússia. São essas crises econômicas regionais, e o seu potencial de contágio de outros mercados, que inquietaram o sistema da globalização nos seus primeiros anos. O efeito dominó, que outrora pertenceu ao mundo da política, hoje se enquadra melhor no mundo das finanças.

A Teoria dos Arcos Dourados enfatiza uma das maneiras pelas quais a globalização afeta a geopolítica — aumentando demasiadamente o custo da guerra por meio da integração econômica. Mas a globalização também influencia a geopolítica por muitos outros meios. Por exemplo, a globalização cria novas fontes de poder, além dos instrumentos clássicos representados por tanques, aviões e mísseis; e gera novas fontes de pressão sobre os países, para que mudem a maneira como se organizam a si próprios, pressões que derivam não das invasões militares clássicas de um país sobre outro, mas sim da invasão mais invisível dos Supermercados e dos Indivíduos com Superpoderes.

A melhor maneira de compreender essa questão é tomar como exemplo uma região como o Oriente Médio, e examiná-la de um ponto de vista globalista multidimensional. Logo deparamos com aspectos muito interessantes.

No segundo semestre de 1997, estive em Israel. O processo de paz andava muito mal, mas por acaso deparei com um artigo na seção de negócios de um jornal, relatando que os investimentos externos em Israel estavam mais firmes do que em qualquer outra época. Fiquei intrigado com o fato e procurei Jacob Frenkel, presidente do Banco Central, e perguntei-lhe o seguinte: "Como é possível que o processo de paz em Israel esteja em baixa e os investimentos externos em Israel estejam em alta?"

Chegamos à conclusão de que Israel hoje evoluía rapidamente da sua velha economia de laranjas, diamantes e produtos têxteis para uma economia de alta tecnologia, que, de um certo modo, tornava Israel muito menos vulnerável às pressões políticas árabes, ao terrorismo, aos boicotes e aos altos e baixos do processo de paz; e, ao mesmo tempo, muito mais suscetível aos efeitos da guerra convencional. Eis o porquê: Nos velhos dias, Israel cultivava laranjas, Marrocos cultivava laranjas, e a Espanha cultivava laranjas. Assim, se um país como o Japão ou a França ficasse insatisfeito com alguma política israelense na Margem Ocidental, ele facilmente puniria Israel, comprando as laranjas de algum outro país. Mas o que ocorre quando uma empresa israelense, a Galileo Technology, Ltd., é a inventora do comutador Ethernet, com um único chip, utilizado em muitos sistemas intranet de comunicação de dados? É impossível adquirir o mesmo produto em Marrocos. E o que acontece quando as empresas israelenses começam a dominar um setor crítico de alta tecnologia, como ferramentas de criptografia *online* para a segurança na Internet, baseadas em algoritmos complexos desenvolvidos pela Technion e pelo exército israelense? Também é impossível conseguir esses itens na Espanha. A conseqüência é que todos virão cortejar Israel, independentemente da situação do processo de paz. Todas as grandes empresas americanas de alta tecnologia têm uma unidade em Israel — a Intel acabou de instalar uma fábrica de chips de US$ 1.5 bilhão — ou participam de uma empresa israelense na área de computação. O Japão, que sempre se afastou de Israel, temendo a retaliação árabe, é agora o segundo maior investidor de capital de risco em Israel, depois dos Estados Unidos. O Japão é fraco na elaboração de software e hoje está devorando com sofreguidão as empresas de software israelenses. Acho essa situação muito engraçada, pois, quando era correspondente de *The New York Times* em Jerusalém, em meados dos anos 80, os únicos carros japoneses disponíveis para compra em Israel eram calhambeques Daihatsu ou Subaru populares. O Japão S.A. vendia os seus carros de fato bons apenas para os árabes. Para ninguém mais. Hoje, compra-se em Israel qualquer modelo de Lexus, pois, em termos econômicos, Israel é hoje um exportador de energia muito mais importante do que a Arábia Saudita. Ou seja, ao exportar software, chips e outras inovações de alta tecnologia, Israel está de fato exportando as fontes de energia da atual economia da informação, e todos os países querem essa energia, não importa o relacionamento de Israel com os palestinos, do mesmo modo como queriam o petróleo, nos anos 70, independentemente do relacionamento dos árabes com os judeus. Esse fato tem um efetivo significado geopolítico. "Se você tiver a tecnologia que as pessoas querem", disse-me um escritor israelense, "ninguém se importa em saber se você está sufocando os palestinos." Basta examinar os números. Em 1998, a China tinha 52 cientistas exercendo atividades de pesquisa no famoso Instituto Weizmann, de Israel. A Índia também mantinha o mesmo número de cientistas no estabelecimento. Dois países que não se aproximariam de Israel nos anos 70 agora estão ansiosos para ver os seus cientistas trabalhando lá.

Outro motivo pelo qual Israel é menos vulnerável às pressões de baixo nível é o fato de que as exportações de conhecimentos de alta tecnologia tendem a ser muito leves e não podem ser facilmente interrompidas. Algumas são feitas via modem. Os investimentos de alta tecnologia em Israel também são feitos sobretudo em pessoas e em poder cerebral, e não em fábricas que podem ser facilmente destruídas. Do mesmo modo, as exportações de alta tecnologia de Israel não se destinam aos vizinhos, com os quais o relacionamento é tenso, mas aos mercados distantes da Ásia, Europa e Estados Unidos. Na realidade, a maioria das empresas de alta tecnologia de Israel não vende praticamente nada para os mercados do próprio país ou do Oriente Médio, não sendo, pois, tão vulneráveis à política da região. Não foi por acaso que, nos anos 90, o Hilton de Telaviv decidiu instalar um bar *sushi* no lugar de um restaurante árabe. As empresas de alta tecnologia de Israel também levantam a maior parte do seu capital na Wall Street ou em empresas de capital de risco no Vale do Silício e não dependem da Bolsa de Valores de Telaviv. E agora a última tendência é no sentido de as empresas de alta tecnologia de Israel partilharem a localização das operações, com uma unidade no Vale do Silício e outra unidade em Israel. A Check Point, uma empresa israelense que controla cerca de 50% do mercado de *firewalls* (paredes à prova de fogo) na Internet, para fins de proteção de informações, mantém um escritório e uma unidade de pesquisa em Israel, onde paga alguns impostos, mas agora também tem um escritório no Vale do Silício, perto do mercado. Um analista da Wall Street, que trabalha com o setor de alta tecnologia de Israel, comentou que atualmente passa mais tempo na Califórnia, analisando as empresas de Israel, do que em Telaviv.

No entanto, por todos esses motivos, Israel se torna mais vulnerável sob outros aspectos. Israel está desenvolvendo uma economia baseada no conhecimento, e os trabalhadores altamente qualificados são muito inconstantes e gostam de trabalhar em lugares agradáveis. Se esses trabalhadores concluírem que a situação chegou a um ponto intolerável — em razão de um conflito interminável ou de disputas religiosas — eles irão embora, ou concentrarão cada vez mais suas atividades fora de Israel. Essa situação ainda é muito remota, mas não é algo inimaginável. Com uma renda *per capita* anual de US$ 17 mil, Israel tem hoje um padrão de vida semelhante ao da Inglaterra. Israel é um país McDonald's. Se algum dia o primeiro-ministro de Israel convocasse os rapazes israelenses para retomar as armas e reconquistar parte da Margem Ocidental ou da Faixa de Gaza, o que seria mais uma guerra opcional do que de sobrevivência, muitos dos seus trabalhadores altamente qualificados abandonariam o país.

Obviamente, se alguém não conectado ao rebanho, como Saddan Hussein ou alguns terroristas, se apossar de armas nucleares e lançá-las em Israel, pouco importará o grau de tecnologia da economia. O poderio militar ainda é relevante. Mas acredito que a defasagem no poderio não-militar entre Israel e os árabes tenderá a crescer ainda mais e com maior rapidez na próxima década, se Israel for capaz de colocar em segundo plano o conflito israelense-palestino. Quando o que oferecem ao mundo é apenas mão-de-obra barata e petróleo, como é o caso da maioria dos Estados árabes, os países estão limitados pelo tamanho da força de trabalho e pelo preço do petróleo. Mas quando a economia opta pela prosperidade e é capaz de reunir conhecimentos, capital e recursos provenientes de todo o mundo, o país não estará mais limitado pelo próprio tamanho, e Israel já superou as restrições das suas próprias dimensões. Historicamente, são duas as potências fluviais no Oriente Médio: o Egito, no Nilo, e o Iraque, no Tigre e no Eufrates. No século XXI, acredito que surgirá uma terceira potência fluvial: Israel, no Jordão. Israel será uma potência de alta tecnologia, que puxará consigo a Jordânia e os palestinos. A Siemens já conectou a sua fábrica israelense, a Siemens Data Communications, perto de Haifa, e uma equipe de engenheiros de sistemas palestinos da empresa, na cidade de Ramallah, na Margem Ocidental, com a sua sede corporativa na Alemanha. Isso é apenas o começo.

A mesma perspectiva globalista é útil na explicação do mundo árabe-muçulmano de hoje. Em novembro de 1997, estive no Golfo Pérsico. Gostaria de compartilhar com os leitores quatro histórias dessa viagem.

História nº 1: Na minha primeira parada no Kuwait, estava no quarto do Hotel Sheraton, uma noite, preparando-me para dormir, quando o telefone tocou, por volta de dez horas. Era uma jovem kuwaitiana. Ela explicou que trabalhava numa agência de notícias kuwaitiana (Kuna), já traduzira muitos dos meus artigos e gostaria de entrevistar-me. Fiquei surpreso com o telefonema — uma jornalista kuwaitiana procurando um jornalista ocidental no seu hotel às 22h. Disse-lhe que estaria percorrendo os campos de petróleo no dia seguinte e que se ela quisesse acompanhar-me e conversar seria bom, mas que teria que encontrar-me no saguão do hotel às 7h. Às 7h, lá estava ela esperando, a cabeça coberta tradicionalmente com um véu. Ela mostrou ser uma jovem muito brilhante. No caminho, perguntei-lhe se tinha irmãos. "Tenho um irmão", respondeu. "Casou-se há pouco com uma jovem kuwaitiana que conheceu pela Internet num *chat room* (sala de bate-papo)." Porém, ela não me contou, mas descobri depois, que era um casamento misto. Uma família era de muçulmanos sunitas; a outra, de xiitas. Mas os dois se encontraram pela Internet, onde não se aplicavam mais as velhas convenções e restrições da sociedade kwaitiana, e quando se conheceram pessoalmente foi amor à primeira vista (ou amor ao primeiro "byte", como alguém já disse). Os pais da moça ficaram muito aborrecidos. Mas ela lhes assegurou de que se casaria, quisessem ou não, e, finalmente, eles acabaram cedendo.

"O bolo de casamento foi um computador e um teclado", contou-me a jovem jornalista kwaitiana.

História nº 2: Enquanto eu estava no Kuwait, encontrei Ibrahim S. Dabdoub, gerente-geral do Banco Nacional do Kuwait e um dos banqueiros mais respeitados da região. Quando entrei no seu escritório na Cidade do Kuwait, ele estava visivelmente agitado. O que houve?, perguntei. Dabdoub explicou-me que a Kuwait Airways, a empresa de aviação nacional, iniciara há pouco o levantamento de ofertas para o financiamento da compra de dois aviões Boeing. Era o tipo de operação que o Banco Nacional do Kuwait considerava no passado como um grande negócio. Bem, ele explicou, dessa vez o banco perdeu a concorrência para, conforme disse, "um tal de NationsBank, em Maryland", que ofereceu o financiamento a um quarto de ponto percentual acima da *prime rate*,* uma taxa ridiculamente baixa. "Isso é *dumping*", protestou Dabdoub. "É um tipo de *dumping* financeiro." Ele se referia à prática dos países que exportam os seus produtos abaixo dos efetivos custos de fabricação, apenas para conquistar o controle do mercado. "Não é mais um jogo justo. Um grande banco regional americano, que não é sequer uma grande instituição financeira [global], e é desconhecido pela maioria das pessoas, concorreu com os bancos kuwaitianos locais e ficou com o negócio."

História nº 3: Fui do Kuwait para o Catar para uma conferência. Quando fazia as malas no quarto do Hotel Sheraton, o telefone tocou. Era uma jovem jornalista catariana de 21 anos. Ela lera meu livro e queria encontrar-se comigo. (Não estou inventando, mas a minha mulher não acredita em nada disso!) Disse-lhe que estava indo para o aeroporto, mas que se ela quisesse ir no táxi comigo poderíamos conversar no caminho. Ela aceitou a proposta. Era uma jovem adorável, obviamente inteligente, e com um inglês muito bom. Na realidade, o seu inglês era tão bom que lhe perguntei se já escrevera algum artigo jornalístico em inglês, pois, se quisesse, talvez fosse o caso de enviar para *The New York Times*, como correspondente autônoma, alguma matéria sobre a próxima Conferência de Cúpula Econômica do Oriente Médio. "Bem", ela respondeu, "para dizer a verdade, escrevo para um *site* da Internet com notícias do Golfo, mas o meu governo não sabe disso."

Achei fantástica aquela situação. Imagine a sensação de superpoderes de uma jovem árabe que transmite para o mundo notícias do seu país, sem que o governo ao menos saiba da sua existência. Isso seria impossível uns

---

* Taxa de juros preferencial. A taxa de juros mais baixa dos empréstimos bancários, em determinada época e lugar, oferecida a credores preferenciais. (N.T.)

dez anos atrás, quanto mais há 100 anos. Mas agora é o futuro. Atualmente, alguns dos jornais árabes de maior circulação e alguns dos programas mais populares da televisão árabe são transmitidos da Europa, por empresas privadas, fora do controle de qualquer governo local.

História nº 4: A Arábia Saudita está pensando em permitir que as mulheres dirijam automóveis, algo que sempre foi proibido. Há anos a questão é objeto de debates acalorados no país, mas ultimamente ganhou maior urgência. Por quê? Porque com a queda dos preços do petróleo, o Reino não tem mais condições de pagar os salários dos 500 mil estrangeiros que ingressam no país para trabalhar como motoristas. Veja o caso da entrevista publicada no jornal árabe *Al-Quds al-Arabi* e traduzido pelo *Mideast Mirror*, em 17 de abril de 1998. A entrevista é com o príncipe Talal bin Abdelaziz, provavelmente o membro mais liberal da família real saudita. Talal é meio-irmão do rei saudita Fahd e do ministro da Defesa Sultan, e pai do príncipe al-Waleed bin Talal, o capitalista de risco mais dinâmico da Arábia Saudita. Quando lhe perguntaram se era a favor de que as mulheres tivessem permissão para dirigir, Talal respondeu que era francamente favorável, e acrescentou: "As mulheres sauditas costumavam conduzir camelos e viajar à noite entre os homens. Qual é a diferença entre um camelo e um carro?... A direção de automóveis por mulheres se tornou uma necessidade econômica. Transferimos milhões de dólares em moeda forte para os países de origem dos motoristas expatriados. Podemos economizar esse dinheiro."

O príncipe Talal continuou: "As reformas políticas estão chegando como parte da globalização, e devemos estar preparados para esse novo desenvolvimento sob todos os aspectos... Atualmente, a globalização se baseia na democracia, nos direitos humanos e na economia de mercado. Um dia, alguém, de brincadeira, chamou a globalização de 'moda' da época, a ser compartilhada por todos. Se a China Comunista está seguindo a 'moda', por que não os pequenos Estados do mundo árabe? É necessário entender que a mudança é inevitável."

O que nos ensinam essas histórias? Elas nos ensinam que o que Saddan Hussein faz ou deixa de fazer, que vizinhos invade ou deixa de invadir, exercerá um enorme impacto sobre a estabilidade do Oriente Médio. E que as suas atitudes provavelmente ainda deflagrarão mais guerras e mais armistícios, antes que ele desapareça.

Todavia, nesse meio-tempo, o Oriente Médio está sendo alvo de uma outra invasão silenciosa — a invasão da informação e do capital privado, por meio do sistema da globalização. Durante anos, o mundo árabe ficou completamente isolado da revolução da informação e dos Supermercados financeiros que transformaram a Ásia e outras partes do mundo. O petróleo permitiu que os árabes e iranianos escapassem de muitas das pressões pelo enxugamento, pela dinamização e pela privatização das economias. O petróleo permitiu que eles levantassem cercas contra essas pressões e as mantivesse de pé, mesmo após a queda do Muro de Berlim. Mas isso pertence ao passado. A maneira como essas sociedades árabes reagirão a essa invasão do capital privado e da informação — adaptando-se e adotando-a, ou resistindo e rejeitando-a — exercerá, sob todos os aspectos, tanto impacto sobre a geopolítica da região quanto Saddan Hussein. E quem não vê essa nova invasão, não vê o Oriente Médio da atualidade; e quem não a leva em conta, não será capaz de elaborar estratégias adequadas para o Oriente Médio de hoje. E aqui vai uma advertência: essa nova invasão não aceita armistícios.

Um dia, eu estava descendo uma rua em Teerã, com a correspondente autônoma de *The New York Times* na cidade, uma jovem iraniana ocidentalizada de 21 anos. Conversávamos sobre o impacto do petróleo na política iraniana, sobretudo sobre o fato de que o petróleo possibilitara a permanência dos aiatolás no poder por mais tempo do que o provável em outras circunstâncias, pois as receitas do petróleo compensavam o fraco desempenho econômico geral do país sob o regime islâmico. O petróleo, e não apenas o fervor religioso, era a verdadeira arma secreta dos aiatolás. Sem a tábua de salvação financeira do petróleo, os aiatolás teriam sido forçados a uma abertura muito maior do Irã para o mundo e a vestir a Camisa-de-força Dourada, pois a economia do país simplesmente não sustentaria o crescimento da população sem investimentos externos maciços. Enquanto discutíamos o assunto, essa jovem iraniana disse algo que jamais esquecerei. Ela fez o seguinte comentário sobre o Irã: "Se ao menos não tivéssemos petróleo, talvez fôssemos como o Japão."

Prometi-lhe uma coisa. Um dia, os poços de petróleo do Irã secarão, ou o mundo descobrirá alguma fonte de energia alternativa, e quando isso acontecer, os aiatolás certamente vestirão a Camisa-de-força Dourada ou serão depostos. "Diga-me o dia em que começará a minguar a riqueza do petróleo iraniano", afirmei, "e lhe direi o dia em que entrará em cena no Irã o aiatolá Gorbachev."

E também Ronald McDonald.

Está bem. Reconheço que ainda nem todos vêem o mundo sob essa perspectiva globalista. Eu estava no Marrocos em 1996, jantando com um diplomata americano amigo meu, que encontrara pela primeira vez em Moscou, nos anos 80. Ele me explicava como o seu trabalho se transformara desde os dias da Guerra Fria, e como as forças que pareciam estar modelando o país em que servia e os assuntos mundiais em geral eram agora tão obscuros, em comparação com o choque de poder bruto entre os Estados Unidos e a União Soviética. "Quando ingressei no serviço diplomático", confidenciou, "tratava-se de uma instituição em que se sabia onde estavam as traves do gol. A pessoa recebia o treinamento em línguas estrangeiras, entrava no jogo e partia para alguma embaixada no exterior. Era como o velho jogador sendo substituído pelo novo: conheciam-se todas as regras, sabia-se como eram as jogadas e onde estava o gol. Mas agora todos nos reunimos fora de campo, com o técnico, e perguntamos uns aos outros: 'Quais serão as táticas, que tipo de bola vamos usar e quem estará assistindo ao jogo?' O embaixador chega e pergunta: 'O que você está fazendo?' E você não tem certeza. E então você começa a indagar a si mesmo: 'Por que estou aqui? [O fato de que] o governo dos Estados Unidos poderia fechar as portas [em 1996] sem que isso tivesse a menor importância foi um alerta para muitas pessoas... Quanto mais fico aqui, mais me sinto como parte daquela cena de *As Vinhas da Ira*, quando o banqueiro chega para expulsar o fazendeiro da casa da fazenda e o fazendeiro ameaça atirar no banqueiro, mas o banqueiro alega que não é sua culpa, que está apenas trabalhando para as grandes corporações. E o fazendeiro pergunta: 'Mas onde tudo termina? Em quem atiramos?' E o banqueiro responde: 'Não sei, talvez não haja em quem atirar.'"*

---

* *The Grapes of Wrath.* Obra-prima de 1939, do escritor americano John Steinbeck (1902-1968). Narra a exploração dos trabalhadores rurais itinerantes e sazonais, através da saga da família Joad, que migra para a Califórnia. Em 1940, recebeu o Prêmio Pulitzer e, no mesmo ano, foi levado à tela pelo diretor John Ford (Oscar de 1940), estrelado por Henry Fonda e James Darwell (Oscar de 1940). (N.T.)

O lamento do meu amigo é freqüente hoje em dia na comunidade diplomática. Por que será que ele estava tão confuso? Porque o sistema da Guerra Fria era um mundo dividido, e todos sabiam como avaliar o poder, as ameaças, as divergências e os incentivos; e como elaborar estratégias naquele mundo. Embora fossem muitos os desentendimentos sobre as opções mais adequadas — contenção dura, *détente* (afrouxamento das relações), ou controle armamentista —, todos pareciam compartilhar um vocabulário e uma perspectiva comuns sobre os elementos da estratégia. Havia um amplo acordo no sentido de que a Guerra Fria era um sistema baseado no equilíbrio de poder convencional, construído em torno de Estados, exércitos e armas nucleares. E atuar como estrategista significava remanejar essas peças em diferentes configurações, de modo a gerenciar, estabilizar ou eliminar as divisões do mundo.

Mas a geopolítica da globalização é muito mais complexa. Ainda é necessário preocupar-se com as ameaças provenientes de Estados dos quais ainda estamos separados — Iraque, Irã, Coréia do Norte. No entanto, precisamos nos preocupar cada vez mais com as ameaças vindas dos países aos quais estamos conectados — inclusive pela Internet, pelos mercados e pelos Indivíduos com Superpoderes, que podem bater direto na sua porta. Essas ameaças nem sempre são visíveis com facilidade, os elementos de divergência não são tão simples, os recursos não estão tão disponíveis; no entanto, são enormes o seu potencial desestabilizador e o seu impacto sobre o comportamento dos Estados.

Por muitas razões, a comunidade diplomática tem sido lenta no seu ajustamento ao sistema. Em parte porque a situação ainda é muito nova e a nossa experiência é muito limitada. Em parte porque as pessoas que durante toda a vida atuaram como especialistas em alguma coisa — a Guerra Fria — preferem ignorar que a sua especialidade não os levará muito longe na análise da geopolítica sob o novo sistema e, assim, tentam não reconhecer a mudança. Em parte talvez seja devido à natureza pouco heróica de muitas das questões de política externa suscitadas pelo novo sistema. Os temas atuais carecem do drama e paixão da fase de formação dos Estados soberanos, no século XIX e nos primórdios do século XX, quando se delimitavam as fronteiras de cada país e se definiam os povos que viveriam dentro das novas fronteiras. Os grandes temas da política de identidade e de autodeterminação estão ficando cada dia mais raros. Sem dúvida, ainda resta o enorme drama dos direitos humanos na China. Continuam sem solução as questões de identidade da Bósnia, de Ruanda e do processo de paz israelense-palestino; mas essas são questões menores, em comparação com as eras pós-colonial e da Guerra Fria. As grandes questões do atual sistema da globalização geralmente dizem respeito à distribuição da justiça — quem recebe o quê, no âmbito dos Estados soberanos já constituídos.

(A era da globalização talvez acabe sendo a época das grandes guerras civis, e não das guerras entre Estados soberanos. Nessas novas guerras civis, as batalhas não se travarão entre pró-americanos e pró-soviéticos, ou mesmo entre a esquerda tradicional e a direita tradicional. Essas guerras civis envolverão facções antagônicas de pró-globalizadores e de antiglobalizadores; de globalistas e de localistas em cada sociedade; dos que se beneficiam com a mudança e com o novo sistema e dos que se consideram deixados para trás. Quem observa o Irã de hoje, a China, a Indonésia, o Brasil, a Índia e a Rússia descobre enormes tensões entre os que têm as qualificações, as habilidades, os recursos e a disposição para aproveitar as vantagens do sistema da globalização e os desprovidos dessas mesmas características. Eis por que, quando me perguntam como ganho a vida, eu respondo: "Sou colunista de assuntos internacionais de *The New York Times* e faço a cobertura jornalística das guerras entre vitoriosos e derrotados *dentro* dos países." Pois essas guerras e os seus desfechos — na Indonésia, na Rússia ou no Brasil — parecem estar definindo as relações internacionais nos dias de hoje, muito mais do que qualquer guerra *entre países*.)

Finalmente, o ajustamento na visualização do atual sistema tem sido lento em parte porque se constata em alguns grupos da comunidade diplomática internacional uma certa alergia à inserção dos mercados e das finanças no referencial de análise. É como se fosse impróprio e indigno falar sobre dinheiro e mercados, quando se trata de questões de geopolítica. Em 1998, tive algumas conversas com analistas internacionais sérios que se queixavam de que o mundo se encontrava numa daquelas fases chatas e confusas, em que ficava impossível o grande pensamento estratégico. Minha resposta sempre era algo parecido com o seguinte: "Você se refere a esse momento como se fosse uma época chata para os estrategistas. Mas entre meados de agosto e hoje, todo o sistema econômico global, tal como o conhecemos, quase entrou em colapso, começando com a moratória da Rússia. Trata-se de algo que potencialmente seria capaz de desestabilizar todas as grandes, e pequenas, potências do mundo. Um esforço gigantesco de estratégia e coordenação está em andamento para evitar o desastre. A diferença é que esse trabalho estratégico está sendo executado por pessoas que vocês geralmente não associam com a grande estratégia. Seus nomes são Greenspan, Rubin e Summers.* Mas não pensem que apenas porque a estratégia foi elaborada por eles e não pelo secretário de Estado ou pelo secretário de Defesa, o trabalho não requereu visão global e não implantou estruturas que moldarão e, espera-se, estabilizarão as relações entre os Estados. Se isso não for grande estratégia, não sei o que seria. Se isso não for política externa, não sei o que seria."

A única maneira de ser eficaz, como jornalista, tentando explicar o mundo, ou como estrategista, tentando reformular o mundo, é adotar uma estratégia globalista. Isso significa um constante ir e vir entre as dimensões econômica, de segurança nacional, política, cultural, ambiental e tecnológica, atribuindo diferentes pesos a cada uma, dependendo do contexto.

A honra, o medo e o interesse ainda motivam os Estados soberanos. À medida que os países se orientam por esses sentimentos, alguns cederão às novas restrições, pressões e incentivos do sistema da globalização; outros testarão as restrições e recuarão; e outros ainda simplesmente ignorarão e tentarão transpor as restrições. Não faço previsões sobre o desfecho, mas antecipo que a interação entre esses velhos impulsos de política externa e esse novo sistema complexo será o drama das relações internacionais na era da globalização.

Com o objetivo de chamar atenção para essa questão, um dia escrevi uma coluna, imaginando o secretário de Estado Warren Christopher, que é uma pessoa decente, tentando explicar o sistema da globalização e o seu impacto sobre a geopolítica a um líder não tão decente, como o presi-

---

* Alan *Greenspan* (1926) é *chairman* do Federal Reserve Board (Banco Central) dos EUA. Robert E. *Rubin* (1938) e Lawrence H. *Summers* (1954) eram, respectivamente, secretário do Tesouro e vice-secretário do Tesouro dos EUA. Com a renúncia de Rubin em 12 de maio de 1999, Summers assumiu o cargo de secretário do Tesouro. (N.T.)

seu impacto sobre a geopolítica a um líder não tão decente, como o presidente da Síria Hafez el-Assad, que é um homem da Guerra Fria e das oliveiras. Posteriormente, atualizei o diálogo, e aqui está como o imagino hoje:

Warren Christopher: "Hafez — você se importa que eu o chame de Hafez? Hafez, você é um homem de ontem. Você ainda está vivendo na Guerra Fria. Sei que você só saiu do Oriente Médio umas poucas vezes; então, gostaria de lhe falar um pouco sobre o novo mundo. Hafez, a Síria debateu durante muitos anos se permitiria que as pessoas tivessem máquinas de fax. Depois, vocês debateram por quatro anos se deixariam que tivessem a Internet. Isso é triste. Esse é o motivo pelo qual a sua renda *per capita* é de apenas US$ 1,200 por ano. E vocês mal conseguem fazer uma lâmpada. Desde 1994, todo o seu setor privado mal consegue exportar US$ 1 bilhão por ano. Agora, Hafez, estou dizendo tudo isso porque, durante a Guerra Fria, pouco importava se a Síria fazia chips de computadores ou chips de batatas fritas, um Lexus ou uma lâmpada, pois vocês conseguiam levar uma vida razoável apenas mamando nas superpotências ou chantageando os vizinhos. Sim, estou vendo o seu sorriso, Hafez. Você sabe que é verdade. Você chantageou os sauditas em bilhões, apenas insinuando, como diria a máfia, que talvez ocorresse "um infeliz acidente" nos campos petrolíferos árabes se eles não lhe dessem dinheiro. Você mamava dos russos às segundas, quartas e sextas; dos europeus às terças e quintas, e dos chineses aos domingos. Os soviéticos até compravam aquele lixo produzido pelas suas fábricas estatais e lhe davam armas e ajuda em troca da sua amizade. Era uma boa vida, Hafez, uma boa vida, e você jogava uns contra os outros de forma brilhante. Tiro o chapéu. Mas, Hafez, esses dias terminaram. Os sauditas não se submeterão mais à extorsão, as suas reservas petrolíferas estão acabando e você será um importador absoluto de petróleo nos próximos dez anos; ainda por cima, você tem a taxa de natalidade mais alta do Oriente Médio. O cenário não é dos mais atraentes, Hafez. O pior para você é que há uma nova arquitetura global. Não existem mais as duas superpotências a serem lançadas uma contra a outra. Os soviéticos foram liquidados e os Estados Unidos estão com um orçamento equilibrado. No lugar das superpotências, Hafez, existem os Supermercados. E olha, Hafez, você não joga o mercado de títulos de Tóquio contra o mercado de títulos de Frankfurt ou contra o mercado de títulos de Cingapura ou contra o mercado de títulos de Wall Street. Nada disso, Hafez. Eles jogam você. Eles jogam a Síria contra o México, ou contra o Brasil ou contra a Tailândia. Os que executam um bom trabalho são recompensados com os investimentos de capital dos Supermercados. Os que fracassam são deixados para trás como carniça na estrada, na via expressa dos investimentos globais. E, Hafez, você está fadado a ser carniça.

"Por falar nisso, Hafez, soube que você e a Turquia se envolveram em briguinhas de fronteira nos últimos tempos; mas também soube que você está evitando desesperadamente uma guerra com a Turquia. Nós dois sabemos o motivo, não sabemos, Hafez? É porque a União Soviética não existe mais, e você sabe que qualquer arma perdida na guerra com a Turquia, ou com Israel ou com qualquer outro país, é uma arma que você terá que repor com o seu próprio dinheiro — grana na mesa. Mostra o dinheiro, Hafez! Mostra o dinheiro! Não há mais União Soviética para lhe dar novas armas ou para trocá-las pelo lixo das suas fábricas estatais. E também não há países árabes produtores de petróleo que comprem essas armas para você, pois eles também estão quebrados. Portanto, você está ferrado, Hafez. Eu sempre disse que não há melhor restrição para um líder de país em desenvolvimento do que dizer-lhe que precisará comprar as armas à vista, sobretudo hoje, quando apenas um caça a jato avançado pode custar US$ 50 milhões. Vou dizer uma coisa, Hafez, você vai ficar com o meu telefone celular por satélite. É o modelo mais avançado da Motorola, conectado com o novo sistema de satélites Iridium. Você me encontra em Washington em segundos. Porque, Hafez, eu não pretendo voltar aqui. Essas aulas de história de nove horas sobre as Cruzadas, que você joga em cima de mim em cada visita, não são a maneira mais eficiente de empregar meu tempo. Por que você não as grava num CD e simplesmente as entrega para cada secretário de Estado em visita ao país, ou então as coloca num *site* da Internet e o meu pessoal as descarrega nos computadores do Departamento de Estado? Sabe, Hafez, tenho muitos outros lugares importantes para visitar, como o México, Tailândia e China. Quem vai governar as Colinas de Golã é uma questão fascinante, mas totalmente irrelevante para os atuais interesses americanos. Mas, olha, ainda adoraria falar com você. Quando você quiser negociar, basta telefonar para 001-202-647-4910, pressionar SEND, e mandar chamar o Chris. Ou então, Hafez, me deixa em paz."

Aqui está o que imagino que seria a resposta de Assad:

Assad: "Chris — você se importa que eu o chame de Chris? Espero que você esteja confortável nessa poltrona macia. Muitos secretários de Estado já se refestelaram nela antes de você. O Kissinger gostava de me divertir com histórias sobre os seus encontros com Jill St. John — que mulherengo, esse Henry. O Baker estava sempre fechando o *notebook* com uma batida forte e dizendo que se eu não aceitasse suas últimas condições ele ia embora de Damasco e nunca mais voltaria. Mas eles sempre voltam, não é, Chris, e você também vai voltar. Você já esteve aqui 21 vezes e só uma vez no México. Fico satisfeito em ver que você organiza as suas prioridades da forma correta. Agora, Chris, você me falou do mundo fora da Síria. Mas eu também quero conversar com você sobre a minha comunidade. A política e a paixão talvez tenham sucumbido aos mercados na América, mas não nos becos de Damasco. Aqui, as obrigações em relação à tribo, e não as obrigações emitidas pelas empresas para levantar dinheiro, ainda são a ordem do dia. Aqui, a política ainda é dominada pelo pulso de aço da tribo governante e não pela mão invisível do mercado. Aqui, ainda estamos em meio às oliveiras, Chris, e não no pátio dos Lexus. Sou de uma tribo minoritária da Síria, os alauítas. Isso significa que, se eu demonstrar alguma fraqueza, a maioria muçulmana me esfola vivo e deixa o meu cadáver como carniça na estrada. E não estou falando no sentido figurado, Chris. Alguma vez você viu um homem esfolado vivo? Penso nisso todos os dias, Chris — não sobre a Amazon.com. Vivo numa verdadeira selva. E não na versão cibernética. Talvez seja por isso que sou pobre, mas não sou fraco. Eles apreciam a estabilidade do meu pulso de ferro. Temos um provérbio árabe que diz: "Melhor 100 anos de tirania do que um dia de anarquia." É verdade que não temos — como é o nome — McDonald's aqui. E a nossa renda *per capita* não é tão alta quanto a de Israel. Mas a nossa moeda é estável, ninguém está morrendo de fome ou dormindo nas calçadas, os vínculos familiares ainda são fortes e não estamos sendo pisoteados pelo seu ganancioso Rebanho Eletrônico. Ainda estamos no Mundo Lento, Chris, não no Mundo Rápido. Sou paciente. O meu povo lhe pareceu impaciente, Chris? Em absoluto. Ganhei as últimas eleições com 99,7% dos votos, Chris. Os meus assessores me procuraram depois e disseram: 'Senhor

0,3% da população não votou no senhor. O que mais o senhor queria?' E eu respondi: 'Os nomes deles.'

"Ha, ha, ha!

"Não, Chris, Posso dar-me ao luxo de ser paciente. Celebrarei a paz com os judeus apenas de um modo que me coloque na posição de único líder árabe que sabe celebrar a paz com dignidade — que não se humilha como aqueles lacaios do Arafat e do Sadat.* Não serei outro Sadat. Quero ser melhor que o Sadat. Quero ceder menos aos israelenses e conseguir mais. Essa é a única maneira de me proteger contra os meus adversários fundamentalistas internos e manter o *status* de liderança árabe que sempre proporcionou dinheiro à Síria. E se isso significar a necessidade de recorrer aos meus representantes no Líbano para sangrar os israelenses, não tem problema. É uma área barra pesada, Chris, e os israelenses ficaram muito moles. Excesso de Big Mac *kosher*, Chris. Todos esses garotos israelenses que vão lutar no Líbano levam os telefones celulares para ligar para as mamães judias, em casa, todas as noites. Bons meninos. Você acha que não vemos isso?

"Assim, Chris, se você quiser um acordo entre os sírios e os judeus sobre Golã, você terá que pagar na minha moeda. Não vou sentar no seu colo. Mas, Chris, estou preocupado. Enquanto observo o desfile de secretários de Estado que se sentam nessa poltrona macia, assisti não apenas ao fim da Guerra Fria, mas ao fim da América como superpotência. Da minha cadeira de observador, me parece que passamos de um mundo de duas superpotências para um mundo de uma superpotência e, em seguida, para um mundo sem superpotência. Você chega aqui de bolsos vazios e com pulsos de borracha, Chris. Eu estaria em melhor situação negociando com a Merrill Lynch. Pelo menos eles cumprem as ameaças. Você também chega aqui sem a disposição para impor qualquer restrição aos israelenses, pois o seu governo é tão fraco politicamente que você tem medo de perder até um

---

* Yasser *Arafat* (1929), líder guerrilheiro (grupo guerrilheiro Al Fatah), líder político (Organização para a Libertação da Palestina — OLP) e presidente da Autoridade Palestina, celebrou o acordo de paz com Israel, em Washington, EUA, em 1993; Anwar al-*Sadat* (1918-1981), presidente do Egito (1970-81), celebrou o acordo de paz com Israel, em Camp David, EUA, em 1978. Ambos receberam o Prêmio Nobel da Paz em 1993 e em 1978, respectivamente. (N.T.)

seu governo é tão fraco politicamente que você tem medo de perder até um único voto judeu. Ainda estão construindo assentamentos como loucos na Margem Ocidental e você não deu nem um pio, nem um pio. Outra coisa que um presidente sírio aprende a farejar é fraqueza, e nesse exato momento estou farejando fraqueza em toda a América.

"Você sabe o que de fato me aborrece em vocês, americanos? — vocês querem tudo ao mesmo tempo. Querem dar lições a todos sobre liberdade e livre-arbítrio, mas quando esses valores interferem com os seus interesses políticos ou econômicos, vocês logo os põem de lado. Assim, poupe-me das suas lições sobre valores, Chris. Vocês é que precisam decidir se querem ser a superpotência que representa os seus supervalores, ou caixeiros-viajantes que representam os seus Supermercados. Decidam-se. Enquanto isso, me deixa em paz. E, Chris, aqui está o seu celular bacana. Não tem ninguém fora da Síria com quem eu precise falar.

"Ah, e antes que eu me esqueça, cuidado quando apertar o botão SEND. Nunca se sabe o que pode acontecer..."

Capítulo 11

O Demolidor

7. O *slogan* da Pepsi "Viva naturalmente com a Geração Pepsi" foi traduzido para o chinês como "Pepsi traz de volta da sepultura os seus ancestrais".
8. O *slogan* dos frangos de Frank Perdue "É preciso um homem forte para amaciar um frango" foi traduzido para o espanhol como "É preciso um homem excitado para cativar uma franga".
9. O nome da Coca-Cola foi traduzido para o chinês, de início, como "Ke-kou-ke-la", significando "Morda o girino de cera" ou "Égua empanturrada com cera", dependendo do dialeto. E então a Coca-Cola pesquisou 40 mil caracteres para encontrar o equivalente fonético "Ko-kou-ko-le", que se traduz como "Felicidade na boca".
10. Quando o pessoal da Parker Pen lançou uma caneta esferográfica no México, a principal mensagem do anúncio deveria significar "Não vazarei no seu bolso e o deixarei embaraçado". No entanto, a má tradução resultou no seguinte: "Não vazarei no seu bolso e a deixarei grávida".

— *De uma lista dos Dez Maiores Erros do Marketing Global, publicada no* Sarasota Herald-Tribune, *19 de janeiro de 1998*

Em 1993, Sylvester Stallone e Wesley Snipes estrelaram juntos um filme pouco conhecido e pouco lembrado, mas brilhante em toda a sua perversão, denominado *O Demolidor.* O filme se passa no ano 2032, quando a globalização já dominava completamente a vida americana, e era proibido dizer palavrões, fumar, usar sal, ser pobre, trocar fluidos, usar linguagem grosseira, ingerir álcool ou ter filhos sem licença. O arquicriminoso Simon Phoenix (Snipes) reaparece após ter ficado detido por mais de 30 anos num presídio de congelamento, que usa a tecnologia criogênica para hibernar os internos. Ao ser reanimado, depara-se com um Sul da Califórnia tranqüilo, pacífico e sem criminalidade, pronto para ser saqueado por um bandido calejado como ele. Os policiais locais, já desacostumados à criminalidade, logo descobrem que necessitam de um tira antiquado para combater esse bandido antiquado. E, assim, descongelam John Spartan (Stallone), que também está passando algum tempo como cubo de gelo no mesmo presídio-congelador, pelos seus excessos em um confronto sangrento com Phoenix no passado, em que morreram muitos civis inocentes. Mas o enredo é o que menos importa. O que é realmente memorável no filme é que nesse cenário sul-californiano futurista e globalizado só existe um restaurante: o Taco Bell.

Stallone constata esse fato quando, após ser descongelado, um policial local lhe oferece um jantar dançante em sua homenagem, por Stallone lhe haver salvo a vida no passado. Stallone fica chocado ao descobrir que o jantar será num Taco Bell. E então mantém o seguinte diálogo com uma colega policial, interpretada por Sandra Bullock, enquanto vão de carro para o jantar:

Stallone: "Ele diz que eu salvei a sua vida, eu nem tenho certeza do que aconteceu, e a minha recompensa é um jantar dançante no Taco Bell? Quer dizer, eu gosto de comida mexicana, mas nem tanto."

Bullock: "O seu tom é quase de gozação, mas você não está sabendo que foi o único restaurante que sobreviveu à guerra das franquias."

Stallone: "E daí?"

Bullock: "E daí que agora todos os restaurantes são Taco Bells."

Stallone: "Não tem jeito."

E os dois se encaminham para aquele Taco Bell excessivamente espalhafatoso, onde o pianista, que parece o Barry Manilow, está cantando o *jingle* da propaganda dos legumes e verduras em lata Green Giant:

Gostosuras do jardim
Do Jardim lá do vale
O vale feliz da Green Giant

Isso porque, no ano 2032, as únicas canções remanescentes são *jingles* de propaganda. Quando o grupo começa a jantar, Stallone pede que alguém lhe passe o sal.

Bullock: "O sal não é bom para a saúde, e agora é ilegal."

Segundo Hollywood, essa será a feição da América, quando a globalização imperar no país, e toda a cultura e todo o ambiente estiverem homogeneizados, padronizados e higienizados. É o retrato assustador de um futuro de ficção científica; no entanto, o mais preocupante é que talvez contenha mais que uma pitada de verdade, e de sal.

Quando viajei para Doha, Catar, no outono de 1997, fiquei no Sheraton Hotel, que se localiza bem no alto de uma sinuosa estrada litorânea, descortinando o mar azul-esverdeado do Golfo Pérsico. A rodovia, com 16 quilômetros de extensão, é pavimentada com pedras brancas e margeada por jardins e palmeiras. Mulheres nativas em trajes típicos catarianos, algumas com o rosto encoberto por véus negros, apenas com uma abertura para os olhos, perambulam pelo caminho, para cima e para baixo. Os homens da região lhes dirigem olhares e comentários galantes, enquanto mães com carrinhos de bebês e algumas famílias reunidas passeiam despreocupadas, acariciadas pela brisa fresca do oceano. Na minha primeira manhã em Doha, saí para andar pela estrada e enquanto me fascinava com as cores, com o caleidoscópio de pessoas e com todo aquele cenário pitoresco, pensava comigo mesmo: "Este lugar de fato foi feito com muito bom gosto. Se existe uma cultura e um ambiente peculiar do Golfo Pérsico, é este lugar." E quanto mais caminhava, mais me deleitava com o ambiente — até que, ao virar uma curva, eis o que surge à minha frente, como enorme mancha na paisagem:

O Taco Bell.

Sim, bem ali, no meio daquela estradinha encaracolada do Catar, o Taco Bell — com um retrato de sete metros do Emir do Catar erguendo-se do telhado. Olhei para aquilo e lamentei desolado: "Ah, não, Jesus, o que isso está fazendo aqui? Por que precisavam enfiar um Taco Bell num lugar tão deslumbrante? Lá estava eu, desfrutando um autêntico momento catariano; lá estava eu, sentindo-me distante de casa, num recanto único do mundo, e de repente dou de cara com um Taco Bell." E o pior é o seguinte: *Estava lotado!*

O escritor Thomas Wolfe afirmou: "É impossível voltar para casa", mas receio que ele estava errado. No mundo da globalização, não seremos mais capazes de *sair de casa.* Pois a globalização está criando um mercado único — com enormes economias de escala, que recompensam a repetição do mesmo negócio ou a fabricação do mesmo produto, em todo o mundo, ao mesmo tempo — capaz de homogeneizar o consumo na totalidade do planeta, simultaneamente. E como a globalização, enquanto força homogeneizadora de culturas e devoradora de ambientes, está chegando com muita rapidez, surge o perigo real de que em poucas décadas acabe com a diversidade cultural e ambiental resultante de milhões de anos de evolução humana e biológica.

Resta apenas uma esperança para detê-la ou pelo menos para diminuir o seu ímpeto. Assim como os países precisam construir os mesmos quebra-mares e implantar o mesmo software para se conectarem financeiramente ao Rebanho Eletrônico, sem o risco de serem esmagados pelas reses em disparada, o mesmo se aplica às áreas cultural e ambiental. Os países devem desenvolver filtros culturais e ambientais suficientemente poderosos, para que tenham condições de interagir com o rebanho, sem serem de tal forma pisoteados, que a sua cultura se transforme numa papa global e o seu ambiente se converta numa fossa global. Se os países forem incapazes de resistir, sobretudo os países em desenvolvimento, ficaremos mais pobres. Todos os lugares se parecerão cada vez mais com todos os lugares, com os mesmos Taco Bells, KFC's, e Marriotts; com os mesmos *shoppings centers*, MTV's e personagens Disney; com os mesmos filmes, músicas e Musaks; com as mesmas florestas devastadas e os mesmos vales de concreto. Viajar pelo mundo será como ir ao zoológico e observar o mesmo animal em todas as jaulas — um espécime empalhado.

Quando estive em Bangcoc em março de 1996, as pessoas ainda comentavam sobre o acontecimento, que ficou conhecido como "A Mãe de Todos os Congestionamentos de Trânsito". Aconteceu num feriadão nacional de quatro dias, marcando o início da estação chuvosa na Tailândia, em abril do ano anterior. Richard Frankel, engenheiro ambientalista em Bangcoc, recapitulou a cena para mim: "Na quarta-feira à noite, imaginamos que conseguiríamos superar o trânsito e sair da cidade. Planejáramos ir de carro até Chiang Mai, 300 quilômetros ao norte, onde passaríamos o feriadão. E assim carregamos o carro, jantamos e saímos de casa. Nosso esquema consistia em pegar a via expressa em torno de Bangcoc, ir um pouco além do aeroporto e então tomar o percurso para o norte. Saímos de casa às 22h. As crianças dormiam no banco de trás, tudo estava perfeito — até que chegamos à via expressa. Nos 90 quilômetros à frente, o trânsito era um engarrafamento único, pára-choque com pára-choque. Às 10h da manhã seguinte conseguimos chegar ao aeroporto, a uns poucos quilômetros de casa. Alguns motoristas abandonaram os veículos na estrada. Finalmente, conseguimos pegar um retorno e passamos o feriado em casa."

Bangcoc representa o exemplo extremo do que é possível acontecer quando um país em desenvolvimento se abre ao surto dos investimentos globais sem os necessários filtros e quebra-mares protetores para regular o crescimento. Pense no problema da seguinte maneira: Em fins dos anos 90, éramos cerca de 5,8 bilhões de pessoas no planeta. Digamos que 1,5 bilhão estejam inseridas no que chamaríamos de estilo de vida da globalização. Ou seja, estariam enquadradas na classe média baixa, na classe média ou na classe média alta das respectivas sociedades, possuindo televisão, talvez um telefone, algum tipo de veículo para circular pelas redondezas, e uma casa com geladeira e lavadora/secadora. Em outros termos, estariam vivendo um estilo de vida baseado no consumo intenso de petroquímicos (de plásticos a fertilizantes), hidrocarbonetos (carvão, gás e petróleo) e metais (automóveis, geladeiras e aviões). Na década seguinte, se a globalização continuar a envolver cada vez mais pessoas nesse estilo de vida, e se não aprendermos a gerar mais produtos utilizando menos insumos, começaremos a queimar, aquecer, pavimentar, sucatear, franquear e esfumaçar completamente nossas áreas, florestas, rios e pântanos mais selvagens, num ritmo sem precedentes na história da humanidade.

Visite Bangcoc e vislumbre o futuro: cidade rica, vida pobre. Por causa dos engarrafamentos de trânsito, alguns motoristas não saem de casa sem um telefone celular e um urinol portátil no carro. Bangcoc é uma cidade com 10 milhões de habitantes, com tão pouco planejamento urbano que até fins dos anos 90 ainda não tinha um sistema de metrô e nem mesmo faixas exclusivas para esquemas de compartilhamento de veículos. Muitas pessoas deixaram de receber visitas à noite, fora dos fins de semana, por causa da incerteza quanto à hora de chegada dos convidados. "Acabou-se toda a espontaneidade da vida", lamentou o jornalista ambientalista James Fahn, uma tarde, num parque descuidado do centro da cidade. "É simplesmente impossível telefonar para um amigo e combinar: 'Encontremo-nos no restaurante tal em 15 minutos.'"

O argumento tradicional dos países em desenvolvimento tem sido o seguinte: "Fazemos a nossa sujeira agora e limpamos depois, quando tivermos condições." Mas como fica evidente pelo exemplo de Bangcoc, quando uma cidade cresce com tanta rapidez e de forma tão descontrolada, talvez não haja depois. Muitas calçadas já foram eliminadas. Não há mais espaço para novos parques. Os canais foram pavimentados para a construção de novos edifícios. Os peixes morreram nos rios. Metade dos policiais de trânsito apresentam problemas respiratórios. Em Bangcoc, o livre mercado e o Rebanho Eletrônico simplesmente atropelaram o governo ou se tornaram tão mais ricos do que o governo que os investidores escapam de toda a regulamentação ambiental por meio da corrupção. Um diplomata americano na Tailândia comentou comigo quando estive lá em 1996: "Acabamos de abrir dezenas de embaixadas na ex-União Soviética, onde o nosso trabalho é explicar às pessoas que existe algo chamado 'mercado'. Nossa função na Tailândia é explicar às pessoas que existe algo mais além do mercado."

Um dia, estava em Jacarta com Agus Purnomo, chefe do World Wide Fund for Nature (Fundo Mundial para a Natureza), na Indonésia, e lhe perguntei: "Que tal ser um ambientalista num mercado emergente? É como ser o mecânico da Maytag, o homem mais solitário da cidade?"

"Estamos numa constante corrida contra o desenvolvimento", ele suspirou. "Antes de sequer termos uma oportunidade para convencer o grande público local de que o desenvolvimento saudável em termos ambientais é uma alternativa viável para os empreendimentos, os planos para construir estradas, fábricas ou usinas elétricas continuam em ritmo acelerado. Enfrentamos o problema do desemprego; portanto, qualquer empreendedor que acene com a promessa de criar empregos logo consegue apoio. Nessas horas, somos acusados de ser contrários ao emprego e somos tratados como estranhos."

Mas a devastação agora ocorre com muita rapidez e, em geral, é irreversível, acrescenta. "Quando se destrói uma montanha, a perda é definitiva, não há como reerguê-la. Quando se devastam as florestas, é possível replantá-las, mas perde-se a biodiversidade — vegetal e animal. Receio que, em uma década, todos seremos ambientalistas, sem mais nada para defender."

O que fazer? Temos condições de desenvolver um método de globalização ambientalmente sustentável? Evidentemente, uma das esperanças é no sentido de que a evolução da tecnologia contribua para a preservação das áreas verdes com maior rapidez do que a destruição provocada pelo Rebanho Eletrônico. Robert Shapiro, da Monsanto, gosta de afirmar: "A população humana, multiplicada pela aspiração humana por uma existência de classe média, dividida pela atual caixa de ferramentas tecnológica, está exercendo pressões insuportáveis sobre os sistemas biológicos que sustentam a vida no planeta. Quando dois caras morando às margens de um lago o poluem com lixo, o prejuízo não é tão grande. Quando 30 mil agem da mesma forma, é melhor encontrar um meio de não gerar tanto lixo, ou de tratar o lixo, ou de reduzir a quantidade de pessoas que geram lixo — do contrário, o lago não resistirá por muito tempo."

Para tanto, serão necessários alguns avanços revolucionários em tecnologia da informação, biotecnologia e nanotecnologia (miniaturização até os níveis molecular e atômico, possibilitando que minúsculas fontes de energia alimentem enormes sistemas), de modo que sejamos capazes de criar valor em escalas cada vez menores, consumindo cada vez menos materiais. Por exemplo, é animador o fato de que, agora, graças à biotecnologia, tenhamos condições de alterar os pares básicos de DNA de um vegetal, para que passe a repelir os insetos por meios naturais, sem a necessidade do uso de fertilizantes e pesticidas. Outra coisa boa é o fato de que, graças à tecnologia da informação, a gravação de fitas e filmes esteja sendo substituída pela digitalização — os 1's e 0's — que não é perigosa, não produz lixo e é infinitamente reutilizável.

Mas apenas os grandes avanços tecnológicos não serão suficientes para neutralizar o impacto ambiental do rebanho, pois as inovações simplesmente não estão ocorrendo com a rapidez necessária — em comparação com a velocidade com que o rebanho se movimenta, cresce e devora os pastos. Chega-se a essa conclusão fácil a partir das estatísticas sobre a destruição ambiental. A revista *Time* relatou em 1998 que 50% das 233 espécies de primatas conhecidas no mundo estão ameaçadas de extinção e que *a cada minuto* se perdem 21 hectares de florestas do planeta.

Assim, os conservacionistas também terão que aprender a se movimentar com maior rapidez. Precisam desenvolver com urgência o software regulador e os procedimentos de aplicação, de modo que assegurem o desenvolvimento sustentável e a preservação das áreas mais selvagens. Também é necessário que intensifiquem o trabalho com os agricultores locais e com os povos nativos, cuja vida depende de florestas saudáveis e de outros sistemas naturais. É imprescindível que eduquem urgentemente as elites locais, capazes de construir e manter parques ecológicos e reservas naturais que as novas burguesias e subclasses urbanas fossem incapazes de destruir, por falta de tempo, recursos ou vontade. E, naturalmente, é importante que desenvolvam imediatamente mecanismos eficazes de controle da natalidade, pois o crescimento demográfico desenfreado explodirá quaisquer filtros de proteção ambiental. Howard Youth, escrevendo na revista *World Watch* sobre como Honduras, país situado no Caribe, desenvolveu a consciência verde ao longo dos anos, observou que todo esse esforço imenso estava sendo comprometido pela falta de preservativos masculinos. "Sobrevoando as áreas rurais hondurenhas", advertiu, "é quase possível visualizar o crescimento econômico das regiões: queimadas em expansão, novas cidades, novas estradas, novas tiras de floresta recortadas das encostas para se agregarem à colcha de retalhos das atividades humanas... As maiores taxas de crescimento geográfico ocorrem nas áreas rurais — nos vilarejos espalhados que pontilham os terrenos acidentados — e em muitos desses lugares os contraceptivos não são encontrados com facilidade..."

Mas embora fosse bom que os conservacionistas se mexessem com mais rapidez nessas áreas, é difícil acreditar nessa hipótese. E, assim, onde ficamos? Resta-nos o seguinte fato: por enquanto, a única maneira de correr com a mesma velocidade do rebanho é montar nas reses e tentar redirecioná-lo. Precisamos demonstrar ao rebanho a compatibilidade entre ser verde, ser global e ser voraz. Quem quiser salvar a Amazônia, que ingresse numa escola de gestão empresarial e aprenda a fazer negócios.

Não é fácil encontrar pessoas que combinem talentos genuínos em atividades de *greenmail** e de Greenpeace,** mas quem mais se aproxima desse perfil é Keith Alger.

---

* Manobra antiaquisição hostil de controle acionário, em que a empresa-alvo recompra com ágio as ações de sua emissão já adquiridas pelo agressor. (N.T.)

** Organização ambientalista mundial, fundada em 1971. Procura promover a conscientização ecológica e combater os abusos contra o ambiente, através de confrontações não-violentas com governos e empresas. Recorre intensamente à mídia para conquistar o apoio popular. (N.T.)

Conheci Alger, com 44 anos, numa excursão pela Mata Atlântica brasileira, onde ele participa de uma coalizão que ajudou a salvar o que resta de floresta tropical no estado da Bahia, situado no Nordeste brasileiro, ao mesmo tempo em que também criou alternativas de emprego para alguns dos madeireiros. Cientista político americano casado com uma brasileira especialista em macacos, Alger veio para o Brasil com a idéia de que preservaria as florestas tropicais do país, conscientizando as populações locais sobre a importância da ecologia. Mas logo constatou que seu trabalho seria infrutífero, se não conseguisse oferecer empregos aos madeireiros que ficariam sem trabalho com a salvação das árvores. Alger comentou comigo: "A pobreza é um fardo terrível e é muito triste não ser capaz de cuidar do próprio ambiente. Os fazendeiros locais me contavam que queriam preservar as florestas tropicais, mas que o trabalho também era uma espécie em extinção. Se quisessem comprar um carro novo ou mandar um filho para a universidade, tinham que entregar aos madeireiros alguns hectares das suas velhas árvores, que poupavam como dinheiro no banco. Se eu quisesse salvar a floresta, precisaria criar outras fontes de renda para esses fazendeiros."

E foi assim que Alger, que dirige o Instituto de Estudos Sociais e Ambientais do Sul da Bahia, se associou com o Conservation International, sediado em Washington, e com um grupo de ambientalistas locais e, juntos, se transformaram em empreendedores ambientalistas, com o objetivo de conservar as florestas tropicais. De um lado, Alger e os seus colegas brasileiros combateram os madeireiros numa batalha política de sete anos, que terminou em 1998, quando o governo brasileiro finalmente proibiu todas as atividades de exploração de madeira na Mata Atlântica do sul da Bahia. De outro lado, a equipe de Alger e o Conservation International construíram um parque ecológico numa vasta área daquela mesma floresta tropical. Para tanto, contrataram um grupo de montanhistas profissionais, que utilizavam arcos e flechas para lançar as suas cordas sobre árvores com mais de 30 metros de altura, entrelaçando-as numa rede de passarelas, entre cabanas embutidas em árvores. As passarelas, com menos de meio metro de largura e um pouco oscilantes à medida que se caminha sobre elas entre as copas das árvores, se localizam nas proximidades da cidade de Una, onde a Mata Atlântica antigamente cobria todo o litoral. Hoje, apenas 7% da sua área original sobreviveu às derrubadas e às queimadas.

A rede de passarelas suspensas é espetacular. Não é em qualquer floresta que um único hectare de terra contém cerca de 450 espécies de árvores diferentes. Andando pé ante pé nas passarelas, desfruta-se o privilégio de observar cara a cara uma das espécies mais raras de primatas do planeta, o mico-leão-dourado, saltando entre os galhos. Também é possível examinar ninhos de cupins do tamanho de abóboras, pendendo de seringueiras que gotejam látex natural. Ao caminhar pelas trilhas do solo lamacento das florestas tropicais, que também são parte do Parque Ecológico de Una, marcha-se lado a lado com caravanas de saúvas, carregando enormes pedaços de folhas para os seus enormes formigueiros, do tamanho das áreas de arremesso, nos campos de beisebol.

Com a ajuda da Conservation International, o grupo de Alger levantou fundos para a construção do Parque Ecológico junto à Ford Motor Company e a Anheuser-Busch (Budweiser), ambas as empresas com intensa atuação no Brasil, a Usaid (Agência dos Estados Unidos para o Desenvolvimento Internacional) e o Banco Real, instituição financeira brasileira proprietária do Hotel Transamérica, cujo presidente afirmou às autoridades brasileiras: "Quero que os turistas vejam árvores da janela do hotel, e não um tipo de paisagem lunar proveniente da devastação." A Anheuser-Busch chegou a enviar um dos seus especialistas em parques temáticos, do Busch Gardens, Flórida, para ajudar a projetar o Parque Ecológico.

Juntamente com a construção do parque, Alger trabalhou em conjunto com o prefeito de Una, ele mesmo um madeireiro, na criação de alternativas de trabalho. Por exemplo, o Hotel Transamérica emprega 600 pessoas e oferece excursões pelas florestas tropicais. A equipe de Alger também se empenhou em promover atividades agrícolas no interior das florestas, com plantações que podem ser cultivadas à sombra das árvores, como cacau e café. A coalizão ainda apresentou ao governo federal uma proposta de subsídio à prefeitura municipal de Una e obteve um financiamento do Ministério da Educação para o treinamento avançado dos professores das escolas da região. Alger comenta: "Acabei com o negócio do prefeito, que era madeireiro. Sabia que não podia falhar com o cara, ou diriam que liquidei com eles."

Alger também atuou junto à comunidade de alta tecnologia, que hoje desfruta de enorme credibilidade nos países em desenvolvimento, onde os governadores e prefeitos sonham em ter uma fábrica de microchips no seu quintal. A Intel, pressionada por um de seus fundadores, Gordon Moore, que participa do conselho da Conservation International, ofereceu financiamentos e computadores à equipe de Alger, para o mapeamento adequado das florestas tropicais e a concentração das atividades nas áreas prioritárias. Com base em algo denominado Sistema de Informação Geográfica — SIG, Alger era capaz de alimentar os computadores com os mapas da região e em seguida formular algumas perguntas críticas.

"Nossa pergunta mais importante ao computador era onde se encontravam os pontos de estrangulamento e corredores de ligação entre as diferentes seções da Mata Atlântica", observa Alger. "O SIG nos apontava a sua localização exata. Essa informação era fundamental, pois esses corredores interconectam grandes áreas das florestas tropicais, que, sem eles, simplesmente se transformam num aglomerado de fragmentos isolados, incapazes de sustentar a mesma quantidade de espécies, muitas das quais se extinguiriam sem a preservação do conjunto. Construímos o Parque Ecológico de Una exatamente num desses corredores, que já havia sido liberado para a exploração de madeira."

Alger também conseguiu o apoio de George St. Laurent, um empreendedor americano aventureiro e excêntrico, que construíra uma fábrica de computadores para o mercado brasileiro, a partir de uma velha usina de cacau, nas proximidades de Una. Embora já tivesse obtido incentivos fiscais do governo estadual para a constituição da sua empresa de alta tecnologia, St. Laurent afirmou ao governador que necessitava de mais do que apenas incentivos fiscais, de modo a atrair os engenheiros de São Paulo e do Vale do Silício para o Nordeste do Brasil. Precisava de áreas verdes, além das "verdinhas". A preservação de um meio ambiente agradável era fator de importância fundamental para o recrutamento de trabalhadores com conhecimentos de alta tecnologia, que geralmente dispõem de muitas opções quanto ao local de trabalho e residência. O Vale do Silício não se situa na Califórnia por acaso. "Declarei [ao governador] que precisávamos de um meio ambiente cativante", comentou St. Laurent. "Convenci-o de que os engenheiros de computadores têm condições de residir em qualquer lugar. Eles exigem boa qualidade de vida e querem ter opções de lugares aonde ir no fim de semana. Se tiverem a oportunidade de residir nas proximidades de um dos sistemas de biodiversidade mais fascinantes do planeta, optarão por se integrar a ele ao invés de assistirem à sua destruição." Para ajudar Alger a convencer o prefeito, St. Laurent prometeu doar alguns computadores às escolas locais.

No final, as pressões do governo brasileiro e da coalizão de Alger acabaram dobrando o prefeito de Una, Dejair Birschner — não sem algum ressentimento. O prefeito comentou comigo o seguinte:

"Quando ouvi falar pela primeira vez desses ambientalistas, pensei que fossem nos perseguir. Cerca de dois anos atrás, comecei a perceber que estavam interessados em ajudar a desenvolver a região. Una tem 32 mil habitantes e 1.700 quilômetros quadrados. Os três maiores empregadores são o Hotel Transamérica, a Unacaw (uma grande fazenda de cacau) e a municipalidade. [A vida aqui] é tremendamente difícil. Cerca de 40% da população vive em barracos de madeira, e com o colapso da indústria do cacau, as coisas ficaram ainda piores... Não culpo o Keith por dizer a verdade — que a exploração da madeira não era sustentável. Nós próprios teremos que criar empregos. Mas o Keith também terá que fazer a sua parte."

Depois de tudo isso, Alger aprendeu a lição de que a única maneira de conservar as florestas tropicais é agir do mesmo modo como se socorrem os sistemas financeiros dos países — tratando-as não apenas como mercado emergente, mas como sociedades emergentes. Salve a sociedade para preservar as suas árvores.

Alger comentou: "Começamos trabalhando com alguns dos estudantes locais mais brilhantes, para formar o Instituto de Estudos Sociais e Ambientais do Sul da Bahia. Em seguida, passamos a treinar as pessoas, dotando-as das qualificações para atuarem como conservacionistas modernos. Isso significava ensinar os biólogos a pensar como empresários e ensinar aos economistas as mais recentes técnicas de mapeamento geográfico. Até recentemente, nenhuma universidade brasileira adotava esse tipo de abordagem integrada, com essa superposição de habilidades, imprescindível para o sucesso do empreendedor ambiental nos dias de hoje. Atualmente, estamos treinando uma nova geração em como extrair da grana o máximo de grama, e grama aqui significa tanto a conservação das espécies, como a criação de oportunidades econômicas e sociais para os seres humanos que vivem em torno dessas espécies. Sem o aprendizado de ambos os ofícios, seríamos incapazes de salvar uma única árvore."

O outro método para esverdear a globalização consiste em demonstrar às empresas e aos seus acionistas que os lucros e os preços das ações aumentarão em conseqüência da adoção de métodos de produção ambientalmente saudáveis.

Jim Levine, engenheiro ambientalista que participa da Comissão de Conservação e Desenvolvimento da Baía de San Francisco e ensina as empresas a serem verdes e vorazes, explicou-me como a coisa funciona: "O importante é fazer com que as empresas, os acionistas e os analistas da Wall Street percebam que o desempenho ambiental deficiente significa desperdício de recursos. Até dez anos atrás, o desempenho ambiental nas atividades de fabricação não era um objetivo do projeto. Mas agora, com os governos fustigando as empresas com novos regulamentos ambientais e novos incentivos fiscais para que se tornem verdes, e com a SEC (Securities and Exchange Commission) insistindo junto às empresas para que divulguem com exatidão os seus passivos ambientais aos acionistas — como os processos administrativos e judiciais decorrentes do despejo de resíduos e o custo da recuperação ambiental —, constata-se a mudança de padrão. As empresas estão começando a perceber que, se entrarem em Bangcoc e construírem uma fábrica poluidora, o governo acabará promulgando leis e regulamentos para a preservação e recuperação ambiental que resultarão em custos muito superiores aos da implantação dos procedimentos verdes já no projeto original.

Uma das empresas pioneiras na adoção do novo padrão é a Baxter International, Inc., com sede em Chicago, fabricante de produtos para a saúde. Em 1997, a Baxter declarava vendas anuais de US$ 6.1 bilhões, com a produção das suas 60 unidades fabris em todo o mundo. Como parte do seu relatório anual aos acionistas, a demonstração financeira ambiental revelou que as práticas de produção verde implementadas naquele ano proporcionaram economias de US$ 14 milhões, mais do que compensando os custos dos programas. Além disso, o relatório também mostrava que a prevenção de custos adicionais relacionados com o ambiente, por meio da adoção de práticas de produção verde desde 1990, já resultara na economia de outros US$ 86 milhões. Segundo o relatório, "isso significa que a Baxter teria gasto, em 1997, US$ 100 milhões a mais, nos processos de produção de matérias-primas, no descarte de resíduos e em embalagens, caso a empresa não viesse adotando medidas favoráveis ao ambiente desde 1990".

Atualmente, a maioria dos países ainda não dispõe de leis eficazes do tipo "o poluidor paga", mas chegará o dia em que essa prática se tornará comum. Esse é o motivo pelo qual a Baxter afirma o seguinte, no seu relatório anual de 1997: "É preferível que a totalidade dos nossos resíduos em todo o mundo seja descartada em locais apropriados. Assim, estaremos em melhores condições de evitar grandes contingências passivas no futuro." Os executivos que não raciocinam dessa maneira não estão cuidando dos interesses dos acionistas e estão privando a si próprios de dividendos mais elevados.

No entanto, às vezes, nem mesmo a motivação do lucro é suficiente. Em certas circunstâncias, é simplesmente mais rentável esgotar os recursos da terra e vendê-la a interesses globais predadores. E nesses casos resta apenas uma última e poderosa estratégia — aprender a usar a globalização contra a própria globalização.

Também fiz essa descoberta no Brasil, não nas florestas tropicais, mas nas terras alagadiças do Pantanal, que visitei com uma equipe da Conservation International. Viajamos num minúsculo avião para a Fazenda Rio Negro, empreendimento agrícola e pousada naturalista, com um campo de pouso de grama no seu pátio frontal. O nosso plano era começar a excursão entrevistando Nilson de Barros, superintendente ambiental do estado do Mato Grosso do Sul, no Centro-Oeste do Brasil. Percebi que seria uma entrevista interessante, quando Barros insistiu em que a realizássemos no meio do Rio Negro. Embarcamos em lanchas motorizadas na fazenda e partimos para o ponto de encontro numa curva do rio, onde as águas eram pouco profundas. Lá, Barros e a sua equipe já nos esperavam, em pé, com a água pela cintura. Perto deles havia um barco, com um isopor cheio de cerveja.

"Primeiro uma cerveja, depois um banho e depois conversamos", assim ele nos recebeu, abrindo com um estalo uma lata de Skol, enquanto o rio fluía vagaroso.

E mais uma vez me convenci de que tinha o melhor emprego do mundo!

Barros explicou que a região do Pantanal, localizada ao longo das fronteiras entre Brasil, Bolívia e Paraguai, é o maior pântano de água doce do mundo (do tamanho do estado do Wisconsin) e abriga o jaguar e um conjunto de outras espécies em extinção. A reserva natural do Pantanal, onde nos encontrávamos naquele momento, em pé, no meio de um rio, é um tipo de Jurassic Park, sem dinossauros. Navegando pelo rio, passamos por dezenas de jacarés estirados nas margens e por lontras gigantescas mergulhando e saindo das águas, enquanto garças-reais, araras azul-violáceas, tucanos, íbis, veados, colhereiros, cegonhas, leopardos e emas surgiam e desapareciam em diferentes pontos da floresta. Ao contrário da Amazônia, o Pantanal não é ameaçado por habitantes pobres que destroem o hábitat para aliviar a própria miséria. Na realidade, a cultura do Pantanal é um exemplo raro de homem e natureza florescendo em harmonia, por meio de uma economia agrícola, pesqueira e, agora, do ecoturismo. O perigo para a região decorre da globalização: os produtores de soja no planalto, acima da bacia do Pantanal, estão ansiosos para alimentar os mercados mundiais de soja em rápida expansão. Os pesticidas e o lodo que afluem das fazendas estão contaminando os rios e a vida selvagem. Ao mesmo tempo, Brasil, Argentina, Uruguai, Paraguai e Bolívia formaram um bloco comercial que está aumentando a sua competitividade em termos globais. Com o objetivo de escoar com maior rapidez os produtos de soja da região para os mercados mundiais, pretendem dragar e retificar os leitos dos rios — de modo a facilitar e acelerar a navegação de barcaças —, o que trará sérios prejuízos para o ecossistema. Finalmente, um consórcio de empresas internacionais de energia, lideradas pela Enron, está construindo um gasoduto que atravessa o Pantanal, entre a Bolívia, rica em gás, e São Paulo, faminto de energia — algo potencialmente perigoso para o ambiente.

Mas, embora seja a principal ameaça para o Pantanal, a globalização também é a sua principal esperança de salvação. Primeiro, porque os habitantes do Pantanal têm agora a oportunidade de salvaguardar o seu estilo de vida tradicional, baseado na conservação da natureza, por meio da venda de excursões ecoturísticas e da exportação da carne de animais criados com alimentação natural, para mercados dispostos a pagar um adicional de preços por produtos simpáticos à ecologia. Além disso, a presença na região de empresas globais de vanguarda talvez se constitua em importante ativo. Os negócios com a soja já atraíram grandes empresas mundiais de navegação que, ao contrário das empresas locais, têm condições de recorrer a tecnologias altamente sofisticadas, menos prejudiciais ao ambiente, como modernas barcaças capazes de percorrer rios de curvas muito acentuadas, cujos complexos mecanismos de propulsão dispensam a retificação dos leitos fluviais.

Mas o fato que realmente transforma a globalização num ativo valioso é o surgimento de "Ambientalistas com Superpoderes", que, agindo por conta própria, são capazes de rechaçar com bastante eficácia os ataques do Rebanho Eletrônico e dos governos. Graças à Internet, os ambientalistas rapidamente divulgam por todo o mundo o comportamento das multinacionais nos diferentes países. Assim, as multinacionais estão percebendo cada vez mais que, em face do ativismo pela Internet, a preservação da sua reputação e das suas marcas globais depende da sua responsabilidade ambiental. Na verdade, o que aconteceu no Pantanal foi que os ambientalistas locais levaram os ambientalistas americanos a pressionar o Banco Interamericano de Desenvolvimento, que planejava financiar a dragagem e a retificação do sistema fluvial. Por sua vez, o Banco Interamericano de Desenvolvimento, sensível à sua reputação global, forçou os governos locais a reduzir a escala do projeto e a promover avaliações completas do seu impacto ambiental. Por fim, os governos envolvidos descobriram meios de melhorar a navegação fluvial no Pantanal, sem alterar a configuração das bacias hidrográficas.

"É enorme o contraste com a situação vigente há apenas 15 anos", afirma Glenn Prickett, vice-presidente de parcerias corporativas da Conservation International. "Veja o caso de um país como o Brasil. Quinze anos atrás, os generais estavam no poder, e quando os ambientalistas estrangeiros criticavam o desenvolvimento econômico da Amazônia, os militares simplesmente lhes enviavam o seguinte recado: 'Caiam fora. Este é o nosso território soberano. Isso não é da sua conta.' Mas então chegou a época da globalização e da Internet, e o governo brasileiro começou a se abrir aos investimentos das grandes empresas globais; na realidade, mais do que isso, passou a atrair os investimentos externos. Daí decorre toda uma nova dinâmica. A força propulsora dos investimentos se desloca para as empresas e instituições globais, que, por definição, fazem negócios no mundo inteiro, necessitam de acesso à totalidade do planeta e, por conseguinte, se preocupam com a sua reputação ambiental em todo o mundo. Se os ambientalistas brasileiros entram na Internet e denunciam aos colegas nos Estados Unidos e na Europa que determinada empresa global está estragando o ambiente no Brasil, os ambientalistas dos demais países entram em ação. Em breve, a empresa talvez passe a enfrentar uma campanha global que afetaria os seus negócios não apenas no Brasil, mas no mundo inteiro."

Hoje, com tantas democracias em todo o mundo, basta, às vezes, que um ambientalista dispare apenas uma única mensagem de correio eletrônico do plenário do seu parlamento privado, para suspender o projeto de uma grande usina energética ou algum outro empreendimento ecologicamente arriscado. Por outro lado, as empresas globais estão aprendendo que o apoio de programas conservacionistas contribui para a melhoria da imagem da sua marca global entre os clientes, que valorizam cada vez mais o ambiente.

"Não há mais como ocultar o mau comportamento corporativo num mundo caracterizado pelo ativismo global interconectado", observa Prickett. "Os clientes, os reguladores e os acionistas de todos os lugares tornaram-se capazes de punir ou recompensar as empresas por suas atitudes nos lugares mais remotos. São capazes de abrir as portas para os que se comportam bem, mas também de fechar as portas àqueles que se comportam mal."

Isso ajuda a compreender as razões da Ford Motor Company para financiar as pesquisas da Conservação Internacional no Pantanal, o programa de gestão da vida selvagem na região, e a conversão das suas fazendas de gado em reservas particulares — chegando a ponto de desenvolver atividades de *lobby* no Brasil, em apoio à preservação ambiental no Pantanal. Na verdade, a Ford não está salvando o Pantanal por morrer de amores pelas espécies em extinção, mas sim por acreditar que terá condições de vender muito mais automóveis Jaguar se promover a imagem de protetora dos jaguares do Pantanal. E se isso é necessário à preservação desse ecossistema e desse estilo de vida incrivelmente maravilhosos, que Deus abençoe Henry Ford e a Internet.

Se é difícil salvar as florestas tropicais da voracidade do Rebanho Eletrônico, é ainda mais difícil resguardar a cultura que germinou nas suas cercanias.

No sistema da Guerra Fria, para não mencionar períodos mais remotos da História, os países e as culturas simplesmente não interagiam com tanta freqüência, de forma tão direta e aberta quanto hoje. As viagens para muitas regiões era mais difícil e existiam inúmeros muros, cercas, cortinas de ferro, vales e fossos que resguardavam e preservavam as diferentes culturas. Mas hoje as culturas se oferecem ao consumo global e se confrontam umas com as outras pela Internet e através das televisões por satélite e das fronteiras escancaradas, num darwinismo brutal. Visito um vilarejo chinês no Nordeste da China para ver como é o mundo além das fronteiras da globalização e encontro jovens adolescentes calçando botas típicas de discotecas. Se um país se conectar à globalização sem o sistema operacional e o software adequados, sua economia será derretida num piscar de olhos. Se ele entrar na globalização sem os quebra-mares ambientais adequados, num instante suas florestas serão pavimentadas. Abram-se suas fronteiras ao massacre cultural da globalização sem os devidos filtros protetores, e alguém dormirá à noite se supondo indiano, egípcio, israelense, chinês ou brasileiro e acordará na manhã seguinte descobrindo que todas as suas filhas se parecem com a Ginger Spice.

Um mês após a minha ida ao Catar, onde encontrei o Taco Bell, estive em Kuala Lumpur, na Malásia, e hospedei-me no Hotel Shangri-La, um dos grandes hotéis tradicionais do Sudeste Asiático. Adoro esse nome "Shangri-La". Tem algo de exótico. Cheguei a Kuala Lumpur tarde da noite e não consegui ver muita coisa ao entrar na cidade; assim, no dia seguinte, logo que me levantei, abri rapidamente as cortinas do quarto do hotel e a primeira coisa que avistei no edifício defronte foi uma fotografia com a altura de dois andares do Coronel Sanders, da Kentucky Fried Chicken.

"Meu Deus", disse a mim mesmo, "o que é que *isso* está fazendo aqui? Viajei mais de 25 mil quilômetros até Kuala Lumpur para me hospedar no Shangri-La, e a primeira pessoa que encontro é o Coronel Sanders!"

Em outra ocasião, estava visitando um empresário no centro de Jacarta e lhe pedi que me indicasse o caminho para o meu próximo encontro. Sua orientação foi a seguinte: "Vá até o prédio com o Armani Emporium no segundo andar — sabe, bem em cima do Hard Rock Cafe — e então vire à direita no McDonald's." Olhei para ele, ri e perguntei: "Onde é que eu estou?"

A Índia é um país que tem tentado resistir ativamente a boa parte dessa homogeneização cultural. Mas mesmo lá, entre a elite indiana, o Rebanho Eletrônico está trabalhando rápido. Numa tarde sufocante em Nova Délhi, no verão de 1998, entrevistei o ex-primeiro-ministro da Índia I.K. Gujral, um dos políticos mais esclarecidos do país. Ele começou recordando-se de algo que lhe dissera um representante do Canadá numa conferência da Unesco, depois que o estadista indiano propôs uma resolução com o objetivo de assegurar que a "nova ordem da informação", cada vez mais dominante em todo o mundo, seria um intercâmbio de mão dupla de cultura e informação — e não apenas os países desenvolvidos derramando a sua cultura goela abaixo dos países em desenvolvimento. O representante canadense surpreendeu Gujral com o apoio à sua resolução. "Perguntei-lhe por que o Canadá apoiava a minha proposta", contou Gujral. "Ele respondeu: 'Porque já estamos vivenciando os seus temores. Já não existem mais música, teatro, filme, cultura ou língua canadenses.' Tudo tinha sido americanizado."

Quando indaguei por que a questão era tão importante para ele, Gujral, que estava vestindo os trajes indianos tradicionais, respondeu basicamente que, caso não preservássemos pelo menos algumas das nossas oliveiras no quintal, jamais nos sentiremos em casa na nossa própria casa. "Quais são as minhas raízes?", perguntou em voz alta. "Minhas raízes não são apenas o fato de que vivo aqui, na Índia. Minhas raízes são o fato de ouvir alguém recitar um poema na minha língua nativa. De ouvir alguém cantar uma canção no meu próprio idioma, quando ando pelas ruas. Minhas raízes são quando me aconchego em minha casa, com os meus trajes típicos. Nossas tradições têm mais de mil anos. Não podemos admitir que desapareçam dessa forma. O mundo será muito mais rico se preservarmos e encorajarmos a diversidade e as nuances das diferentes culturas."

Identifico-me plenamente com Gujral, talvez por ter nascido e crescido numa comunidade relativamente pequena do Minnesota. A globalização pode tornar-se profundamente desnorteante. A erradicação das próprias oliveiras ou a sua homogeneização numa papa global significa perder os vínculos com o mundo.

Uma tarde, em Jerusalém, eu estava conversando sobre essas questões com o meu amigo Yaron Ezrahi, o teórico político, quando ele fez uma observação terrível: "Sabe, Tom, existem duas maneiras de fazer com que as pessoas se sintam sem lar — uma é destruir a sua casa; a outra é tornar a sua casa igual a qualquer outra."

Como prevenir essa espécie de privação do lar? A primeira providência é compreender que a globalização-americanização não é apenas empurrar; é também puxar. As pessoas em todo o mundo querem participar da globalização por muitos motivos. Os catarianos que se amontoavam no Taco Bell, na estradinha de Doha, não vinham de algum *pub* elegante ou de algum bistrô acolhedor das redondezas, decorado com carvalho e latão. Antes do Taco Bell, provavelmente existia no lugar qualquer birosca infestada de moscas, alguém assando carne em instalações improvisadas, sob condições menos do que higiênicas, com iluminação precária e sem banheiros. Em vez disso, os catarianos vivenciavam agora uma experiência inédita, algo nunca visto antes: comida mexicana, banheiros limpos, padrões de higiene internacionais, funcionários sorridentes e um rigoroso controle de qualidade — tudo a preços reduzidos e acessíveis. Não admira que aquele Taco Bell estivesse apinhado de gente.

E também experimentavam outras sensações, menos evidentes, porém ainda mais importantes para muitos. Constatei isso pela primeira vez na Malásia. Fui visitar o ministro das Finanças, e enquanto esperava na ante-sala, o assessor de imprensa me apresentou a um empresário malaio que também aguardava uma audiência com o ministro. A apresentação foi nos seguintes termos: "Este é o Sr. Ishak Ismail, proprietário de todas as franquias da Kentucky Fried Chicken na Malásia." Imediatamente, abri o meu IBM ThinkPad e pedi para entrevistá-lo.

"Me explica uma coisa", perguntei. "Qual o grande apelo da Kentucky Fried Chicken para os malaios?" Além de gostarem do sabor, respondeu, eles apreciam ainda mais os seus símbolos implícitos: a modernidade, a americanização, estar por dentro. "O pessoal aqui adora tudo que é ocidental, principalmente americano", explicou-me o Sr. Ismail. "Mais do que comer, querem ser aquilo. Vejo pessoas nos pequenos vilarejos do interior de todo o país fazendo filas nos Kentucky Fried Chicken — elas vêm de todos os lugares. Buscam uma associação com a América. O povo gosta de tudo que é moderno. As pessoas se sentem modernas quando comem nos meus restaurantes." Realmente, entrar num Kentucky Fried Chicken nas áreas rurais da Malásia é a viagem mais barata à América, que muitos malaios jamais conhecerão na realidade.

Os malaios vão ao Kentucky Fried e os catarianos ao Taco Bell pelos mesmos motivos que levam os americanos à Universal Studios — visitar a fonte das fantasias. Hoje — para melhor ou para pior — a globalização é um meio de difundir a fantasia da América em todo o mundo. Na grande aldeia global da atualidade, as pessoas sabem que existe outra maneira de viver, conhecem o estilo de vida americano e anseiam por uma fatia tão grande quanto possível daquele sonho — com todos os adereços. Algumas vão à Disney World para saborear o seu pedaço, outras procuram o Kentucky Fried no norte da Malásia. Ivy Josiah, jovem malaia ativista dos direitos humanos, um dia falou a respeito da confusão de sentimentos da sua geração sobre esse fenômeno. "Fico revoltada quando penso na maneira como os nossos restaurantes tradicionais em quiosques estão sendo engolidos pelos Kentucky Fried Chicken, McDonald's e Chilis", protestou. "Estamos perdendo a nossa própria identidade. Crescemos com esses quiosques. Porém, não os mais jovens. Agora, você vai a esses quiosques e vê ratos e água suja. Hoje, a grande atração para uma criança malaia é ir ao Pizza Hut. Globalização é americanização. Aqui, as elites afirmam: 'Não devemos ter McDonald's', mas o povão, que jamais irá à América, quer que a América venha até eles."

Por todos esses motivos, seria ingênuo imaginar que de algum modo conseguiríamos deter a marcha dos monstros globais dos McDonald's ou dos Taco Bells, espalhando franquias por todos os cantos do mundo. Eles proliferam porque oferecem às pessoas algo que elas almejam, e frustrar as pessoas nos países em desenvolvimento apenas para não estragar as sensações dos turistas dos países desenvolvidos seria insuportavelmente arrogante e fútil.

No entanto, em termos culturais, quanto mais essas franquias globais nos acenam do alto de cada colina, no terminal de cada aeroporto e depois de cada esquina, mais perdas estamos sofrendo — para eles e para nós.

A única esperança — e não passa de uma esperança — é que os países também aprendam a desenvolver filtros múltiplos para evitar que as suas culturas sejam aniquiladas pela movimentação homogeneizante do capitalismo global. Por causa da força e da velocidade da globalização, as culturas que não forem suficientemente fortes para assegurarem a própria proteção serão levadas de roldão, do mesmo modo como acontece com as espécies incapazes de se adaptar às mudanças no ambiente.

Acredito que o filtro mais importante é a capacidade de "glocalização". Considero glocalização saudável a capacidade de uma cultura, ao se deparar com outras culturas fortes, de absorver as influências naturalmente compatíveis e enriquecedoras, de resistir aos fatores efetivamente estrangeiros, e de identificar outros elementos que, embora diferentes, merecem ser desfrutados e celebrados como exóticos. A glocalização tem por fim assimilar o impacto da globalização no país e na cultura, de modo proveitoso para o crescimento e para a diversidade, sem sufocar as suas próprias peculiaridades.

O glocalismo é, de fato, um processo que já existia na Antiguidade, quando, por exemplo, as culturas locais se defrontavam com a difusão do helenismo e tentavam absorver o melhor, sem se deixarem arrasar. O judaísmo é um exemplo clássico de uma cultura religiosa que sofreu influências de muitos países diferentes, durante gerações, sem nunca perder sua identidade. Meu professor, o acadêmico rabínico Tzvi Marx, observa que, quando os judeus encontraram pela primeira vez os gregos no quarto século antes da era cristã, a contribuição que mais encantou o pensamento judaico foi a lógica grega, que foi inserida no aprendizado bíblico e rabínico da época.

"Essa absorção da lógica grega foi relativamente fácil, pois ela se relacionava de forma orgânica com a atuação dos acadêmicos rabínicos e bíblicos, que consistia em cultivar a verdade", ensina Marx. "A assimilação saudável ocorre quando a sociedade é capaz de receber algo de fora, adotá-lo como próprio, enquadrá-lo nos seus referenciais e esquecer a sua procedência externa. Esse processo é possível quando a força exterior em absorção toca em algum ponto latente da própria cultura receptora, mas que talvez ainda não esteja plenamente desenvolvido, de modo que o contato com o estímulo de fora realmente enriqueça aquele potencial e contribua para a sua germinação." É assim que avançam as espécies e as culturas.

No entanto, ao mesmo tempo em que recebiam as influências da lógica grega, os judeus também estavam expostos às celebrações gregas do corpo, para não mencionar a preocupação dos gregos com Eros e com o politeísmo. Os judeus não assimilaram essas influências. Elas foram consideradas estrangeiras e permaneceram estrangeiras. Os gregos gostavam de observar ginastas nus. Os judeus não compartilhavam esse prazer e jamais aceitaram esse componente da cultura grega. Os que não o rejeitavam eram vistos como alguém que absorveu aquele traço exótico e que perdeu sua identidade original. Finalmente, havia os elementos culturais de alimentação e vestuário que os judeus adotaram e usufruíram de forma seletiva, exatamente porque eram diferentes, mas nunca os transformaram em traço cultural próprio. Em outras palavras, os judeus não renunciaram à *sopa de pão ázimo* para comer *souvlaki*, mas saboreavam *souvlaki* como algo diferente.

O glocalismo saudável é sempre um processo de tentativas e erros, mas que se torna cada vez mais necessário. Num mundo em que se removeram tantas muralhas, cercas e trincheiras protetoras, e onde outras ainda serão eliminadas, as culturas eficazes no processo de glocalização desfrutarão uma vantagem efetiva, e as que não o forem precisarão adquirir essa capacidade. Notoriamente, algumas culturas não são boas glocalizadoras e isso as torna muito suscetíveis às ameaças da globalização. Quando os países ou culturas não são eficazes na glocalização, surge uma reação típica do Movimento Taliban dos fundamentalistas islâmicos no Afeganistão: eles receiam um confronto de tentativas e erros com a globalização, pois temem que tudo termine em erros e resulte na aniquilação da sua cultura; e assim encobrem com um véu todo o país ou tentam erguer muralhas cada vez mais altas. Mas, inevitavelmente, essas muralhas acabam sendo derrubadas pelo Rebanho Eletrônico; e quando isso acontece, no momento em que se inicia a perda da própria identidade cultural, as pessoas passam a sofrer um processo de assimilação cultural no seu próprio país. O país se transforma num lugar por onde transitam outros países e culturas.

Há um outro perigo. Algumas culturas talvez imaginem que estejam praticando uma glocalização saudável, mas, na realidade, estão assimilando outras culturas e perdendo a sua identidade de maneira sutil, como se fosse em câmera lenta. Um exemplo manjado mas claro é a maneira como o

McDonald's do Japão foi absorvido pela cultura e pela arquitetura japonesas. Com 2 mil restaurantes no Japão, o McDonald's do Japão, também conhecido como "Makadonaldo", é a maior franquia McDonald's fora dos Estados Unidos. O McDonald's do Japão tem sido tão bem-sucedido na sua integração no país que é conhecida a história da garotinha japonesa que chega em Los Angeles, olha em torno, vê alguns McDonald's, puxa a manga da mãe e diz: "Olha, mamãe, esse país também tem McDonald's." Justifica-se a surpresa da garotinha ao saber que o McDonald's é, na verdade, uma empresa americana e não uma empresa japonesa. (O pessoal do McDonald's no Japão rebatizou Ronald McDonald como "Donald McDonald" para facilitar a pronúncia pelos japoneses.) "Não teríamos 2 mil lojas no Japão se fôssemos vistos como uma empresa americana", comentou comigo James Cantalupo, presidente do McDonald's International. "Olha, o McDonald's serve carne, pão e batatas. Comem-se carne, pão e batatas na maioria das regiões do mundo. Os fatores que contam são a maneira de embalar e a experiência oferecida."

O fato de a garotinha da história não saber que o McDonald's é originário de Chicago e foi fundado por um cara chamado Ray Kroc, que não tinha nada de japonês, é para mim um sintoma de glocalismo doentio. Algo que deveria ser tratado como diferente — o Big Mac —, e usufruído exatamente por ser diferente, não é visto dessa forma. A glocalização doentia é aquela em que se absorve algo que não é parte da cultura, que não se conecta com qualquer elemento latente na cultura, mas que é interpretado exatamente no sentido contrário, tal a perda de contato com a própria cultura. Tzvi Marx observa o seguinte: "Ensina-se em medicina que uma das maneiras pelas quais o vírus do câncer entra numa célula é por meio de disfarces, de modo que a célula não o identifique e pense que o câncer é um componente orgânico de si própria — até que seja tarde demais, pois o câncer já dominou todo o núcleo da célula que, de repente, estará totalmente destruída." O mesmo às vezes ocorre com o glocalismo, que atua como o vírus do câncer e ilude as pessoas na crença de que alguma coisa é parte da sua própria cultura, quando realmente se trata de algo exótico. Estou contente com tantos McDonald's no Japão; estou feliz com o bar *sushi* perto da minha casa em Bethesda. É bom que a garotinha japonesa goste do

McDonald's, como também é bom que as minhas filhas gostem de *sushi*. Mas é importante que a menina japonesa goste do McDonald's *porque* é alguma coisa diferente, e não por ser induzida a pensar que é japonês. Quando isso ocorre, a homogeneização está à espreita na próxima esquina. Nessas situações, é muito provável que a menina japonesa acabe perdendo o contato com o que é realmente japonês, e um dia acorde como aquela célula que descobriu que tinha sido invadida e que nada mais restava do seu próprio eu e da sua cultura original.

No entanto, apenas o glocalismo, mesmo nas formas mais saudáveis, ainda não é suficiente para proteger as culturas nativas contra a globalização. Necessita-se também de alguns filtros poderosos. Para começar, precisa-se de leis de zoneamento, de legislação preservadora de determinadas áreas e de programas educacionais que resguardem certas regiões peculiares e determinadas heranças culturais do perigoso desenvolvimento homogêneo. Isso não significa a rejeição de todos os McDonald's, mas talvez signifique não admitir o McDonald's em certas comunidades. Para tanto, é imprescindível um processo de planejamento vigoroso por burocratas que não se corrompam com facilidade e por políticos dispostos a atribuir um valor efetivo à preservação cultural.

O Sul da França é preservado como o Sul da França, em parte porque a Alemanha, por meio da União Européia, subsidia a agricultura francesa, de modo que os pequenos agricultores e, em conseqüência, os pequenos lojistas e os pequenos vilarejos sobrevivam intactos — apesar das pressões globais para a fusão de fazendas e a proliferação de *shoppings* nos lugarejos. Em outras palavras, o que apreciamos no Sul da França decorre de uma política que efetivamente valoriza a preservação cultural. Baseia-se em normas euroagrícolas comuns, que transferem pagamentos para o apoio das pequenas propriedades agrícolas, de modo a assegurar a proteção dos pequenos vilarejos, em parte por serem vistos como manancial de riqueza cultural. Carecemos dessas modalidades de redes de segurança sociais para as nossas culturas. Os políticos precisam educar o público sobre o valor dessas redes de segurança culturais, e é fundamental que estejam dispostos a implantá-las.

Nos países em desenvolvimento, onde não há uma classe média suficientemente grande para apreciar e lutar pela preservação cultural, e onde as leis de zoneamento e a legislação ambiental são fracas, facilmente corruptíveis ou inexistentes, é necessário que se recorra com mais ênfase a um outro filtro — o mercado. A tentativa de convencer um madeireiro na Indonésia, que tem que sustentar uma família de 12 pessoas, de que não deve derrubar e queimar a floresta tropical, por ser parte da herança cultural do país, simplesmente será ineficaz. Ele responderá: "Você quer preservá-la? Então compre a floresta." É preciso convencer as pessoas de que a preservação cultural se relaciona com o seu bem-estar e não significa sacrificá-los na busca pela prosperidade. O turismo pode desempenhar um papel importante na criação de incentivos para que as populações locais conservem as características e as tradições do lugar. Os turistas sempre querem saber: "O ar é respirável? A água é potável?" Essas questões são importantes para um hoteleiro que pretende vender jantares de US$ 20 para os turistas, em vez de jantares de US$ 1 para os habitantes locais. Às vezes, a melhor maneira de proteger uma pirâmide, uma escavação arqueológica ou uma comunidade com características únicas é tornar a preservação rentável para os que vivem nas suas redondezas. Ao visitarmos Bali, na Indonésia, em 1997, minha esposa e eu fizemos uma excursão a um dos locais religiosos mais bonitos do país, Pura Tanah Lot, num rochedo costeiro. Na maré alta, o rochedo e o templo ficam isolados pelas ondas. É uma coisa espetacular, que atrai milhões de turistas indonésios, que visitam o local e fazem suas oferendas hinduístas. Chegamos ao pôr-do-sol, e quando eu me preparava para tirar uma fotografia da minha esposa com o templo ao fundo, percebi um carrinho de golfe correndo nas proximidades. Um campo de golfe tinha sido construído ao longo da costa, a umas poucas centenas de metros do templo, e o percurso do carrinho para um buraco seguia exatamente a costa. Bem, eu adoro golfe, mas também adoro paisagens naturais deslumbrantes e respeito os templos sagrados. Era evidente que não houve qualquer planejamento na aprovação da localização do campo de golfe ou que os burocratas responsáveis pelo planejamento foram subornados.

Não admira que o *Jakarta Post* tenha publicado um artigo na semana em que estávamos lá sobre alguns artistas em Bali que estavam realizando uma exposição em protesto contra a pavimentação do seu paraíso. O *Post* comentava que a exposição incluía o desenho de uma bola de golfe se emaranhando por entre uma procissão religiosa; outro quadro retratava Bali como uma bola de golfe, recebendo tacadas pelo mundo afora; e ainda outro mostrava um camponês local movimentando a enxada como um taco de golfe — só que dava às suas tacadas nos incorporadores imobiliários. Ironicamente, a exposição foi denominada "glo-BALI-zação".

Se Bali prosseguir na trajetória da autodestruição, acabará liquidando as atividades turísticas. Na realidade, o livro que utilizamos como guia turístico em Bali, da série dos guias Knopf, publicado dois anos antes, continha a seguinte advertência sobre Pura Tanah Lot: "A sua intensa transformação em atração turística está descaracterizando a localidade, e ainda pior: planeja-se para breve um hotel de luxo e um campo de golfe. Por enquanto, ainda é um local que merece ser visitado." Quando uma publicação turística começa a prevenir os turistas de que um país está expondo em demasia a sua própria cultura e recomenda-lhes que visitem o lugar antes que acabe, sabe-se que o país está ingressando numa zona perigosa. Receio que a próxima edição do guia Knopf sobre Bali afirme simplesmente o seguinte: "Tarde demais. Vá a outro lugar."

Essa é a razão pela qual a motivação do lucro, embora às vezes necessária, também não é suficiente, pois sozinha talvez descambe com facilidade para a comercialização e exploração de todos os símbolos da cultura. Também são imprescindíveis uma classe média e uma elite suficientemente comprometidas com o ativismo social, para que estejam dispostas a pagar pela preservação dos símbolos da cultura, mesmo que não sejam lucrativos — ou exatamente pelo fato de não serem lucrativos. Quando se trata de zelar pelos aspectos não-comerciais da vida, nunca se exige demais do mercado, e ninguém pretende que o mercado vá além das suas possibilidades.

"No longo prazo, seria uma ilusão imaginar que o mercado e a motivação pelo lucro sozinhos sejam suficientes para proteger os ativos culturais ou ambientais de um país", argumenta Fareed Zakaria, indiano de origem, editor-gerente do *Foreign Affairs*. "Simplesmente não dará resultado, pois o efeito da globalização é atribuir poderes ao homem comum. A globalização capacita os homens e as mulheres do povo a dispor de todas essas escolhas, e nessas circunstâncias é inevitável que exerçam as opções que lhes parecerem mais atraentes, mais modernas, com os maiores apelos, mais convenientes e mais comerciais. E talvez queiram construir *shoppings* em todas as ruas e Taco Bells em todas as esquinas — ainda que essas iniciativas logo se revelem rolos compressores das culturas local e nacional. Eis por que não basta explorar o mercado; é preciso também regulamentá-lo. Mas para regulamentá-lo é imprescindível contar com elites que estejam dispostas a proteger as peculiaridades locais contra a ação do mercado — a criar espaços que não sejam invadidos e dominados pelo mercado e, agindo assim, resguardar os aspectos totalmente irracionais e não-econômicos do caráter nacional de um país. Em geral, somente as elites, com a segurança decorrente da própria riqueza, têm condições de se preocupar com esses fatores. Os Rockefellers ajudaram a criar o sistema de parques nacionais na América. O Metropolitan Museum foi fundado por grandes capitalistas que entenderam que carecíamos de um museu que não tivesse nada a ver com o mercado."

Embora todos esses filtros para a proteção da cultura e do ambiente façam sentido na teoria, é necessário que atuem em conjunto para que sejam capazes de exercer qualquer tipo de impacto. O parque nacional das florestas tropicais sozinho jamais será suficiente para eliminar a exploração predatória da madeira; os burocratas isolados nunca terão vontade política suficiente para aplicar todas as leis ambientais; as corporações verdes sozinhas não reduzirão a velocidade da degradação do meio ambiente; o ativismo pela Internet isolado será incapaz de deter o Rebanho Eletrônico.

Eis por que espero, e realmente acredito, que, ao ingressarmos na próxima década da globalização, alguém, ou algum partido, desenvolverá a sua plataforma política sobre os pilares da necessidade de promover o funcionamento integrado de todos esses filtros. Não me refiro ao Greenpeace, estou falando dos maiores partidos e das mais influentes lideranças políticas.

Isso começará nos países desenvolvidos e daí se difundirá pelo mundo. O mais curioso é que essa política já tem um nome — "a questão da vivibilidade". Nos Estados Unidos, o vice-presidente Al Gore já começou a reivindicar para si o tema. A vivibilidade, argumenta, exige o "crescimento inteligente", e o crescimento inteligente requer que os políticos desenvolvam um conjunto de leis, de incentivos e de iniciativas capazes de promover a atuação conjunta de todos os filtros. Um elemento-chave da estratégia de Gore é a criação de "Títulos por uma América Melhor". Por meio de subsídios fiscais federais, o programa possibilitaria que as comunidades levantassem até US$ 9.5 bilhões em títulos, que seriam utilizados para adquirir espaços abertos ainda verdes, para restaurar os parques decadentes e renovar algumas áreas, sobretudo os centros das cidades, onde o ambiente foi destruído mas apresenta condições de recuperação. Quanto mais se recuperarem os centros das cidades, menores serão as pressões no sentido da expansão das áreas urbanas sobre as áreas verdes.

Somente uma política coerente e implacável de vivibilidade, que capacite a sociedade a operar simultaneamente todos os filtros ambientais e culturais indispensáveis, terá alguma chance de atenuar os planos de negócios implacáveis, bem estruturados, bem financiados e eficientes da Nike, MTV, McDonald's, Pizza Hut, Enron e Taco Bell. Talvez, hoje, tudo isso não passe de uma esperança e de uma prece — mas uma esperança e uma prece imprescindíveis —, pois não haverá globalização sustentável sem a preservação ambiental e a preservação cultural.

Todos os fatores são integrados. As culturas são geradas e sustentadas no ambiente nativo. As tribos mais interessantes e diferenciadas da Amazônia vivem nas regiões mais selvagens, mais puras e mais subdesenvolvidas. E as cidades, regiões e comunidades mais interessantes e diferenciadas, da América, do Catar ou do Sul da França, são aquelas onde o ambiente não foi pavimentado e transformado em *shoppings*, a ponto de se parecer com Qualquer Lugar dos EUA.

Israel oferece um estudo de caso muito interessante sobre o assunto, pois se trata de um lugar com uma cultura forte, que remonta a milhares de anos, e com um ambiente que é mais conhecido do que qualquer outro no mundo, uma vez que todas as suas colinas e pedras são citadas na Bíblia. No entanto, hoje, a Sociedade para a Proteção da Natureza em Israel (SPNI) está combatendo a urbanização maciça que está tomando conta do país. Quem plantou uma árvore nas colinas entre Jerusalém e Telaviv deve visitá-la com urgência. Em breve, é possível que já tenha sido arrancada, pois em 2020 a área abrangendo Haifa, Telaviv e Jerusalém será uma enorme megalópole. Os israelenses estão construindo como se vivessem na Austrália — mais é melhor, maior é melhor, mais amplo é melhor. Se perdurarem as atuais tendências demográficas, a área de Israel fora do Deserto de Negev em breve apresentará uma das maiores concentrações demográficas do mundo. Infelizmente, os arcos dourados do McDonald's hoje podem ser vistos no alto de uma colina que se destaca na paisagem das vias de entrada e saída de Jerusalém pelo oeste.

Exatamente por não poder limitar a imigração judia, Israel precisa ser muito mais sensível a respeito do desenvolvimento sustentável; do contrário, a cultura israelense-sionista perderá o ambiente em que surgiu e a que está intimamente vinculado. "Todos os projetos aprovados que infringem o plano nacional e destroem os espaços abertos também aniquilam parte da herança judia — a paisagem bíblica dos dias de Davi e Salomão", explicou Avram Shaked, o coordenador de conservação do SPNI, quando ambos passamos uma manhã observando algumas escavadeiras arrancarem pedaços de terra das colinas da Judéia. "A Bíblia se refere às vinhas de Ben Shemen. Hoje, Ben Shemen é a maior rodovia do país. Ainda nos referimos à 'Terra de Israel' em termos metafísicos, mas nos esquecemos da verdadeira terra."

Nessa altura, Yoav Sagi, presidente do conselho da SPNI, interferiu: "Temos que transformar a cultura local, deslocando a ênfase da conquista da terra para a preservação da terra. Pois se Israel pretende tornar-se algum dia um país normal, sem guerras, a nossa sustentação se fundamentará na qualidade de vida e nos vínculos com a terra. Mas se mantivermos as tendências atuais, não desfrutaremos qualidade de vida e tampouco haverá terra com que nos relacionarmos." Quando se privam os lares de qualquer elemento distintivo, seja pela homogeneização, seja pela destruição ambiental, destrói-se não apenas a cultura, mas também a coesão social. A cultura, nas melhores circunstâncias, pode ser uma das formas mais poderosas de refreamento do comportamento humano. Dá estrutura e significado à vida. Sanciona todo um conjunto de hábitos, restrições de comportamentos, expectativas e tradições que estabelecem padrões e promovem a integração social no seu próprio interior. Quando a globalização desenfreada destrói culturas e ambientes, também esgarça a imprescindível trama que sustenta a vida comunitária.

E isso nos traz de volta à globalização sustentável. É impossível construir uma sociedade emergente — tão essencial na convivência com o sistema da globalização — quando ao mesmo tempo se destroem os alicerces culturais que sustentam a sociedade e lhe proporcionam a autoconfiança e a coesão para uma interação adequada com o mundo. Esse é o motivo pelo qual a minha preocupação com os países em desenvolvimento, esmagados pelo rolo compressor da globalização, vai além de um simples interesse por lugares pitorescos a serem desfrutados pelos turistas. A minha preocupação é com o fato de que sem ambiente não existe cultura sustentável, e sem cultura sustentável não existe comunidade sustentável, e sem comunidade sustentável não existe globalização sustentável.

Percebo esse processo com muita nitidez na minha própria comunidade. Hoje, o meu restaurante favorito, a poucos quilômetros da minha casa em Bethesda, Maryland, chama-se Corner Bakery (Padaria da Esquina). Para começar, gosto do nome Corner Bakery. Sugere algo caloroso e aconchegante, e, além do nome, vende trinta tipos diferentes de pão. O aroma ainda é o de uma padaria dos velhos tempos, o mesmo também quanto à aparência, com os metais dourados, a madeira escura polida e a simpatia do pessoal. Sim, essa é a minha Padaria da Esquina. Há apenas um problema com a minha Padaria da Esquina. Não está numa esquina. Está no Montgomery Mall, um *shopping center*. Embora o nome e a sensação do lugar tragam recordações da rua principal e da pracinha, ainda falta a alma. Quando se chega à Corner Bakery, não se vê aquilo de "Oi, vizinho — oi, Fulano — oi, Beltrano". São apenas um punhado de estranhos, que chegaram pela via expressa. Em outras palavras, finalmente ingressamos na Era Pós-McDonald's. E aparentemente estamos retornando a alguns ingredientes das nossas raízes — mas a comunidade e o ambiente que sustentavam a velha padaria da esquina não estão por trás da franquia da Padaria da Esquina, da Corner Bakery. Assim, trata-se apenas de uma fachada Potemkin,* ancorada não na comunidade, mas no concreto.

* Com aparência grandiosa e imponente, mas que carece de substância. Expressão inspirada em Grigori Aleksandrovich Potemkin (1729-1791), oficial do exército e político russo, favorito de Catarina II. Ia à frente de Catarina II em suas viagens pelo país e erguia falsas vilas no percurso, para impressionar a imperatriz. (N.T.)

Receio que a Malásia e a Tailândia, a Índia e Israel, o Catar e a Indonésia acabem chegando a um estágio no processo de desenvolvimento em que também anseiem pelas suas padarias da esquina — as aparências, os odores, as cores, os quiosques nas ruas, a arquitetura e a paisagem dos velhos tempos. Todos aqueles elementos que constituíram as sementeiras em que germinaram e se nutriram os seus traços culturais inconfundíveis, as suas oliveiras. Mas talvez esses países descubram que as suas peculiaridades foram destruídas para sempre, não por novos elementos resultantes da evolução da própria cultura, ao longo de um processo histórico, mas pelo esmagamento da sociedade por uma cultura global estéril.

Vã é a esperança de preservar todas as culturas do mundo, em toda a sua originalidade. Como também é inviável a intenção de proteger uma cultura que carece da vontade e da coesão interna para defender-se a si própria. Como ocorre com as espécies, a disseminação, a evolução e a extinção das culturas são estágios do processo evolutivo. Mas hoje, graças à globalização, estamos em meio a um fenômeno de turboevolução. Quase que não é justo. Num mundo sem muralhas, até mesmo algumas culturas fortes não resistem às forças do Rebanho Eletrônico. Precisam de ajuda para sobreviver ou serão destruídas a uma velocidade superior à sua capacidade de regeneração pelo processo evolutivo, e acabaremos como num zoológico com um único animal.

Ninguém compreende melhor esse fenômeno do que James Wolfensohn, presidente do Banco Mundial. Um dia, Wolfensohn me falou sobre uma viagem à Guatemala, pouco depois de assumir o cargo de presidente do Banco Mundial. "Estava nas terras altas do país e me encontrei com os anciãos maias. Era um vilarejo tremendamente pobre, desprovido de tudo. O povo não tinha nada. Viemos examinar como poderíamos ajudá-los a melhorar a saúde e a educação. Ao abordarmos a questão da educação, constatamos que era o tema que lhes despertava maior interesse. Até mais que a água. Queriam a nossa ajuda para proteger a educação maia, que era uma tradição oral que se transmitiu entre as gerações durante 3 mil anos. Era um povo de uma pobreza extrema, mas que tinha uma história e uma cultura incrivelmente ricas — já estudavam matemática e astronomia muito antes do Ocidente — e queriam a nossa ajuda para continuarem repassando essa herança aos descendentes. O mundo será um lugar mais pobre se não conseguirmos ajudá-los."

E assim Wolfensohn iniciou um programa de empréstimos culturais no Banco Mundial — além dos empréstimos normais destinados ao desenvolvimento — com base na premissa de que a extinção do conhecimento e da cultura daqueles anciãos maias seria como a perda do DNA de uma espécie animal ou vegetal rara. Entre os projetos de empréstimos culturais do Banco Mundial atualmente em andamento estão a restauração do Museu Nacional do Brasil, a recuperação das mesquitas de Samarkand, a preservação de sítios culturais em Belém, um dicionário lingüístico em Uganda, o desenvolvimento de projetos culturais para os povos indígenas do Peru e da Bolívia e o apoio a artesãos e artistas populares do Marrocos. O triste é que todos os anos Wolfensohn tem que enfrentar o Conselho de Administração do Banco Mundial, composto de ministros das Finanças, para manter os financiamentos destinados a esses programas. Wolfensohn comenta que insiste junto aos membros do conselho mais ou menos nos seguintes termos: "Vocês conseguem imaginar a Inglaterra sem a sua história? Vocês já pensaram em como seria ir à França sem a sua cultura? Se isso é inconcebível, por que negar recursos aos países em desenvolvimento, muito mais carentes? Os povos não progredirão sem o reconhecimento da base cultural e do passado histórico." A melhor parte do programa de Wolfensohn é o fato de que os países que obtiveram ajuda cultural utilizaram pelo menos 15% dos recursos para financiar artistas, pintores, artesãos e poetas contemporâneos, ou seja, o Banco Mundial não está apenas colocando as culturas em museus, mas alimentando-as como realidades vivas.

A globalização será sustentável, em parte, na medida em que cada um de nós instalar os filtros necessários à proteção das respectivas culturas e ambientes e, ao mesmo tempo, extrair o melhor de todas as demais culturas. Se a globalização for apenas um modo mais eficiente de intercâmbio cultural — ou seja, eu experimento o *sushi* e o *kabuki* daquela garotinha japonesa, enquanto ela experimenta o meu McDonald's e a Disney — de modo que as pessoas de fato disponham de maiores opções; se a globalização se transformar numa confederação de culturas distintas e não na homogeneização de todas as culturas; e se a globalização promover um universo culturalmente mais diversificado, em vez de um planeta padronizado e sem alma, estará assegurada a sua sustentabilidade. Como afirma Yaron Ezrahi: "Ou a globalização nos homogeneiza apenas na superfície, deixando intactas as raízes culturais locais, ou a globalização nos homogeneiza até o cerne mais profundo, tornando-se letal em termos ambientais, culturais e políticos."

É bom que a Disney World tenha um pavilhão chinês, um pavilhão francês e um pavilhão mexicano. Mas Deus nos livre de um mundo em que o pavilhão chinês na Disney World seja apenas uma lembrança do que a China já foi no passado; onde o novo Reino Animal da Disney World seja apenas uma lembrança das selvas hoje inexistentes e onde o Café Rain Forest seja a única floresta tropical que seus filhos verão em toda a vida.

Capítulo 12
Os Vencedores Levam Tudo

Eu quero o fechamento do Nikkei e o resultado do Detroit.

— *Michael Jordan, num comercial em que representa um executivo da Wall Street*

Dennis, vim da Polônia para vê-lo.

— *Faixa na multidão, dirigida a Dennis Rodman, no United Center, o estádio do Chicago Bulls, 11 de abril de 1998*

Tenho ingresso permanente para os jogos da equipe de basquete Washington Wizards, da NBA,* para toda uma temporada, e o verão de 1996 foi um momento negro para todos os torcedores do Wizards. O craque atacante Juwan Howard, do Wizards, estava com o passe livre na temporada e a equipe milionária Miami Heat tentava atraí-lo, com uma proposta na casa dos US$ 120 milhões, durante sete anos. A oferta inicial dos Wizards era de "apenas" US$ 75 milhões a US$ 80 milhões. No auge das negociações sobre a contratação do Howard, encontrei-me por acaso com o comentarista político Norman Ornstein, do American Enterprise Institute, também torcedor do Wizards, e lamentávamos a perda aparentemente inevitável do Howard para o Miami.

"Você sabe", Ornstein disse a certa altura, "é tudo culpa do Nafta."

Ambos rimos, sabendo que havia muita verdade por trás da afirmação de Ornstein. Em termos simples, a globalização vai muito além da criação de um mercado aberto e unificado para muitos produtos e serviços. Em conseqüência, quando um país se conecta ao sistema, aqueles com habilidade e talento para vender produtos e serviços nesse mercado global unificado são de fato capazes de ganhar dinheiro, pois têm acesso a um mercado do tamanho de todo o mundo. A boa sorte de Juwan Howard foi que o aprimoramento do seu arremesso no pulo e da sua capacidade de recupera-

* National Basketball Association. (N.T.)

ção da bola após o repique na cesta coincidiu com a queda do Muro de Berlim, com o Nafta, com a União Monetária Européia, com o Gatt, com o colapso do comunismo e com outras forças de consolidação dos mercados, possibilitando que o basquete da NBA se transformasse num esporte global e que os torcedores de Moscou, do México e de Miami ajudassem a pagar o salário do Howard. Em 1998, a NBA vendeu mais de US$ 500 milhões em produtos licenciados, fora dos Estados Unidos, como bolas, tabelas para cestas, camisetas, uniformes e bonés, sem falar nos milhões de dólares provenientes do direito de transmissão de jogos por satélite e cabo.

Realmente, hoje, o basquete da NBA começou a se aproximar do futebol como o esporte global mais difundido. Mas qual o seu grau de globalização? Sabe as bonecas Matrushka vendidas na Rússia — aquelas bonecas de madeira, com uma boneca dentro de uma boneca maior, dentro de uma boneca maior? Bem, quando estive em Moscou em 1989, as bonecas mais vendidas eram de diferentes líderes soviéticos e dos últimos czares. Era possível comprar o Lenin dentro do Stalin, dentro do Khrushchev, dentro do Brejnev, dentro do Gorbachev. Mas quando voltei à Rússia para as eleições presidenciais de 1996, descobri que as Matrushkas mais vendidas fora do Kremlin eram Dennis Rodman dentro de Scottie Pippen, dentro de Toni Kukov, dentro de Luc Longley, dentro de Steve Kerr, dentro de Michael Jordan! Você não gosta dos Chicago Bulls? Não tem problema. Naquele ano, os camelôs de Moscou estavam vendendo todas as equipes da NBA como conjuntos de bonecas Matrushka.

Mas ao mesmo tempo em que ajuda a explicar a boa sorte do Howard, a globalização também facilita a compreensão de um dos mais sérios subprodutos da conexão dos países ao novo sistema — o fato de que, durante os anos 80 e 90, à medida que a globalização substituía o sistema da Guerra Fria, a defasagem de renda entre ricos e pobres nos países industrializados aumentou de forma acentuada, após várias décadas em que essa diferença permaneceu mais ou menos estável.

Os economistas explicarão que são várias as razões para essa ampliação da defasagem de renda, muitas relacionadas com a globalização. Entre elas estão os deslocamentos demográficos maciços das áreas rurais para as urbanas; a rapidez das mudanças tecnológicas, favorecendo cada vez mais os trabalhadores com maior conhecimento, em comparação com os menos qualificados; o declínio dos sindicatos; a imigração crescente para os países desenvolvidos, diminuindo alguns salários; e a expansão do comércio internacional.

Todos esses fatores devem ser levados em conta na tentativa de explicar o aumento da distância entre os favorecidos e os desfavorecidos, mas neste capítulo quero limitar-me ao aspecto que talvez seja o mais importante e que sem dúvida tem sido o mais visível nas minhas viagens. É o fenômeno "o vencedor leva tudo" — o que significa que, hoje, os vencedores em qualquer campo realmente ganham dinheiro, pois são capazes de vender nesse enorme mercado global, enquanto aqueles que são menos talentosos, ou não possuem qualificações, estão restritos às vendas apenas nos mercados locais e, portanto, tendem a ganhar muito, muito menos. O *USA Today* observou que a primeira proposta do Miami Heats pelo Howard, de US$ 98 milhões durante sete anos, pagaria o salário de um professor do ensino fundamental (US$ 30 mil por ano) durante 3.267 anos.

Os economistas Robert H. Frank e Philip J. Cook comentam, no seu livro clássico *The Winner-Take-All Society*, que a globalização "desempenhou um papel importante no aumento da desigualdade", ao criar um mercado global do tipo o vencedor-leva-tudo. Eles mostraram que, com a redução ou eliminação das barreiras e tarifas comerciais em todo o mundo, com a diminuição dos custos das viagens, com a desregulamentação dos mercados internos e com a liberalização e disseminação dos fluxos de informação através das fronteiras, a custos reduzidos, está surgindo um único mercado global unificado para muitos setores e profissões. O vendedor itinerante que antes se limitava à área de cinco estados, hoje recorre ao fax, ao telefone por satélite e à Internet para desenvolver uma clientela nacional ou global. O médico que até recentemente restringia a sua atuação a um único hospital, agora é capaz de dar diagnósticos e recomendar tratamentos através de redes de transmissão de dados que se estendem por todo o mundo. O cantor cuja audiência antes se limitava ao próprio país, agora usa a tecnologia do CD e sistemas de cabos globais de pagamento por pedido (*pay-per-view*), não apenas para alcançar as audiências globais, como os Beatles, mas também para lucrar com elas de várias formas. Ao mesmo tempo, argumentam Frank e Cook, a eliminação das regras formais e informais que limitavam as propostas competitivas pelo melhor, em qualquer setor de atividade específico — como as cláusulas de reserva nos esportes profissionais, que restringiam a possibilidade de o jogador se oferecer ao melhor proponente, ou as regras informais de um setor, que obrigavam as empresas a promover executivos de dentro, em vez de vasculhar o mundo em busca do melhor e mais brilhante — contribuíram, do mesmo modo, para a formação de um mercado de leilões global e aberto. (Os consumidores também se beneficiam com o fenômeno. Quem estiver doente com alguma moléstia grave gostará de consultar os melhores especialistas, em qualquer parte do mundo, por meio da Internet; e o acionista de uma das 500 maiores da *Fortune*, em situação difícil, ficará aliviado em poder atrair os melhores executivos do mundo, de lugares tão distantes quanto a Austrália, em vez de se sentir obrigado a promover algum paspalho da própria hierarquia.)

Todos esses fatores juntos levam à situação em que o mercado potencial para qualquer produto ou serviço, para qualquer autor ou ator, para qualquer médico ou advogado, para qualquer atleta ou acadêmico, agora se estende de uma a outra extremidade do mundo. Essa abertura e essa oportunidade de mobilidade sem precedentes capacita, estimula e, sob muitos aspectos, exige que os profissionais, as empresas e os setores de atividades tentem abranger esses mercados mundiais — sob pena de que os concorrentes o façam. E quando um desses participantes emerge como o vencedor — como "*A* Empresa de Contabilidade", "*O* Médico", "*O* Ator", "*O* Advogado", "*O* Cantor", "*O* Vendedor", "*O* Jogador de Basquete", "*O* Homem", "*A* Mulher", em qualquer campo específico, esse vitorioso será capaz de conquistar, potencialmente, não apenas os Estados Unidos ou a Europa, não apenas o Japão ou a China. Na realidade, terá condições de colher enormes lucros e *royalties* de todos os lugares, ao mesmo tempo. O *slogan* da propaganda da Ford, de duplo significado, ilustra melhor a questão: "Ford: Winning the World Over".*

"Nessa aldeia global", escrevem Frank e Cook, "os principais jogadores — aqueles que oferecem o melhor produto — obtêm enormes lucros. Veja o caso da Acme Radials, uma empresa de pneus hipotética, em Akron, Ohio.

---

* "Ford: Vencendo em Todo o Mundo", ou "Ford: Conquistando o Mundo" (no sentido de conseguir o apoio, por convencimento ou persuasão). (N.T.)

Se a Acme fosse a melhor, digamos, no Nordeste de Ohio, a empresa, no passado, asseguraria para si um negócio razoável. Mas os sofisticados consumidores da atualidade cada vez mais querem comprar pneus apenas de um punhado dos melhores produtores em todo o mundo. Se [a Acme] for uma das melhores, a empresa se incluirá entre as vitoriosas e os seus lucros dispararão; do contrário, o seu futuro será sombrio."

Como observam os dois autores, enquanto os vencedores obtêm resultados extraordinários nesse mercado global, os que apenas possuem habilidades medíocres e permanecem em posição marginal conseguem resultados muito inferiores, e aqueles com pouca ou nenhuma qualificação se dão muito mal. Assim, é maior a distância entre o primeiro e o segundo lugar e gigantesca a distância entre o primeiro lugar e o último lugar. É claro que, em muitas áreas, raramente há apenas um vencedor, mas os que estão mais perto do topo conquistam uma fatia desproporcionalmente grande. Quanto mais os diferentes mercados se globalizam e se tornam do tipo o vencedor-leva-tudo, maior a desigualdade dentro dos países e, sob esse aspecto, entre os países.

Essas desigualdades são um dos subprodutos sociais mais inquietantes do sistema. Segundo um artigo do *National Journal*, a renda das famílias mais pobres, que correspondem a um quinto das famílias trabalhadoras americanas, caiu 21% entre 1979 e 1995, ajustada pela inflação, enquanto a renda da quinta parte mais rica subiu 30% durante o mesmo período. Na edição de 30 de maio de 1998, a revista *The Economist* relatou que os Estados Unidos tinham 170 bilionários, em comparação com 13 em 1982. "Só que agora a economia está indo tão bem que todos progridem", continuou a revista. "Mas a desigualdade aumentou de forma acentuada nos últimos 30 anos, e o fenômeno não passou despercebido. Nas charges dos jornais, Bill Gates passou de herói excêntrico a monopolista fanfarrão — muito rockefellesco. *Titanic*, o megassucesso cinematográfico, ofereceu uma revigorante visão marxista dos acontecimentos, e a satisfação do público americano quando um ou dois passageiros ricos afundaram foi, hum, de dar calafrios." Sadruddin Aga Khan, presidente da Bellerive Foundation, que estuda os efeitos da globalização, afirmou que, em determinado momento, a fortuna de Bill Gates era igual à soma do patrimônio líquido dos 106 milhões de americanos mais pobres.

Há muitos outros exemplos do impacto da globalização sobre a defasagem de renda e das conseqüências sociais daí resultantes. Mas, como já foi dito, é possível aprender tudo sobre o assunto, estudando apenas um grupo de pessoas — a National Basketball Association (NBA) e, em especial, o banco do Campeão Mundial de Basquete de 1997-98, o Chicago Bulls.

Os jogadores e proprietários da NBA estão entre os maiores beneficiários do atual sistema de globalização — sistema que ninguém compreendeu nem aprendeu a explorar melhor do que o dirigente da NBA David Stern. Conforme Stern me explicou numa entrevista, graças à democratização da tecnologia em todo o antigo mundo comunista, a NBA constatou subitamente que dispunha de "vários meios para transmitir os seus jogos — cabos, satélites, antenas parabólicas, Internet, fibra óptica e a televisão tradicional — em muitos países". Ele contou que a NBA hoje tem ligações com mais de 90 empresas difusoras em todo o mundo, que levam o basquete da NBA a mais de 190 países, em 41 idiomas diferentes. Até mesmo a China transmite um jogo da semana nas manhãs de sábado. Graças à democratização das finanças, ao colapso do comunismo e à queda das barreiras às viagens e ao comércio, criou-se um enorme mercado transnacional para todos os tipos de bens de consumo. As empresas que querem vender nesse mercado estavam ansiosas para associar os seus produtos com um símbolo global, capaz de ser comercializado através de muitas fronteiras e fusos horários ao mesmo tempo. O logotipo e os jogadores da NBA se transformaram no símbolo global em condições de agitar essas marcas globais — pastas de dentes, sapatos ou desodorantes — e conferir-lhes credibilidade instantânea junto aos consumidores de Buenos Aires a Beijing. E a democratização da informação — além do sucesso de Michael Jordan — possibilitou o surgimento de um só porta-voz, admirado de uma a outra extremidade do planeta, não importando as diferenças nacionais.

"Assim, a Sprite está apresentando um comercial ao mesmo tempo na Dinamarca e na Polônia, ambos utilizando o logotipo da NBA, que confere aos produtos um selo de qualidade reconhecido em qualquer mercado", explicou Stern. "Para reforçar isso, a NBA agora tem escritórios de marketing em Paris, Barcelona, Londres, Formosa, Tóquio, Hong Kong, Melbourne, Toronto, Nova Jersey, Miami — para a América Latina — e Cidade do México. E agora realizamos oito jogos da temporada normal em Tóquio e dois na Cidade do México."

Em 1990, os jogos da NBA foram transmitidos para 200 milhões de domicílios em 77 países. Em 1998, os números haviam subido para 600 milhões de domicílios em 190 países. Mais de 35% dos torcedores que se conectam com o *site* oficial da NBA na Internet, www.nba.com, moram fora dos Estados Unidos. Usuários de computador em 50 países entram com regularidade no www.nba.com. Desde 1994, quadruplicou o número de jogadores internacionais na NBA.

Para me aprofundar na questão, entrevistei Steve Kerr, o especialista em arremessos de três pontos, que jogou com Michael Jordan durante muitos anos no Chicago Bulls. A carreira de Kerr na NBA começou um pouco antes da queda do Muro de Berlim, quando o basquete profissional ainda era basicamente um esporte americano, e hoje atingiu seu apogeu, quando o basquete se transformou em jogo global. Kerr me contou o seguinte: "Estive em Tóquio uns dois anos atrás, para atuar num campo de basquete dirigido por Sean Elliott (outro craque da NBA), e fiquei impressionado com a freqüência com que era reconhecido pelas pessoas na rua. Certa manhã, acordei às cinco horas para ir ao mercado pesqueiro de Tóquio, para assistir ao leilão de peixes. Era uma espécie de atração turística. Você vai lá e encontra aqueles atuns enormes que são vendidos por US$ 50 mil cada um. Lá estavam os peixes naqueles estrados espalhados pelo chão, enquanto eu andava pelo lugar, observando os atuns, e todos aqueles pescadores falando em japonês e leiloando os peixes. Mas, por onde eu passava, os pescadores [japoneses] — pescadores! — se aproximavam e me cumprimentavam, 'Ahh, Steve Kerr — Chicago Bulls'. Eram cinco horas da madrugada, no mercado pesqueiro de Tóquio!"

Quando o Chicago Bulls participou de um torneio de exibição em Paris, em outubro de 1997, antes da temporada (o torneio se chama Campeonato McDonald's — o que você acha?) cerca de mil jornalistas e fotógrafos foram credenciados para os jogos — mais do que nas finais da NBA. Kerr se recorda: "Era uma sensação estranha caminhar pelas ruas de Paris e ser reconhecido por todos."

Meu amigo Allen Alter, editor de assuntos internacionais da CBS News, estava tentando obter vistos para enviar uma equipe à Coréia do Norte, no inverno de 1997. Ele fez o que faria qualquer bom editor — tentou convencer, com insistência, os dois diplomatas norte-coreanos de nível mais elevado nas Nações Unidas, responsáveis pela concessão dos vistos. Uma noite, durante o jantar, os dois diplomatas mencionaram o seu interesse pelo basquete da NBA, e Alter lhes enviou uma fita das finais da NBA em 1997: Chicago Bulls *versus* Utah Jazz. Na manhã seguinte, os norte-coreanos, que, segundo Alter, quase nunca respondiam aos recados por telefone ou aos fax, lhe enviaram espontaneamente um fax, agradecendo muito pela fita e informando que "ela já está a caminho de Pyongyang, por mala diplomática". Poucas semanas depois, uma delegação da Coréia do Norte visitava Nova York e um dos diplomatas informou a Alter: "Estamos muito interessados nos líderes de torcida — eles são muito fascinantes para o nosso país." Evidentemente, o "Líder Querido" da Coréia do Norte, Kim Jong II, que já era conhecido por seu entusiasmo por Godzilla e por David Copperfield, desenvolveu o gosto pelos líderes de torcida, ao assistir à fita dos destaques da NBA.

O principal colunista político de Israel, Nahum Barnea, do jornal *Yediot Aharonot*, é um torcedor apaixonado da NBA, capaz de saciar com facilidade a sua paixão, pois muitos dos jogos da NBA agora são transmitidos ao vivo para a televisão israelente, apesar da diferença de sete horas. Barnea me contou que estava visitando a sua mãe no asilo de idosos no dia do sexto jogo das finais de 1998, entre Chicago Bulls e Utah Jazz. Enquanto conversava com a mãe, sintonizou a televisão da sala no jogo Bulls-Jazz, para conciliar a visita com o esporte. Quando começou o jogo e a mãe viu o filho tão absorvido numa partida de basquete, ela perguntou a Nahum: "Qual é a equipe de Israel?" Jamais ocorrera à Sra. Barnea que o filho tivesse um interesse tão grande por um jogo de basquete em que pelo menos uma das equipes não fosse de Israel.

Mas a globalização da NBA tem efetivas repercussões sociais. Basta examinar o banco do Chicago Bulls. Numa ponta do banco estava Michael Jordan. A revista *Forbes* estimou em US$ 47 milhões a receita de Jordan com a venda de produtos durante 1997, enquanto o seu salário no mesmo ano foi de US$ 31.3 milhões — uma renda total de aproximadamente US$ 80 milhões.

Em 1998, pouco antes da aposentadoria de Jordan, a revista *Fortune* estimou em "US$ 10 bilhões" o impacto total de Jordan na economia americana, desde o seu ingresso na NBA, em 1984 — levando em conta o estímulo às vendas de ingressos, os direitos de transmissão para o exterior, os altos índices de audiência de televisão e a venda de produtos como calçados Nike, roupas e outros, de âmbito mundial. *The Sporting News* relatou que "o valor de Jordan ficou claro com o seu retorno à NBA, em março de 1995, após uma ausência de 18 meses do basquete. O valor de mercado das empresas que contavam com o seu nome — McDonald's, Sara Lee, Nike, General Mills e Quaker Oats — aumentou em US$ 3.8 bilhões em duas semanas". Foi bastante ilustrativo e apropriado o anúncio da Upper Deck Company, fabricante de baralhos com ilustrações de beisebol e basquete, publicado em *The Sporting News*, que mostra Michael Jordan segurando o mundo com as mãos, só que o mundo era do tamanho de uma bola de basquete. Ao lado do globo nas mãos de Jordan aparecem as seguintes palavras: "Tamanho real?"

Michael Jordan é, sem dúvida, o vencedor que levou tudo. Mas cada equipe da NBA tem 12 jogadores. No mesmo banco com Jordan, naquela última temporada — exatamente 11 lugares depois dele — estava alguém cujos arremessos eram apenas um pouco menos eficazes, alguém cujos lances no pulo eram ligeiramente menos precisos, alguém cujos lances livres eram somente um pouco menos constantes, alguém cujas habilidades defensivas eram só um pouco menos notáveis. Mas esse alguém ainda era um grande jogador de basquete. Afinal, era da NBA e pertencia à equipe campeã Chicago Bulls. Seu nome era Joe Kleine. Ele se sentava 11 assentos depois de Jordan e o seu salário em 1997 era aproximadamente o mínimo da NBA, US$ 272,250 por ano — ou cerca de US$ 79,727,750 a menos do que o total de Jordan. O mesmo jogo, a mesma liga, a mesma equipe, o mesmo banco! Um dos motivos para essa enorme defasagem era o fato de que Michael Jordan tinha um mercado global para os seus serviços e autógrafos, ao passo que o mercado para os serviços e autógrafos de Joe Kleine ia somente um pouco além do United Center, em Chicago.

Depois do jogo Chicago Bulls-Orlando Magic, em 11 de abril de 1998, fui ao vestiário do Bulls para conversar com Joe Kleine & Co. As realidades do mercado global se refletiam brutalmente no ambiente. Antes da abertura do vestiário, após o jogo, cerca de 30 jornalistas da mídia impressa e da televisão aguardavam na fila, no saguão externo. Quando finalmente se abriu a porta do vestiário, os 30 repórteres se espremeram num semicírculo em torno de Michael Jordan. Na multidão, se encontrava uma equipe de televisão japonesa, falando japonês entre si. Era liderada por uma jovem repórter, que ficava vermelha quando aqueles jogadores gigantescos, com mais de 2,10 m de altura, saíam do chuveiro com uma toalha mínima displicentemente enrolada na cintura. Não se vê isso no Japão todos os dias!

Mas imagine a cena: Um vestiário. Doze armários com um banco na frente. No entanto, os 30 jornalistas estão apinhados em torno do armário vazio de um jogador — Michael Jordan. Todos os microfones e câmeras apontados para aquele espaço vazio, todos aguardando o momento da sua chegada, todos na expectativa de uma declaração a ser transmitida para todo o mundo. Enquanto isso, os outros 11 jogadores se vestem junto aos seus armários, praticamente sem nenhuma atenção. (Scottie Pippen finalmente atrai alguns repórteres com a sua chegada.)

Por curiosidade, fui até Joe Kleine, apresentei-me e perguntei-lhe se ficava aborrecido com a disparidade de renda cada vez maior entre jogadores como ele e Jordan. Kleine mostrou que compreendia muito bem o princípio do vencedor-leva-tudo. Segundo ele, "os salários estão aumentando para todos na Liga, mas os supercraques deram um grande salto. No entanto, de qualquer maneira, escolhi vir para cá e jogar pelo mínimo. Foi a minha opção; logo, não posso ficar ressentido".

Na sociedade, como na NBA, essa disparidade de renda provoca algumas conseqüências sociais reais. Nas equipes em que os jogadores com os salários mais baixos não desfrutam a compensação psicológica de jogar com Michael Jordan ou de conquistar faixas de campeão, a questão às vezes fica séria. Pois, quando os supercraques ganham mais, sobra menos para os demais, e esse foi o principal motivo da paralisação da NBA em 1998-99. Em 1998, o número de jogadores da NBA (cerca de 25%) ganhando o mínimo foi o mais elevado de toda a História. Como observou a revista *Petersen's Pro Basketball:* "A NBA está começando a refletir a sociedade americana em geral: os ricos estão ficando mais ricos, muitas pessoas são (relativamente) pobres e a classe média parece ameaçada de extinção. 'No ano passado (1996-97) cerca de um terço da Liga — 110 de um total de 348 jogadores — estava recebendo o mínimo', protestou Don Cronson, agente de jogadores da NBA. 'Da maneira como vão as coisas, este ano o número talvez chegue a 150. Entre a imposição do piso salarial e as quantias incríveis pagas aos supercraques, praticamente não sobra dinheiro para os que se enquadram na categoria de US$ 1 milhão a US$ 2 milhões, geralmente entre o quarto e o sétimo melhores jogadores do conjunto. Assim, temos os três primeiros e os cinco últimos, [que estão] felizes apenas por participarem da Liga, ganhando as suas migalhas. Mas os quatro a sete caras do meio são exatamente aqueles cuja felicidade é mais importante para a equipe — e nessas condições eles não ficarão felizes, caso ainda continuem no grupo. Os ciúmes e os desentendimentos serão muito freqüentes, como nunca antes. Uma enorme disparidade salarial significa sempre muitos problemas no vestiário. Faz parte da natureza humana. E com certeza da natureza dos jogadores profissionais de basquete da atualidade.' O melhor exemplo de discriminação de classes na temporada passada ocorreu nos Houston Rockets, com o seu trio de supercraques, totalizando US$ 21 milhões em salários, apenas dois representantes da classe média em extinção (Kevin Willis e Mario Elie) no poleiro e nada menos do que oito jogadores de salário mínimo batalhando por aquela remuneração de principiante. 'Pelo que ouvi, era de fato uma equipe infeliz', comentou Cronson."

É realmente um "problema difícil", reconheceu Steve Kerr, que jogou em duas outras equipes da NBA antes do Bulls. "Muitas equipes têm jogadores ganhando o mínimo da NBA que já estão dando início à partida (*starters*), enquanto muitos jogadores antigos ganham US$ 4 milhões e já estão abandonando o banco. E é impossível evitar o sentimento de revolta entre os caras que ganham o mínimo e já estão iniciando a partida e o sentimento de culpa entre iniciadores que ganham US$ 4 milhões e já estão deixando o banco." Interrogado se alguma vez se ressentiu da diferença entre ele e Jordan, Kerr também deixou claro que entendia a globalização e o seu lugar no cosmos. "Não, honestamente não", afirmou. "Penso nos milhares de caras lá fora que também são excelentes jogadores e não conseguem entrar na Liga. Nessas horas, tudo que penso é como sou feliz."

Essa defasagem nos bancos da NBA também se reflete no distanciamento crescente da propriedade. Os donos da NBA costumavam ser empresários locais da própria comunidade. Hoje, cada vez mais, os donos da NBA são corporações, com as receitas globais necessárias para pagar salários globais, num esporte global. Quem é o dono do New York Knicks? A Cablevision System Corporation. Quem é o dono do Atlanta Hawks? Time Warner. Quem é o dono do Portland Trail Blazers? Paul Allen, um dos fundadores da Microsoft. Quem é o dono do Philadelphia 76ers? Comcast Cable. Quem é o dono do Seattle SuperSonics? A Ackerly Group Inc., o conglomerado da mídia. Quem é o dono do Miami Heat? Micky Arison, da Carnival Cruise. Abe Pollin, o dono do Washington Wizards, é um dos últimos proprietários locais que ainda restam. Um dos pilares da comunidade de Washington e generoso filantropo da cidade, Pollin ganhou dinheiro com empreendimentos imobiliários em Washington e teve que prometer a Juwan Howard o equivalente a quase todo o seu patrimônio líquido apenas para retê-lo por sete anos e impedir que debandasse para o Miami. Mas proprietários como Pollin, que são parte das próprias comunidades, são uma espécie em extinção, o que compromete a comunidade como um todo.

"Poucas vezes, ou nunca, Charles Dolan — *chairman* da Cablevision, proprietária do Knicks — pôs os pés no vestiário do Madison Square Garden", comentou o *The New York Times* (10 de janeiro de 1999). "Na época em que predominava uma atmosfera mais familiar, nos anos 60 e 70, os proprietários convidavam os jogadores para saírem juntos em férias. Agora, muitos jogadores jamais se encontraram com os proprietários das suas equipes." Realmente, quando o apanhador (*catcher*) Mike Piazza foi transferido do Los Angeles Dodgers para o Florida Marlins e depois para o New York Mets, em maio de 1998, ele se queixou de que os proprietários do Dodgers ficavam tão longe que era impossível se comunicar com eles. Quem eram os donos do Dodgers? O conglomerado australiano de Rupert Murdoch, Newscorp., que Piazza descreveu como "inacessível, distante, como o Mágico de Oz".

Finalmente, a defasagem no banco e o distanciamento da propriedade também se refletem em disparidades na arquibancada. Os fãs de Michael Jordan talvez nunca o tenham invejado pelo seu salário, sobretudo enquanto ele continuar conquistando campeonatos. Mas o abismo crescente entre vencedores e derrotados na economia global, que se traduz nesses salários nos esportes, tem repercussões sociais. Os ricos e os pobres cada vez mais vivem existências separadas, mandando os filhos para escolas diferentes, morando em comunidades diferentes, comprando em lojas diferentes e indo a eventos esportivos diferentes — ou, pior ainda, não indo a eventos esportivos. Houve uma época em que ir ao jogo era uma atividade que reunia toda uma comunidade. No entanto, cada vez mais, o jogo se torna inacessível aos torcedores, pois, para pagar os enormes salários, o preço dos ingressos está ficando inacessível para o público em geral, com exceção dos ricos; e ainda por cima os estádios estão sendo divididos por classes, com o povão que só compra ingressos a US$ 0.75 se apinhando nas arquibancadas descobertas e comendo amendoins, enquanto os ricos se refestelam confortavelmente nos seus camarotes, com muito espaço para as pernas, degustando acepipes servidos por garçonetes. Até mesmo os jogadores, muitos de origem humilde, comentam sobre o abismo social entre eles e a multidão — composta sobretudo de brancos — que paga para vê-los. "Você mergulha numa arquibancada atrás de uma bola", contou ao *Sports Illustrated* um jogador negro não identificado, "e de repente aterrissa no telefone celular de um banqueiro. Enquanto isso, o cara com quem você cresceu não tem dinheiro para comprar um ingresso para o jogo. É, você fica pensando nessas coisas". Para pagar o salário de US$ 121 milhões, em sete anos, de Shaquille O'Neal, o Los Angeles Lakers teve que aumentar o preço dos ingressos mais baratos de US$ 9.50 para US$ 21 por jogo, e o das poltronas mais caras junto à quadra, de US$ 500 para US$ 600 por jogo. Em conseqüência, observa o cientista político da Universidade de Harvard Michael J. Sandel, o estádio, que costumava ser um fator tão importante na homogeneização da sociedade, "deixou de ser aquele tipo de espaço público compartilhado, que reunia pessoas das diferentes praias da vida".

Realmente, a defasagem entre os craques esportivos do mundo e os seus torcedores quase se tornou algo do outro mundo. "Outro dia estava lendo um artigo sobre o pugilista Evander Holyfield, que construiu uma casa de quase 20 mil metros quadrados", contou-me Steve Kerr. "Estou certo de que ele estava bem-intencionado, mas, segundo o artigo, ele declarou que queria levar crianças pobres à sua casa, para que percebessem o que seriam capazes de conquistar com o trabalho árduo. Uma casa de 20 mil metros quadrados! A única maneira de se conseguir isso é se tornando o campeão mundial de peso pesado, e só um chega lá. E tudo se volta para o que você pode comprar. Alguns jogadores vão às escolas e dizem às crianças: 'Fiquem na escola para que vocês consigam comprar tudo isso que eu tenho.' Não sei se essa é a mensagem certa. O recado devia ser: Fiquem na escola, para que consigam fazer o que quiserem fazer na vida."

Quando não tenho condições de usar os meus ingressos para os jogos do Washington Wizards, geralmente os dou a um porteiro amigo meu. Ele fica muito agradecido e eu, muito triste. Triste por vê-lo tão grato simplesmente por fazer algo tão comum para o meu pai e eu, na minha infância — ir ao jogo do Minneapolis Lakers, sem outra coisa na cabeça, numa época em que meu pai ganhava apenas US$ 13 mil por ano.

Alguma coisa está errada quando tantas pessoas são excluídas dessa experiência tão singela. As comunidades se esgarçam em mais um fio; assim, ninguém se surpreende quando pega o *Washington Times* de 12 de novembro de 1997 e lê o seguinte: "Dois espectadores morreram na Filadélfia após uma discussão sobre quem era o melhor jogador, Allen Iverson, do Philadelphia 76ers, ou Gary Payton, do Seattle SuperSonics. No domingo, as palavras se converteram em tiros, depois do jogo entre o 76ers e o Sonics. Derrick Washington, de 21 anos, e seu primo, Jameka Wright, de 22 anos, morreram no tiroteio, na comunidade de casas populares Southwark Plaza."

Sei que, sob muitos aspectos, essa economia de dois extremos foi realmente o padrão predominante durante boa parte da história americana e que a ascensão de uma grande classe média é, na verdade, um fenômeno de meados do século XX. Meu pai jamais compreenderia o fato de não ter dinheiro para ir a um jogo de basquete, mas tenho certeza de que meu avô não estranharia. Infelizmente, parece que meus netos também não se surpreenderão com essa situação.

Recorro ao exemplo da NBA não porque me solidarize com os jogadores que ganham apenas US$ 272,250, mas por ser um meio fácil de explicar a crescente defasagem de renda que está alimentando o refluxo contra a globalização em todo o mundo (que analisarei com detalhes na próxima seção do livro). Essas disparidades de renda cada vez maiores são especialmente ostensivas fora dos Estados Unidos, onde as classes médias tendem a ser muito menores e onde a legislação antimonopolista e outros mecanismos de distribuição de renda são menos rígidos. No longo prazo, se essas desigualdades de renda continuarem aumentando, talvez se transformem no calcanhar-de-aquiles da globalização. Acho que existe algo intrinsecamente instável num mundo que se liga de forma cada vez mais firme pela tecnologia, pelos mercados e pelas telecomunicações, e se separa de forma cada vez mais isolada, em termos sociais e econômicos.

Considere a seguinte notícia, com que por acaso me deparei um dia: "PORT-AU-PRINCE, Haiti (Reuters) — Haiti, o país mais pobre do Hemisfério Ocidental, passará a dispor de serviços de telefonia celular, pela primeira vez, no fim de maio de 1998, segundo afirmaram os provedores na sexta-feira. Apenas uma minoria composta de famílias ricas, de investidores estrangeiros e de empresários terá recursos financeiros para adquirir os serviços. A renda *per capita* anual do Haiti é de US$ 250. Os telefones custarão US$ 450 e se cobrará uma taxa inicial de US$ 100, além da mensalidade de US$ 20 pela manutenção dos serviços." Em outras palavras, para o segmento da elite globalizada da população haitiana, o telefone celular é apenas uma ferramenta cotidiana; para a maioria dos haitianos, corresponde a dois anos de salário.

Isso não é um sintoma de estabilidade, mas infelizmente não é algo incomum. De acordo com o Relatório das Nações Unidas sobre o Desenvolvimento Humano de 1998, em 1960, os 20% da população mundial que viviam nos países mais ricos tinham uma renda correspondente a 30 vezes a dos 20% mais pobres. Em 1995, a mesma relação subia para 82 vezes. No Brasil, por exemplo, em 1960, os 50% mais pobres recebiam 18% da renda nacional. Em 1995, ficavam com apenas 11,6%, enquanto os 10% mais ricos da população brasileira absorviam 63% da renda nacional. Na Rússia, os 20% mais ricos da população agora levam para casa uma parcela da renda nacional correspondente a 11 vezes a dos 20% mais pobres.

Atualmente, a quinta parte mais rica da população mundial consome 58% do total da energia, ao passo que a quinta parte mais pobre responde por menos de 4% desse consumo. A quinta parte mais rica, hoje, tem 74% de todas as linhas telefônicas; a quinta parte mais pobre, 1,5%. Os Estados

Unidos e a Suécia têm 600 linhas telefônicas para cada mil pessoas, enquanto o Chade dispõe de uma linha telefônica para cada mil habitantes. A quinta parte mais rica consome 45% de toda a carne e peixe, enquanto a quinta parte mais pobre se arranja com menos de 5%. O Relatório das Nações Unidas sobre o Desenvolvimento Humano observa que, graças à globalização, os pesquisadores de mercado hoje tentam vender seus produtos às "elites globais", às "classes médias globais" e aos "adolescentes globais", pois, não importa onde vivam, todos seguem alguns padrões de consumo básicos, demonstrando preferência pelas mesmas "marcas globais" de músicas, vídeos e camisetas. "Quais as conseqüências desse fenômeno?", indaga o relatório. "Primeiro, uma grande quantidade de opções de consumo se abriu para muitos consumidores — mas grande parte da população fica do lado de fora por falta de renda. E aumentam as pressões pelo consumo competitivo. A tendência de 'imitar os Silvas' passou do esforço para imitar o consumo do vizinho da porta ao lado para a tentativa de reproduzir o estilo de vida dos ricos e famosos, ostentado no cinema e nos programas de televisão."

Quem visita qualquer país em desenvolvimento hoje se depara com a monotonia dessa defasagem em praticamente todas as esquinas. Em visita ao Rio de Janeiro, entrevistei alguns moradores da Rocinha, um emaranhado de barracos e habitações precárias, que se amontoam na maior favela da América do Sul. Quando nos dirigíamos de carro para a favela, chegamos a uma bifurcação na estrada. Se virássemos à direita, subiríamos uma alameda margeada de jardins bem cuidados até a Escola Americana do Rio de Janeiro, o estabelecimento de ensino mais caro do país, cobrando cerca de US$ 2 mil por mês. A escola, onde a matrícula é muito seletiva, se localiza no coração da Gávea, um dos bairros mais luxuosos da cidade. Se virássemos à esquerda, na mesma esquina, entraríamos na favela da Rocinha, onde muitas pessoas não ganham US$ 2 mil por ano e onde a matrícula é, digamos, "ampla e irrestrita". Muito mais de 100 mil pessoas se comprimem na favela. Enquanto o Brasil mantiver um certo índice de crescimento econômico, é possível que aquela bifurcação continue sendo politicamente sustentável. Mas se de fato ocorrer uma desaceleração mais forte na economia nacional, aquela esquina talvez se transforme no osso da sorte que fraturaria o país.

Com o objetivo de ajustar um pouco mais a Camisa-de-força Dourada para satisfazer o Rebanho Eletrônico, o presidente brasileiro Fernando Henrique Cardoso teve que cortar as despesas públicas com a previdência social, logo após a sua reeleição em outubro de 1998. A correspondente de *The New York Times* no Brasil, Diana Jean Schemo, escreveu um artigo sobre algumas das pessoas que estavam sendo espremidas em conseqüência dessas medidas. Fernando Henrique já se encontrava num turbilhão político com o povo, pois chamara de "vagabundos" os que queriam aposentar-se pela previdência social. Schemo contou a história de um trabalhador, Nilton Tambara, metalúrgico aposentado de 54 anos, que começara a trabalhar com 11 anos e que contribuíra para a previdência social durante 33 dos seus 41 anos de trabalho, antes da aposentadoria.

"Existe algum meio de se ficar calmo nesse país?", perguntou Tambara, em frente a uma loja do Wal-Mart em São Paulo, se queixando de que não tinha condições de comprar uma escada de alumínio de US$ 16. "As categorias mencionadas pelo governo — os ricos, a classe média e os pobres — não existem. Existem apenas os ricos e os miseráveis."

No Cairo, Egito, estima-se que 500 mil pessoas vivam no interior das tumbas na "Cidade dos Mortos" — cerca de 12 quilômetros quadrados de cemitérios no coração da capital egípcia. Mas a Cidade dos Mortos está localizada a menos de 16 quilômetros do mais novo condomínio do país, em meio a um campo de golfe, chamado Colinas Katamya, um dos muitos empreendimentos imobiliários que abrigam umas poucas centenas de famílias, num oásis de residências, jardins, lagos artificiais, fontes e hotéis. O material de propaganda, que se encontra na Internet, diz o seguinte: "O Colinas Katamya é um condomínio de lazer, sob medida para as pessoas que amam os desafios do golfe ou do tênis e os prazeres das atividades familiares, num ambiente limpo e sem aglomerações. O empreendimento tem um campo de golfe de 27 buracos, com instalações para treinamento e uma academia de golfe, além de amplo clube esportivo, com restaurantes e salas de repouso, piscinas e instalações para recreação e ginástica. Preço por pessoa para o golfe, incluindo transporte de ida e volta: US$ 165." A renda *per capita* anual do Egito em 1998 era de US$ 1,410 — suficiente para nove partidas de golfe.

A Tailândia é um país que apresenta contrastes chocantes entre uma classe urbana de empresários e trabalhadores dos setores voltados para as exportações, que moram nos centros financeiros e industriais do país e desfrutam muitos dos benefícios da globalização, e um setor rural acanhado e empobrecido que, embora afetado indiretamente pela globalização, pouco a compreende e quase não usufrui as suas vantagens. Com o colapso do baht tailandês de 1997, esse segmento rural da Tailândia, vivendo basicamente da terra, demonstrou pouca solidariedade pelos bacanas da cidade, que estavam sendo arrastados pelo sorvedouro da moeda nacional, desencadeado pela flutuação forçada.

Na época, o cantor e apresentador tailandês Ploen Promdan lançou uma canção num estilo *country-rap* tailandês, chamada "O Baht Flutuante". A canção narra o diálogo entre um banqueiro e um fazendeiro. Vou reproduzir aqui parte da letra, pois ela capta com muita sensibilidade a maneira como a defasagem entre os segmentos globalizados e não-globalizados da sociedade, quando deixada à deriva, às vezes chega a um ponto em que pessoas que falam a mesma língua se tornam incapazes de compreender umas as outras, quanto mais de sentir vínculos comuns.

Aqui está uma tradução aproximada. A canção começa com um refrão: "O nosso baht agora está flutuando, o nosso baht agora está flutuando. Quanto tempo vai flutuar, depende da situação. Fique de olho na situação, com atenção."

Banqueiro: "OK. Olhem aqui, todos, hoje o nosso baht já está flutuando."

Camponês: "Ontem, um menino de dois anos caiu no rio mas não morreu."

Banqueiro: "Como é possível? O que evitou que se afogasse?"

Camponês: "É, o menino caiu na água, o pessoal viu ele subindo e descendo, correram pro rio e o menino estava agarrado a um baht flutuante."

Banqueiro: "Você não entendeu. Estou falando do câmbio flutuante."

Camponês: "Cara, se não fosse o baht flutuante, o menino teria morrido."

Banqueiro: "Estou falando do câmbio flutuante, imbecil."

Camponês: "Ei, cara, que negócio é esse? Qual a importância disso?"

Banqueiro: "Estou dizendo isso porque vocês têm que se interessar. Estou dizendo porque achei que vocês não sabiam."

Camponês: "Por que temos que encher a cabeça com todas essas coisas?"

Banqueiro: "São questões filosóficas para meditação."

Camponês: "Por que você quer que a gente pense sobre isso? Não somos filósofos."

Banqueiro: "Vocês são umas bestas."

Camponês: "É verdade, se eu não fosse uma besta, seria o dono de uma financeira." [A maioria das financeiras da Tailândia faliu com o colapso do baht.]

Refrão: "O nosso baht agora está flutuando. Quando o baht flutua, o preço de tudo também flutua pra cima."

Banqueiro (numa voz de discurso): "Quando o baht flutua, os preços das mercadorias flutuam até aquele nível. E para onde o baht flutuar, o preço dos bens também se move para o mesmo ponto, em um ou dois dias. Tudo flutua para cima, nada flutua para baixo. É assim que as coisas funcionam."

Camponês: "Então por que você está reclamando e se lamentando o tempo todo?"

Banqueiro: "Nós protestamos, nós gritamos, nós xingamos e vamos acabar fazendo passeatas nas ruas e bloqueando as estradas. O povo nos verá, se juntará a nós e nos ajudará a resolver o problema."

Camponês: "Por que você está tão ansioso pra resolver o problema?"

Banqueiro: "Para que as coisas melhorem, mentecapto."

Camponês (rindo na cara dele): "Ha, ha, ha. Olha pra você, gritando como um bezerro. Você era tão frio e agora começa a gritar."

Banqueiro: "Mentecapto."

Refrão: "O baht está muito fraco, sem a saúde de antes e causando todo o tipo de problema pra gente. Subiu o preço de tudo que a gente comprava."

Banqueiro: "O dinheiro tailandês foge do país mas o dinheiro de fora não entra no país. Os tailandeses gostam de sair do país nas férias. Entram e saem e compram coisas quando estão lá fora."

Camponês: "Cara, eles gostam disso. Eles têm dinheiro. O dinheiro é deles. Qual é o problema?"

Banqueiro: "É ainda dinheiro tailandês que estão tirando, e pioram ainda mais a situação quando tiram dinheiro do país. O baht tailandês perde valor e então também ocorre uma fuga de capitais destinados a investimentos."

Camponês: "Como você sabe?"

Banqueiro: "Isso está nos jornais, todos os dias, a toda hora. Você não acompanha as notícias?"

Camponês: "Nunca escuto rádio. Nunca leio. Não estou interessado nessa história. Apenas assisto ao boxe tailandês e ao campeonato de futebol."

Banqueiro: "Por favor, pare para pensar. Medite um pouco e se interesse pelos problemas do país."

Camponês: "Estou com medo que o lutador tailandês perca o campeonato para o estrangeiro. Isso não é motivo de preocupação?"

Banqueiro: "Você não sabe que o país tomou emprestado enormes somas de dinheiro no exterior?"

Camponês: "Qual o tamanho do enorme?"

Banqueiro: "Muito dinheiro, muito mesmo. Você é um mentecapto. Você não está entendendo nada do que estou dizendo, não é? Estou perdendo meu tempo conversando com você. Quando você toma dinheiro emprestado no exterior, você tem que pagar os empréstimos."

Camponês: "Mas será que o cara que tomou o dinheiro emprestado não tem o direito de usar o dinheiro?"

Banqueiro: "São pessoas como você que estão ferrando o país e gastando dinheiro. Você é parte do país tailandês, da família tailandesa, que é responsável por esse excesso de gastos. Estamos juntos no mesmo barco."

Camponês: "Ah, mas eu não sou casado. E não tenho família."

Parte Três

A REAÇÃO CONTRA O SISTEMA

Capítulo 13
A Reação

Ray Boyd: "Qual é o problema, mamãe?"
Dorothy Boyd: "A primeira classe, esse é o problema. Antes eram refeições melhores. Agora, é vida melhor."

— *do filme* Jerry Maguire

O Fórum Econômico Mundial de Davos, realizado anualmente, é um bom termômetro da situação global. Todos os anos, em fevereiro, os grandes globalizadores do mundo se reúnem num recanto das montanhas suíças para celebrar e debater a globalização. Participam do encontro os mais importantes empresários, políticos, economistas, tecnólogos, cientistas e especialistas em sociologia e política de todos os cantos do mundo. A cada ano, um ou dois indivíduos se destacam como os definidores de tendências. Um ano, foi o czar econômico da China, Zhu Rongi; outro ano, foram Yasser Arafat, Yitzhak Rabin e Shimon Peres; em seguida, os reformadores da Rússia; depois, os líderes econômicos da enfraquecida Ásia. Em 1995, o astro do Fórum Econômico Mundial de Davos foi George Soros, o financista bilionário. Sei disso porque fui convidado a participar da reunião coletiva com a imprensa, na qual os representantes dos maiores órgãos da mídia em todo o mundo se juntaram em torno de uma grande mesa e entrevistaram Soros, como se ele fosse o presidente de uma superpotência. E parecia que ele achava que era. Jornalistas da Reuters, Bloomberg, AP-Dow Jones, *The New York Times*, *The Washington Post*, *The Times* de Londres, e do *Financial Times* interrogaram impiedosamente Soros sobre a sua visão a respeito do México, da Rússia, do Japão e das tendências da economia global, e em seguida debandaram da sala para enviarem aos jornais as suas observações por telefone. No dia seguinte, as opiniões de Soros apareceram na primeira página do *International Herald Tribune* e de muitos outros jornais.

Observando a cena, percebi que estava testemunhando uma importante transição. Soros personificava o Rebanho Eletrônico. Ele era um dos líderes. Talvez *o líder*. E foi mais ou menos nesse momento que muitas pessoas começaram a constatar que o Rebanho Eletrônico estava substituindo a União Soviética como a outra superpotência no nosso mundo de duas superpotências. Apenas uns poucos anos atrás, Soros dera uma tremenda aula de economia ao primeiro-ministro britânico John Major. Major considerava adequado o valor da libra britânica. Soros achava o contrário, e em setembro de 1992 Soros liderou o rebanho numa campanha para forçar a desvalorização da libra para o seu nível "correto". Major riu de Soros, depois fez pouco dele, em seguida resistiu à capitulação e finalmente ergueu a bandeira branca e desvalorizou a libra em 12%. Soros saiu com um lucro de US$ 1 bilhão, proveniente do trabalho de dois meses. Adeus, União Soviética. Seja bem-vindo, Rebanho Eletrônico.

Curiosamente, um ano depois de assistir ao espetáculo de Soros como o centro das atenções na sua entrevista coletiva à imprensa, retornei a Davos, ansioso para ver quem seria o astro em 1996. Estava em pé, em frente a um terminal de computador no saguão principal, verificando minhas mensagens de correio eletrônico, quando vi George Soros passando. Mas o que me impressionou foi que, naquele ano, ninguém prestava a menor atenção nele. Na verdade, parecia estar sozinho. Como um ano faz diferença. Não acho que ele teria sido capaz de armar uma entrevista coletiva naquele ano. Por quê? Quem era o astro de Davos em 1996? Ninguém menos que Gennadi A. Zyuganov, o chefe do Partido Comunista Russo!

O Fórum de Davos é a convenção capitalista mais importante do mundo. Como era possível que um dinossauro do Jurassic Park da era da Guerra Fria — Gennadi A. Zyuganov — fosse o homem do momento? A explicação é que as elites empresariais e políticas reunidas em Davos naquele ano estavam compreendendo, muitos pela primeira vez, que esse poderoso fenômeno chamado globalização também desencadeava uma reação igualmente poderosa em alguns círculos. Na época, parecia que Zyuganov realmente derrotaria Boris Yeltsin na presidência da Rússia e que, em conseqüência, as forças da reação de fato assumiriam o poder num grande país. Assim, todas as personalidades em Davos queriam conversar com Zyuganov — a "fera da reação" — e descobrir o que ele iria fazer com a propriedade privada, com o orçamento russo e com o câmbio rublo-dólar. Entrevistei Zyuganov na época e ficou claro para mim que *ele não tinha noção* de como agiria. Transmitia a impressão de passar quase todo o tempo se escondendo das elites empresariais do Ocidente. Como outros reacionários ideológicos contrários à globalização, Zyuganov exibia mais aparência externa do que plataformas viáveis, mais idéias de como distribuir a renda do que de como gerar a renda.

No entanto, desde então, a reação contra a globalização se tornou mais ostensiva e vaga. O ponto em comum entre todas as forças de reação é o sentimento de que, ao se conectarem ao sistema da globalização, os países são forçados a envergar a Camisa-de-força Dourada, que é de tamanho único. Alguns não gostam da camisa-de-força porque sentem que ela os incomoda em termos econômicos. Alguns receiam não dispor dos conhecimentos, das habilidades e dos recursos para alargar a camisa-de-força e de fato conseguir extrair o seu ouro. Outros não gostam das crescentes disparidades de renda provocadas pela camisa-de-força ou da maneira como ela empurra os empregos dos países com maiores salários para os países com menores salários. Outros ainda não gostam da camisa-de-força porque ela os expõe a todos os tipos de pressões e influências globais que fazem com que os seus filhos se sintam alienados das próprias culturas e das próprias oliveiras. Há os que a rejeitam por causa das pressões impostas ao ambiente; outros, ao perceberem que é muito difícil elevar o país aos padrões do DOScapital 6.0.

Em outras palavras, a reação contra a globalização é um fenômeno amplo, marcado por muitas emoções e ansiedades diferentes, que são provocadas pelo novo sistema e pelos desafios da adaptação às novas circunstâncias. A reação se manifesta sob várias formas, por meio de diversos personagens, nos diferentes países. Este capítulo trata dessa variedade de emoções, formas e personagens, e mostra como essa gama de manifestações se junta para gerar um turbilhão que — por enquanto — apenas golpeia a globalização, mas que um dia talvez se torne suficientemente forte para desestabilizar o novo sistema.

Como já mencionei, estive no Brasil no verão de 1998, com a Conservation International, que construiu um parque ecológico na Mata Atlântica, em cooperação com pessoas da cidade de Una, situada nas redondezas, no esforço de ajudar a desenvolver o setor turístico local e gerar empregos suficientes para que se abandonasse a atividade madeireira. A Conservation International pediu que Dejair Birschner, o prefeito de Una, de 48 anos, me mostrasse a comunidade e me explicasse como tudo aquilo estava afetando a cidade. O prefeito era uma espécie de Paul Bunyan,* cujo pai e avô tinham sido madeireiros, mas que basicamente abandonara o negócio pela pressão dos ambientalistas. Enquanto caminhávamos pela floresta tropical, o prefeito Birschner tocava numa ou noutra árvore. Ele conhecia todas as espécies da floresta tropical pela denominação brasileira. Gostei imediatamente desse lenhador. Havia nele algo de muito sólido. Após a caminhada, nós nos sentamos a uma mesa de piquenique às margens da Mata Atlântica e conversamos sobre as tarefas que desafiavam o prefeito.

O prefeito me explicou que, racionalmente, entendia que a atividade madeireira não era mais sustentável. No entanto, também sabia que a sua pequena cidade não estava preparada para a vida sem a atividade madeireira. Conversamos durante cerca de 30 minutos e, quando dei por terminada a entrevista com o prefeito, agradeci-lhe e comecei a fechar o meu *laptop* IBM ThinkPad, e então ele me disse: "Agora, gostaria de lhe perguntar uma coisa."

"Pois não", respondi, "pergunte o que quiser."

O prefeito, então, olhou-me nos olhos e perguntou: "Temos algum futuro?"

Sua pergunta atingiu-me como um soco no estômago. Quase fiquei com lágrimas nos olhos, olhando do outro lado da mesa aquele homem robusto e orgulhoso, nada menos que um prefeito, perguntando se ele e a sua comunidade tinham algum futuro. Sabia exatamente qual era a dúvida que ele expressava naquela pergunta: "A minha comunidade não tem mais condições de viver da floresta e não estamos equipados para tirar sustento dos computadores. Meu pai e meu avô ganhavam a vida com a madeira e

---

* Gigantesco lenhador do folclore americano, que realiza proezas sobre-humanas. (N.T.)

os meus netos talvez sejam capazes de ganhar a vida com a Internet. Mas o que todos nós devemos fazer nesse meio-tempo?"

Improvisei uma resposta, tentando explicar em termos simples que ele e o seu povo de fato tinham um futuro, mas era preciso que começassem a empreender a transição de uma economia agrária para uma economia baseada no conhecimento, a começar pela melhoria da educação das crianças da cidade. O prefeito ouviu, acenou com a cabeça, agradeceu-me com muita educação e então se dirigiu para o carro. Quando ele se afastou, chamei o intérprete de lado e pedi-lhe que perguntasse ao prefeito, quando entrassem no carro, o que achara da minha resposta.

Poucos minutos depois, o intérprete voltou e disse que o prefeito apenas queria lembrar-me de algo a que se referira na nossa entrevista: Todas as manhãs, quando chega à prefeitura, ele encontra 200 pessoas esperando por ele, para pedir emprego, casa e comida — sem falar nos madeireiros sem trabalho que o ameaçam de morte. Se não for capaz de oferecer-lhes algum trabalho, eles devorarão a floresta — não importa se esse comportamento é sustentável ou não.

"Ele apenas queria que você compreendesse essa situação", afirmou o intérprete.

O prefeito Birschner representa toda uma geração de pessoas em todo o mundo que se consideram ameaçadas pela globalização, pois receiam que simplesmente não dispõem das qualificações ou da energia para se arrumarem no Mundo Rápido. Chamo-as "as tartarugas". Por quê? Porque os empresários de alta tecnologia do Vale do Silício gostam de comparar as suas empresas supercompetitivas com a história do leão e a gazela na selva. Todas as noites, o leão dorme na selva sabendo que na manhã seguinte, ao raiar do dia, se não for capaz de correr mais rápido que a gazela mais lenta, ficará com fome. Todas as noites, a gazela dorme na selva sabendo que na manhã seguinte, ao raiar do dia, se não for capaz de correr mais rápido que o leão mais veloz, acabará se transformando em desjejum. Mas uma coisa que é do conhecimento do leão e da gazela, quando ambos vão dormir, é que de manhã, ao raiar do dia, é melhor que os dois comecem a correr.

O mesmo acontece com a globalização.

Infelizmente, nem todos estão preparados para correr rápido. São muitas as tartarugas por aí, lutando desesperadamente para não virar carniça na estrada. As tartarugas são todas as pessoas que foram sugadas para o Mundo Rápido, após o desabamento dos muros, e que por um ou outro motivo se sentem agora ameaçadas ou sacudidas pela velocidade. Não porque careçam de emprego, mas sim porque os seus empregos estão sendo rapidamente transformados, enxugados ou dinamizados, ou estão ficando obsoletos em conseqüência da globalização. E como essa mesma competição global está forçando os governos a se tornarem mais enxutos e dinâmicos, muitas dessas tartarugas não contam com uma rede de segurança para ampará-las na queda.

No musical da Broadway *Ragtime*, há uma cena em que Henry Ford explica a genialidade da sua linha de montagem. Os versos ficaram na minha memória, pois refletem muito bem um mundo que já foi seguro para as tartarugas — mas que deixou de ser. A versão da Broadway de Henry Ford é a seguinte:

> Acorram minha gente! Essa é a minha teoria
> Sobre os rumos desse nosso grande país:
> Todo peão é um pinhão em movimentação.
> Bem, pelo menos na visão de Henry Ford.
> Um homem aperta, outro torce a catraca
> E o terceiro se apressa em puxar a corda.
> E os carros se movem numa só direção.
> Genuflexão a Henry Ford!
> (Acelera a esteira, acelera a esteira, Sam!)
> A produção em massa dominará a nação,
> Uma idéia simples que abençoará o mundo.
> Mesmo os que não são assim tão espertos,
> Aprenderão para sempre a girar uma porca,
> Apertar um pedal ou puxar uma alavanca...

Hoje, as pessoas que não forem muito espertas serão incapazes de aprender a fazer microchips para sempre. Os bons empregos exigem muitas habilidades. Um dia, li uma notícia sobre como a Agência dos Estados Unidos para o Desenvolvimento Internacional (Usaid), cuja atuação consiste em oferecer treinamento profissional e assistência econômica aos países em desenvolvimento na África, estava recorrendo a algumas das suas técnicas para ajudar a revitalizar as favelas do centro da cidade de Baltimore. Ou como dizia o título da notícia no *Baltimore Sun*: "Baltimore Experimenta Soluções do Terceiro Mundo". Um dos motivos pelos quais a cidade de Baltimore recorreu à ajuda da Usaid foi o fato de que as suas próprias tartarugas simplesmente não eram capazes de se arranjarem no Mundo Rápido. Uma autoridade municipal explicou o problema de forma sucinta: Nos anos 60, contou, o maior empregador em Baltimore era a Bethlehem Steel Corp. Na época, conseguia-se um emprego na usina siderúrgica apenas com o ensino médio ou menos, o suficiente para viver uma vida decente, comprar uma casa, criar os filhos e enviá-los para a universidade. Ou seja, o sonho americano era acessível até mesmo para as tartarugas das comunidades mais desfavorecidas. Atualmente, o maior empregador em Baltimore é o Johns Hopkins Medical Center. Quem não quiser trabalhar como faxineiro, não conseguirá nem mesmo uma entrevista de emprego no Johns Hopkins se não tiver formação superior. Para as tartarugas, é inútil tentar candidatar-se a um emprego. A tentativa também será mera perda de tempo para qualquer um dos 150 mil habitantes de Baltimore — de uma população total de 730 mil — considerados analfabetos funcionais. (As autoridades de Baltimore não entendiam por que os pobres não aproveitaram integralmente os programas sociais bem financiados da cidade, mas depois constataram que a maioria era incapaz até mesmo de ler os avisos. Esse foi um dos motivos pelos quais chamaram a AID: essa agência desenvolveu todo um conjunto de personagens de quadrinhos e outros dispositivos visuais para contornar o analfabetismo na África. "Sabe qual é a grande ironia?", perguntou-me uma vez o Dr. Peter Beilenson, secretário da Saúde de Baltimore, quando conversávamos numa entrevista. "A empresa que desenvolve esses programas de comunicação para a Usaid é de Baltimore. Seu escritório fica a três quadras daqui.")

À medida que a globalização progride, com a automação de muitos trabalhos manuais repetitivos e com a exigência de maiores qualificações para o desempenho das atividades que sobram, os empregos disponíveis para as tartarugas se tornam cada vez mais escassos. Um artigo do *Washington Post*, de junho de 1998, sobre a greve da General Motors, em Flint,

Michigan, expõe ao leitor toda a tragédia das tartarugas hoje. Diz a notícia: "Nos últimos 20 anos, a GM reduziu de 76 mil para 35 mil o número de empregados em Flint, e segundo a empresa é possível que se eliminem mais 11 mil empregos durante os próximos anos... Considerando a sua força de trabalho total, a GM cortou 297 mil empregados horistas nos últimos 20 anos, reduzindo a quantidade total de empregados para 223 mil... Alguns desses empregos foram transferidos para o Canadá e para o México, onde as fábricas são mais eficientes ou apresentam custos mais baixos, *mas o grosso do pessoal simplesmente foi substituído por máquinas* [itálico meu]."

O mesmo artigo cita George Peterson — presidente da AutoPacific Inc., uma empresa de consultoria e pesquisa sobre a indústria automobilística, sediada na Califórnia —, segundo o qual, nas fábricas americanas não vinculadas ao UAW* — como a da subsidiária americana da Honda Motor Co., em Marysville, Ohio — os trabalhadores têm várias qualificações e são capazes de desempenhar múltiplas tarefas. Esse tipo de versatilidade, observa Peterson, ajuda a Honda a reduzir os custos de produção. "Ainda é possível ter um emprego de tempo integral na indústria automobilística, *para quem estiver disposto a desempenhar mais de uma atividade*" [grifo meu], ele afirmou, referindo-se à preocupação da UAW com a segurança no trabalho.

Assim, para se conseguir um emprego numa fábrica americana hoje, necessita-se não apenas de mais qualificações, como também de maior versatilidade, em termos de multiplicidade de habilidades, como condição para evitar a perda do emprego em decorrência da automação. Essas exigências tornam a vida muito difícil para as tartarugas.

Já há algum tempo, os analistas se perguntam se as tartarugas que são deixadas para trás pela globalização, ou que foram mais atingidas pelas novas circunstâncias, desenvolverão uma ideologia alternativa para o capitalismo liberal de livre mercado. Como observei antes, na primeira era da globalização, quando o mundo experimentou pela primeira vez a destruição criativa do capitalismo global, a reação acabou dando origem a todo um novo conjunto de ideologias — comunismo, socialismo, fascismo — que

---

* United Automobile Workers. Nome completo: International Union of United Automobile, Aerospace and Agricultural Implement Workers of America. Sindicato dos trabalhadores da indústria automobilística americana. (N.T.).

novo conjunto de ideologias — comunismo, socialismo, fascismo — que prometeram arrancar o ferrão do capitalismo, especialmente para o trabalhador médio. Agora que essas ideologias caíram no descrédito, duvido que tornemos a presenciar uma nova reação ideológica coerente e universal à globalização — pois não acredito que haja alguma alternativa que ao mesmo tempo atenue a brutalidade do capitalismo e ofereça condições para a elevação constante do padrão de vida.

Ao contrário, acredito que as tartarugas e aqueles que forem incapazes de acompanhar o novo ritmo não se darão ao trabalho de lançar uma ideologia alternativa. Sua reação assumirá uma forma diferente. Simplesmente devorarão as florestas tropicais — cada um à sua maneira, sem tentar explicar ou justificar seus atos ou acondicioná-los numa embalagem ideológica. Na Indonésia, engolirão os comerciantes chineses, saqueando suas lojas. Na Rússia, venderão armas ao Irã ou se voltarão para o crime. No Brasil, devastarão o restante das florestas tropicais ou se juntarão ao movimento camponês das áreas rurais do país, denominado "Movimento dos Trabalhadores Rurais Sem Terra", que simplesmente roubam para suprir as suas necessidades. Estima-se que sejam cerca de 3,5 milhões em todo o Brasil — lavradores que não possuem terra, vivendo em algum dos 250 acampamentos espalhados pelo país. Às vezes moram às margens das rodovias e bloqueiam a circulação dos veículos, até que recebam algo ou sejam expulsos; às vezes, invadem supermercados, assaltam bancos ou roubam caminhões. Não têm bandeira nem manifesto. Ostentam apenas necessidades insatisfeitas e aspirações frustradas. Eis por que em muitos países, em vez da oposição das massas populares à globalização, o que vemos são ondas de criminalidade cada vez maiores, com as pessoas simplesmente se apossando do que precisam para atender às suas carências e tecendo as suas próprias redes de segurança, sem qualquer preocupação com as teorias e com as ideologias.

Como todas as revoluções, a globalização envolve uma transferência de poder de um grupo para outro. Na maioria dos países, o deslocamento do poder é do Estado e dos burocratas para o setor privado e para os empresários. Gradualmente, todos os que derivavam o seu *status* de posições na burocracia, ou de ligações com a burocracia, ou do lugar que ocupam num sistema econômico altamente regulamentado e resguardado, correm o risco de se tornarem derrotados — se forem incapazes de efetuar a transição para o Mundo Rápido. Aí se incluem os empresários e os seus cupinchas, paparicados pelo governo com privilégios monopolistas de importação ou exportação; os industriais sob proteção governamental, na forma de elevadas tarifas de importação; os grandes sindicatos trabalhistas, acostumados a conquistar nas sucessivas negociações cada vez menos horas de trabalho, remuneradas com salários e benefícios cada vez maiores; os empregados das fábricas estatais, que mantêm os mesmos privilégios, independentemente da lucratividade da empresa; os desempregados nos Estados de bem-estar social, que desfrutam benefícios e serviços médicos relativamente generosos, quaisquer que sejam as circunstâncias; e todos os que dependem da benevolência do Estado para ampará-los contra o mercado e livrá-los das suas exigências.

Isso explica por que, em muitos países, a reação mais forte contra a globalização provém não dos segmentos mais pobres da população ou das tartarugas retardatárias, mas dos que "já eram", na classe média e na baixa classe média, que usufruíam uma grande dose de segurança nas estufas do comunismo, do socialismo e dos sistemas de bem-estar social. À medida que assistiam ao desabamento das muralhas protetoras ao seu redor; à proporção que pressentiam o fim das armações em que prosperaram e o encolhimento das redes sociais que os protegiam, muitos se tornaram poderosamente infelizes. E ao contrário das tartarugas, esses grupos sociais decadentes dispõem do poder político para se mobilizarem contra a globalização.

Um dos meus primeiros *insights* sobre essa reação da classe média veio de um incidente, quando estava em Beijing, conversando com Wang Jisi, chefe da seção norte-americana na Academia Chinesa de Ciências Sociais. A nossa conversa inicial sobre a América se desviou para a sua própria vida na China, que rapidamente evoluía para o livre mercado, temido e amado por muitos chineses. "Os mecanismos de mercado estão chegando à China, mas a questão é como implementá-los", observou Wang. "A minha moradia é um benefício do meu cargo. Se todo o sistema habitacional se integrar ao livre mercado, talvez eu perca a minha residência. Não sou conservador, mas quando se trata de questões práticas desse tipo, as pessoas às vezes se tornam conservadoras, se simplesmente forem atiradas ao mercado, após se acostumarem a ter alguém cuidando delas. Outro dia, o meu motorista se queixou de que, quando era mais jovem, contribuía com todas as suas energias e recursos para o maoísmo e para a "Construção do Socialismo". Mas agora está com 45 ou 50 anos e subitamente lhe pedem que entre no mercado. 'É justo', ele indaga ao governo, 'que durante décadas eu tenha dado o melhor de mim mesmo para responder de modo afirmativo a todas as suas demandas e, de repente, me veja abandonado, lançado ao mercado, justamente quando estou envelhecendo? Não é justo. Não fiz nada de errado. Sempre segui as suas instruções, prezado governo, mas agora as suas orientações são para esquecer o governo.' [Esse motorista] gosta de trabalhar aqui conosco. Não quer se tornar motorista de táxi e perder todos os seus benefícios. Ele não deseja entrar no mercado."

Não é preciso ter sido uma abelha-operária comunista para se sentir dessa maneira. Peter Schwartz, *chairman* da Global Business Network, empresa de consultoria, uma vez me contou a sua conversa com um jornalista inglês, antes de ser entrevistado em Londres num programa da BBC sobre economia. "O repórter inglês, enquanto me conduzia ao local da entrevista, conversava comigo sobre as minhas idéias básicas. Mencionei que para mim a Inglaterra era um bom exemplo de decolagem da economia empresarial — sobretudo em comparação com o restante da Europa — e que o melhor indicador dessa posição era a diferença entre os níveis de desemprego no Reino Unido e na Europa Continental. Nessa altura, ele observou: 'Não é terrível? Os benefícios do desemprego são agora tão baixos na Inglaterra, que não vale mais a pena viver da caridade estatal, e as pessoas são obrigadas a trabalhar.'"

E então Schwartz acrescentou: "Algumas pessoas interpretam essa mudança [para a globalização] como uma grande perda, e não como um ganho. Estão perdendo não apenas um benefício, mas algo que consideravam um direito — a noção de que as modernas sociedades industriais são tão prósperas que é direito das pessoas contarem com um generoso seguro-desemprego."

Quem quiser assistir a essa guerra entre os protegidos e os globalizadores na sua expressão mais aguda, que vá ao mundo árabe. Em 1996, o Egito estava programado para ser o anfitrião da Conferência de Cúpula Econômica do Oriente Médio, que reuniria empresários ocidentais, asiáticos, árabes e israelenses. Os burocratas egípcios opuseram forte resistência ao patrocínio do evento. Em parte, a reação tinha uma inspiração política, da parte dos que achavam que Israel não fizera concessões suficientes aos palestinos para de fato merecer a normalização. Mas em parte decorria do fato de que os burocratas egípcios, que dominavam a economia desde a nacionalização por Nasser das principais instituições privadas, nos anos 60, compreendiam intuitivamente que essa conferência de cúpula talvez fosse o primeiro passo na transferência do poder para o setor privado, que já estava tendo a oportunidade de comprar várias empresas estatais e que acabaria pondo as mãos na própria mídia de controle estatal. O jornal islâmico de oposição, *al-Shaab*, denunciou o encontro de cúpula como "a conferência da vergonha". No entanto, pela primeira vez, o setor privado do Egito se organizou em *lobbies* — a Câmara de Comércio Egípcio-Americana, o Conselho Empresarial de líderes empresariais egípcios e a Associação de Empresários do Egito — com o objetivo de pressionar o presidente Mubarak na direção oposta, ou seja, sustentando que a atuação do Egito como anfitrião de um encontro de cúpula com centenas de investidores de todo o mundo era essencial para a geração de empregos num país em que 400 mil pessoas engrossavam anualmente a força de trabalho. Após muitas idas e vindas, o presidente Mubarak se posicionou do lado do setor privado, aprovou a realização da conferência de cúpula no Egito e afirmou sem rodeios na cerimônia de abertura do evento: "Neste ano, o Egito ingressou na economia global. Observaremos as suas regras." Mas a burocracia egípcia, que não está disposta a ceder qualquer poder ao setor privado, ainda está resistindo às mudanças, e sempre que ocorre uma queda na economia global, como o colapso da Ásia, em 1998, os burocratas egípcios correm para Mubarak e se queixam: "Está vendo, nós o prevenimos. Precisamos ir mais devagar, erigir algumas barreiras, do contrário acontecerá conosco o que aconteceu com o Brasil."

Hoje, esse cabo-de-guerra está ocorrendo em todo o mundo árabe, de Marrocos ao Kuwait. Uma importante autoridade financeira árabe descreveu nos seguintes termos a luta da globalização no seu país: "Às vezes, sinto-me parte da franco-maçonaria ou de alguma sociedade secreta, por estar vendo o mundo de forma tão diferente das demais pessoas ao meu redor. Constato um abismo gigantesco entre a minha linguagem e a deles. Não é que eu tenha falhado em convencê-los. Geralmente, não consigo sequer comunicar-me com eles, tão distante se encontram da perspectiva global. Portanto, para mim, quando estou defendendo um tema político relacionado com a globalização, a questão é sempre quantas pessoas conseguirei arregimentar para o novo conceito e se reunirei massa crítica suficiente para efetuar a transição. Quando sou capaz de colocar pessoas da minha confiança nos locais certos, consigo impulsionar o sistema. Mas é uma tarefa árdua. Freqüentemente, sinto-me como se alguém me dissesse: 'Precisamos, de fato, repintar esta sala.' E eu respondesse: 'Não, necessitamos realmente reconstruir todo o edifício sobre novas fundações.' E, assim, todo o diálogo é sobre a cor da tinta, enquanto eu percebo claramente que é imprescindível a completa reformulação da arquitetura e a reconstrução de todos os pilares. Deixemos a cor da tinta para a fase de acabamento! O Brasil, o México e a Argentina já dispõem dessa massa crítica de pessoas e autoridades que observam o mundo sob novas lentes. Mas a maioria dos países em desenvolvimento ainda não chegou a esse ponto, motivo pelo qual a transição ainda é tão incerta."

No Marrocos, o governo promove a privatização simplesmente pela venda das empresas estatais ao mesmo grupinho econômico de protegidos do palácio real, que antes dominava os monopólios estatais. Daí por que 3% da população marroquina controla 85% da riqueza nacional. As universidades marroquinas, que são uma mistura curiosa dos piores ingredientes do sistema socialista e da educação francesa, despejam anualmente no mercado de trabalho um batalhão tão desqualificado de jovens graduados, incapazes de encontrar empregos, sem quaisquer dos requisitos hoje imprescindíveis na economia da informação, que o país agora ostenta um "Sindicato dos Graduados Universitários Desempregados".

Em quase todos os países que vestiram a Camisa-de-força Dourada, existe pelo menos um partido populista e um candidato importante que sempre fundamenta as suas campanhas políticas no combate à globalização. A panacéia se compõe invariavelmente de várias medidas protecionistas e demagógicas que, segundo os seus discursos, produzirão o mesmo padrão de vida, sem a necessidade de correr tão rápido, ingressar no comércio mundial de forma tão intensa e escancarar as fronteiras com tanta ousadia.

Todos alegam que tudo ficará bem com a simples construção de uns poucos muros aqui e ali. Todos apelam para as mesmas pessoas que preferem o passado ao futuro. Na Rússia, por exemplo, os membros comunistas do Duma continuam a liderar a reação contra a globalização, repetindo às classes trabalhadoras e aos beneficiários da previdência social que nos dias da União Soviética talvez tivessem empregos ruins e enfrentassem filas para o pão, mas ao menos tinham a certeza de que teriam um emprego e de que no final da fila sempre comprariam o pão.

A força desses candidatos populistas antiglobalizadores depende principalmente da fraqueza da economia nos diferentes países. Em geral, quanto mais fraca a economia, mais numerosos serão os adeptos dessas soluções simplistas. Mas seria um grande erro imaginar que os demagogos florescem apenas nas tempos de vacas magras. Em 1998, a maioria do Congresso americano negou a concessão de autoridade ao presidente para incluir o Chile no Nafta — o pequeno Chile — sob o argumento de que a iniciativa acarretaria a perda de empregos nos Estados Unidos. Essa visão distorcida prevaleceu numa época em que o mercado acionário atingia altas sem precedentes, os índices de desemprego se encontravam nos níveis mais baixos da história e todos os estudos demonstravam que o Nafta se convertera num esquema ganhar-ganhar-ganhar para os Estados Unidos, o Canadá e o México. Pense no absurdo dessa posição: O Congresso americano aprovara uma verba de US$ 18 bilhões para reabastecer o Fundo Monetário Internacional, a fim de capacitá-lo a empreender outras ações de salvamento dos países às voltas com a globalização, mas ao mesmo tempo não aceitava a ampliação da zona de livre comércio do Nafta de modo a incluir o Chile. Qual é a lógica desse raciocínio? Só poderia ser: "Apoiamos a ajuda, não o comércio."

Não faz sentido, mas o motivo pelo qual essa argumentação ressoa nos tempos de vacas gordas e magras é que as fases de mudanças aceleradas alimentam tanto a insegurança quanto a prosperidade. O sistema da globalização ainda está muito no começo e envolve transformações muito intensas para um grande número de pessoas, levando-as a temer que o bom emprego de hoje desapareça amanhã. E essa incerteza gera muito espaço para a reação dos demagogos com soluções ingênuas e sedutoras, seja Pat Buchanan, nos Estados Unidos, ou Jean-Marie Le Pen, na França.

À medida que mais países se conectam ao sistema da globalização e ao mundo rápido, começa a surgir um novo grupo de reação — as gazelas feridas. Esse grupo se compõe dos que tentaram inserir-se na globalização, foram golpeados pelo sistema e, em vez de se levantar, sacudir a poeira e dar a volta por cima dos escombros, voltando ao Mundo Rápido, insistem, agora, em isolar-se do mundo ou em mudar todas as regras do sistema. O mais ilustre representante desse grupo é o primeiro-ministro da Malásia, Mahathir. Não há no inferno fúria mais devastadora do que a de um globalizador chamuscado. Em 25 de outubro de 1997, em meio ao colapso econômico da Ásia, Mahathir proclamou no Edinburgh Commonwealth Summit que a economia global — que despejara bilhões de dólares de investimentos na Malásia, sem os quais nunca teria sido possível o crescimento espetacular dos últimos anos — se tornara "anárquica".

"Esse é um mundo injusto", fumegou Mahathir. "Muitos de nós lutamos com vigor e até mesmo sangramos na busca da independência. Quando as fronteiras desabam e o mundo se transforma numa entidade única, a independência perde o sentido."

Sem causar surpresa, Mahathir, em 1998, foi o primeiro globalizador asiático a impor controles de capital no esforço de estancar as manobras especulativas selvagens com a sua própria moeda e com o mercado acionário. Ao descrever a manobra de Mahathir, o ministro da Informação de Cingapura, George Yeo, observou: "A Malásia se abrigou numa baía e está tentando ancorar a frota, mas a estratégia não é isenta de riscos."

E de fato não é. Quem imagina que conseguirá resguardar-se permanentemente num refúgio artificial e usufruir o padrão de vida ascendente do Mundo Rápido sem nenhuma das suas pressões está enganando a si mesmo ou o povo.

No entanto, o recuo temporário de Mahathir foi recebido com muita simpatia no mundo em desenvolvimento — embora não tenha sido imitado por ninguém. Ao ingressarmos na segunda década da globalização, constata-se uma conscientização crescente entre os países que resistiram à Camisa-de-força Dourada e ao Mundo Rápido de que a oposição está ficando impossível. E esses países sabem que a estratégia de recuo não promoverá o crescimento a longo prazo. Assim, sua posição agora é a seguinte: "Pelo amor de Deus, será que ninguém consegue pelo menos diminuir a velocidade desse Mundo Rápido, para que os países entrem na corrida sem capotar?" Durante muitos anos eu me encontrei com Emad El-Din Adeeb, editor do jornal egípcio *Al Alam Al Youm*, em diferentes reuniões do Banco Mundial e em outros ambientes, e em todas essas ocasiões ele sempre expressou suas fortes reservas quanto ao ingresso do Egito no sistema da globalização. Quando estivemos juntos de novo, em 1999, no Fórum de Davos, ele me afirmou: "Tudo bem, compreendo que precisávamos estar preparados para essa globalização e que isso era em parte de nossa responsabilidade. O trem estava saindo da estação, deveríamos saber disso e ter feito o dever de casa. Mas agora vocês poderiam reduzir a velocidade do trem e nos dar a chance de pular para dentro."

Não tive coragem de comentar com ele que acabara de sair de um debate sobre o comércio na Internet — com alguns dos seus principais precursores — e a conclusão foi não apenas a de que o mundo não diminuiria a velocidade, como também, com a rápida difusão da Internet, se tornaria ainda mais rápido. Gostaria que fôssemos capazes de desacelerar o trem, respondi a Adeeb, mas não há ninguém na locomotiva.

Uma vez, eu estava num café Internet, em Amã, Jordânia, cujo nome é Books@Cafe e que fica perto das ruínas incrivelmente bem preservadas de um dos grandes anfiteatros romanos do Oriente Médio. Era setembro de 1997 e o proprietário, Madian al-Jazerah, foi à minha mesa e se apresentou. Insistiu para que eu provasse um pedaço da torta de creme de banana, por conta da casa. Por que a torta de creme de banana?, perguntei. Bem, ele explicou, a torta foi feita pela esposa do subembaixador de Israel em Amã.

"Conte essa história direito", pedi, "a torta de creme de banana no café Internet em Amã é feita pela esposa do subembaixador de Israel? Essa é ótima. Adorei."

Bem, disse ele, a história não era assim tão interessante para todos. Quando os fundamentalistas islâmicos em Amã descobriram que a torta de creme de banana no café Internet era feita pela esposa de um diplomata israelense, tentaram impor o boicote do estabelecimento até que a torta fosse removida do cardápio. "E ainda procuraram boicotar a Internet local", contou o proprietário. (Evidentemente, o boicote não deu certo e a torta ainda está no cardápio!)

A manobra fundamentalista em oposição à torta de creme de banana feita em Israel representa uma outra forma de reação contra a globalização. É o refluxo das milhões de pessoas que odeiam a maneira como a globalização homogeiniza o mundo, afronta os muçulmanos jordanianos com uma torta de creme de banana feita em Israel, invade os lares com personagens excêntricos e hábitos exóticos, aniquila as diferenças culturais e erradica impiedosamente as oliveiras que localizam e ancoram as pessoas no planeta. Evidentemente, muitos estão dispostos a abrir mão de boa parte da cultura local, em favor de uma cultura consumista americano-globalista, ou fazer malabarismos com as duas realidades, conciliando vestuários, hábitos alimentares e perspectivas. E a habilidade circense das pessoas em equilibrar no ar tantas coisas ao mesmo tempo jamais deveria ser subestimada. Sem a destreza dos malabaristas, o McDonald's e a Disney não desfrutariam de tanta popularidade. Mas algumas pessoas não têm jeito para malabarismos. Na verdade, estão dispostas a entrar em guerra para proteger a cultura local contra a globalização. O seu grito de guerra é: "Abaixo o global. Viva o local." Para os globalizadores, a hierarquia é dos mais conectados. Para os fundamentalistas, a hierarquia é dos mais desconectados, em relação a qualquer coisa, com exceção das suas próprias fontes da verdade.

Essa reação cultural se torna mais desestabilizadora em termos políticos quando se associa com as outras formas de reação — quando os grupos economicamente agredidos pela globalização se aliam aos sacrificados culturalmente. Esse fenômeno é mais ostensivo no Oriente Médio, onde os fundamentalistas de muitas bandeiras se tornaram altamente eficazes no entrelaçamento das reações culturais, políticas e econômicas contra a globalização numa bandeira única e num amplo movimento político que busca conquistar o poder e encobrir-se de um véu contra o mundo. A primeira bandeira da oposição argeliana foi um saco de cereais vazio, simbolizando a frustração dos trabalhadores argelianos, e particularmente dos jovens, por não encontrarem trabalho. No entanto, aos poucos, os porta-bandeiras do saco vazio se aliaram aos fundamentalistas islâmicos contrários às políticas ocidentalizantes e secularizantes do regime argeliano e juntos produziram uma poderosa reação, sob a bandeira verde do fundamentalismo islâmico, em oposição àqueles que queriam introduzir o país no sistema da globalização.

A eleição de Benjamin Netanyahu para primeiro-ministro de Israel em 1996 foi em parte uma reação política contra os acordos de paz de Oslo, mas também decorreu de uma reação cultural contra a globalização e a integração, implícitas na pacificação entre israelenses e árabes. O teólogo israelense Moshe Halbertal uma vez comentou comigo que a visão de Shimon Peres de que os seus netos e os netos de Yasser Arafat "fabricariam microchips juntos" era algo profundamente ameaçador para muitos judeus religiosos em Israel. Eles receavam que, se as muralhas do conflito desabassem e Israel se integrasse no Oriente Médio — da mesma maneira como os judeus americanos se integraram nos Estados Unidos — as conseqüências não seriam boas para o judaísmo. Até certo ponto, temiam ser impossível a coexistência de "Paz Agora" com "Judeu Agora" — principalmente quando a paz parecia significar mais globalização, mais integração, mais Blockbuster Video, mais emissoras pornográficas de televisão a cabo e mais Pizza Huts. Daí os anúncios afixados nas comunidades ultra-ortodoxas, às vésperas da eleição de Netanyahu, em 1996: "Vote em Bibi. Ele é bom para os judeus." No entanto, também em Israel, a reação cultural contra a globalização se aliou às reações econômica e política. Na esteira do acordo de paz com a Jordânia, os fabricantes de produtos têxteis começaram a adotar a medida lógica, que consistia em transferir as atividades de baixa qualificação, situadas em cidades israelenses como Kiryat Gat, para a Jordânia, do outro lado do rio, onde os salários eram muito mais baixos do que em Israel. Subitamente, os trabalhadores israelenses, igualmente despreparados para a fábrica da Intel que está sendo construída em Israel, presenciaram a migração dos seus empregos para a Jordânia, um lugar para onde jamais se deslocariam, sem a globalização e a pacificação. Os trabalhadores de Kiryat Gat acham que é impossível a conciliação entre "Paz Agora" e "Emprego Agora", e como muitos são judeus orientais, sua reação consiste em transferir o seu apoio político para o Shas, o ultra-ortodoxo partido Sephardi, que se opõe à globalização, com fundamentos religiosos e culturais, mais interessado no "Messias Agora". E assim, as bandeiras "Messias Agora", "Judeus Agora" e "Empregos Agora" se fundiram num movimento de protesto único que hostiliza a globalização.

Não há nada de errado em tentar ancorar a sociedade nos pilares resistentes dos valores religiosos e culturais. Nem todos que sustentam essa posição estão de alguma forma envolvidos com o fundamentalismo violento. Mas quando a sua motivação não decorre do verdadeiro espiritualismo, mas da reação contra a globalização, esse fundamentalismo geralmente descamba para o sectarismo, para a violência e para o isolacionismo. E quanto maior a tendência para o isolacionismo, menor é a conectividade e maior o atraso, e quanto maior o atraso, mais forte será a tendência para se resguardar e rejeitar o mundo exterior, com o aumento do isolacionismo.

Mas não é preciso ser fundamentalista judeu ou muçulmano para se agregar à reação contra a globalização, por sentir-se um estranho no seu próprio quintal. Esse é um fenômeno universal. Encontrava-me na Ásia quando os australianos realizaram as eleições nacionais de 1996 e fiquei impressionado com a maneira como a campanha girou em torno de biscoitos e roupas esportivas. Sim, a ordem do dia na Austrália era a seguinte: John Howard, na época o líder do Partido Conservador, alegou que Paul Keating, do Partido Trabalhista, então no poder, no afã de integrar a Austrália na economia global e de tornar o país mais aberto aos investimentos externos, criou uma situação em que as empresas mais favorecidas da Austrália estavam sendo adquiridas por corporações globais com sede no exterior e controladas por estrangeiros. Howard denunciou que a Austrália estava perdendo os valores nacionais, na verdade, a própria soberania e identidade, para o mercado global, apesar do seu desenvolvimento econômico. Em particular, citou o fato de que a Arnott's Biscuits, que acompanhara o crescimento de todas as crianças em idade escolar, tinha sido vendida para uma empresa americana (nada menos que a Campbell's Soup!), que provavelmente começaria a mexer na receita dos *Iced Vo-vos* — o biscoito mais famoso da Austrália, fabricado com *marshmallow* e coco. Segundo Howard, o mesmo ocorrera com o famoso fabricante de roupas esportivas Speedo, que fora vendido para uma empresa americana. O destino dos *Iced Vo-vos* e das roupas esportivas Speedo realmente se transformou no principal tema de um dos debates políticos anteriores às eleições. E esses argumentos no estilo abrace a oliveira ajudou Howard a derrotar Keating, o amante dos Lexus, com ampla diferença.

Um ano mais tarde, eu percorria as terras agrícolas de Indiana, na primavera de 1997, em direção à Purdue University, num carro dirigido por John Larson, o atencioso professor de história da universidade. Quando chegávamos a Lafayette, avistei uma enorme fábrica surgindo no horizonte. "O que é aquilo?", perguntei. "É a fábrica Subaru", explicou o professor Larson, à medida que nos aproximávamos. E então ele acrescentou que aquela fábrica Subaru era a "primeira experiência de Indiana como país do Terceiro Mundo".

"Como?", indaguei.

"Para a geração que cresceu nos anos 50, como a minha, a América era responsável por toda a expansão", respondeu Larson. "Toda a globalização corria por nossa conta. Mas quando procuravam um local para a fábrica Subaru, os japoneses da indústria automobilística chegaram aqui da mesma maneira como os americanos desembarcam na Índia, fazendo todas aquelas perguntas: 'Conseguiremos o que queremos? Podemos confiar nas pessoas? Vocês têm uma força de trabalho estável? Qual o nível educacional médio? Teremos incentivos fiscais?' Os nossos líderes comunitários estavam ansiosos pelo investimento, mas alguns perguntaram: 'Quem são esses japoneses para ficar perguntando sobre as nossas escolas?'"

Quando os japoneses decidiram construir a fábrica em Lafayette, alguém sugeriu que rebatizassem a rodovia que passa em frente à fábrica para algo como "Rodovia Subaru", em homenagem à empresa que estava trazendo todos aqueles novos empregos. "Mas quando os VFWs* locais souberam da história, armaram a maior confusão", explicou Larson. "Disseram que não havia possibilidade de mudar o nome da rodovia. Perguntaram se sabíamos o seu significado." A rodovia se chamava Bataan Highway — em homenagem à península nas Filipinas, onde milhares de americanos morreram após serem capturados pelos japoneses em abril de 1942.

"Os japoneses da Subaru demonstraram muita sensibilidade e disseram que de modo algum deveríamos mudar o nome da rodovia", contou o professor Larson. "Desde então, todos se acostumaram com os japoneses, que foram bem aceitos na comunidade. Os gerentes japoneses chegam com as famílias e depois vão embora, num processo rotativo. As crianças vão para a escola local — exceto aos sábados, quando freqüentam as próprias escolas, para se manterem atualizados com a língua e porque acham que o nosso ensino de matemática não é suficientemente rigoroso."

---

* *Veterans of Foreign Wars* (veteranos de guerras externas). (N.T.)

Capítulo 14
Reação contra a Reação

Estive em Hanói no inverno de 1995. Todas as manhãs, para exercitar-me, caminhava em torno dos templos religiosos em Hoan Kiem Lake, no coração de Hanói, e todas as manhãs interrompia a minha caminhada para conversar com uma minúscula vietnamita, sentada na calçada, com a sua balança de banheiro. O seu serviço consistia em verificar o peso das pessoas por uma importância módica. E todas as manhãs lhe pagava um dólar para conferir o meu peso. Não que precisasse pesar-me diariamente. (E, pelo que me lembro, a sua balança não era das mais exatas.) Não, mas aquela era a minha contribuição para a globalização do Vietnã. Para mim, o lema não-declarado daquela vietnamita era: "Não importa o que seja, grande ou pequeno — venda, comercialize, troque, alavanque ou alugue, mas faça alguma coisa para gerar algum lucro, melhorar o seu padrão de vida e entrar no jogo."

Aquela senhora e a sua balança incorporam uma verdade fundamental sobre a globalização, que muitas vezes se perde nas conversas das elites sobre gestores de dinheiro, fundos de *hedge* e microprocessadores de alta velocidade. Trata-se do seguinte: a globalização emerge de baixo, do nível da rua, da própria alma das pessoas e das suas aspirações mais profundas. Sim, a globalização é o produto das finanças, da tecnologia e da informação, mas a força motriz por trás desses três processos é o desejo humano fundamental de uma vida melhor; uma vida com mais opções quanto ao que comer e vestir, onde morar, para onde viajar, como trabalhar, o que ler, o que escrever e o que aprender. O ponto de partida é uma senhora em Hanói, sentada na calçada, oferecendo o serviço de uma balança de banheiro como o seu tíquete de ingresso no Mundo Rápido.

Na área central de Hanói, hoje, cada centímetro das calçadas parece ocupado por alguém vendendo algo num tapete, num baú ou nas prateleiras de uma loja. Cada centímetro das estradas está tomado por pessoas que trocaram as suas sandálias por uma bicicleta, a bicicleta por um ciclomotor, o ciclomotor por um Honda Civic, o Honda Civic por um Toyota Camry e, sim, até mesmo o Toyota Camry por um Lexus ocasional. Pois geralmente pensamos em globalização como algo externo a que o país se conecta, como alguma coisa imposta de cima ou de longe; e tendemos a esquecer o quanto, bem no fundo, a globalização também é um movimento subterrâneo, que germina no mais íntimo de cada pessoa.

Eis por que sempre precisamos ter em mente que, junto com as reações contra as brutalidades, as pressões e os desafios da globalização, há um enorme *movimento* das pessoas demandando os benefícios da globalização. Esse *movimento* é realizado pelos milhões de trabalhadores que foram nocauteados pela globalização mas que, ainda assim, se levantam, sacodem a poeira e batem de novo na porta da globalização, pedindo para reingressar no sistema; pois, por menores que sejam as suas chances, as tartarugas não querem ser tartarugas, os retardatários não querem ficar para trás e os ignorantes querem aprender alguma coisa. Eles querem ser leões ou gazelas. Anseiam por uma fatia do sistema e não pela sua destruição.

Por acaso, estava no Rio de Janeiro quando o governo brasileiro privatizou a telefônica estatal, Telebrás. Montou-se um grande protesto nas ruas da cidade contra a privatização. No entanto, o que mais me impressionou foi a entrevista do jornal brasileiro *O Globo* com um dos manifestantes, publicada no dia seguinte, perguntando-lhe por que participara do protesto. Ele respondeu: "Pensei que talvez conseguisse um trabalho." O infeliz não era contra a privatização. Apenas queria a sua fatia.

As pessoas estão dispostas a suportar uma dose muito maior do que se imagina de ansiedade resultante da globalização — em parte porque os mineiros da Rússia, os camponeses mexicanos e os operários indonésios acreditam, de alguma forma, que não dispõem de muitas opções senão levantar-se e sair em disparada em busca do Mundo Rápido, e, em parte, porque muitos deles rejeitam deliberadamente qualquer alternativa. Evidentemente, se as forças do mercado ficarem totalmente desequilibradas — se as pessoas sentirem que o sistema se tornou tão insano que se rompeu a relação entre trabalho árduo e melhor padrão de vida, e que as mais dolorosas reformas e as mais severas privações não proporcionarão a fatia de cada um —, nesse caso, o sistema estará em perigo. Mas não chegamos a esse ponto — ainda.

Minha história favorita sobre a Rússia em 1998 foi contada a um amigo meu por um economista russo. É sobre um motorista de tanque russo numa cidade além dos Urais, que estacionou o tanque em frente à prefeitura e exigiu todos os seus pagamentos atrasados já de longa data. Quando as pessoas assustadas cercaram o tanque e perguntaram ao motorista se ele de fato pretendia bombardear a prefeitura, o rapaz respondeu: "Não, não, não, de modo algum." Só fora com o tanque até a prefeitura porque não tinha outro meio de transporte e estava sem dinheiro para o táxi. Queria apenas que lhe pagassem o seu dinheiro.

Realmente, apesar de toda a agitação que o capitalismo global acarreta para as sociedades, a sua difusão ergueu os padrões de vida para níveis mais elevados, com maior rapidez e para um número de pessoas sem precedentes na História da humanidade. O capitalismo global também transferiu maior número de pobres para a classe média, com uma velocidade sem igual em qualquer outra época. Assim, enquanto se amplia a defasagem entre os ricos e os pobres — porque os vencedores no atual sistema de globalização realmente decolam e se destacam de todos os demais —, o piso que sustenta os pobres de fato vem subindo de nível continuamente, em muitas partes do mundo. Em outras palavras, ainda que a pobreza relativa esteja crescendo em muitos países, a pobreza absoluta efetivamente vem diminuindo em boa parte do planeta. Segundo o Relatório das Nações Unidas sobre o Desenvolvimento Humano de 1997, a pobreza caiu mais nos últimos 50 anos do que nos 500 anos anteriores. Os países em desenvolvimento progrediram com tanta rapidez nos últimos 30 anos quanto o mundo industrializado no século anterior. Desde 1960, as taxas de mortalidade infantil, de má nutrição e de analfabetismo estão apresentando quedas expressivas, enquanto melhoram as condições de saneamento. Em períodos de tempo relativamente curtos, os países mais abertos à globalização, como Formosa, Cingapura, Israel, Chile e Suécia, alcançaram padrões de vida comparáveis com os dos Estados Unidos e Japão, enquanto se ampliaram as fileiras da classe média em países como Tailândia, Brasil, Índia e Coréia, devido em parte à globalização.

Esse é o motivo pelo qual, embora a reação contra a globalização esteja viva e atuante, esse refluxo está sendo constantemente contrabalançado pelo *movimento* em favor da globalização — mais pessoas querendo ingressar no sistema. Não é preciso ser cientista político para constatar esse fato. Basta caminhar pelas ruas de qualquer país em desenvolvimento:

Lá está Chanokphat Phitakwanokoon, uma tailandesa-chinesa de 40 anos, que vende cigarros e bolinhos chineses na sua pequena barraca na Wireless Road, no coração do centro de Bangcoc. Em dezembro de 1997, eu estava hospedado num hotel das proximidades, na semana em que o governo fechou a maioria das empresas financeiras do país, e pedi ao intérprete de *The New York Times* que me acompanhasse num passeio pela cidade para colher algumas reações dos vendedores ambulantes (camelôs) locais. A primeira pessoa com quem conversei foi Chanokphat. Comecei perguntando-lhe: "Como vão os negócios?"

"Uma queda de 40% ou 50%", respondeu ela, mal-humorada.

Perguntei se já ouvira falar de George Soros, o bilionário gestor de fundos *hedge* que estava sendo responsabilizado pela especulação com as moedas asiáticas e pelo desencadeamento do colapso financeiro.

"Não", afirmou, abanando a cabeça. Nunca ouvira falar de Soros.

"Bem, quero perguntar-lhe outra coisa. Você sabe o que é mercado acionário?", indaguei.

"Sim", respondeu sem hesitação. "Tenho ações do Banco de Bangkok e do Banco da Ásia."

"Por que cargas-d'água você pensou em comprar ações de bancos?", perguntei.

"Todos os meus parentes estavam comprando, então eu também comprei", explicou. "Eu as deixo no banco. Agora não estão valendo muito."

Naquela altura, olhei para baixo e percebi que ela não estava usando sapatos. Talvez seus sapatos estivessem em outro lugar, mas não estavam nos seus pés. Não pude deixar de pensar comigo mesmo: "Ela não tem sapatos, sua escolaridade é de nível fundamental, mas é proprietária de ações de bancos, negociadas na Bolsa de Valores da Tailândia." E algumas questões me vieram à mente: Quais são os seus interesses? Será que ela encabeçará algum protesto popular para incendiar os escritórios do FMI, que está impondo à Tailândia todas essas medidas de reforma da economia? Ou, quem sabe, pelo fato de agora ser parte do sistema, não estaria disposta a trabalhar com mais vigor, aumentar a sua poupança e suportar sacrifícios ainda maiores, mesmo para o FMI, se isso contribuísse para reacender a economia tailandesa? Algo me diz que ela fará a segunda opção. Esse é o *movimento* em formação.

Lá também está Teera Phutrakul, que chefia um dos maiores fundos mútuos da Tailândia. Entrevistei-o uma tarde em Bangcoc sobre se haveria uma reação na Tailândia, contra o Ocidente e os banqueiros americanos, que talvez tentassem entrar no país e comprar os bancos e empresas tailandesas, agora que a moeda local estava tão barata e muitas empresas estavam de barriga para cima. Teera pensou alguns instantes e respondeu com uma história: Semanas atrás, roubaram a carteira de um amigo. Na carteira, havia quatro cartões de crédito: o American Express e os de três bancos tailandeses. Imediatamente, ele telefonou para o American Express e para os três bancos e comunicou a perda dos cartões de crédito. O American Express lhe perguntou se queria que lhe enviassem outro cartão de crédito por mensageiro em motocicleta no mesmo dia. Até hoje ainda não recebeu notícias dos bancos tailandeses.

"Portanto", observou Teera, "pense no seguinte: será que o meu amigo de fato se importaria se os três bancos tailandeses fossem comprados pelo Citibank e os seus padrões de atendimento se elevassem para os mesmos níveis do American Express?" Será que sentiria alguma indignação nacionalista? Talvez, mas provavelmente não seria duradoura, se os bancos tailandeses começassem a reempregar pessoas e se de repente passassem a funcionar com a mesma eficiência e rentabilidade do Citibank ou do American Express. Esse é o *movimento* em formação.

Lá está Liliane, uma assistente social brasileira de 32 anos, que mora na favela da Rocinha, no Rio de Janeiro e trabalha na Prefeitura. Ela me levou a uma creche na favela e no caminho me explicou que economizara durante anos para finalmente conseguir retirar a família daquele local. Agora que saíram da favela e ingressaram no Mundo Rápido, a última coisa que queria era o seu fechamento, apesar da luta para transpor as suas fronteiras. Ela comentou comigo: "Quando eu era mais jovem, todos os meus vizinhos na favela se reuniam numa casa para ver televisão. Agora, estou mudando para uma localidade que fica a uma hora e vinte minutos do meu trabalho, mas que não é uma favela e fica afastada da criminalidade. Estou indo para lá pelos meus filhos, pois nesse lugar não existem traficantes de drogas. Ganho R$ 900 por mês. [Agora], tenho condições de comprar um telefone. Hoje, a nossa casa é de tijolos, não de madeira, e no fim do mês ainda sobra algum dinheiro. Na época da inflação, ninguém comprava a crédito, pois as taxas de juros eram insuportáveis. Hoje, mesmo os pobres daqui têm telefone, televisão a cabo e eletricidade. Tenho as mesmas coisas básicas dos ricos. Agora, temos meios para reclamar da qualidade dos serviços [da empresa de eletricidade ou de telefonia]. Antes, não dispúnhamos desses recursos, e assim não nos queixávamos deles." Esse é o *movimento* em formação.

Lá está Fatima Al-Abdali, cientista ambientalista, proprietária do café Internet mais popular da Cidade do Kuwait, o Coffee Valley, onde a pessoa saboreia um café expresso com creme de leite e surfa na Internet. Educada na América, Al-Abdali usa um véu, como símbolo da piedade islâmica, mas sob aquela aparência a sua mentalidade é toda da era da Internet. Dei uma conferência sobre a globalização no Kuwait e ela se encontrava na audiência. Depois, ela me convidou para vir ao café e me encontrar com alguns estudantes. O café se situava num *shopping* urbano. Quando me sentei a uma mesa de canto, disse-lhe: "Olha, estou um pouco confuso. Me ajuda a entender as coisas. Você está usando um véu islâmico, você é obviamente uma pessoa religiosa, mas você freqüentou uma universidade americana e agora está trazendo a Internet para o Kuwait. Não vejo como tudo isso se combina."

A sua resposta, basicamente, foi que muitas vezes, no passado, o mundo árabe-islâmico fora invadido por estrangeiros, com as suas influências e tecnologias exóticas. Bem, prosseguiu, estamos sendo invadidos novamente. Mas, dessa vez, eles controlariam a invasão em vez de se deixar levar pela situação. Ela colocaria um véu em torno da Internet e se asseguraria de que os jovens freqüentadores do seu café utilizariam a Internet de forma adequada. Admirei o seu esforço. Não agrida as circunstâncias — controle-as você mesmo.

"Tive essa idéia do café Internet há três anos", ela me contou em 1997. "Sabia que a onda se aproximava e que, se eu não tomasse a iniciativa, alguém agiria primeiro. Percebi que somos capazes de exercer algum controle sobre a situação; assim, vamos mostrar às pessoas o lado positivo e torná-lo compatível com a nossa própria cultura, em vez de aguardar passivamente a invasão. Adotei a Internet, adaptei-a, e estamos introduzindo gradualmente na nossa página na Web algumas questões referentes aos direitos das mulheres no mundo islâmico."

Al-Abdali chamou para o encontro alguns estudantes da Universidade do Kuwait. Um deles mencionou de passagem que tinham acabado de realizar as eleições estudantis na universidade e que os candidatos fundamentalistas islâmicos foram arrasados pelos partidos independentes, liberais e seculares. As eleições estudantis são muito importantes no mundo árabe, pois tendem a ser mais livres e, portanto, mais indicativas da mentalidade do público, pelo menos entre os jovens. Perguntei a Abdul Aziz al-Sahli, um estudante de comunicação de 21 anos, por que a derrota dos islamitas foi tão fragorosa. "Os islamitas não são mais tão convincentes", explicou. "Os partidos seculares ajudam mais os estudantes nas pequenas coisas que realmente interessam — xerox, problemas de correio eletrônico, livros da biblioteca, estacionamento. Hoje, a sociedade é menos ideológica. Precisamos conseguir emprego." Esse é o *movimento* em formação.

Lá estão dois amigos meus australianos, os cientistas sociais Anne e Gerrard Henderson. Os Hendersons visitaram-me um dia em Washington e me falaram sobre a sua filha, que estava na universidade, na Austrália. "Nossa filha, Johanna, tem 21 anos", contaram-me. "Uma vez, ela e a menina com quem dividia um apartamento receberam uma carta da empresa telefônica australiana, Telstra, informando que um terço da empresa estava sendo privatizado e que todos os domicílios com um telefone Telstra tinham o direito de comprar lotes de ações. Ela nos telefonou, perguntou se deveria comprar as ações e respondemos que sim. E ela aceitou a oferta. Nossa filha tinha muito pouco dinheiro — eram três dólares australianos por ação e ela comprou 300 ações. Ainda nem recebia salário. Se fosse uma bibliotecária, uma professora ou alguma assalariada bem remunerada, tudo bem, mas era apenas uma estudante e foi a única na família que comprou as ações. Os empregados da empresa adquiriram cerca de 90% da oferta e desde então se tornaram menos militantes. As pessoas compreendem a importância desse tipo de coisas. Os conservadores recorreram a argumentos antiprivatização para derrotar [o governo trabalhista de Paul Keating] o partido da situação em 1996 e em seguida simplesmente adotaram as mesmas posições do governo anterior. Não há alternativa, a não ser o retrocesso. Dez anos atrás, minha filha talvez tivesse aderido à corrente contrária à globalização, mas umas poucas ações da Telstra, que era tudo o que havia ao seu alcance, subitamente despertaram [o seu] interesse pelos acontecimentos na Wall Street, pois eles agora também a afetam." Esse é o *movimento* em formação.

O movimento cresce com ímpeto não apenas porque tantas pessoas querem ingressar no sistema; a grande onda também ganha velocidade porque o próprio sistema oferece às pessoas por ele brutalizadas maior capacidade de divulgarem a própria dor e de se organizarem de alguma forma. Graças à Internet, por exemplo, não são apenas uns poucos grandes conglomerados da mídia que se comunicam com as multidões. Agora são as multidões que se comunicam com as multidões.

Constatei esse fato com a ajuda de Chandra Muzaffar, presidente de uma organização malaia de direitos humanos, chamada Movimento Internacional por um Mundo Justo. Visitei esse gentil muçulmano malaio no seu escritório modesto, num subúrbio de Kuala Lumpur. Procurei-o com o propósito específico de ouvir as suas queixas contra a globalização, em nome dos excluídos e dos retardatários, para quem aquela organização é um defensor tão poderoso. Mas a sua mensagem foi muito mais sutil e interessante.

"Acho que a globalização não se restringe a uma questão de colonialismo", observou Muzaffar. "Os que pensam assim estão errados. Trata-se de algo mais complexo. Basta olhar em volta. Como resultado da globalização, certos elementos da cultura dos povos dominados estão impregnando o Norte. Hoje, a comida favorita dos ingleses em suas refeições fora de casa não é mais peixe e batatas, mas o *curry*. Já deixou de ser alguma coisa exótica. Mas não estou falando apenas de *curry*. Mesmo em termos de idéias, constata-se agora um certo interesse pelas diferentes religiões. Assim, ao lado dessa corrente dominante [a americanização], também surgem os fluxos menores no sentido oposto... A Internet representa uma oportunidade para que todos manifestem as suas posições. O Irã está intensamente conectado à Internet. As pessoas encaram a Internet como uma ferramenta por meio da qual são capazes de expressar os seus pontos de vista. A conquista do prêmio mais importante do festival cinematográfico de Cannes pelo filme iraniano *Taste of Sherry* é parte dessa contracorrente. Na Malásia, Mahathir agora consegue alguma cobertura [em todo o mundo] através da CNN. A campanha para a proibição das minas terrestres foi lançada pela Internet. Essa é a atuação da globalização em favor dos grupos marginalizados. O argumento de que se trata apenas de uma rua de mão única não está correto e não reconhece toda a complexidade da questão. As pessoas operam em níveis diferentes. Num dos níveis, talvez se revoltem contra as injustiças cometidas pela americanização contra as suas sociedades, mas, em outro nível, talvez discutam sobre o tema no McDonald's, com os filhos que estão estudando nos Estados Unidos."

É o *movimento* se defrontando com o refluxo.

Trata-se de uma verdade mesmo nas sociedades desenvolvidas. A revista *Forbes* — que dificilmente seria considerada defensora dos pobres e oprimidos — publicou um artigo muito inteligente em julho de 1998, após a reportagem desastrosa da Time Warner-CNN de 7 de junho de 1998, segundo a qual os Boinas-Verdes, em 1970, deliberadamente, haviam atacado com gases venenosos os vira-casacas do Laos. Assim que o programa foi ao ar, os veteranos do exército americano afirmaram que a chamada revelação de fatos desabonadores sobre a Operation Tailwind se baseou em relatórios suspeitos e em fontes duvidosas. Apesar das inúmeras reclamações, a gigante do noticiário global CNN não se retratou pela reportagem. (Os gigantes do noticiário global jamais se desculpam com ninguém, principalmente com alguns soldados aposentados.)

"A Time Warner talvez esperasse que a fúria resultante se acalmasse com o tempo", observou a *Forbes*. "[Mas] lutando como doidos, os veteranos do Vietnã se mobilizaram pela Internet — o único meio facilmente disponível. Sem a Internet, o esclarecimento dos fatos levaria meses — e nessa altura a questão já teria caído no esquecimento. 'Consegui realizar em três dias o que [o produtor da CNN] o April Oliver fez em oito meses', conta o general (reformado) da Força Aérea Perry Smith, consultor militar da CNN, que se demitiu da rede, em protesto, durante a exibição do programa, e depois contribuiu para arrasá-lo. Smith conta que na noite em que o programa foi ao ar, ele rascunhou rapidamente uma lista de perguntas sobre o que efetivamente ocorreu no Laos. Simplesmente pressionando uma tecla, despachou as perguntas para mais de 300 das suas melhores fontes — 'o meu grupo de assessores do correio eletrônico', brinca Smith. 'E as respostas começaram a chegar de todos os cantos.'" A Operação Tailwind foi classificada como altamente secreta e, assim, se os veteranos do Vietnã aguardassem a decisão da burocracia do Pentágono quanto à liberação das informações de que necessitavam para desmentir a CNN, o furor sobre o assunto já teria perdido o ímpeto. Mas com base numa rede de correio eletrônico, que lhes custou quase nada, foram capazes de reunir por conta própria depoimentos suficientes dos soldados que participaram dos acontecimentos e jogá-los na cara da CNN em questão de dias.

No final, os veteranos do Vietnã, contando apenas com o correio eletrônico e vivendo das suas aposentadorias, forçaram o altamente remunerado presidente da CNN, Rick Kaplan, a entrar na sua própria rede, com uma aparência patética de animal ofuscado pelos faróis, para desmentir a sua própria reportagem e desculpar-se, de forma humilhante, para salvar o próprio emprego e recuperar alguma credibilidade para a sua empresa. Resultado final do placar: Veteranos do Vietnã com correio eletrônico, 1. Time Warner-CNN, o maior conglomerado de mídia do mundo, 0.

De alguma forma, o que todas essas histórias nos relembram é o fato de que, embora a globalização seja capaz de produzir uma enorme sensação de alienação, uma vez que o poder se desloca para níveis cada vez mais abstratos, difíceis de serem tocados, influenciados ou mesmo vistos, o fenômeno também atua no sentido oposto. A globalização também transfere para os níveis locais e para a esfera individual mais poderes e mais recursos do que em qualquer outra época.

Todas essas histórias também ajudam a explicar por que, até agora, o refluxo contra a globalização, e enfatizo a expressão "até agora", ainda não reuniu suficiente massa crítica, em qualquer lugar, para de fato desintegrar o sistema. Observe o Sudeste Asiático. Às vezes, as notícias estão no barulho — no que está sendo gritado nas ruas e rabiscado com tinta nas paredes. Mas às vezes as notícias estão no silêncio — no que não está sendo dito. A grande sabedoria de um jornalista consiste em compreender a diferença entre os dois — e saber quando o silêncio está bradando em alto e bom som. Tenho a sensação de que a matéria jornalística mais importante sobre a Ásia em 1998 foi o silêncio relativo com que as classes baixas e médias da Tailândia, Coréia, Malásia e mesmo da Indonésia aceitaram o veredicto dos mercados globais — no sentido de que os seus países enfrentavam problemas básicos de software e de sistema operacional —, se conformaram com a punição e agora estão tentando efetuar os ajustes necessários.

É impossível prever a duração do processo, mas ele continua confundindo todos os que previram o retrocesso iminente da globalização. Após todas as perturbações econômicas globais, ou após todos os testes nucleares indianos, algum guru escreveu que todos os fatos demonstravam o "fim" da globalização, que o sistema estava se desfazendo e que só restava a selva lá fora. A globalização está sendo enterrada constantemente por aqueles que não compreendem o seu aspecto mais elementar, e que nunca conversaram com pessoas como Liliane ou Teera, Chandra ou Chanokphat, a filha dos Hendersons ou os mineiros da Rússia, sem falar naquela pequena senhora com a balança, em Hanói. Quando todas essas *pessoas* desistirem de continuar no Mundo Rápido e quando todos declararem que preferem retornar ao velho sistema fechado e regulado, quando todos abandonarem a luta pela melhoria do estilo de vida — para eles e seus filhos —, só então reconhecerei que é o "fim" da globalização e que o refluxo superou o *movimento.*

Enquanto isso, gostaria de compartilhar um pequeno segredo que aprendi com todas essas pessoas: Com todo o respeito devido aos teóricos revolucionários, os "miseráveis da Terra" querem ir à Disney World e não às barricadas. Anseiam pelo Magic Kingdom e não por *Les Misérables*. E se alguém construir um sistema econômico e político que lhes proporcione ao menos meia certeza de que, graças ao trabalho árduo e enorme sacrifício, irão à Disney World e se divertirão no Magic Kingdom, a maioria entrará no jogo — de forma muitíssimo mais duradoura do que jamais se imaginaria.

Parte Quatro

A AMÉRICA E O SISTEMA

Capítulo 15
Exuberância Racional

Quando o *chairman* do Federal Reserve Alan Greenspan fez o seu famoso comentário, em princípios de 1997, advertindo os investidores nos mercados acionários dos Estados Unidos para a "exuberância irracional", pela maneira como estavam empurrando os preços das ações para além de qualquer limite razoável, com base nos indicadores de preço-lucro, escrevi uma coluna na forma de carta a Greenspan, como se ele fosse o orientador médico de um jornal. Começava assim: "Prezado Dr. Greenspan, tenho um problema terrível. Sinto-me exuberantemente irracional em relação ao mercado acionário e não consigo me livrar desse sentimento. Sei que o senhor afirmou que a "exuberância irracional" é prejudicial para a saúde e já tentei tudo: hipnose, Valium, venda a descoberto. Até reli os seus artigos de 1987. Mas nada funciona. Sempre que vou à Europa ou ao Japão, volto para casa ansioso para investir mais no mercado americano. Por favor, me ajude. Atenciosamente, Plen Amem T. Investido."

Prossegui afirmando que não sabia qual era o nível de valorização adequado do mercado acionário americano e acreditava que se os Estados Unidos parassem de exercer as funções básicas de aumentar a produtividade e manter baixas a inflação e as taxas de juros, o mercado acionário certamente cairia da mesma maneira como subiu. Mas a essência da minha argumentação era que se havia realmente algum excesso de energia nos mercados americanos, a sua causa seria não apenas a intensidade da "exuberância irracional" sobre a economia americana, mas também uma certa dose de exuberância racional a respeito da América no resto do mundo.

Como eu passo boa parte do tempo no exterior ou longe da Wall Street — vendo o meu país como observador externo — exponho-me constantemente à exuberância racional que se atribui à América no resto do mundo. A exuberância racional se constrói seguindo a seguinte lógica: Quem considerar a globalização o sistema internacional dominante na atualidade e examinar os atributos necessários para que as empresas e os países prosperem nesse sistema concluirá que a América apresenta mais vantagens e menos desvantagens em relação ao sistema do que qualquer outro país. Essa constatação é o que chamo de exuberância racional. É a intuição entre os investidores globais de que, enquanto muitos países da Europa e da Ásia ainda tentavam ajustar as suas sociedades à globalização, e alguns mal conseguiam afastar-se da linha de largada, o Tio Sam já completava a primeira volta e prosseguia a toda a velocidade.

Uma boa maneira de analisar a exuberância racional é formular a seguinte indagação: Se há 100 anos alguém dissesse a um geoarquiteto visionário que no ano 2000 o mundo seria dominado por um sistema chamado "globalização", que tipo de país ele projetaria para competir e vencer nesse mundo novo? O país ideal do arquiteto provavelmente seria tremendamente parecido com os Estados Unidos da América.

Eis o que tenho em mente:

Antes de tudo, o arquiteto teria projetado um país que desfrutasse uma posição geográfica ideal, em termos competitivos. Ou seja, o país seria uma potência do Atlântico e do Pacífico, olhando confortavelmente em ambas as direções, e, ao mesmo tempo, conectado com as massas de terras do Canadá e da América Latina, de modo a interagir com facilidade com os três principais mercados do mundo — Ásia, Europa e Américas. Seria a mão na roda.

Provavelmente, teria projetado um país com uma população diversificada, multicultural, multiétnica e multilíngüe, com uma ligação natural com todos os continentes do globo, mas que ao mesmo tempo se mantivesse unida pelos vínculos de um único idioma — o inglês —, que também seria o idioma dominante da Internet. O arquiteto também teria dotado o país de pelo menos cinco diferentes economias regionais, entrelaçadas por uma moeda única, o dólar, que também seria a moeda de reserva para o resto do mundo. Um país único com cinco economias regionais é um ativo de importância inestimável, pois quando uma região se encontrar em recessão as demais talvez estejam em crescimento, atenuando a intensidade dos altos e baixos dos ciclos econômicos. Todos esses elementos seriam úteis.

Esse país ideal também teria um mercado de capitais extremamente diversificado, inovador e eficiente, onde o capitalismo de risco seria considerado uma arte nobre e ousada, de maneira que alguém que tivesse uma invenção razoável (ou mesmo ridícula) no porão ou na garagem pudesse contar com o apoio de um capitalista disposto a assumir o risco. Seria ótimo. Pois quando se fala de velocidade, não há nada mais rápido do que os mercados de capitais para irrigar com dinheiro as novas idéias. Quem comparar a lista das 25 maiores empresas européias 25 anos atrás com a lista das 25 maiores empresas européias hoje verá que as duas listas são quase idênticas. Mas quem comparar a lista das 25 maiores empresas americanas 25 anos atrás com a lista das 25 maiores empresas americanas hoje constatará que quase todas as empresas são diferentes. Sim, os mercados financeiros da América, com a exigência constante de lucros de curto prazo e de resultados trimestrais favoráveis, freqüentemente não permite que as empresas "desperdicem dinheiro", visando o crescimento de longo prazo. É verdade. Mas esses mesmos mercados oferecerão US$ 50 mil, da noite para o dia, a qualquer pessoa com uma idéia semi-elaborada, para que esse embrião de negócio se converta no próximo computador Apple. Massachusetts tem um setor de capital de risco maior do que toda a Europa. Os capitalistas de risco desempenham hoje em dia um papel muito importante, que não se limita a simples fonte de dinheiro. Os melhores capitalistas também proporcionam conhecimentos e experiência às empresas que estão começando. Esses investidores participam de muitos projetos e compreendem as fases a serem percorridas ao longo do processo de desenvolvimento e são capazes de ajudar os novos empreendimentos na superação dos obstáculos, processo de cultivo por vezes tão importante quanto a própria semeadura do dinheiro.

O nosso geoarquiteto certamente projetaria um país com o ambiente legal e regulamentário mais honesto do mundo. Nesse país, os investidores internos e externos sempre contariam com um campo de atuação razoavelmente nivelado, com relativamente pouca corrupção, muitas salvaguardas legais para qualquer estrangeiro disposto a efetuar investimentos e a retirar os lucros ou o capital a qualquer momento, e um estado de direito que assegure o funcionamento dos mercados e contratos, além de proteger e estimular a inovação por meio de um sistema de patentes confiável. Atualmente, os mercados de capitais dos Estados Unidos não apenas são mais eficientes do que os de qualquer outro país, como também são os mais transparentes. Os mercados acionários americanos simplesmente não toleram o segredo; assim, todas as empresas cotadas nas bolsas de valores devem apresentar nos prazos certos os seus relatórios e as suas demonstrações financeiras auditadas, de modo que a má gestão e os erros na alocação de recursos sejam prontamente detectados e punidos.

O projeto sem dúvida incluiria leis falimentares e procedimentos judiciais que de fato encorajassem os que fracassaram em determinado empreendimento a declarar falência, tentar outra vez, talvez fracassar de novo, falir novamente, insistir em outra iniciativa e, finalmente, ser bem-sucedido e talvez criar a próxima Amazon.com — tudo isso sem enfrentar o estigma da primeira insolvência pelo resto da vida. No Vale do Silício, afirma o famoso capitalista de risco John Doerr, "é normal fracassar e de fato talvez seja até importante um fracasso anterior, com o dinheiro de outra pessoa". No Vale do Silício, a falência é interpretada como o custo necessário e inevitável da inovação, e essa atitude encoraja as pessoas a assumirem riscos. Quem não tolera o fracasso não tomará iniciativas. Harry Saal, criador de um dos mais bem-sucedidos sistemas de diagnóstico de software do Vale do Silício, após envolver-se em vários empreendimentos que deram com os burros n'água, contou-me uma vez durante um café em Palo Alto: "A visão aqui é que a pessoa sempre melhora e fica mais sábia após um fracasso. Eis por que, quando alguém falha em alguma experiência, geralmente encontra mais facilidade em levantar dinheiro para uma nova tentativa. As pessoas comentam: 'Ah, ele faliu naquele empreendimento. Aposto que aprendeu alguma coisa; vou emprestar-lhe mais dinheiro.'"

Na Europa, a falência deixa uma cicatriz para o resto da vida. Na Alemanha, quaisquer que sejam as circunstâncias, a falência é o último dos recursos: o próprio falido, os filhos e os filhos dos filhos passarão a carregar a marca definitiva de Caim aos olhos da sociedade. Se a falência na

Alemanha for absolutamente inevitável, é melhor abandonar o país. (Para ser recebido de braços abertos em Palo Alto.)

Sob esse aspecto, o nosso geoarquiteto certamente teria projetado um país amplamente receptivo aos novos imigrantes, de modo que qualquer um chegasse às suas praias e fosse tratado por força da Constituição como pessoa igual a qualquer outra, possibilitando que o país atraísse constantemente os melhores cérebros do mundo, integrando-os em suas empresas, centros médicos e universidades. Hoje, aproximadamente um terço dos cientistas e engenheiros do Vale do Silício são imigrantes nascidos no exterior, que projetam os valores e produtos do Vale do Silício em todo o mundo. De acordo com Anne Lee Saxenian, especialista em questões urbanas da Universidade da Califórnia, em Berkeley, uma pesquisa realizada pelo Instituto de Políticas Públicas da Califórnia constatou que, em 1996, 1.786 empresas de tecnologia do Vale do Silício, com vendas anuais no total de US$ 12.6 bilhões e 46 mil empregados, eram dirigidas exclusivamente por executivos chineses ou indianos. Donald Rice, o ex-chefe da Teledyne, fundou uma empresa de biotecnologia em 1997, a UroGenesys, para se dedicar à cura dos problemas da próstata. A empresa foi sediada em Santa Monica, Califórnia. Um dia, ele me descreveu o seu pessoal. "Temos 19 empregados. Três nasceram no Vietnã, dois cientistas e um administrador; dois nasceram no Canadá, ambos cientistas; um nasceu na Alemanha, cientista; um nasceu no Peru, cientista; um nasceu na China, cientista; um nasceu na Malásia, cientista. Os demais são americanos natos. Não consigo imaginar outro país no mundo onde se reúna uma equipe como essa com tanta facilidade." Quanto a isso, não há dúvida. Alguém aí já tentou tornar-se cidadão japonês ultimamente? E suíço? Para ser japonês, é quase imprescindível ter nascido japonês. Para ser suíço, é quase imprescindível ter nascido suíço. Para ser americano, basta querer ser americano. Isso não significa que qualquer um pode se tornar americano, mas quando a cidadania é uma questão legal, e não de etnia, raça ou origem nacional, a absorção de novos talentos é muito mais fácil para o país. Um amigo meu do Vale do Silício costuma afirmar: "Não tenho medo do Japão ou de outros países asiáticos. Um dia os nossos asiáticos superarão os deles."

Quanto maior a capacidade de atrair trabalhadores altamente qualificados para as suas praias, maior será o sucesso do país. No que se refere à

América, o lema é traga-os para cá, e não apenas os empresários ricos e educados. Nunca dê as costas a um refugiado haitiano no seu bote solitário. Qualquer um que tenha a inteligência e a energia para construir uma jangada com caixas de leite e em seguida velejar pelo Atlântico até o litoral americano é alguém bem-vindo como imigrante. Conforme observou T.J. Rodgers, principal executivo da Cypress Semiconductor, ao se queixar dos limites estabelecidos pelo Congresso em relação ao número de vistos para trabalho temporário destinados a engenheiros estrangeiros: "Os vencedores e derrotados na era da informação serão diferenciados pelo poder cerebral. Mas temos senadores que não percebem essa realidade. Querem mandar para casa nossos melhores recrutas do mundo intelectual, para que concorram conosco nos seus países de origem. Quatro dentre os meus dez vice-presidentes são imigrantes. Cerca de 35% dos meus engenheiros são imigrantes. O meu vice-presidente de pesquisas — o cara que projeta os meus chips mais avançados — é de Cuba." Qual a melhor opção? Que os empregos disponíveis sejam reservados exclusivamente para os engenheiros formados no país ou que o país tenha acesso a 10% dos engenheiros de todo o mundo considerados os melhores? A América é o único país que hoje de fato dispõe dessa capacidade de arregimentação. O Japão, a Suíça e a Alemanha realmente carecem de tradição em imigração, e essa deficiência se converterá efetivamente em enorme desvantagem para esses países.

O nosso geoarquiteto sem dúvida teria projetado um país com um sistema político federativo democrático e flexível, que possibilitasse um processo decisório político altamente descentralizado, permitindo que as diferentes regiões e localidades se ajustassem às tendências mundiais, sem esperar pelas iniciativas do centro. De fato, um sistema federativo — composto de 50 Estados, todos com motivação para competir e experimentar, na busca constante de soluções para os problemas integrados de educação, bem-estar social e assistência médica — é um ativo de enorme importância na era da globalização, quando esses problemas assumem enorme complexidade e raramente se obtém a melhor resposta sem algumas experiências prévias.

Além disso, o nosso geoarquiteto certamente teria projetado um país com o mercado de trabalho mais flexível do mundo — possibilitando que os trabalhadores se deslocassem rapidamente de uma para outra região econômica e permitindo que os empregadores admitissem e demitissem trabalhadores com relativa facilidade. Quanto menores os obstáculos à demissão do pessoal, maior será a motivação dos empregadores para admitir novos empregados. Compare os milhões de empregos eliminados na América nos anos 90 e os muitos milhões de empregos criados na América nos anos 90, com as taxas de rotatividade da mão-de-obra praticamente estagnadas da Europa Ocidental. Na América, quem perde o emprego no Maine num dia provavelmente encontrará outro em San Diego no dia seguinte. Quem perde o emprego em Tóquio num dia dificilmente conseguirá outro em Seul no dia seguinte. Quem perde o emprego em Munique num dia, mesmo com a moeda e o mercado comuns na Europa, não encontrará com facilidade outro emprego em Milão, no dia seguinte.

O nosso geoarquiteto teria projetado um país onde os cartéis sob proteção governamental seriam execrados, onde todas as empresas e bancos teriam que competir e sobreviver por conta própria e onde os monopólios não seriam tolerados. Esse fator seria de grande importância. Mesmo quando uma empresa americana se transforma numa jóia de classe mundial muito invejada, como a Microsoft, ainda assim não está livre de prestar contas a um advogado do Departamento de Justiça, com um salário de US$ 75 mil por ano.

O país do nosso geoarquiteto sem dúvida seria tolerante em relação aos excêntricos, o cara com um rabo-de-cavalo ou a garota com um brinco no nariz, mas que também são gênios matemáticos ou magos em software. A América é o país onde o detalhista chega e afirma: "Isso é impossível", e alguém chega e anuncia: "Já conseguimos." O vice-presidente da Intel, Avram Miller, garante: "Os japoneses estão encalacrados porque se concentram na homogeneidade. Quando a questão era construir uma grande quantidade das mesmas coisas, eles eram os especialistas mundiais, e nós os considerávamos gênios. Mas o mundo de hoje não quer mais um monte de coisas iguais, e num planeta em que cada um quer algo diferente — e anseia pela tecnologia que gerará alguma coisa perfeitamente ajustada [às diferentes necessidades e especificações], a América leva uma grande vantagem."

O nosso geoarquiteto teria projetado um país cujas corporações, por volta de meados dos anos 90, ao contrário das européias e japonesas, já teriam concluído boa parte dos processos de enxugamento, privatização, formação de redes, desregulamentação, reengenharia, dinamização e reestruturação, imprescindíveis à plena adaptação à democratização das finanças, da tecnologia e da informação, colocando-se em condições de usufruir os benefícios da globalização e de evitar a Deficiência Imunológica ao Microchip. Do mesmo modo como ganhou a corrida espacial, a América está vencendo a corrida ciberespacial. Os investimentos *per capita* das empresas americanas em tecnologia da informação são superiores aos de qualquer outra no mundo.

Ele também teria projetado um país com uma cultura empresarial profundamente arraigada e um sistema tributário que assegurasse ao investidor ou ao inovador bem-sucedido a preservação de uma parcela substancial dos ganhos de capital, de modo que todos tenham um incentivo permanente para se tornarem imensamente ricos. No nosso mundo ideal, os personagens de Horatio Alger* não seriam seres míticos, mas o próprio vizinho da casa ao lado que, por acaso, ingressou como engenheiro na Intel ou na America Online, quando essas empresas começaram, e recebeu bônus anuais em opções sobre ações que hoje estão valendo US$ 10 milhões.

O nosso geoarquiteto certamente teria projetado um país que ainda contaria com vastos espaços abertos e muitas cidades pequenas ambientalmente atraentes para cativar os trabalhadores altamente qualificados. Pois hoje, graças à Internet, às máquinas de fax e às entregas expressas noturnas, as empresas de alta tecnologia e os trabalhadores altamente qualificados têm condições de escapar dos centros urbanos e se estabelecer praticamente em qualquer lugar. Assim, os exuberantes vales verdes, não muito distantes dos oceanos e montanhas, são realmente uma vantagem imensa. Eis por que, hoje, alguns Estados como Idaho, Washington, Oregon, Minnesota e North Carolina estão florescendo com empresas de alta tecnologia.

O país do nosso geoarquiteto valorizaria com tal intensidade o livre fluxo de informações que chegaria ao ponto de defender o direito dos piores pornógrafos e dos racistas mais incendiários de difundir as suas idéias. Esse

* Escritor americano (1832-1899) de livros de aventuras inspiradoras, cujos protagonistas são rapazes pobres que conquistaram grande fortuna e respeito, por meio do culto das virtudes e do trabalho árduo. (N.T.)

seria outro ativo. Pois numa época em que a informação, o conhecimento e os bens e serviços circulam a velocidades crescentes pelo Mundo Rápido ou no ciberespaço, os países capazes de conviver com esse grau de abertura e com o caos por vezes inevitável, os países à vontade num ambiente competitivo onde prevalece a imaginação, sem a proteção de nenhuma redoma, realmente estarão em enorme vantagem. A América, com a sua Lei da Liberdade de Informação (*Freedom of Information Act*), que não permite que o governo mantenha indefinidamente as restrições ao acesso às informações confidenciais, gerou essa cultura de abertura a partir das suas próprias bases.

E, o que é mais importante, o nosso geoarquiteto teria projetado um país em que as empresas multinacionais e os pequenos empreendedores estariam cada vez mais confortáveis, pensando grande e pensando de forma global, podendo atingir a excelência em praticamente todos os campos de realizações que exigem rapidez, leveza, formação de redes e intensidade de conhecimento. Hoje a América é excelente em elaboração de software, computação, Internet, marketing, bancos comerciais, correio eletrônico, seguros, derivativos, engenharia genética, inteligência artificial, bancos de investimento, assistência médica sofisticada, educação superior, entrega expressa noturna, consultoria, refeições rápidas, propaganda, biotecnologia, mídia, entretenimento, hotelaria, gerenciamento de resíduos, serviços, setores ambientais e telecomunicações. Este é um mundo pós-industrial, e a América hoje é boa em tudo que é pós-industrial.

Num mundo em que o vencedor-leva-tudo, a América, pelo menos por enquanto, certamente já implantou o sistema o vencedor-leva-muito. Essa qualidade torna a América uma superpotência única. A América é excelente nas fontes de poder tradicionais. Suas Forças Armadas são numerosas, equipadas com mais porta-aviões, mais caças a jato avançados, mais aeronaves de transporte e mais armas nucleares do que em qualquer outra época, proporcionando-lhe a capacidade de levar maior poderio a lugares mais longínquos do que qualquer outro país do mundo. E também com maior profundidade. O fato de a América dispor tanto de bombardeiros invisíveis B-2 de longo alcance e de caças táticos invisíveis F-22, em estágio de desenvolvimento, significa que a força aérea americana é capaz de transpor o sistema de defesa aérea de qualquer outro país, praticamente sem ser detectada. Ao mesmo tempo, conforme detalhado anteriormente, a América é excelente em todos os novos indicadores de poder da era da globalização.

Mas lembre-se do seguinte: há apenas uma década, os asiáticos e europeus pareciam estar dominando e o declínio americano parecia ser algo inevitável. Agora, como John Neuffer, analista americano do Mitsui Marine Research Institute, em Tóquio, declarou ao *The New York Times*, subitamente tudo se inverteu: "Os japoneses não vêem a luz no fim do túnel e os americanos não avistam rochedos a serem escalados."

No entanto, isso não significa a inexistência de rochedos. Sempre há. Quaisquer que sejam as vantagens competitivas orgânicas da América neste momento da História, é preciso não descuidar dos fundamentos para competir com êxito. É necessário assegurar que a produtividade — a capacidade de produzir bens e serviços a custos cada vez menores, de forma a permitir o aumento dos salários sem inflação — permaneça em constante ascensão. O Japão, no momento, talvez apresente mais passivos do que ativos nessa era da globalização, mas em muitos setores críticos o Japão ainda é um fabricante de extraordinária eficácia, com uma taxa de poupança sempre alta e uma população muito esforçada. O Japão ainda é um motor de inovação em áreas como fabricação sofisticada, gestão de inventários e eletrônica. O Japão também conta com muitos empresários de alto nível que estão simplesmente sufocados pelo sistema. Portanto, os atropelos macroeconômicos do Japão nos anos 90 não o transformam em fracasso — apenas exigem ajustamentos. Enquanto o Japão e a Europa Ocidental insistirem no atual sistema de bem-estar social rígido e protegido — que torna o capitalismo menos destrutivo, mas também menos criativo e enriquecedor —, eles não representarão um desafio para a América. No entanto, quanto mais a América avançar nessa era da globalização, maiores são as minhas esperanças de que as economias desses países mirem-se no exemplo americano e imitem a América. Esse ajustamento inevitável será doloroso, mas o Japão e os países europeus serão forçados a efetuá-lo, como condição para pelo menos preservar algo parecido com o seu atual padrão de vida.

Não se pode dizer que essas sociedades não estejam produzindo mentalidades empreendedoras adequadas à nova era da globalização. Os cérebros franceses trabalham exatamente como os cérebros americanos. A questão diz respeito ao contexto econômico e social em que nascem e se desenvolvem esses cérebros. O motivo pelo qual muitos dos melhores engenheiros de software da França emigraram como rebanho para o Vale do Silício é que simplesmente não se sentiam capazes de prosperar no atual sistema francês. Em 21 de março de 1998, *The Washington Post* apresentou uma reportagem feita em Paris a respeito da drenagem cerebral da França para o Vale do Silício, em conseqüência da flexibilidade proporcionada pelo sistema americano: Reza Malekzadeh, de 24 anos, graduado por uma das mais prestigiosas escolas de gestão empresarial da França, migrou para os Estados Unidos, mudou de emprego três vezes em três anos, e se tornou diretor das operações americanas na empresa de sistemas de rede Softway International, Inc., em San Francisco. "Não teria condições de fazer na França o que faço aqui", ele declarou. "Na França, mesmo as pessoas de 50 anos são consideradas produtos da sua formação. Nos Estados Unidos, o importante é a capacidade da pessoa, não a idade ou a escola que freqüentou 15 anos atrás." Hoje, ele é um dos 40 mil cidadãos franceses que moram no Norte da Califórnia. Mude-se o contexto na França e, sem dúvida, muitos deles retornarão ao país e menor será o número dos que se transferirão para o Vale do Silício.

A América também deve aproveitar este momento, quando dispõe de alguns ativos extraordinários, para tratar de alguns dos seus passivos ainda muito presentes e onerosos: a criminalidade que infesta os núcleos urbanos; a insanidade da falta de controle sobre a venda e o porte de armas; a crescente defasagem de renda; os problemas de financiamento das escolas públicas; a cultura do litígio, que enfraquece a todos, do pequeno empresário às grandes corporações; as dificuldades do sistema de previdência social; a cultura consumista movida a cartão de crédito, que incentiva muitas pessoas a gastar muito além das suas possibilidades e acumular uma montanha de dívidas de consumo que, na hipótese de recessão, representa um perigo real para toda a estrutura financeira; e um sistema político cada vez mais pervertido e corrompido pela frouxidão da legislação sobre o financiamento das campanhas políticas. O enfrentamento desses problemas *de fato seria muito oportuno* nessa era da globalização.

Continuo esperançoso de que a América usará seus ativos com sabedoria, e não acho que esteja sozinho nessa exuberância racional. Mas se nos tornarmos complacentes, a recessão se seguirá à prosperidade, tão certo quanto o poente se segue ao nascente. Eis por que sempre tenho em mente as palavras do vice-secretário do Tesouro Larry Summers, que gostava de afirmar sobre a América nos anos 90: "A única coisa a temer é a própria ausência de temeridade."

Capítulo 16
A Revolução São os EUA

Mais cedo ou mais tarde, o McDonald's estará presente em todas as reportagens: Onde O.J. comeu pouco antes do assassinato de Nicole? No McDonald's. O que o secretário de Comércio Ron Brown serviu às tropas americanas pouco antes de morrer? McDonald's.

— *Adágio na sala de imprensa da sede do McDonald's, em Oak Brook, Illinois*

Acredito na teoria dos cinco postos de gasolina, a respeito do mundo. Sem dúvida: creio que seja possível classificar as economias do mundo hoje em dia basicamente em cinco tipos diferentes de postos de gasolina. O primeiro é o posto de gasolina japonês. Gasolina a US$ 5 o galão. Quatro homens uniformizados, com luvas brancas, amparados por contratos de trabalho vitalícios, aguardam os clientes. Enchem o tanque. Trocam o óleo. Lavam os vidros e se despedem do cliente, que deixa o posto em paz com um aceno de mão e um sorriso simpático. O segundo é o posto de gasolina americano. Gasolina a apenas US$ 1 o galão, mas o próprio cliente enche o tanque, lava os vidros e calibra os pneus. E, ao dobrar a primeira esquina, quatro "sem-teto" tentam roubar as calotas do carro. O terceiro é o posto de gasolina da Europa Ocidental. A gasolina custa US$ 5 o galão. Há apenas um homem em serviço. Insatisfeito, ele enche o tanque e, sem um único sorriso, troca o óleo, lembrando ao cliente o tempo todo que, pelo acordo sindical, apenas tem que encher o tanque e trocar o óleo. Não lava os vidros. Trabalha apenas 32 horas por semana, com o intervalo de 90 minutos por jornada para o almoço, período em que o posto fica fechado. Também desfruta seis semanas de férias todos os verões, no Sul da França. Do outro lado da rua, os seus dois irmãos e o tio, que não trabalham há dez anos, pois o seguro-desemprego do Estado é superior à sua remuneração no último emprego, estão jogando bocha. O quarto é o posto de gasolina de um país em desenvolvimento. Quinze pessoas trabalham lá e todos são primos. Quando o cliente entra, ninguém lhe dá atenção, pois todos estão muito ocupados batendo papo entre si. A gasolina custa apenas US$ 0.35 o galão, pois é subsidiada pelo governo, mas apenas uma das seis bombas de fato funciona. As outras estão quebradas, aguardando as peças de reposição provenientes da Europa. O posto de gasolina não está em bom estado de conservação, pois o proprietário mora em Zurique e retira todos os lucros do país. O dono não sabe que metade dos seus empregados dorme na oficina de consertos à noite e usa o equipamento de lavagem de carros para tomar banho. A maioria dos clientes do posto de gasolina do país em desenvolvimento dirige Mercedes último tipo ou motocicletas de baixa cilindrada. No entanto, o lugar está sempre lotado, pois muitas pessoas param no posto para encher os pneus das bicicletas. Finalmente, há o posto de gasolina dos países comunistas. A gasolina custa apenas US$ 0.50 o galão — mas as bombas não têm gasolina, pois os quatro caras que trabalham lá venderam toda a gasolina no mercado negro a US$ 5 o galão. Apenas um dos quatro empregados do posto de gasolina comunista está presente. Os outros três estão trabalhando em bicos na economia informal e aparecem só uma vez por semana para receber os contracheques.

O que está ocorrendo no mundo hoje, no sentido mais amplo, é que o processo de globalização está empurrando todas as pessoas para o posto de gasolina americano. Quem não for americano e não souber encher o próprio tanque, é bom que aprenda. Com o fim da Guerra Fria, a globalização está globalizando o capitalismo anglo-americano e a Camisa-de-força Dourada. A globalização está globalizando a cultura americana e os seus símbolos. A globalização está globalizando o melhor da América e o pior da América. A globalização está globalizando a Revolução Americana e o posto de gasolina americano.

Infelizmente, nem todos gostam do posto de gasolina americano e do que se encontra por trás dos seus símbolos. O subsolo dos postos de gasolina japonês, europeu ocidental e comunista se encontra impregnado de contratos sociais muito diferentes do americano e de atitudes muito diversas sobre a operação e o controle dos mercados. Os europeus e os japoneses acreditam no exercício do poder do Estado sobre as pessoas e sobre os mercados, enquanto os americanos tendem a confiar mais na potencialização das pessoas e na atuação dos mercados com tanta liberdade quanto possível, como critério de seleção dos vencedores e derrotados. Uma vez que os japoneses, os europeus ocidentais e os comunistas não ficam à vontade com a total liberalização dos mercados e com a distribuição desigual dos benefícios e punições daí decorrentes, os seus postos de gasolina são concebidos para compensar essas desigualdades e dividir as recompensas. A arquitetura dos seus postos de gasolina também leva mais em conta as preferências das comunidades em termos de tradições e valores. Assim, os europeus ocidentais empregam menos pessoas, mas pagam salários mais elevados e arrecadam impostos mais altos, para generosamente sustentar os desempregados e distribuir uma farta cesta de outros benefícios sociais. Do mesmo modo, os japoneses pagam salários um pouco menores, mas garantem o emprego vitalício, e para proteger o trabalho e os benefícios vitalícios impedem a entrada de competidores externos no seu mercado interno. O posto de gasolina americano, em contraste, é um lugar muito mais eficiente: o cliente é o rei, o negócio não tem função social, e o seu único propósito é oferecer a melhor gasolina, ao menor preço. Se isso pode ser feito sem empregados — bem, tanto melhor. O mercado de trabalho flexível criará empregos em outros lugares. Muito cruel? Talvez. Mas esse é o modelo que o resto do mundo, esteja preparado ou não, terá que seguir com uma intensidade crescente.

A América é a culpada dessa situação, pois sob muitos aspectos a globalização é a América. Não somos o tigre. A globalização é o tigre. Mas o americano é o povo mais qualificado para montar no tigre, e agora estamos convidando a todos para entrar na arena ou sair da frente. Os motivos pelos quais os americanos são tão bons em montar no tigre é que o criamos desde filhote. As três democratizações foram promovidas sobretudo na América. A Camisa-de-força Dourada foi confeccionada quase toda na América. O Rebanho Eletrônico é liderado pelas reses de Wall Street, e o mais poderoso agente de pressão para que os demais países abram os seus mercados ao livre comércio e ao livre fluxo de investimentos é o Tio Sam. A nossa propaganda de alistamento militar anuncia: O TIO SAM QUER VOCÊ (para o Rebanho Eletrônico).

Acima de tudo, a globalização tem um aspecto tipicamente americano: ostenta orelhas de Mickey Mouse, come Big Macs, bebe Coca ou Pepsi e trabalha com computadores IBM ou Apple, utilizando Windows 98, com um processador Intel Pentium II no seu interior e conectado à rede pela Cisco Systems. Por conseguinte, embora a distinção entre globalização e americanização talvez seja clara para a maioria dos americanos, não é assim tão evidente para muitos outros em todo o mundo. Na maioria das sociedades, as pessoas não são mais capazes de distinguir entre poderio americano, exportações americanas, invasão cultural americana, exportação cultural americana e a simples globalização. Todos esses aspectos foram embrulhados num pacote único.

Martin Indyk, ex-embaixador dos Estados Unidos em Israel, contou-me um caso que ilustra perfeitamente esse ponto. Como embaixador, ele foi convidado a inaugurar o primeiro McDonald's em Jerusalém. Perguntei-lhe o que disse na cerimônia de abertura do McDonald's naquela cidade sagrada, e ele respondeu: "Refeições rápidas para um país rápido." Mas a melhor parte, ele narrou depois, foi que o McDonald's lhe deu um boné de beisebol colorido com o logotipo da empresa, que deveria usar enquanto comia o primeiro Big Mac solene no primeiro McDonald's de Jerusalém — com a televisão israelense filmando cada mordida para o noticiário vespertino. O restaurante estava apinhado de jovens israelenses, ansiosos para participar desse acontecimento histórico. Enquanto o embaixador Indyk se preparava para comer o primeiro Big Mac oficial de Jerusalém, um jovem adolescente israelense abriu caminho entre a multidão e se aproximou dele. O jovem entregou o seu próprio boné do McDonald's ao embaixador junto com uma caneta e pediu: "O senhor é o embaixador? Será que o senhor me daria um autógrafo?"

Com uma certa timidez, o embaixador Indyk respondeu: "Sem dúvida, nunca me pediram um autógrafo antes."

Quando o embaixador pegou o boné e se preparava para assinar o seu nome na pala, o adolescente disse exultante: "Puxa, que tal ser o embaixador do McDonald's, viajando pelo mundo e abrindo restaurantes em todos os lugares?" Um tanto espantado, o embaixador Indyk olhou para o jovem israelense e o corrigiu: "Não, não. Sou o embaixador *americano* — não o embaixador do McDonald's!"

O jovem israelense pareceu profundamente decepcionado: O embaixador Indyk descreveu o que aconteceu em seguida: "Perguntei a ele:

'Isso significa que você não quer mais o meu autógrafo?' E o garoto respondeu: 'É, não quero mais o seu autógrafo', pegou o boné e foi embora."

Não admira que o relacionamento de amor-e-ódio há muito existente entre a América e o resto do mundo esteja adquirindo uma feição ainda mais contrastante nos dias de hoje. Para algumas pessoas, a americanização-globalização descortina mais do que nunca uma trilha altamente atraente, potencializadora e incrivelmente tentadora na busca de padrões de vida mais elevados. No entanto, para muitas outras, essa americanização-globalização é capaz de nutrir um profundo sentimento de inveja e de mágoa em relação aos Estados Unidos — inveja porque a América parece tão melhor em domar o tigre, e mágoa porque a americanização-globalização soa tantas vezes como o estalido do chicote americano, a todos açoitando para acelerar, para conectar-se, para enxugar, para padronizar e para marchar ao som da banda cultural americana, em direção ao Mundo Rápido. Embora eu esteja convencido de que os amantes da América ainda são mais numerosos do que os que a odeiam, este capítulo é sobre os que a odeiam. É sobre o outro refluxo contra a globalização — a mágoa crescente contra os Estados Unidos, que aumenta à medida que nos inserimos no sistema da globalização, sob uma influência tão intensa dos símbolos, dos mercados e do poderio militar americanos.

O historiador Ronald Steel uma vez observou: "Nunca a União Soviética, mas sim os Estados Unidos é que se constituem no verdadeiro poder revolucionário. Acreditamos que as nossas instituições devem reduzir todas as demais a cinzas da História. Lideramos um sistema econômico que efetivamente enterrou todas as outras formas de produção e distribuição — deixando no seu rastro grandes riquezas e também grandes ruínas. As mensagens culturais que transmitimos através de Hollywood e do McDonald's se difundem pelo mundo para cativar e também para arruinar as outras sociedades. Ao contrário dos conquistadores tradicionais, não nos contentamos apenas em dominar os demais: insistimos em que sejam a nossa imagem e semelhança. E, evidentemente, para o seu próprio bem. Somos os mais implacáveis catequistas do mundo. O planeta deve ser democrático. Deve ser capitalista. Deve estar conectado às mensagens subversivas da World Wide Web. Não admira que muitos se vejam ameaçados pelo que representamos."

O auto-retrato clássico da América é o "Gótico Americano", de Grant Wood,* o casal de aparência extremamente conservadora, ancinho na mão, expressão controlada, firmemente alertas, na frente de sua casa. Mas para o resto do mundo, o Gótico Americano é representado, na realidade, por dois engenheiros de software americanos, de uns vinte e tantos anos, que entram no país com os seus cabelos compridos, colares de contas e sandálias, com brincos no nariz e unhas pintadas. Arrombam a porta da casa, reviram tudo no interior, metem um Big Mac na boca de todo o mundo, enchem a cabeça das crianças com idéias subversivas incompreensíveis, instalam um cabo na televisão, prendem o sintonizador na MTV, conectam a Internet no computador da sala e declaram: "*Download* ou morram."

Assim somos nós. Os americanos são os apóstolos do Mundo Rápido, os inimigos da tradição, os profetas do livre mercado e os sumos sacerdotes da alta tecnologia. Queremos a "expansão" dos nossos valores e das nossas Pizza Huts. Queremos que o mundo siga a nossa liderança e se torne democrático, capitalista, com um *site* da Internet em cada esquina, uma Pepsi em todos os lábios, o Microsoft Windows em todos os computadores e, sobretudo — acima de tudo —, todas as pessoas, em todos os lugares, enchendo o próprio tanque.

Reparei no *slogan* em cima da porta da frente, assim que entrei no saguão do Homa Hotel, no centro de Teerã, em setembro de 1996. Lá estavam as palavras "Abaixo os EUA". Não era uma faixa. Não era uma pichação. Era uma tabuleta *encravada* na parede.

"Jesus", pensei comigo mesmo. "Aquilo está preso na parede! Esse pessoal realmente tem algum problema com a América."

Pouco tempo depois, notei que os mulás iranianos, que sempre se mostraram mais sensíveis aos altos e baixos do poderio cultural e militar americano, começaram a chamar os Estados Unidos de nada mais nada menos que "O Grande Satã" e baluarte do "imperialismo sionista". Os

* Artista americano (1892-1942), conhecido por suas pinturas da vida rural no Meio-Oeste. Seu quadro mais notável é o *American Gothic* (1930), que mostra um fazendeiro e orador sacro de Iowa e a sua filha, em pé, defronte a uma casa com uma janela gótica. (N.T.)

iranianos passaram a tachar a América de "capital da arrogância global". Considerei aquela mudança sutil mas reveladora. A liderança iraniana parecia compreender que "arrogância global" era diferente de imperialismo. Imperialismo é quando fisicamente se ocupa o território de outro povo e se impõem as próprias normas. Arrogância global é quando a influência cultural e econômica de um país é tão poderosa e tão abrangente que a ocupação física se torna desnecessária. O ministro das Finanças da Índia, Shri Yashwant Sinha, uma vez me afirmou o seguinte sobre as relações da América com o resto do mundo hoje: "Não há equilíbrio nem contrapesos. Tudo que vocês dizem é lei."

E é isso que torna tão poderosa a combinação de americanização e globalização. Hoje, o que incomoda tantas pessoas a respeito da América não é o fato de enviarmos tropas para todos os lugares, mas sim disseminarmos a nossa cultura, valores, economia, tecnologias e estilos de vida em todos os lugares — queiramos ou não, queiram ou não. "A América é diferente", observou Josef Joffe, especialista alemão em política externa, num ensaio publicado na revista *Foreign Affairs** de setembro de 1997. "Os Estados Unidos incomodam e dominam, mas não conquistam. Fazem valer sua autoridade e alteram as regras, mas não chegam ao ponto de ir à guerra em busca de territórios ou glória... Os Estados Unidos têm o mais sofisticado, mas não o maior complexo militar do mundo. Mas, sem dúvida, se enquadram numa posição única no jogo do poder persuasivo. Nessa mesa, nem a China, nem a Rússia, nem o Japão e nem mesmo a Europa Ocidental têm condições de competir com a pilha de fichas acumuladas pelos Estados Unidos. Algumas pessoas se arriscam a morrer em alto-mar para chegar aos Estados Unidos, mas não à China. Poucos são os que desejam cursar um mestrado em gestão empresarial na Universidade de Moscou, ou que querem vestir-se e dançar como os japoneses. Lamentavelmente, cada vez menos estudantes desejam aprender francês ou alemão. O inglês, com sotaque americano, se transformou no idioma mundial. Esse tipo de poder

---

* A tradução integral desse artigo foi publicada na edição brasileira da revista *Foreign Affairs*, número 13, outubro de 1997, encartada no jornal *Gazeta Mercantil*. O trecho citado foi traduzido diretamente da transcrição no original deste livro. (N.T.)

— uma cultura que se dissemina para o exterior e um mercado que absorve para o interior — se fundamenta na atração e não na imposição; na aceitação e não na conquista. Pior ainda, esse tipo de poder não está sujeito a coalizões e tampouco a contraposições estabilizadoras. Nessa arena, todos os demais países juntos — Europa, Japão, China e Rússia — não têm condições de se alinharem contra os Estados Unidos numa aliança do passado. Todos os seus estúdios cinematográficos em conjunto são incapazes de superar o domínio de Hollywood. Tampouco qualquer consórcio das suas universidades desbancaria Harvard... Eis por que a 'parceria estratégica' forjada pela Rússia e pela China parece tão anacrônica em 1997. O que farão os dois parceiros em relação à América? Boris Yeltsin dificilmente estaria disposto a ir às compras em Beijing, para adquirir *know-how* e computadores. E a China não colocaria em risco os seus mais importantes mercados de exportação."

Assim, não admira que, ao viajar pelo mundo em fins dos anos 90, eu tenha constatado que não eram só os iranianos que chamavam a América de "capital da arrogância global", pois, de forma menos ostensiva, assim também pensavam os franceses, os malaios, os russos, os canadenses, os chineses, os indianos, os paquistaneses, os egípcios, os japoneses, os mexicanos, os sul-coreanos, os alemães — e quase todos os demais países. O presidente do Iraque, Saddam Hussein — que, como os iranianos, é sempre sensível à mais sutil das mudanças na posição internacional da América —, tentou explorar astuciosamente essa mágoa recém-descoberta, alterando a tônica da sua propaganda. Na primeira Guerra do Golfo, em princípios dos anos 90, Saddam se apresentou como o Robin Hood árabe, que roubava dos árabes ricos para dar aos árabes pobres. Na segunda Guerra do Golfo, em fins dos anos 90, Saddam projetou a imagem de um Luke Skywalker, enfrentando o império americano do mal. Sempre que era entrevistado na televisão, o ministro das Relações Exteriores de Saddam se queixava de que a América se comportava como "o Império Romano nos seus últimos dias". Essa se tornou a nova linha da propaganda do Iraque, do topo do regime até as ruas. Um dia, eu estava assistindo à CNN e ouvi uma entrevista com "um homem das ruas de Bagdá", que por acaso se referia à América como um "Drácula internacional que suga o sangue de todos os povos do mundo".

Tudo bem, tudo bem, o resto do mundo acha que somos valentões desprezíveis e ainda nos invejam. E daí? Qual o impacto desse sentimento nas relações entre os Estados Unidos e os outros governos? A resposta resumida é que torna um pouco mais complicadas as relações internacionais da América. Alguns países se dão ao trabalho de sair da sua rotina só para dar um beliscão nos Estados Unidos; outros se recostam e usufruem o papel de "carona" — deixam que a América atue como o xerife global, que assuma todas os custos dos confrontos com os Saddam Husseins e outros facínoras, e apenas gozam os benefícios, ainda que se queixando constantemente da América; outros se remoem em ressentimentos contra a dominação americana; e outros apenas entram em linha, discretamente.

Na verdade, o relacionamento com o resto do mundo hoje é muito parecido com o relacionamento de Michael Jordan — no seu apogeu — com o resto da NBA. Todos os demais jogadores e as outras equipes queriam superar Michael Jordan; todos os demais jogadores e as outras equipes o odiavam pela maneira como ele expunha todas as fraquezas alheias; todos os demais jogadores e as outras equipes se confrontavam com Michael Jordan e, até certo ponto, o adotavam como modelo; todos os demais jogadores e as outras equipes se queixavam de que os árbitros ignoravam todos os tipos de faltas cometidas por Michael Jordan, absolutamente inadmissíveis em qualquer outra circunstância. Mas, apesar de tudo, nenhuma das outras equipes queria que Michel Jordan se contundisse ou se aposentasse, pois apenas a sua presença assegurava a venda de todos os ingressos para os jogos. Ele era o canudo que mexia a bebida de todos.

Veja apenas uns poucos exemplos desse fenômeno: Quando Anatoly Chubais, um dos arquitetos originais do plano de privatização da Rússia, negociava mais um programa de salvamento da economia do país, o FMI estava impondo condições mais rigorosas do que nunca, e Chubais não tinha outra opção senão aceitá-las. No auge das negociações, o programa da televisão russa *Kukli*, que apresenta bonecos caracterizados de líderes russos, exibiu uma paródia de "Chapeuzinho Vermelho". Boris Yeltsin era a vovozinha e o então primeiro-ministro Kiryenko era Chapeuzinho Vermelho, tentando convencer Yeltsin a interferir no mais recente programa de salvamento, antes de qualquer outra pessoa. No entanto, quando Kiryenko chegou na casa da vovozinha, encontrou Chubais já sentado ao lado de Yeltsin. Chubais usava uma roupa espacial e um capacete lunar. Na parte dianteira da roupa viam-se as cartas russas ao FMI e uma bandeira americana. Chubais estava literalmente caracterizado como um agente do planeta América, encarregado de instruir os russos sobre como agir. Quando Kiryenko o avistou ao lado de Yeltsin, voltou-se para a audiência e lamentou: "Acho que cheguei tarde demais."

No Fórum Econômico Mundial de Davos, em 1999, Minoru Murofushi, *chairman* da gigantesca empresa comercial exportadora do Japão Itochu Corporation, participava de um grupo de discussão com o primeiro-ministro russo Yevgeny Primakov. Murofushi comentava os esforços de Primakov no sentido de negociar um fim para a crise econômica russa, quando, num lapso freudiano, o empresário japonês falou: "Sei que o Sr. Primakov se reúne amanhã com o Sr. Fischer, da IBM — quero dizer, do FMI." Ora, IBM, FMI, não faz diferença — ambos são controlados pelos americanos!

Yuan Ming, professora de relações internacionais na Universidade de Beijing, é uma das principais especialistas da China em Estados Unidos. Uma vez, ela me contou uma história ilustrativa do pensamento chinês de que a única maneira de reagir à arrogância global dos Estados Unidos era também assumir alguma dose de arrogância própria: "Os nossos líderes políticos nos seus discursos públicos não usam o termo 'globalização'. Utilizam o termo 'modernização'. Há um motivo cultural para esse procedimento. Uma lição da História, ainda fresca nas mentes do povo chinês, é a de que a China foi forçada a ingressar na comunidade internacional no século passado pela diplomacia das canhoneiras — assim, a globalização representa algo que a China não persegue por si própria, mas alguma coisa imposta pelo Ocidente ou pela América. A modernização, ao contrário, está sujeita ao nosso controle. No Ano-novo, todo ano, o principal canal de TV exibe um programa que é o maior acontecimento da televisão chinesa. O programa é visto por quase um bilhão de chineses. Geralmente, o programa se limita à apresentação de cantores e comediantes. No entanto, três anos atrás [em 1995], o programa exibiu a cena de um casal residente na zona rural, telefonando para o filho que estudava nos Estados Unidos. Eles perguntam: 'Como você está, neste dia de Ano-novo?' O rapaz responde que está bem e que pretende voltar para casa, após terminar o seu curso de Ph.D. nos Estados Unidos. Os pais ficam contentes em saber disso. No entanto, o momento de que me recordo com mais nitidez é aquele em que os pais contam ao filho que a China, sob muitos aspectos, está ficando tão boa quanto a América. Eles comentam: 'Você andou lavando pratos para os americanos. Agora, temos que fazer com que alguns americanos também lavem pratos para nós.'"

Em 14 de dezembro de 1997, eu retornava do Japão para casa e estava lendo as cartas dos leitores no *Japan Times* daquele dia. Sempre gosto de lê-las no país em que estou, pois freqüentemente encontro pérolas interessantes. A carta em questão se intitulava "Empáfia Americana", e falava em nome de muitas pessoas. Dizia: "Estou (de novo) sem palavras para me manifestar a respeito da incessante audácia dos Estados Unidos. Desta vez, leio que os EUA se recusam a assinar qualquer acordo [na Conferência de Kyoto sobre as mudanças climáticas], a não ser que sejam atendidas pelo menos três das suas 'exigências'... nunca menosprezaria a tradição dos EUA de 'ajudar' sempre que possível — mas 'o maior país do mundo' (sua pretensão, não minha) *precisa* de uma lição de humildade. O seu recente retorno à glória também se deve ao fracasso dos sistemas político e econômico dos concorrentes. O orgulho antecede a queda. O governo dos EUA deveria lembrar-se disso." Assinado: Andrew Ogge. Tóquio.

Estive na Índia logo após os testes nucleares de 1998, e o general indiano (reformado) V.R. Raghavan, ex-chefe de operações do exército indiano e agora analista do Délhi Policy Group, contou-me que acabara de participar de um seminário internacional sobre a questão nuclear. Entre os presentes, encontravam-se especialistas americanos, ingleses, chineses e indianos, além de outros. "Durante um dos intervalos, saímos para um passeio pelo minúsculo vilarejo indiano e lhes mostrei as lojas, as casas, e o esterco de vaca sendo usado como fonte de energia", contou o general Raghavan. "Mas o mais fascinante foi a nossa visita a uma escola secundária local. Lá estavam cerca de 30 crianças nos primeiros anos da adolescência e os professores, e alguns membros do grupo queriam conversar com eles. Assim, arrumaram alguns bancos e começaram o bate-papo. Um advogado de Nova York perguntou às crianças o que elas achavam da China e dos

Estados Unidos. Sem qualquer preparação, as crianças disseram que a China era o maior vizinho dos Estados Unidos, que tivéramos uma guerra com a China, mas que a China defende os países mais fracos, e portanto não tínhamos problemas com a China. 'E quanto aos Estados Unidos?', perguntou o advogado. Elas responderam que os Estados Unidos eram 'um valentão, que dá cotoveladas em todo o mundo e que só pensa em si mesmo'. As pessoas do grupo não acreditaram na cena."

Em 1997, assisti a uma conferência acadêmica no Marrocos, intitulada "Globalização e o Mundo Árabe". A maioria dos participantes árabes vinha da África do Norte e da França e havia sido educada na França. (A origem árabe e a educação francesa formam a pior combinação para entender a globalização. É como ser duas vezes desfavorecido, pois ambas as culturas apresentam uma hostilidade evidente a todo o fenômeno.) Pediram-me que eu fizesse uma rápida palestra introdutória sobre a globalização, e eu fiz. Quando terminei, um ex-primeiro-ministro argeliano, que morava no exílio e assistia à conferência, pediu para responder aos meus comentários. Falando em francês, ele questionou tudo o que eu dissera. Argumentou que "essa globalização a que você se refere é apenas mais uma conspiração americana para manter por baixo o mundo árabe, do mesmo modo como o sionismo e o imperialismo".

Ouvi com educação as suas observações, que prosseguiram no mesmo tom, exaustivamente, e então decidi contestar, de um modo deliberadamente provocativo, na esperança de romper a rigidez da sua atitude mental. Afirmei mais ou menos o seguinte (as blasfêmias foram excluídas pela edição): "Sr. primeiro-ministro, o senhor falou da globalização como apenas outra conspiração americana para manter os árabes por baixo. Bem, gostaria de dizer-lhe algo — a situação é bem pior do que o senhor imagina. Muito pior. Sabe, o senhor pensa que lá em Washington ficamos pensando em vocês e tramando meios para oprimi-los, girando todos os *dials* e puxando todas as alavancas para realizarmos o nosso intento. Quisera que fosse assim. Por Deus, como seria bom se fosse verdade. Pois eu gosto de vocês, e eu giraria os *dials* no outro sentido para acalmá-los. Mas a verdade é que *não estamos pensando em vocês, em absoluto*! Nem por um segundo. Não estamos dando a mínima para vocês. E não é por maldade. É porque estamos sob as mesmas pressões que vocês; estamos tentando ficar um passo adiante da concorrência, exatamente como vocês; estamos preocupados com o que ocorrerá em seguida no mercado de títulos, do mesmo modo como vocês. Eu gostaria de confirmar a sua tese de que há uma conspiração para mantê-los por baixo, mas não posso... Agora, se o senhor quiser construir uma ponte islâmica para o trem da globalização, construa a ponte islâmica. Se o senhor quiser construir uma ponte maoísta para o trem, construa a ponte maoísta. Se o senhor quiser construir uma ponte jeffersoniana para o trem, construa a ponte jeffersoniana. Mas prometa-me uma coisa — que o senhor construirá uma ponte. Pois o trem partirá sem o senhor."

Mas para cada norte-africano que esteja reagindo à americanização-globalização, erguendo-lhe o pulso, um outro simplesmente se ajusta às circunstâncias e tenta extrair-lhe o melhor. Quando estive em Casablanca em 1997, a fragata com mísseis teleguiados *USS Carr* aportou na cidade para uma visita. O consulado americano em Casablanca ofereceu uma recepção no convés do *Carr* às autoridades locais e outros convidados, inclusive eu. Enquanto algumas jovens marroquinas se acotovelavam para tirar fotografias ao lado dos fuzileiros navais americanos uniformizados, e os convidados jantavam frango com chope Budweiser extraído de um grande barril de aço, iniciei uma conversa com o governador de Casablanca. Usando um terno sob medida, a autoridade marroquina me explicou com orgulho, num francês perfeito, por que estava matriculando os seus dois filhos na escola americana em Casablanca, e não nas escolas francesas onde fora educado.

"Por dois motivos", esclareceu. "Primeiro, no mundo em que estamos ingressando, quem não fala inglês é analfabeto. Segundo, o sistema francês o ensinaria a ser um administrador. O sistema americano o ensinará a sobreviver por conta própria. É isso que quero que meus filhos aprendam."

Embora Marrocos esteja impregnado da cultura e da educação francesa desde 1912, o país tem agora três escolas americanas, onde a procura por vagas é tão grande que atualmente existem listas de espera para as listas de espera. Na realidade, constata-se, atualmente, um verdadeiro confronto cultural entre os Estados Unidos e a França pelos corações e mentes da nova geração, nos países da África do Norte e da África Ocidental, tradicionalmente dominados pela França. E os Estados Unidos cada vez mais se distanciam na dianteira — sem ao menos se esforçar. É tudo uma questão de demanda. "O sistema francês de educação superior não se adaptou a esse período revolucionário", observou Dominique Moisi, que lecionava na renomada ENA da França, a Escola Nacional de Administração, e é um dos principais especialistas do país em assuntos internacionais. "O sistema francês recompensa as pessoas pela capacidade de seguir os caminhos já desbravados. Ele não as encoraja a se rebelarem ou a desenvolverem a sua própria personalidade. O sentimento dominante lá é de que, se as coisas estão mudando nos anos 90, não é por causa da França. A América se transformou no espelho das nossas próprias dúvidas. Olhamos para vocês e vemos o que está faltando."

Outra reação comum à americanização-globalização de hoje é a tendência de alguns países de se queixarem com amargura pelo fato de os Estados Unidos ostentarem o seu peso por todos os lugares, enquanto se recostam e saboreiam os frutos do poderio americano. Os japoneses nos afirmam de forma reservada que os Estados Unidos estão absolutamente certos em exigir que a China observe as leis internacionais sobre direitos autorais. E também comentam que as empresas japonesas, como a Sony e a Nintendo, sofrem tanto quanto a Disney e a Microsoft com a pirataria chinesa. Mas o Japão não se mostra disposto a bater cabeça com Beijing sobre essa questão. Ao contrário, pedirá a Washington, a única superpotência do mundo, para defender os seus interesses, enquanto segura o manto americano e continua negociando com a China tanto quanto possível — e até mesmo se beneficiando com a conquista dos mercados perdidos pelos Estados Unidos no seu confronto com Beijing. No final do dia, se os americanos forem bem-sucedidos na obtenção de novas concessões da China em termos de direitos autorais, o Japão usufruirá os mesmos benefícios. Como se diz "carona" em japonês?

Finalmente, outra tendência comum entre os países é a de buscar oportunidades para complicar a diplomacia americana e para afrontar o poderio americano, ambos por motivos geopolíticos tradicionais e pelo puro prazer daí resultante. Considere a Rússia ou a França, por exemplo: quanto mais incapazes se mostram de conquistar honra e dignidade no Mundo Rápido, mais se esforçam para fazê-lo por meios inadequados — desafiando a diplomacia americana na Bósnia, em Kosovo, nas Nações Unidas ou no

Iraque. De fato, quanto maior a debilidade da Rússia, mais o país procura ampliar até mesmo as mais insignificantes diferenças com os Estados Unidos e maior o empenho de alguns russos em meter o dedo nos olhos da América, de modo a aumentar a sua auto-estima — para sentir que, de algum modo, ainda são capazes de competir com os Estados Unidos.

Como o analista russo Aleksei Pushkov me disse uma vez: "Agora, a atitude predominante na Rússia é a de que o país deve atuar como força de equilíbrio, para corrigir situações onde os Estados Unidos se deslumbram com o próprio poderio." Eu exporia a questão de um modo um pouco diferente. O lema implícito na Rússia e em muitos outros países hoje é o seguinte: "Se não for mais possível conseguir uma boa guerra para desviar a atenção dos problemas internos, pelo menos sustente uma boa pendenga com os americanos."

O fato de ser a única superpotência do mundo não assegura que os Estados Unidos sempre farão prevalecer as suas posições, mas sem dúvida garante que serão criticados em todas as circunstâncias. Mais uma vez, raciocine em termos de NBA. Gary Payton é o grande craque do Seattle SuperSonics. É um grande jogador, mas não é Michael Jordan, e compensa algumas das suas deficiências dizendo disparates a respeito dos adversários, principalmente Michael Jordan, antes da aposentadoria. Na minha opinião, a França e a Rússia hoje são os Gary Paytons da geopolítica — os maiores conversas-fiadas do mundo, sempre tentando contrabalançar as suas fraquezas com muito papo-furado — sobretudo em cima de Washington.

No filme clássico dos Irmãos Marx* *Duck Soup*, há uma cena em que Chico e Harpo estão conversando com o malvado e astuto estadista europeu Trentino, adversário político de Groucho, que contratou Chico e Harpo como espiões. Quando Chico e Harpo chegam ao escritório de Trentino, para prestar contas do andamento da espionagem, a secretária entra com um telegrama. Harpo arranca o telegrama das mãos dela, examina-o com atenção, rasga o telegrama em pedacinhos, atira os fragmen-

* Grupo de comediantes americanos. Os principais membros são Groucho (1895-1977), Harpo (1893-1964) e Chico (1981-1961). *Duck Soup* (1933) se destaca entre seus principais filmes. (N.T.)

tos ao chão e balança a cabeça. Atônito e surpreso, Trentino vira-se para Chico com um ar perplexo, como se indagasse: "Por que ele fez isso?" E Chico responde: "Ele fica com raiva porque não sabe ler."

A cena me lembra outra tendência na reação contra a americanização-globalização — a que é realmente perigosa. É a atitude dos que não estão à altura da americanização-globalização, por incapacidade ou intencionalmente, em conseqüência de fatores culturais, econômicos ou políticos, e querem rasgá-la em pedacinhos sempre que afrontados pelos fatos. São os Harpos — os homens e mulheres zangados que, ao contrário dos seus líderes, não a aceitam de forma alguma. Não querem reverenciar a América e criticá-la pelas costas. Querem o mundo de uma só maneira, no velho estilo, ao seu modo.

Conforme o que Ronald Steel me disse uma vez, os homens zangados vêem a americanização-globalização como um hóspede indesejável: tenta-se trancar a porta e ela entra pela janela. Fecha-se a janela e ela se insinua pelo cabo da TV. Corta-se o cabo da TV e ela chega pela Internet, por meio da linha telefônica. Desliga-se a linha telefônica e ela desce pelo satélite. Joga-se fora o telefone celular e lá está ela no painel de propaganda na rua. Derruba-se o painel de propaganda e ela reaparece no local de trabalho e no chão das fábricas. E essa americanização-globalização não fica apenas na sala. Todos a ingerem. Ela se introduz nas pessoas. E ao penetrar, abre com freqüência um enorme abismo entre pais e filhos, entre mães e filhas, entre avós e netos. Cria situações onde a nova geração interpreta o mundo de maneira radicalmente diferente da visão dos pais, e tudo é culpa da América. Por exemplo, a obsessão do milionário e terrorista saudita Osama bin Laden é a saída dos Estados Unidos da Península Arábica, e do mundo islâmico em geral, pois o estilo de vida americano está "profanando o lar islâmico".

O ex-primeiro-ministro indiano I.K. Gujral não é Osama bin Laden, em absoluto. Mas uma vez tivemos uma conversa em Nova Délhi, em que ele expressou a amargura de algumas pessoas com a maneira como a americanização-globalização penetra nas famílias e nos lares. "Vejo o mesmo ocorrendo hoje na Índia — as mudanças nos nossos trajes e nos hábitos alimentares", lamentou Gujral. "Minha neta tem quatro anos. Ela está sempre falando em goma de mascar, e não em comida indiana, ou então diz: 'Não gosto de Pepsi, gosto de Coca.' Ela chega a conversar mais em inglês do que em hindi. Perguntei-lhe um dia por que não falava comigo em hindi; ela então foi até a mãe e perguntou: 'O vovô fala inglês?' Fico observando os meus netos, pois eles são fontes de *insights*. Outro dia, a minha neta disse que queria pizza. A avó prometeu que faria uma pizza para ela no dia seguinte. E a menina respondeu: 'Não, não, quero da Pizza Hut.'"

Em Xangai, entrevistei Wang Guoliang, alto funcionário do Banco das Comunicações, um dos quatro grandes bancos estatais do país. Só de brincadeira, perguntei-lhe como obtinha as notícias do mundo. Ele respondeu que todas as manhãs a secretária preparava um resumo para ele, com base na Internet e na Reuters, mas que também conseguia muita coisa com o seu filho.

E então, de repente, começou a dar uma aula sobre o relacionamento entre pais e filhos, que descambou para um discurso contra a Internet.

"Meu filho é um especialista em Internet. Sempre que encontra alguma coisa interessante na Internet, ele me mostra", afirmou o banqueiro chinês. "Mas os pais não devem ser guiados pelos filhos. Meu filho também me dá sugestões, mas não gosto da maioria das suas idéias. O pai não deve ouvir o filho. Compromete a sua autoridade. Disse a meu filho para ficar menos na Internet e estudar mais."

I.K. Gujral e Wang Guoliang são pessoas bastante educadas e sofisticadas para aderirem à violência contra essas questões, mas o mesmo não ocorre com os homens zangados. Eles não dispõem de uma ideologia alternativa completa contra a americanização-globalização. Eles são como Harpo. Preferem rasgar a mensagem e pisoteá-la. E ao contrário dos seus governos hesitantes, que se queixam do Tio Sam mas dançam conforme a sua música, os homens zangados estão prontos para mudar o ritmo e apertar o gatilho.

Agora, chegamos ao ponto realmente assustador. A americanização-globalização não se limita a proporcionar a esses homens zangados motivos muito mais fortes para odiar a América; ela também lhes confere um poder muito maior, como indivíduos, para apertar o gatilho. A globalização os superpotencializa de duas maneiras muito importantes.

Primeiro, com o mundo de tal forma interligado — com todos nós muito mais conectados, com muitas outras localidades e durante muito mais tempo — os terroristas se tornaram capazes de assediar muito mais pessoas ao mesmo tempo. Veja o caso das minhas férias de inverno, em dezembro de 1998: Eu estava esquiando nas Montanhas Rochosas e percebi pela primeira vez que, em quase todos os teleféricos que subiam a montanha, alguém falava com alguém por um telefone celular. Um amigo meu estava esquiando com um *pager* manual que o mantinha constantemente informado sobre a evolução do índice Dow Jones e da sua própria carteira de ações. Ele o checava entre as descidas pelas encostas. Enquanto eu despachava vários capítulos deste livro num escritório da Federal Express, para ser entregue a meio país de distância, às 10h30 do dia seguinte, encontrei-me com o dirigente da NBA David Stern, descendo a rua com um telefone celular ao ouvido e negociando o fim da paralisação da NBA. No final do meu dia de esquiação, eu ia para casa e conferia um dos 40 canais da televisão a cabo local; telefonava para os amigos no Cairo e em Jerusalém, usando o meu cartão de crédito da AT&T; ou utilizava a minha linha 800 da AOL para verificar os despachos das agências de notícias ou as mensagens de correio eletrônico na caixa de entrada. No jantar da noite de Ano-novo, eu estava apanhando o meu casaco na recepção do nosso restaurante e o seguinte diálogo se desenrolava entre um cliente aborrecido e o *maître*: "Que negócio é esse de não ter recebido a minha reserva? Eu a enviei pelo correio eletrônico semanas atrás! O nome é Ashraf, A-s-h-r-a-f." Antes de dormir, peguei um exemplar do *USA Today* que trazia a fotografia mostrada no capítulo 2, do judeu pressionando o telefone celular contra as pedras do Muro das Lamentações. Lembre-se da legenda: "Shimon Biton encosta o seu telefone celular no Muro Ocidental, de modo que um parente na França reze uma prece naquele local santo."

Tudo isso, *enquanto eu estava em férias nas montanhas*!

Imagine a situação de quem está em casa ou no escritório. Hoje, todos estamos muito mais conectados. Sabemos — ou temos condições de saber — instantaneamente tudo que está acontecendo. E nesse mundo necessita-se de quantidades cada vez menores de dinamite, de armas biológicas ou de urânio altamente enriquecido para criar situações de ansiedade e tumulto que atingem bilhões de pessoas ao mesmo tempo.

Também há uma outra maneira pela qual a globalização dá aos terroristas mais poder por cada dólar. Quando os microchips e a miniaturização reduzem o tamanho e o peso das coisas, *tudo* se torna menor e mais leve. Sam Cohen, o inventor da bomba de nêutrons, observou no *Washing-*

ton Times (7 de junho de 1998) que dez anos depois do primeiro teste de fissão do plutônio em Alamogordo, os projetistas das bombas dos Estados Unidos foram capazes de reduzir o peso da ogiva com a mesma potência — 20 quilotons — por um fator de aproximadamente 100. Os Estados Unidos desenvolveram uma ogiva para os campos de batalha da Otan que é lançada por dois homens carregando uma bazuca, com potência inferior a um décimo de quiloton. O mesmo ocorreu com os russos. Descobrimos isso quando o ex-assessor de segurança nacional da Rússia, Alexander Lebed, declarou que 100 minibombas nucleares, conhecidas como "bombas de valise", tinham desaparecido do arsenal das forças especiais russas. Eis por que Geoff Baehr, chefe de projetos de redes da Sun Microsystems, comentou comigo um dia: "Minha grande preocupação, e não há qualquer exagero na afirmação, é que toda essa infra-estrutura está ficando muito vulnerável aos ataques, e não apenas de um pirata de computador, mas de alguém que entre nos comutadores telefônicos. No mundo de hoje, o agressor tem condições de ir até os campos de batalha da telefonia, voltar para casa, comer um sanduíche e retornar ao ataque."

Quando se combina o homem zangado produzido pela americanização-globalização com a maneira como a globalização é capaz de superpotencializar as pessoas, surge o que considero a ameaça real e imediata à segurança nacional dos Estados Unidos hoje em dia: o Homem Zangado com Superpoderes. É isso mesmo. Não é outra superpotência que ameaça a América neste fim de século XX. O maior perigo hoje enfrentado pelos Estados Unidos provém dos Indivíduos com Superpoderes, que odeiam a América, como nunca antes, por causa da globalização, e que de fato são capazes de tomar alguma atitude por conta própria, como nunca antes, graças à globalização.

No sistema da Guerra Fria, o Homem Zangado com Superpoderes — um Hitler ou um Stalin — precisava assumir o controle de um Estado para promover a destruição no mundo. Mas hoje o Homem Zangado com Superpoderes (ou a Mulher) tem condições de recorrer ao poder implícito na globalização para atacar até mesmo uma superpotência. Já se afirmou sobre o distante Império Romano que todas as estradas levavam a Roma — norte, sul, leste e oeste. E foi através dessa malha rodoviária que Cesar ampliou o seu domínio para todos os cantos do mundo. E eram ótimas estradas. Mas há algo curioso sobre as estradas. Elas levam a duas direções opostas. E quando os vândalos e os visigodos decidiram atacar Roma, eles chegaram pelas mesmas estradas. Algo semelhante talvez ocorra com a globalização.

O Homem Zangado com Superpoderes pode assumir diferentes formas. Suas variedades abrangem o muito zangado e menos violento, o muito zangado e um tanto violento, e o muito zangado e muito violento. Um bom exemplo do muito zangado e menos violento são os piratas de computadores que atacaram o meu próprio jornal, *The New York Times*, um dos pilares do *establishment* americano. Em 13 de setembro de 1998, esses piratas arrombaram o *site* do *Times* na Internet, a primeira ocorrência desse tipo com uma grande empresa jornalística. Martin Nisenholtz, presidente da New York Times Electronic Media Company, contou-me a história: "Acabáramos de publicar o relatório de Kenneth Starr sobre o Clinton numa sexta-feira que estava sendo um grande dia para o nosso *site*. Dispúnhamos da primeira versão integral indexada do relatório Starr *online*, de modo que bastava apertar uma tecla para se encontrar qualquer coisa, e estávamos quebrando todos os tipos de recorde de uso. Eu estava tão seguro da nossa situação que aceitei um convite para ir a Filadélfia e dar uma palestra no Wharton International Forum. Assim, no sábado à noite, parti para a Filadélfia. No domingo de manhã, às 7h45, recebi um telefonema do editor do nosso *site*, informando que tínhamos sido atacados pelos piratas. Já acontecera uma vez antes, quando um grupo tentou inundar os nossos servidores com pedidos. Mas aquilo era diferente. Eles de fato tinham tomado o *site* e estavam divulgando as suas próprias mensagens pela nossa *home page*, sob o logotipo HFG, 'Hacking for Girlies' (Piratas de Mulheres Peladas). Eles haviam superposto a fotografia de uma mulher nua no corpo desse logotipo HFG. Assim, retomamos o *site* e publicamos em cima deles; e eles voltaram, reconquistaram mais uma vez o *site* e publicaram de novo em cima da gente. Então, voltamos novamente e retomamos o *site*; e eles outra vez retornaram e reconquistaram o *site*. Durante duas horas, ficamos duelando *home pages* no nosso próprio *site*! Eles haviam arrombado o nosso sistema e assumido o controle dos nossos servidores — que é onde se armazenam as páginas da Web — e tinham conseguido acessar o nosso *site*. Uma vez lá dentro, dispunham do mesmo acesso que nós para gerenciar o *site* do *The New York Times*. Perguntávamos a nós mesmos se era o caso de derrubar o *site*, e eu respondia que não. Mas finalmente ficou claro que essa era a medida certa. E assim, às 10h20, derrubamos o *site* e fechamos todas as escotilhas [os pontos de entrada remotos fora do *site*]. A maneira pela qual entraram foi explorando um *bug* no sistema operacional Unix. Retiramos os nossos servidores que tinham sido atacados e reconstruímos o *site* em servidores virgens, não conectados com qualquer ponto remoto."

O que achei mais interessante foi a mensagem que os piratas lançaram na página do *Times*. A mensagem de abertura era "WE OWN YOUR DUMB ASS" (Controlamos a sua bunda). Trechos das mensagens estavam em código, uma espécie de linguagem de oliveira de alta tecnologia, deles próprios. *Hacking for Girlies* apareceu como H4CK1NG F0R G1RL3Z. Certas vogais eram números, como na mensagem de fechamento: "R3ST ASSUR3D, W3 WILL B3 BACK SOON" (Voltaremos logo, estejam certos). Os piratas sem dúvida se deliciavam, como Jesse James, em demonstrar que eram mais inteligentes do que a estrutura de poder global representada pelo *The New York Times* e o seu *site*. A mensagem era de que talvez fôssemos ricos, mas não éramos capazes de competir com os cérebros dos subterrâneos da Internet, embora eles tivessem muito menos poder. Pareciam estar dizendo que os seus cérebros eram os equalizadores. Em determinado ponto, os piratas escreveram: "Só porque digitamos tudo em maiúsculas e não usamos linguagem de elite não significa que somos crianças, ou que não controlamos a sua bunda. Porque cada um que nos chama de crianças imaturas mostra que mais uma pessoa nos subestimou. E pior, o que dizer da [sua] segurança? Essas 'crianças imaturas' conseguiram burlar as suas *firewalls** de 25 mil dólares, burlar a segurança instalada por administradores com XX anos de experiência ou com um diploma XXX de alguma universidade. *Nyah nyah*."

A única exigência dos piratas foi a soltura de Kevin D. Mitnick, o conhecido pirata de computador que está na cadeia desde a sua prisão pelo

---

* Parede à prova de fogo. Em informática, é a proteção contra a entrada de intrusos numa rede local privada. (N.T.)

FBI em fevereiro de 1995. Mitnick, que já foi o pirata de computador mais procurado do mundo, foi acusado de uma longa orgia de crimes, que incluía o roubo de milhares de arquivos de dados e de pelo menos 20 mil números de cartão de crédito de sistemas de computadores em todo o país. Operando através de um *modem* de computador ligado no seu telefone celular, Mitnick foi capturado após ter penetrado no computador da casa de um famoso especialista em segurança de computadores, Tsutomi Shimomura, no Centro de Supercomputadores de San Diego. Shimomura ajudou um grupo composto de técnicos da companhia telefônica e de investigadores federais rastreadores de freqüência celular a caçar e prender Mitnick.

Esses piratas são basicamente os fundamentalistas da Internet. Eles têm os seus próprios costumes tribais, os seus próprios heróis folclóricos, a sua própria linguagem, as suas próprias teorias conspiratórias e as suas próprias fontes de verdade. Mas não dispõem de uma ideologia política coerente, no sentido de um efetivo sistema alternativo. São os verdadeiros Harpos. Têm um estilo, não uma ideologia. Apenas querem derrubar a estrutura de poder atualmente existente. Desejam demonstrar que o sistema não os controla, mas que são capazes de controlar o sistema.

No entanto, subindo na escala, encontramos aqueles que são um pouco mais zangados e um pouco mais violentos. Como os separatistas tâmeis, zangados e com superpoderes, que atacaram a embaixada do Sri Lanka em Washington, em setembro de 1998. O *Washington Times* relatou a história: "Quando a embaixada cingalesa instalou um endereço de correio eletrônico, os guerrilheiros Tigres Tâmeis desenvolveram uma nova modalidade de terrorismo. Imediatamente, começaram a inundar a embaixada com ameaças de bombas e com tal quantidade de *spam* — lixo postal eletrônico — que os diplomatas não tinham condições de usar o endereço para negócios legítimos. Um dos diplomatas denominou o processo 'terrorismo por correio eletrônico'." O artigo observa que o embaixador cingalês acabou recorrendo a um especialista em computadores, para instalar um programa que filtrasse as mensagens eletrônicas enviadas pelos Liberation Tigers of Tamil Eelam (LTTE). A tática dos Tigres foi mencionada como nova ameaça no relatório sobre o terrorismo global do Departamento de Estado. O documento afirmava que um grupo autodenominado Internet Black Tigers (Tigres Negros da Internet) já atacara anteriormente, em agosto de 1997, com "armas" de correio eletrônico, que desativaram o sistema de correio eletrônico da embaixada. "Em divulgações pela Internet, o grupo se proclamava um grupo de elite do LTTE, especializado em 'bombardeios suicidas por correio eletrônico'", relatou o Departamento de Estado. O grupo recorria ao que chamava de "mísseis anti-servidores e-mail-to-FTP", que sobrecarregam um endereço de correio eletrônico almejado e provocam tal ruptura em termos de volume que o destinatário é forçado a jogar fora todo o *site* de correio eletrônico.

E finalmente surgem os Homens Zangados com Superpoderes, efetivamente furiosos e realmente violentos. Esses são os Harpos com pistolas de verdade. Eles percebem a existência de um sistema de dominação mundial do qual não participam e jamais participarão. Na visão desse grupo, os Estados Unidos, a IBM, *The New York Times*, a Wall Street e a economia global são todos parte de um único edifício de poder que precisa ser demolido. Esses Homens Zangados com Superpoderes integram a seita Aum Shinrikyo (Verdade Suprema), do Japão; a gangue de Osama bin Laden, do Afeganistão; o Unabomber e o grupo Ramzi Yousef, de Nova York. A Aum Shinrikyo pregava um coquetel insano de hinduísmo, budismo e várias teorias conspiratórias de âmbito mundial, envolvendo a América, os judeus, a franco-maçonaria e o capitalismo global. A seita japonesa matou 12 pessoas e feriu vários milhares em março de 1995, quando lançou no metrô de Tóquio o gás *sarin*, que age sobre o sistema nervoso. De acordo com *The Economist*, a Aum Shinrikyo acumulara mais ou menos um bilhão de dólares em ativos e de fato comprara um helicóptero russo avançado, com equipamento para pulverizar produtos químicos letais. Osama bin Laden, o milionário saudita que em agosto de 1998 financiou o bombardeio das embaixadas americanas no Quênia e na Tanzânia, matando mais de 200 pessoas, mantinha comunicações regulares em todo o mundo, por meio de telefones por satélite, através do seu próprio Jihad Online (JOL)* O *The New York Times* relatou que o FBI analisou um computador pessoal

---

* Guerra santa ou combate espiritual contra os infiéis que todo muçulmano deve empreender para defender ou ampliar o domínio do Islã. Trocadilho do autor com a America Online (AOL), a grande empresa americana de prestação de serviços *online*, com 12,5 milhões de clientes conectados. (N.T.)

apreendido com um operador de Bin Laden no Quênia, Haroun Fazil, e encontrou uma mensagem de correio eletrônico em que ele detalhava como acompanhava os eventos mundiais por meio da CNN, usava a Internet para se comunicar com outros operadores da rede clandestina de Bin Laden e se referia a si mesmo como "o oficial de informação de mídia na célula do Leste da África".

Ramzi Yousef foi o mentor intelectual do bombardeio terrorista do World Trade Center de Nova York, em 26 de fevereiro de 1993, que matou seis pessoas e feriu mais de mil. Ele descende de uma geração de jovens zangados do Terceiro Mundo, que há muito anseiam pela oportunidade de realizar o que era impossível para seus pais — ou seja, concentrar a sua ira no Ocidente, em retaliação por todo o caos levado às suas sociedades —, utilizando a tecnologia do Ocidente, ao mesmo tempo em que rejeitam a sua estrutura de valores. Eles amam a idéia de que é possível extrair o *know-how* tecnológico, debitá-lo no cartão Visa e ainda preservar um estilo de vida de janelas fechadas e encoberto com um véu. Enquanto os fundamentalistas da Internet estão dispostos a utilizar apenas um *mouse* e um *bug* do Unix, Ramzi Yousef & Co. não hesitou em recorrer à dinamite e a um caminhão Ryder. Mas os objetivos são basicamente os mesmos — cuspir na cara da americanização-globalização e esmagá-la com os pés, utilizando o sistema contra o próprio sistema.

Ramzi Yousef é realmente o protótipo do Homem Zangado com Superpoderes. Pense nele por um minuto. Qual era o seu programa? Qual era a sua ideologia? Afinal, ele tentou explodir os dois edifícios mais altos da América. Será que pretendia um Estado islâmico no Brooklyn? Será que queria um Estado palestino em Nova Jersey? Não. A sua intenção era apenas explodir dois dos mais altos edifícios da América. Ele declarou ao Tribunal Federal Distrital em Manhattan que o seu objetivo era deflagrar uma explosão no World Trade Center que derrubasse uma torre contra a outra, matando 250 mil civis. A mensagem de Ramzi Yousef era a própria falta de mensagem, a não ser a de dilacerar a mensagem da América todo-poderosa à sua sociedade. *The Economist* uma vez observou que "era costume afirmar-se que os terroristas anseiam por uma platéia de muitas pessoas, e não pela morte de muitas pessoas". Mas não os Homens Zangados com Superpoderes. O seu objetivo é a morte de muitas pessoas. Não estão tentando mudar o mundo. Sabem que não são capazes; por isso, apenas pretendem destruir tanto quanto possível.

Boa parte da investigação do governo dos Estados Unidos do caso Ramzi Yousef (além de tentar explodir o World Trade Center em 1993, ele planejava atacar com bombas uma dúzia de aviões comerciais americanos na Ásia, em janeiro de 1995) se fundamentou sobretudo nos arquivos encontrados no computador *laptop* Toshiba de cor clara, que, segundo a polícia filipina, Yousef abandonou ao fugir do seu apartamento em Manila, em janeiro de 1995, pouco antes da sua captura. Quando os investigadores se apoderaram do *laptop* e entraram nos seus arquivos, constataram que o computador continha a programação de vôos, os horários previstos para as explosões e documentos de identidade com fotografias de alguns dos seus comparsas. Adoro essa ironia — Ramzi Yousef guardava todos os seus planos no *drive* C do seu *laptop* Toshiba.

O interessante a respeito de Ramzi Yousef e dos outros Homens Zangados com Superpoderes do mundo árabe-islâmico de hoje, observa o especialista em Oriente Médio Stephen P. Cohen, é que "eles costumavam acreditar que precisavam derrubar os próprios governos e assumir o controle dos próprios Estados antes de tomar a América. Agora, procuram fazê-lo por conta própria, como indivíduos". A globalização não apenas os capacita a atacar os Estados Unidos como indivíduos, não somente lhes proporciona a motivação para fazê-lo, como ainda lhes dá a lógica da ação. A lógica consiste em que os seus próprios Estados não representam mais a efetiva estrutura de poder. A estrutura de poder relevante é global. Está nas mãos da superpotência americana e dos Supermercados e condiciona a atuação de todos os outros governos. Portanto, para demolir a efetiva estrutura de poder, é necessário ir atrás da superpotência e dos Supermercados, sem se incomodar com o governo do Paquistão ou do Egito.

O que perturba esses Homens Zangados com Superpoderes não é a percepção da enorme superioridade tecnológica dos Estados Unidos, mas a pretensão americana de que também os seus valores são superiores, quando, na visão dos terroristas, esses valores nada mais são do que um consumismo sem alma e um culto insensato à tecnologia. O seguinte diálogo aconteceu ao final do julgamento de Ramzi Yousef, entre ele e o juiz, Kevin Thomas Duffy. É o Homem Zangado com Superpoder *versus* o superpoder.

Ramzi Yousef: "Vocês ficam falando em punição coletiva e em matança de inocentes... Vocês foram os primeiros a matar inocentes, e foram os primeiros a introduzir esse tipo de terrorismo na história da humanidade, quando lançaram a bomba atômica que matou dezenas de milhares de mulheres e crianças no Japão e quando assassinaram mais de 100 mil pessoas, a maioria civis, em Tóquio, com bombas incendiárias. Vocês os mataram queimando-os até a morte. E mataram civis no Vietnã com produtos químicos como o chamado agente laranja. Vocês mataram civis e inocentes, não soldados, em todas as suas guerras. Vocês se envolveram em mais guerras do que qualquer outro país neste século, e ainda têm a coragem de falar em matança de inocentes. Vocês promoveram os chamados embargos econômicos, que só matam crianças e idosos, os quais, além do Iraque, têm sacrificado países como Cuba e outros por mais de 30 anos. O governo, no sumário de culpa e nas declarações iniciais, afirmou que eu era 'terrorista'. Sim, sou terrorista e me orgulho disso. E apóio o terrorismo, enquanto ele for contra o governo dos Estados Unidos e contra Israel, pois vocês são mais do que terroristas; vocês são os inventores do terrorismo e o [estão] praticando todos os dias. Vocês são açougueiros, mentirosos e hipócritas."

O juiz Kevin Thomas Duffy então respondeu — efetivamente dizendo a Yousef para enterrar a sua raiva niilista: "Ramzi Yousef, você se declara um militante islâmico. Dentre todas as pessoas mortas ou de alguma forma prejudicadas pela bomba no World Trade Center, você é incapaz de citar uma que fosse contra você ou a sua causa. Você não importava para elas, pelo menos antes de você deixar um rastro de mortos e feridos. Ramzi Yousef, você não é digno de sustentar o islamismo. O seu deus está morto. O seu deus não é Alá. Você cultua a morte e a destruição. O que você faz, não é por Alá; você age assim apenas para saciar o seu ego doentio. Você convencia os outros de que era um soldado, mas os ataques à civilização, pelos quais você está sendo condenado nesta corte, foram agressões traiçoeiras que buscavam matar e aleijar pessoas totalmente inocentes... Você, Ramzi Yousef, veio para este país fingindo ser um fundamentalista islâmico, mas você pouco se importava com o Islã ou com a fé muçulmana. Ao contrário, você não adorava Alá, mas o mal em que você se transformou. E devo confessar que, como apóstolo do mal, você foi muito eficaz."

No entanto, para mim, a melhor parte da história de Ramzi Yousef foi o fato de que um dos seus comparsas, Mohammed Salameh, voltou —

após a explosão do World Trade Center — à agência de aluguéis de caminhões Ryder, onde alugara a van que tinha sido utilizada no bombardeio. Salameh efetuara um depósito de US$ 400 para alugar a van e queria a devolução do depósito — embora tivesse explodido a van. (Ele disse ao pessoal da agência que a van tinha sido roubada.) Para Salameh, o mundo era um lugar dividido em duas partes. De manhã, explode o World Trade Center para matar americanos pela vitória do bem sobre o mal; de tarde, recupera o dinheiro de um depósito, com fundamento nos princípios legais e na força dos contratos americanos. Nada reflete melhor a habilidade dos Homens Zangados com Superpoderes de explorar a tecnologia do mundo moderno sem absorver quaisquer dos seus valores. Quando os investigadores perguntaram a Ramzi Yousef como Salameh ainda teve a audácia de voltar para levantar o depósito — o que ajudou a polícia a rastrear os terroristas — ele respondeu com uma palavra: "Imbecil."

Dispomos de alguma proteção contra essas pessoas? Seria bom acreditar que, com os tipos de programas econômicos, sociais e culturais adequados, as sociedades seriam capazes de eliminar a motivação, o ressentimento e a raiva de todos que se consideram massacrados pela americanização-globalização. Mas isso é impossível. Pessoas como Ramzi Yousef têm um alto grau de motivação ou de depravação. A solidariedade com a sua dor não os transformará, como tampouco surtirá efeito qualquer programa de assistência social. Sempre persistirá um núcleo de fanáticos no estilo Ramzi Yousef. A única defesa consiste em isolar esses extremistas da sociedade em geral e, para tanto, só existe um meio: assegurar-se de que uma parcela tão grande quanto possível da sociedade tem algum interesse no sistema da globalização. A maneira de se chegar a esse resultado é um dos temas do último capítulo do livro.

No entanto, não devemos nos iludir. Os Homens Zangados com Superpoderes estão à espreita, e hoje eles representam a ameaça mais imediata aos Estados Unidos e à estabilidade do novo sistema. Não porque Ramzi Yousef tenha qualquer condição de algum dia se transformar em superpotência. Não, de modo algum. Mas sim porque no mundo de hoje muitas pessoas são capazes de se transformar em Ramzi Yousef.

Capítulo 17
Se Quiser Falar com um Ser Humano, Pressione 1

Se há algum denominador comum que permeia todo este livro é a noção de que a globalização é *tudo e o seu oposto.* A globalização pode ser incrivelmente potencializadora e incrivelmente repressora. É capaz de democratizar as oportunidades, mas também de democratizar o pânico. Agigantar as baleias mas também fortalecer os peixinhos. Deixar os retardatários mais para trás, mas também alcançar os precursores com maior rapidez. Ao mesmo tempo em que homogeniza as culturas, também capacita as pessoas a compartilharem a sua individualidade com maior intensidade e em lugares mais longínquos. Leva-nos a cobiçar o Lexus com um ardor sem precedentes, mas também a nos agarrar às oliveiras com mais força que nunca. Possibilita a nossa conexão com o mundo como em nenhum outro tempo, mas também permite que o mundo nos invada como em nenhuma outra época.

Como tentei demonstrar neste livro, desde o advento da globalização como um sistema internacional, diferentes países e comunidades alternaram suas posições entre a atração pelos seus benefícios e a repulsão pelos seus malefícios. Até hoje, no fluxo e refluxo entre a globalização e o retrocesso em sentido oposto, o novo sistema saiu vitorioso, de forma consistente, em todos os grandes países que se conectaram ao mundo. Em nenhum país importante a reação contra a globalização conseguiu assumir o poder ou se tornou tão popular a ponto de levá-lo a comprometer todo o sistema — à maneira do Império Austro-húngaro, antes da Primeira Guerra Mundial, e da Alemanha e do Japão, antes da Segunda Guerra Mundial.

Será sempre assim? A globalização é irreversível? A minha sensação é de que se trata de algo "quase" irreversível. Por que digo "quase" irreversível e não apenas irreversível? A globalização é muito difícil de ser revertida, pois é induzida ao mesmo tempo por aspirações humanas extremamente poderosas de padrões de vida mais elevados, e por novas tecnologias extremamente poderosas, que a cada dia nos tornam cada vez mais integrados, queiramos ou não. Teoricamente, essas aspirações e essas tecnologias estão sujeitas à repressão pela força, mas a um preço enorme para o desenvolvimento da sociedade e por meio da construção de muralhas cada vez mais altas e resistentes. Não acredito que isso possa acontecer em todo o mundo, mas é uma hipótese. É possível que isso venha a ocorrer caso o sistema se torne de tal forma desordenado que provoque uma sensação de opressão não apenas entre as minorias já desfavorecidas, mas também junto às grandes maiorias, nos grandes países.

Em parte, a maior ameaça à globalização hoje em dia é a própria globalização. O sistema talvez contenha as sementes da sua própria destruição. Apresentamos a seguir as cinco maneiras pelas quais o sistema da globalização simplesmente se difundiria de forma tão descontrolada ou se tornaria tão opressivo que as grandes maiorias, nos grandes países, começariam a sentir-se derrotadas e, por conseguinte, ameaçariam a viabilidade de todo o sistema.

Rigoroso Demais

Quando visitei Bangcoc em 1997, durante o caos econômico tailandês, conversei com um diplomata americano sobre as conseqüências desse retrocesso para a Tailândia. Especificamente, conversamos sobre tudo que a Tailândia precisaria fazer num período de tempo muito curto para aumentar a velocidade do seu software e do seu sistema operacional a fim de prosperar no jogo da globalização. O diplomata me apresentou uma lista interminável de fatores, e quando ele terminou, observei: "Sabe, estamos querendo que a Tailândia faça em 20 anos o que exigiu dos Estados Unidos 200 anos de evolução."

"Não, não", ele respondeu, balançando a cabeça; eu havia entendido tudo errado. "Não estamos querendo que façam tudo em 20 anos... estamos pretendendo que o façam em um ano!"

Torna-se cada vez mais óbvio que o poder e o *status* de um país na era da globalização será função, em parte, da sua capacidade e disposição para instalar o sistema operacional e o software adequados, imprescindíveis à prosperidade. Mas e se o processo de desenvolvimento dessas instituições, a liberalização dos mercados e a adesão à Camisa-de-força Dourada se revelarem um ônus insuportável para muitos dos principais países? Por maior que seja a pressão dos políticos e dos seus seguidores para chegar à Disney World, tudo tem limites. Como Henry Kissinger afirmou uma vez, os líderes políticos "são incapazes de sobreviver como defensores de uma austeridade quase permanente, na base de diretrizes impostas do exterior". A elaboração do software talvez exija muito tempo, a formatação do país para a sua conexão permanente com o Rebanho Eletrônico talvez demande um prazo excessivamente longo, e é possível que alguns países não sejam capazes de empreender essa tarefa, por motivos políticos e econômicos — ao menos no cronograma imposto pelo Rebanho Eletrônico. Outros enfrentariam dificuldades de natureza cultural. As mudanças culturais são lentas. A produção de um novo modelo do Lexus é muito mais fácil do que o desenvolvimento evolutivo de uma nova variedade de oliveira, processo que em geral leva gerações.

Se considerarmos que a atual era da globalização surgiu com a queda do Muro de Berlim, seria possível afirmar que o sistema está entrando na sua segunda década. Nesta primeira década do sistema da globalização, presenciamos o que ocorre quando alguns países pequenos — Bósnia, Albânia, Argélia, Sérvia, Síria e muitos Estados africanos — se mostram incapazes de efetuar a transição. Mas esses países são tão fracos e tão pequenos que o sistema apenas os isola com uma parede à prova de fogo.

No entanto, à medida que ingressamos na segunda década, estamos tendo que encarar uma questão muito mais séria: O que ocorrerá se alguns países muito grandes, como a Rússia, a China e o Japão — para não mencionar a Indonésia, o Brasil e até alguns membros da União Monetária Européia — não conseguirem completar a transição? Imagine se esses países considerarem muito doloroso vestir a Camisa-de-força Dourada ou se as suas sociedades se mostrarem incapazes de empreender as transformações culturais, políticas e econômicas para um capitalismo schumpeteriano mais selvagem ainda, onde se eliminam as empresas inviáveis, em vez de se mantê-las por anos a fio num pulmão artificial. Os três processos de democratização talvez tenham tornado inevitável o colapso da União Soviética e da economia comunista da China. É possível que tenham inviabilizado os regimes corruptos da Albânia e da Indonésia. Talvez hajam precipitado a queda do sistema econômico manipulado e excessivamente protegido do Japão. Mas isso não assegura o êxito desses países na nova era da globalização.

Examinemos os três desses países mais importantes hoje — a Rússia, a China e o Japão. O que se constata quando os examinamos mais de perto? Vejo três países grandes e poderosos, que ostentam a aparência externa de um lutador de 130 quilos, com uma musculatura poderosa, mas que, no interior, sofrem de uma grave doença cardíaca. O coração de cada um — ou seja, o sistema operacional e o software — está obstruído, bombeando muito pouco sangue para os pés e irrigando de forma insuficiente o cérebro e outras áreas. A Rússia necessita de um transplante. A China precisa de cinco pontes de safena. E o Japão deve receber um tratamento quimioterápico para a redução dos níveis de colesterol. (A França, a Alemanha e alguns outros países da Europa Ocidental não requerem medidas tão radicais, mas precisarão submeter-se a rigorosas dietas sem gorduras, para que sejam capazes de vestir a sua própria versão da Camisa-de-força Dourada — a União Monetária Européia. A dieta às vezes será árdua e exigirá algumas mudanças drásticas no estilo de vida, razão pela qual a União Monetária Européia e a moeda única serão de sustentação política muito mais difícil do que muitos imaginam.)

Mas os líderes e os políticos desses países resistem a tratamentos tão rigorosos. Cresci numa época em que as maiores ameaças externas à América eram o poderio militar da Rússia e da China e o poderio econômico do Japão. Receio que as minhas filhas, agora com 10 e 13 anos, crescerão num mundo em que as maiores ameaças à América derivarão da *fraqueza* militar da Rússia e da China e da *fraqueza* econômica do Japão. O ajustamento a esse novo sistema será extremamente difícil para os três países. É claro que cada um tem as suas peculiaridades, e os desafios com que se defrontam são diferentes, mas não assim tão diferentes.

Eis aqui um pequeno segredo: a economia do Japão sempre foi muito mais comunista do que capitalista. Walt Mossberg, o colunista de tecnologia do *The Wall Street Journal*, gostava de dizer que "o Japão foi o país comunista mais bem-sucedido do mundo". Na realidade, foi o único país em que o comunismo funcionou. É verdade. Durante toda a Guerra Fria, o Japão foi dominado por um partido único, o Partido Democrático Liberal. Enquanto foi governado pelo PDL, o Estado era dirigido por uma *nomenklatura*,* uma elite burocrática, assim como a Rússia e a China. Essa elite burocrática geralmente determinava a aplicação dos recursos. A mídia no Japão era incrivelmente dócil e, embora não sujeita ao controle formal do governo, submetia-se basicamente à sua orientação. O Japão tinha uma população extremamente conformista, que cobrava um alto preço aos não-conformistas. Os inconformistas não eram enviados aos *gulags*, mas à sua própria Sibéria interna. No Japão, os inconformistas eram rotulados de "Madogiwazoku", expressão traduzida como "a multidão-que-olha-pela-janela", pois geralmente, nos restaurantes, recebiam mesas que davam para a janela e eram segregados do grupo. Essa população conformista estava pronta para aceitar longas jornadas de trabalho em troca da elevação do padrão de vida, dos contratos de trabalho vitalício e de uma certa estabilidade. O Japão implementou um programa de poupança forçada em que a população e as empresas eram obrigadas a economizar e a investir e a não consumir. Se o comunismo soviético tivesse produzido pelo menos a metade dos resultados da versão nipônica, Moscou jamais teria perdido a Guerra Fria.

Evidentemente, esses comentários são um pouco irônicos. A economia japonesa também apresentava um componente de livre mercado. Hoje, um terço da economia japonesa é composto de empresas globalmente competitivas, na crista da onda tecnológica e gerencial, como a Sony, Mitsubishi, Canon e Lexus. Situam-se entre as melhores empresas do mundo e geraram

---

* O consagrado Peter Drucker rebate o argumento de que o predomínio da burocracia estatal seria uma característica única do Japão, no artigo "Em Defesa da Burocracia Japonesa", publicado na edição brasileira de outubro de 1998 da revista *Foreign Affairs*. (N.T.)

enormes poupanças para o Japão. Essas poupanças protegeram os outros dois terços da economia — o segmento comunista, composto de dinossauros inchados e esclerosados, que sobreviveram durante anos graças às barreiras protecionistas erguidas pelo Estado japonês de partido único. O Japão acumulou tamanha massa de poupanças com a Guerra Fria que atravessou a primeira década da globalização sem afundar — ainda que desde 1992 o seu crescimento econômico esteja praticamente estagnado. A Coréia, em contraste, modelou-se no Japão, mas não dispunha do enorme volume de poupanças do Japão na época do desabamento de todos os muros. Assim, a Coréia precisou ajustar-se rapidamente às novas condições, de forma brutal e dolorosa.

No final, para evitar a estagnação total, o segmento comunista da economia japonesa precisará ser "privatizado", exatamente como os da China e da Rússia. As empresas e os bancos ineficientes deverão ser retirados e eliminados, transferindo-se o seu capital para empreendimentos mais eficientes. A história do Japão nos ensina que o país é capaz de mudanças e de adaptações a novos sistemas, mas apenas após atingir um ponto crítico que realmente aglutine as forças do país. Não tenho dúvidas de que o Japão tem condições de voltar a ser uma formidável potência econômica, mas primeiro deverá submeter-se a alguns ajustes sociais, políticos e culturais. Consideremos apenas uma pequena tradição japonesa: os conselhos de administração de praticamente todas as companhias abertas no Japão de hoje — exceto as mais atualizadas e americanizadas como a Sony — são compostos de executivos da própria empresa, aposentados ou ainda em atuação, enquanto os acionistas praticamente não têm voz ativa. Os conselheiros externos e independentes são praticamente inexistentes no Japão. Um sistema tão fechado jamais promoverá a destruição criativa e suscitará as mudanças necessárias, com a velocidade que caracterizará a próxima década. Será que o Japão, no final, conseguirá adaptar-se às novas circunstâncias? Provavelmente. Mas não sem alguma agitação.

A América é uma sociedade onde se constata uma estreita compatibilidade entre os seus traços culturais — a flexibilidade e a transparência — e as práticas empresariais mais valorizadas pelo sistema da globalização — a flexibilidade e a transparência. O Japão não exibe esse mesmo nível de adequação. Sua cultura é marcada pelo segredo e pela opacidade e os seus sistemas são conhecidos pela rigidez. Quanto maior a discrepância entre os traços culturais de um país e as práticas consagradas pelo sistema da globalização, mais penoso será o processo de adaptação. No mundo muçulmano, as mulheres devotas encobrem o rosto com um véu para manter o mundo à distância. O Japão é toda uma ilha recoberta por um véu. O tecido é muito fino e por vezes quase invisível, mas o véu existe de fato, e a sua capacidade de isolamento é muito maior do que imagina o visitante esporádico.

A China também enfrentará dificuldades de ajustamento — não por motivos culturais, mas por fatores políticos. A China dispõe da vontade, mas carece dos meios. O maior erro de alguns estrategistas consiste em pensar que, a partir da situação atual, o crescimento econômico e militar da China prosseguirá em linha reta e ascendente, até um ponto, daqui a 20 anos, em que se rivalizará com os Estados Unidos e se tornará uma superpotência, em igualdade de condições. Acho que não.

Não me interpretem mal. Em 20 anos, talvez a China seja uma potência econômica e militar comparável aos Estados Unidos. Mas não atingirá esse estágio em linha reta. Primeiro, o país terá que transpor uma enorme barreira na estrada. Hoje, cerca de 40% da economia chinesa ainda se compõe de empresas e instituições financeiras estatais, muitas delas falidas e improdutivas. A única maneira pela qual a China poderá cuidar dos milhões de chineses que trabalham nessas organizações será a privatização, fechando ou incorporando as fracas e direcionando o capital para as lucrativas. E a única maneira de empreender essa reforma sem um desemprego maciço é mediante um influxo maciço de investimentos externos.

É verdade que a China atraiu um enorme volume de investimentos externos diretos em fábricas e instalações, mas a sua moeda não é plenamente conversível e o país não conta com um mercado acionário e de títulos em que os investidores externos atuem com liberdade. E a China padece de um capitalismo clientelista agudo, que está começando a afastar muitos estrangeiros. Além disso, o Partido Comunista da China manipula uma série de empresas e de esquemas de corrupção para sustentar e fortalecer o seu predomínio. Um relatório de outubro de 1998 sobre as compras estatais de grãos na China fornece um exemplo nítido da corrupção oficial na China, ao revelar que, dos US$ 65 bilhões destinados à compra de grãos produzidos pelos fazendeiros desde 1992, US$ 25 bilhões, ou cerca de 40%, haviam "desaparecido". De acordo com a revista *Time* (2 de novembro de 1998), os investigadores descobriram que boa parte do dinheiro perdido tinha sido desviado para condomínios de luxo, para os mercados futuros e para a compra de carros e de telefones celulares pelos funcionários do governo. O dilema da China é a sua incapacidade de atrair bastante capital do Rebanho Eletrônico para reformar a metade falida da economia, controlada pelo Estado, sem antes aprimorar todo o sistema operacional de DOScapital 1.0 para 6.0 e sem instalar um software eficaz, baseado no Estado de direito. E as tentativas nesse sentido baterão de frente com os hábitos e interesses do corrupto partido dominante chinês.

Eis por que é impossível projetar uma linha reta direta de onde a China se encontra hoje para onde gostaria de estar daqui a 20 anos, e presumir que o país se transformará num sistema autoritário cada vez mais rico, com o Partido Comunista Chinês ainda no comando. Isso é tolice. Em algum ponto, ou a China deixará de enriquecer ou deixará de ser autoritária como hoje, mas algo mudará, pois, quando plenamente integrada ao Rebanho Eletrônico, a China não terá condições de continuar convivendo com as mesmas deficiências. Os que pensam em contrário cometem o erro de dar ouvidos aos líderes chineses sem observar os enormes desafios enfrentados pela China no contexto do sistema da globalização. A transição da China não será tranqüila. Todo o mundo será abalado quando um país com a população de 1,2 bilhão de pessoas, viajando a 130 km por hora, se chocar com a barreira na estrada.

O mesmo se aplica à Rússia, mas com maior intensidade, pois a sua linha de largada se encontra muito atrás da China e do Japão.

Sem dúvida, a Rússia continua sendo um país fortemente armado, inclusive com artefatos nucleares. Mas agora que está integrada ao sistema da globalização, são as fraquezas do país, e não as suas forças militares, que impõem uma ameaça iminente à estabilidade mundial, situação que perdurará por algum tempo. Quando entrou em colapso em agosto de 1998, a economia russa desencadeou uma onda de contágio que causou maiores prejuízos às instituições financeiras ocidentais do que os 70 anos de comunismo soviético. No entanto, alguns políticos e analistas de política externa se apaixonaram de tal forma pela Guerra Fria que simplesmente não conseguem ver a Rússia de hoje como algo à parte da União Soviética, e o atual sistema internacional como realidade distinta da que predominou durante a Guerra Fria. É espantoso pensar na maneira como a Alemanha nazista, que desfechou uma guerra contra o mundo e exterminou 6 milhões de judeus, se transformou em duas gerações numa democracia florescente, aceita atualmente como uma das mais vibrantes do mundo. Mas os cavaleiros da Guerra Fria ainda tratam a Rússia como um país incapaz de mudar, fadado por natureza a permanecer o inimigo geopolítico da América — para sempre.

Não, não devemos tratar a Rússia de hoje como o Canadá, apenas porque realizaram uma eleição e Boris Yeltsin aprendeu a surfar na Internet. É um grande país, com uma grande história, com um enorme estoque de armas nucleares, que continuará a competir com a América em termos de influência, como qualquer outra potência. Mas também é assim com a França. E a Rússia não é mais a União Soviética. É um país em meio a uma transição incerta, no contexto de um sistema internacional muito diferente. A Rússia talvez não consiga efetuar a transição para o DOScapital 1.0, quanto mais para o 6.0, mas daí não se conclui que esteja predestinada ao fracasso. Como no caso da China e do Japão, temos um enorme interesse na transição da Rússia — cujos rumos não seremos capazes de determinar, mas que certamente estão sujeitos à nossa influência. Eis por que me opus à expansão da Otan. No sistema da globalização, a questão mais ameaçadora para os Estados Unidos é a venda de ogivas nucleares no mercado negro, a redução da quantidade de mísseis nucleares estratégicos, a degradação ambiental, a contenção dos países delinqüentes, como o Irã ou a Coréia do Norte, e os vírus financeiros. Nenhum desses temas será enfrentado com eficácia pela América sem a cooperação de uma Rússia razoavelmente estável e em vias de democratização. Portanto, o envolvimento da Rússia num processo cooperativo e a adoção de todas as medidas possíveis para a promoção das reformas políticas na Rússia devem ser as nossas maiores prioridades — e não a ampliação da Otan, que apenas prejudicaria o entendimento com Moscou.

Em princípios de 1998, eu estava em Praga, no escritório do vice-ministro das Relações Exteriores Karel Kovonda. Em meio à sua explicação muito eloqüente dos motivos pelos quais a Otan deveria incluir também a República Tcheca, ele brincou comigo sobre como a globalização estava afetando o seu próprio bairro e a República Tcheca em geral.

"Aderi à nossa atual atmosfera internacional, agora que a Guerra Fria terminou e o nosso país está aberto para o mundo", comentou Kovonda. "O meu filho pequeno vai para uma creche com uma garotinha coreana e com outras crianças da Croácia e da Bósnia. Compro produtos chineses no mercado da esquina. Mas o reverso da moeda é que alguns membros da máfia ucraniana moram no edifício ao lado. Tudo isso na minha pequena cidade-satélite, na periferia de Praga. E constata-se uma desconfiança e um desconforto crescente com relação aos estrangeiros vivendo ilegalmente no país, trabalhando ilegalmente no país, comercializando ilegalmente no país e fazendo negócios ilegalmente no país — seja nas áreas rurais mais afastadas, seja aqui mesmo em Praga. Atualmente, convivemos na República Tcheca com os dois lados da globalização, e como somos a encruzilhada da Europa, representamos a primeira parada em muitas migrações ilegais do Oriente para o Ocidente, ainda que, por outro lado, as nossas fronteiras com a Alemanha estejam menos abertas. Tenho na minha mesa um relatório altamente confidencial sobre o crime internacional organizado e sobre outras atividades criminosas neste país. Nos velhos tempos dos comunistas, boa parte disso jamais seria possível. Quando os comunistas estavam no poder, metade dos pedidos de visto de entrada no país eram recusados e agora nem é mais preciso visto de entrada. O perigo é o contrabando de componentes de armas nucleares e de material físsil. Já pegamos contrabandistas de material físsil do Leste para o Sul. Esses são os tipos de perigo de que a população em geral não gosta..."

Apenas acenei com a cabeça, relutante em perguntar-lhe de onde imaginava que todo esse material físsil estava vazando e como pretendia resolver o problema, excluindo a Rússia da expansão da Otan.

Na Rússia, na China e no Japão encontram-se líderes da geração da Guerra Fria, tentando gerenciar a transição para a era da globalização, que em muitos casos simplesmente não dispõem das ferramentas necessárias. Provavelmente, teremos que esperar que a chamada "geração do milênio", na expressão de Robert Hormats — os que estão amadurecendo no sistema da globalização — assuma o poder nesses países, para que ocorra uma reviravolta duradoura. Hormats observa: "Quando me perguntam 'como conseguiremos promover a mudança política na Rússia?', sempre respondo que o processo durará nove meses e, em seguida, 21 anos. E nesse momento a Rússia se encontra exatamente no meio desse processo."

O preocupante é o que ocorrerá nesse ínterim, enquanto aguardamos essa nova geração. Neste livro, já comparei as empresas com os países, e são muitos os pontos sujeitos a essa comparação. Mas há um aspecto em que os países nunca serão como as empresas. As empresas progridem, cometem erros, entram em decadência e desaparecem. Os países passam por um período de ascensão, cometem erros, entram em decadência mas nunca desaparecem. Ao contrário, ficam por aí como Estados falidos. Imagine se a IBM falisse, mas permanecesse no mercado, com todos os seus vendedores e gerentes sem receber salários, vendendo componentes de computadores no mercado negro, tentando ludibriar os antigos clientes, e procurando comprovar que continuam importantes por meio da sabotagem de todas as iniciativas dos concorrentes.

Um dos motivos pelos quais a era da globalização anterior a 1914 acabou levando à Primeira Guerra Mundial foi o fato de que o Império Austro-húngaro, um dos principais agentes no sistema de equilíbrio de poder europeu da época, experimentou um longo e vagaroso processo de enfraquecimento, que ganhou impulso entre 1909 e 1914. O Império Austro-húngaro compreendeu que estava sendo excluído da corrida das grandes potências, em termos econômicos, militares e políticos. Em vez de sofrer discretamente essa humilhação, comportou-se como o pistoleiro que se vê perdendo no jogo de pôquer, sem condições de recuperação. Virou a mesa e começou a atirar. No caso concreto, o Império Austro-húngaro se alinhou com a Alemanha para eliminar a Sérvia numa guerra local, ciente de que essa atitude deflagraria a guerra com a Rússia.

Quando a Sérvia, a Albânia e a Argélia se comportam mal, a confusão às vezes é grande, mas não ameaça o sistema como um todo. No entanto, ignoramos o que ocorrerá se e quando grandes Estados como a Rússia, o Japão ou a China fracassarem na globalização, mas ainda contarem com o poder militar do velho sistema. Será que a turma que não consegue fazer microchips consegue criar problemas?

Conectado Demais

Outra maneira pela qual a globalização tem condições de ameaçar a globalização é quando o próprio sistema se torna tão lubrificado e interconecta o mundo de forma tão coesa, que pequenos grupos de pessoas — de investidores ou de Homens Zangados com Superpoderes — são capazes de ameaçar todo o edifício com os seus excessos. Quem conversar com um banqueiro de investimento da Wall Street hoje saberá que o fato que efetivamente surpreendeu no colapso dos mercados de agosto-setembro de 1998 foi o grau de interconectividade do sistema, muito superior ao que se calculava na época. Nenhum dos seus modelos de risco — baseados em correlações entre investimentos e determinados eventos passados — foi capaz de antecipar o tipo de reação em cadeia que em 1998 arrasou todo o conceito de diversificação dos investimentos. As empresas que se julgavam diversificadas, por investirem em diferentes instrumentos financeiros, com diferentes datas de vencimento, em diferentes moedas, em diferentes mercados e em diferentes países, logo descobriram que todos os investimentos eram parte de uma grande cadeia interligada, da qual não tinham como fugir, quando todos os mercados despencaram num mergulho de cabeça. Um elo da cadeia puxava o outro. Graças à globalização, essa cadeia se torna cada vez mais longa, cada vez mais coesa, e a verdade assustadora é que ainda não sabemos exatamente as conseqüências desse grau de interconexão ou como nos proteger do enfraquecimento de um desses elos.

Essa interconectividade não se aplica apenas aos mercados financeiros. Considere o *bug* do milênio Y2K.* Esse problema começou nos anos 50, quando foram escritos os primeiros programas de computador e as máquinas tinham uma capacidade de memória limitada, que não deveria ser des-

* Y2K é a abreviação de "Year 2000" ou "Ano 2000". (N.T.)

perdiçada pelos programadores com coisas como datas — e o ano 2000 parecia ainda muito distante. Para economizar espaço nos cartões perfurados então utilizados na programação dos computadores, as datas eram expressas com apenas seis dígitos — dois para o dia, dois para o mês e — adivinha? — dois para o ano. A prática se firmou ao longo dos anos, até que se aproximou a virada do século e as empresas se deram conta do potencial de problemas daí decorrentes. Assim, quando passarmos de 31/12/99 para 1º de janeiro de 2000, muitos computadores antigos registrarão a nova data não como 01/01/2000, mas como 01/01/00, e pensarão que retrocederam a 1900. Em conseqüência, alguns computadores congelarão, outros darão respostas erradas, alguns emitirão instruções inadequadas. Embora a maioria dos computadores nos Estados Unidos e em outros países desenvolvidos ricos não deva apresentar problemas, a grande incerteza é o que ocorrerá com os computadores que controlam as redes de energia, o fornecimento de água e os sistemas de tráfego aéreo nos países menos desenvolvidos, aos quais a América e os demais países estão conectados. O que ocorrerá quando o Federal Reserve tentar efetuar alguma transação com o Banco Central do Paquistão? O que ocorrerá com os computadores de bordo de um jato de passageiros da Aeroflot russa que decolar de Moscou na noite de 31 de dezembro de 1999 e aterrissar no aeroporto de JFK na manhã de 1º de janeiro de 2000? Talvez seja conveniente não estar nas proximidades da pista.

No entanto, a passagem do 1º de janeiro de 2000 não significa que os problemas com os computadores estejam superados. Basta pensar sobre um outro fato: Uma explosão nuclear nas camadas mais altas da atmosfera libera uma enorme carga magnética. Se algum terrorista ou país delinqüente detonar até mesmo uma pequena explosão nos céus da América, o resultado talvez fosse o congelamento e o colapso de todos os computadores do país, com uma intensidade que faria o Y2K parecer um dia na praia. Tim Weiner, no seu livro *Blank Check*, sobre os programas secretos do governo americano, explica o fenômeno: "A detonação de um ogiva 450 km acima de Omaha instantaneamente varreria os Estados Unidos, de costa a costa, com um vagalhão de elétrons carregados. Todos os sistemas eletrônicos, todas as transmissões de rádio, todos os bancos de dados de computadores experimentariam algo como o efeito de um raio, ampliado um milhão de vezes.

Uma onda intensa de até 50 mil volts por metro fluiria pelos circuitos que conectam o país. O fenômeno foi descoberto em 1962, quando os Estados Unidos explodiram três artefatos nucleares sobre o Pacífico, em grande altitude. Embora o teste tenha ocorrido a 1.300 km do Havaí, as luzes das ruas se apagaram em Oahu e os alarmes contra ladrões dispararam desordenadamente em Honolulu."

Ao contrário dos problemas do Y2K, os efeitos desse impulso eletromagnético, observa Weiner, ainda constituem o que os engenheiros chamam de "conhecido desconhecido" — um problema de cuja existência se tem conhecimento, mas cujas soluções ainda são uma incógnita.

Intrusivo Demais

Como já apontei, um dos aspectos positivos da globalização e do Rebanho Eletrônico é a promoção da transparência nas transações financeiras. Tanto os países como as empresas que querem conectar-se ao rebanho Eletrônico precisam revelar certos fatos ao mercado que no passado permaneceriam ocultos. Mas do mesmo modo como os países e as empresas já não dispõem de refúgios, também para os indivíduos os esconderijos se tornam cada vez mais escassos. Todas as ligações telefônicas, todas as contas, todas as prescrições de medicamentos, todos os aluguéis de vídeos, todos os vôos em aeronaves, todas as operações financeiras em terminais eletrônicos ficam registrados em algum lugar, num computador do Rebanho Eletrônico, e não se tem idéia de quando e como essa informação será utilizada. Tenha um caso amoroso com o presidente dos Estados Unidos e algum promotor especial terá condições de um dia rastrear todos os seus telefonemas para a Casa Branca e todas as suas compras de gravatas pelo cartão de crédito. Você está visitando o *site* pornô da Internet "Hot Sex"? Bem, apenas lembre-se do seguinte: muitos *sites* da Internet hoje estão ajustados para que o seu computador deixe automaticamente uma trilha dos chamados "*cookies*" (biscoitos). São como que impressões digitais eletrônicas, rastreáveis até o seu computador. Os varejistas *online* adoram esses *cookies*, pois lhes permitem identificar todos os visitantes dos seus *sites* e então enviar-lhes todos os tipos de oferta pelo marketing direto. Ninguém tem idéia das migalhas de biscoitos deixadas pelo caminho que um dia aparecerão num banco de dados acessível a qualquer interessado.*

Não há motivo para preocupação? Pense no seguinte: Em 1998, vi um comercial de televisão sobre algo chamado Cão de Guarda (*Guard Dog*) — um produto de software que oferece segurança e criptografia na Internet para os computadores domésticos e para os próprios *sites*. O comercial mostra alguém olhando através da persiana de uma janela e então uma voz de fundo diz: "A Internet é a sua janela para o mundo", mas também pode ser "uma janela sobre você". Para evitar essa situação, compre o software Cão de Guarda; "ele impede que a Web surfe nas suas ondas". Poucos meses depois, também assisti a uma reportagem na ABC News que explicava exatamente a necessidade do Cão de Guarda. O assunto era o seguinte: Uma pesquisa de opinião pública de âmbito nacional, realizada no verão de 1998, constatou que "81% das pessoas acreditavam que as suas informações pessoais, abrangendo avaliações de crédito, casos médicos e transações financeiras, eram inseguras". O relato acrescentava que estados como o Texas já estão divulgando *online* as histórias de crimes estaduais. O banco de dados do registro criminal do Texas é acessível mediante o pagamento de US$ 3.15 por nome pesquisado. Uma empresa estrangeira denominada PublicData, com sede em Anguilla, Índias Ocidentais Britânicas, adquire informações constantes de registros públicos em grandes quantidades e as coloca *online* num banco de dados que pode ser pesquisado por apenas US$ 0.03 por busca. A PublicData oferece um vasto conjunto de arquivos, inclusive registros criminais, índices dos arquivos judiciais e das listas de eleitores de alguns municípios, registros de carteiras de motoristas e assim

---

* A revista *The Economist* de 1º de maio de 1999 publica um artigo de capa sobre esse assunto, com o título "The End of Privacy" (O Fim da Privacidade). Um dos editoriais da mesma edição começa com a seguinte advertência: "Lembre-se, você está sob constante observação. Pague em dinheiro sempre que possível. Não dê o seu número de telefone, o seu número na previdência social ou o seu endereço, se não forem absolutamente necessários... Nunca use pedágios eletrônicos nas estradas. Nunca deixe o celular ligado — os seus movimentos podem ser rastreados... Se tiver que entrar na Internet, criptografe o correio eletrônico, rejeite todos os *cookies* e nunca forneça o seu nome verdadeiro ao se registrar num *site*. Melhor ainda, utilize o computador de outra pessoa. No trabalho, parta da premissa de que os telefonemas, o correio de voz, o correio eletrônico e o computador estão monitorados." (N.T.)

por diante. Na era da Internet, das caixas registradoras interligadas que registram todos os pagamentos com cartões de crédito, e de dispositivos como o Tempest (*Transient Electromagnetic Pulse Emanation Surveillance Technology* — Tecnologia de Vigilância de Emanações de Impulsos Eletromagnéticos Transientes) — um aparato de censores eletrônicos capaz de registrar o conteúdo de qualquer tela de computador, através de paredes, até a distância de 800 metros — "o direito de ficar sozinho está sendo substituído pelo direito de bisbilhotar", concluiu a reportagem da ABC.*

Às vezes, a tecnologia simplesmente se torna descontrolada. Em dezembro de 1998, o *USA Today* relatou que um computador manual (*handheld*) popular, destinado a registrar dados, endereços e lembretes, "pode ser programado para captar trancas eletrônicas de automóveis, copiando os códigos dos dispositivos de controle remoto", confirmou o fabricante. "Mediante um software adicional, o Palm III de US$ 369 é capaz de interceptar o sinal infravermelho da tranca eletrônica, a uma distância de até três metros."

Se as pessoas perceberem a globalização como algo que se intromete na vida e na privacidade, muito mais do que alguma coisa que amplia o potencial de acesso ao mundo, se prevalecer o sentimento de que a Web surfa mais nas ondas individuais do que os indivíduos surfam nas ondas da Web, é bem possível que acabem erguendo novos muros.

Injusto Demais para Muitas Pessoas

Julia Preston, o correspondente de *The New York Times* na Cidade do México, em fins dos anos 90, conta uma história maravilhosa que reflete a tensão entre os vitoriosos e os derrotados da globalização no México.

---

* A revista *Business Week* de 31 de maio de 1999 publicou um artigo intitulado "They're Listening to Your Calls" (Estão Ouvindo as suas Chamadas) sobre o sistema *Echelon*, da Agência de Segurança Nacional dos EUA. Trata-se de uma rede mundial de satélites-espião e de estações de escuta que capta praticamente qualquer comunicação eletrônica — telefonemas, fax, telex, correios eletrônicos, sinais de rádio. A interceptação funciona na base da filtragem de palavras-chave para posterior análise. O potencial assustador do sistema está despertando a atenção de líderes políticos e empresariais. (N.T.)

"Era 1º de maio de 1996", recorda-se Preston, "e havia um grande protesto público na Cidade do México. Foi o primeiro ano após o programa de austeridade e a manifestação era excepcionalmente grande, abrangendo enorme quantidade de sindicatos, que haviam participado da coalizão governo-trabalho e agora estavam desafiando a proibição do evento. Eu caminhava junto com o 'Sindicato dos Empregados Universitários', com uma longa história de ativismo esquerdista, que naquele dia estava particularmente barulhento. Suas palavras de ordem eram 'Muera Ortiz' — Morte para Ortiz, o ministro das Finanças. O grupo era barulhento e agressivo. Em meio à demonstração, o telefone celular soa na minha bolsa. Era a secretária de Ortiz, dizendo que o ministro queria falar comigo. Respondi-lhe que o barulho estava muito grande no meio daquela manifestação, afastei-me da multidão e entrei num edifício em busca de algum silêncio e para ganhar tempo e preparar-me para falar com Ortiz. Quando ele entrou na ligação, observei: 'Senhor ministro, quero dizer-lhe que muitas pessoas aqui não concordam com as suas políticas econômicas.' Ele riu do outro lado da linha e logo ficou claro que não estava interessado no assunto. O seu telefonema era para anunciar e celebrar o fato de que o México acabara de emitir o seu primeiro título de 30 anos. Pela primeira vez desde o desastre do peso em 1995, haviam emitido um título de longo prazo na Wall Street, sem qualquer garantia americana, e os papéis tinham obtido boa receptividade. Assim, lá estava o ministro — voando alto como uma pipa — e lá estava eu, conversando pelo telefone com o ministro, em pleno protesto público, onde as pessoas exigiam a sua morte."

Ortiz sobreviveu a esse dia — e também a globalização será capaz de sobreviver a acontecimentos desse tipo, enquanto muitas pessoas no México sentirem que o sistema lhes proporciona suficientes benefícios para justificar a sua tolerância. Talvez saiam às ruas esporadicamente para denunciar determinada política ou expressar alguma demanda trabalhista, mas esses trabalhadores mexicanos não estão cerrando fileiras com o subcomandante Marcos e com os guerrilheiros zapatistas na tentativa de desconectar o México do sistema. Ainda não.

Em boa parte, isso ocorre porque o Rebanho Eletrônico e os Supermercados, ao mesmo tempo em que golpearam países como o México, também foram rápidos em recompensar as melhorias de desempenho — comprando mais do México e investindo mais no México, assim que o país alcançou alguma estabilidade econômica. O crescimento daí resultante permite que os Ortizes do mundo dêem de ombros aos brados pela sua morte e respondam aos trabalhadores: "Fiquem comigo um pouco mais e prometo que tudo melhorará."

Mas quais serão as conseqüências de uma recessão nos Estados Unidos e na Europa Ocidental, ao mesmo tempo, se o Japão continuar em estagnação, incapaz de tapar o buraco? O Rebanho Eletrônico talvez comece a definhar e, ao invés de recompensar o México, o Brasil e a Coréia, comprando os seus títulos quando agem de maneira correta — quando reformam a economia e quando vestem a Camisa-de-força Dourada —, não disponha mais de condições para distribuir prêmios. Em vez de absorverem todas as exportações dos países em desenvolvimento, possibilitando que retornem à vida por meio dos mercados internacionais, a América e a Europa Ocidental talvez não resistam à tentação de erguer novas barreiras protecionistas contra o aumento das importações, para preservar o seu próprio mercado de trabalho em contração. O sistema continuará a sustentar os países em desenvolvimento? Não sabemos, pois na primeira década da globalização nunca enfrentamos esse cenário. Como observou com propriedade *The Economist* (19 de dezembro de 1998), apenas depois de ver como o sistema da globalização reagirá a uma queda na atividade econômica nesses Supermercados e países centrais teremos feito um "teste adequado" da sua força e irreversibilidade.

Desumanizador Demais

Um dia, eu estava dirigindo pela Beltway, em Washington, quando ouvi uma notícia na Rádio WTOP que chamou a minha atenção. A notícia comentava com grande indignação o fato de que quando alguém telefonava para uma empresa de televisão a cabo de Nova York, deparava com a seguinte mensagem: "Se quiser falar com um ser humano, pressione 1."

Sempre pressiono o 1. Sempre pressionarei o 1. Na realidade, sempre que ouço a mensagem "Se o seu telefone não for do tipo *touch-tone*, fique na linha e aguarde o operador...", espero na linha para falar com o operador, mesmo que tenha um telefone *touch-tone*. A possibilidade de sempre pressionar a tecla 1 é essencial para o êxito da globalização, a possibilidade de sempre aguardar na linha para falar com o operador também é essencial para o sucesso da globalização. Pois em algum nível é preciso sentir que o sistema foi construído para seres humanos, não para as máquinas; do contrário, seria profundamente alienante.

Mas o que acontecerá quando a tecla 1 deixar de ser uma opção? O que ocorrerá se a globalização se tornar padronizadora demais, desumanizadora demais?

Meu cunhado, Ted Century, é inventor de aparelhos médicos, e tem a sua própria oficina no porão. Ted é um desses caras especiais que fabrica com as próprias mãos aparelhos de precisão incrivelmente sofisticados. Quando conversamos uma tarde sobre o comércio eletrônico, a Internet, a tecnologia dos satélites e outros assuntos semelhantes, ele ficou sacudindo a cabeça durante algum tempo e finalmente indagou: "É, mas e a qualidade de vida, como se enquadra nesse negócio todo?"

Ted e a minha irmã Jane contaram uma história que de fato os deixara preocupados. "Todos os anos no verão viajamos da nossa casa na Filadélfia até South Jersey para comprar produtos locais, principalmente os tomates de Jersey", contou Ted. "São tomates deste tamanho, suculentos e muito saborosos. Há algo no solo arenoso de South Jersey, na maneira como retém a água, que é de fato bom para o cultivo de tomates e de milho verde, e esse é o motivo pelo qual o Campbell's sempre comprou tomates para a sua sopa de tomates dos pequenos agricultores da região. Mas o melhor desses tomates é o fato de que não resistem às viagens mais longas, de modo que nunca ninguém tentou vendê-los nos mercados globais. Eles também se apresentam em diferentes formas e tamanhos, com rachaduras horríveis no alto. Mas o sabor é incrível. Costumávamos fazer uma viagem especial até a feira dos agricultores em South Jersey e comprá-los aos quilos. Nós os trazíamos para casa e os cortávamos para saladas ou os cozinhávamos para fazer suco de tomate. Alguns amigos comiam tanto tomate que os lábios ficavam irritados com a acidez. A gente esquece que o tomate é fruta. Mas os tomates de South Jersey são tão doces que de fato parecem fruta. Bem, no verão de 1997, quando partimos para a nossa viagem anual de compra de tomates, percebemos que foi mais difícil consegui-los. No ano seguinte, no verão de 1998, fomos à feira dos agricultores e os tomates tinham desaparecido. Simplesmente sumido. Ao contrário, a feira dos agricultores tinha aqueles tomates comuns, todos exatamente do mesmo tamanho, com uma cor rosada e um gosto de cera. Um dos agricultores abriu o refrigerador e vimos caixas e mais caixas de tomates, impecavelmente empilhadas no seu interior. Ele nos informou que era uma nova variedade, mais resistente ao armazenamento prolongado e às viagens para lugares distantes. Todos tinham o mesmo aspecto e não havia rachaduras. O fazendeiro explicou: 'Os fregueses não gostavam das rachaduras.' Os tomates eram horríveis."

Nessa altura, minha irmã Jane entrou na conversa: "E o pior", disse ela, "é que ainda chamam esses negócios fajutos, feitos em laboratório, de 'tomates de Jersey'. Em outras palavras, acabaram com os verdadeiros tomates, mas conservaram a marca, para vendê-los em todo o mundo como 'tomates de Jersey', embora não tenham nem de longe a mesma aparência ou sabor! Fiquei profundamente deprimida com tudo aquilo. Chocou-me o fato de que uma coisa que era realmente um pedaço da minha qualidade de vida tinha desaparecido para sempre, e ainda sou muito jovem para comer comida de plástico pelo resto da vida. Vi essa situação como um sinal do futuro, todas aquelas coisas boas da vida se transformando em plástico."

No final da conversa, meu cunhado me disse: "A primeira coisa que me ocorreu ao chegarmos em casa depois da viagem, quando descobrimos que não vendiam mais os nossos tomates, foi entrar na Internet e começar a procurar 'tomates de Jersey', para ver se alguém ainda cultivava o verdadeiro 'tomate de Jersey'. Provavelmente alguém manteve a tradição."

O instinto de Ted foi bom. Se ainda houver um mercado para os tomates genuínos, e as sementes ainda estão lá, algum agricultor com um *site* na Internet — www.tomatoes.Jerseybeefsteaks.com —, uma conta na Federal Express e outra conta no Visa certamente será capaz de criar uma feira agrícola virtual, onde seria possível encomendar os legítimos "tomates de Jersey" a partir de um computador doméstico, debitá-los no Visa e recebê-los pela Federal Express no dia seguinte — pelo menos essa é a nossa esperança.

O futuro da globalização talvez dependa disso.

A maneira como aprendemos a estabelecer o equilíbrio adequado entre os aspectos intrinsecamente potencializadores e humanizadores da globalização e os aspectos intrinsecamente debilitantes e desumanizadores da globalização determinará se o processo é reversível ou irreversível, se é uma fase transitória ou uma revolução histórica no desenvolvimento da sociedade humana.

Em julho de 1998, *The New Yorker* publicou um cartum que mostrava duas figuras de cabelos compridos e barba desgrenhada, do tipo Hell Angels, um usando uma camiseta com uma caveira e ossos cruzados e o outro sentado na motocicleta. Obviamente, um perguntava ao outro como fora o dia. Um finalmente responde ao outro: "Como foi meu dia? Os aclives levaram a declives."

E assim é com a globalização. A globalização sempre está em equilíbrio, sempre pendendo para um lado ou para outro. A nossa tarefa como cidadãos do mundo consiste em assegurar-se de que a maioria das pessoas sente que os aclives estão levando a declives. Apenas nessas condições a globalização será sustentável. E nenhum país é depositário de maiores oportunidades e responsabilidades para fazer acontecer a globalização do que os Estados Unidos da América.

Capítulo 18
A Trajetória Adiante

Se a sociedade livre for incapaz de ajudar os muitos que são pobres, também será incapaz de salvar os poucos que são ricos.

— John F. Kennedy

No inverno de 1996, eu acompanhava a então embaixadora dos Estados Unidos nas Nações Unidas, Madeleine Albright, numa viagem para as zonas de guerra na África, onde se encontravam os pacificadores das Nações Unidas. A viagem nos levou às guerras civis da Libéria, Angola, Ruanda e Burundi. Durante a parada em Ruanda, a última da viagem, Albright convidou a sua equipe e a tripulação do jato 737 da Força Aérea para uma fotografia na pista do Aeroporto Internacional de Kigali. A aeronave estava pintada de branco e azul, como um mini-Air Force One e ostentava um brasão onde se lia "Estados Unidos da América". A equipe de Albright e a tripulação da aeronave se distribuíram pelos degraus da escada e sob as asas. Lá se encontravam gregos-americanos, tchecos-americanos, judeus-americanos, americanos brancos e americanos negros. Alguns tripulantes da Força Aérea eram de cidades pequenas e alguns especialistas do Departamento de Estado vinham das universidades da Ivy League,* e todos lá estavam em pé, ombro a ombro. Como jornalista, imaginei que não era para sair na fotografia, e fiquei de fora, observando a tripulação

* Associação de oito universidades e instituições de ensino superior do Nordeste dos Estados Unidos, abrangendo Brown, Columbia, Cornell, Dartmouth, Harvard, Princeton, University of Pennsylvania e Yale. Estão entre as melhores e mais tradicionais do país. (N.T.)

de terra de Ruanda que assistia àquela sessão de fotografias dos americanos. Os ruandeses pareciam um tanto perplexos. Eu não conseguia deixar de imaginar como aquela gente interpretava a cena, que retratava o melhor da América: o espírito de comunidade, o caldeirão étnico, a disposição para ajudar estranhos distantes em dificuldade, a liberdade e a oportunidade de galgar a sua trilha em direção ao topo, e, acima de tudo, o conceito de cidadania com base na lealdade a uma idéia, e não à tribo. Aquela fotografia representava tudo que Ruanda não era. Ruanda acabara de sair de uma guerra tribal devastadora — os ruandeses hutus contra os ruandeses tutsis — em que foram mortas milhões de pessoas, algumas dilaceradas até a morte a golpes de machado. Ruanda era toda oliveiras sem qualquer Lexus, um país só de raízes retorcidas, enroscadas umas nas outras, sem copas florescentes.

Enquanto observava a cena no asfalto, senti-me irritado — não com a tragédia na África, mas com o debate orçamentário então em andamento no Congresso americano. Pareceu-me naquela ocasião, e ainda mais agora, que desfrutamos algo tremendamente especial na América. Mas se quisermos preservar o privilégio, teremos que pagar por ele e sustentá-lo. Mas quando, na época, escutei aqueles infames calouros republicanos da classe de 1994, o que ouvia eram vozes de espíritos malignos, vozes desinteressadas em qualquer compromisso, vozes para quem o governo da América era algum tipo de inimigo diabólico. Ouvia homens e mulheres insistindo em afirmar que somente o mercado deveria ditar as regras, na crença de que bastava acertar nos imperativos econômicos do livre comércio e da globalização, para que o resto se resolvesse sozinho. Ouvi legisladores manifestando a crença de que a América não tinha responsabilidade especial pela preservação das instituições globais, como as Nações Unidas, o Banco Mundial e o FMI, que são agentes críticos na estabilização de um sistema internacional do qual a América obtém muito mais benefícios do que qualquer outro país.

E enquanto eu pensava sobre tudo isso na pista do Aeroporto de Kigali, disse a mim mesmo: "Bem, meus amigos calouros republicanos, venham para a África — é um paraíso para calouros republicanos." Sim, senhor, ninguém na Libéria paga impostos. Não há controle de porte de armas em Angola. Não existe bem-estar social, tal como o conhecemos, em Burundi, nem tampouco um grande governo para interferir no mercado em Ruanda. Veja o exemplo da funcionária da recepção do hotel em Luanda, Angola, que me olhou como se eu fosse louco, quando lhe perguntei se seria seguro sair do hotel e caminhar três quarteirões na rua principal da capital do país, em plena luz do dia.

"Não, não, não", ela sacudiu a cabeça, "não é seguro." Aposto que ela não se importaria de pagar alguns impostos para colocar mais policiais na rua. E também tem a história do repórter de rádio liberiano que se aproximou de mim em Monróvia e quis saber por que os fuzileiros navais americanos chegaram à Libéria quando estourou a guerra civil em 1989, retiraram apenas os cidadãos americanos e então deixaram que os liberianos fizessem a sua guerra sozinhos. "Todos pensávamos: os *marines* estão chegando, seremos salvos", observou o repórter liberiano. "Mas então eles foram embora. Como puderam sair assim?" Pobre-coitado, o seu país não tem *marines* para socorrê-lo. Aposto que ele não se importaria de pagar uns poucos impostos para confiar em alguns homens de bem. Na Libéria, ninguém se preocupa com "governo grande". Na realidade, ninguém se esquenta com qualquer governo — graças às gangues de opressores que dominaram o país na última década. Não, os liberianos talvez nunca mais precisem incomodar-se com a burocracia governamental. Na verdade, o único regulamento que vi na Mansão Executiva da Libéria foi um aviso afixado no visor estilhaçado à bala, na porta da frente: "Deposite aqui as suas armas".

Os empregadores angolanos não se preocupam com essas normas irritantes sobre segurança do trabalho, e muito menos com os benefícios sociais para os inválidos. Os 70 mil angolanos mutilados pelas minas terrestres enterradas durante os últimos 25 anos de guerra civil parecem arranjar-se muito bem por conta própria. É possível vê-los se arrastando pelas ruas de Luanda, em contorções fellinianas, lutando por comida e recorrendo a galhos de árvores como substitutos de pernas e braços humanos. E em Ruanda e Burundi, ninguém precisa contribuir para o Head Start,* para o seguro-desemprego, para o Medicaid, para o serviço nacional ou para o programa de crédito educativo. Ao contrário, lá prevalece a

---

* Programa educacional dos EUA para crianças carentes, em idade pré-escolar, criado pela Lei da Oportunidade Econômica (*Economic Opportunity Act*) de 1964. (N.T.)

competição selvagem pela terra, água e energia, com as tribos Tutsi e Hutu se alternando na derrota uma da outra, com o único propósito de extrair mais recursos escassos em benefício próprio.*

Comentou-se na época que os calouros republicanos jamais saíam em excursões de congressistas. Achavam que pegaria mal junto ao seu eleitorado local. A maioria nem tinha passaporte. Péssimo. Eles almejavam todo o respeito e os benefícios provenientes de serem os Michael Jordans da geopolítica, de serem americanos na atual globalização, mas sem quaisquer dos sacrifícios e obrigações — no próprio país ou no exterior — decorrentes dessa situação. Eles deveriam visitar a África esfacelada pela guerra e sentir o verdadeiro gosto do que ocorre em países desprovidos do senso de comunidade, do senso de que as pessoas devem algo ao governo, do senso de que alguém é responsável por alguém, e onde os ricos são obrigados a viver cercados de muralhas e por trás de janelas fechadas, enquanto os pobres são deixados à mercê da caridade dos mercados.

Não quero viver nesses países, ou nesse mundo. Não é apenas moralmente errado; torna-se cada vez mais perigoso. O desenvolvimento de meios para evitar esse flagelo deve constituir-se na principal preocupação da política nacional e internacional da América na atualidade. Infelizmente, nem o Partido Democrático nem o Partido Republicano completaram a transição do sistema da Guerra Fria para o sistema da globalização, como referencial na elaboração das suas próprias plataformas. Cada um se comporta como se o mundo fosse agora um lugar bastante seguro para sermos ao mesmo tempo isolacionistas e sectários insanos a respeito de todos os temas. Se hoje ocorre qualquer debate sério sobre o interesse nacional compartilhado, tudo gira em torno da definição de uma nova ameaça comum e não de uma nova missão comum. O princípio que rege o internacionalismo americano ainda é o do "grande inimigo", e não da "grande oportunidade" e, muito menos, da "grande responsabilidade".

O presidente Clinton não teve condições sequer de montar uma guerra contra Saddam Hussein, após uma provocação acintosa do Iraque, às

---

* Medicaid e Medicare são os dois programas de seguro-saúde criados pelo governo federal americano em 1965. O primeiro se destina a pessoas qualificadas de baixa renda. O segundo é específico para pessoas qualificadas com mais de 65 anos. (N.T.)

vésperas do *impeachment* presidencial, sem desencadear uma rancorosa briga de foice política. Talvez Clinton tenha de fato se aproveitado da provocação de Saddam para desviar a atenção das suas próprias tribulações. Mas foi a afronta de Saddam e o momento escolhido por Saddam que possibilitaram o ataque. E a minha opinião é que Saddam sabia exatamente o que estava fazendo ao optar por essa fase crítica da questão do *impeachment* para provocar a América. Lá estava Saddam em Bagdá, assistindo à CNN por satélite, e dizendo a si próprio: "Que oportunidade perfeita para desafiar a América — um momento em que o país nem mesmo sabe mais qual é o seu papel no mundo."

Atualmente, a América de fato tem um interesse nacional compartilhado em perseguir o sistema da globalização, e o seu papel nesse contexto é de importância fundamental. Em termos simples: Sendo o país que mais se beneficia da integração econômica global, é nossa função nos assegurarmos de que a globalização é sustentável e que os aclives estão conduzindo a declives para tantas pessoas quanto possível, em tantos países quanto possível, durante tanto tempo quanto possível. No sistema da Guerra Fria, a questão política fundamental era: Quais são o seu hardware e o seu sistema operacional? Na era da globalização, a questão política fundamental é: Como tirar o melhor do único hardware e do único sistema operacional que de fato funcionam — o capitalismo de livre mercado globalmente integrado?

A América pode ser, e deve ser, o modelo para o mundo na resposta a essa indagação. A América contou com 200 anos de história para inventar, aprimorar e calibrar os freios e contrapesos que sustentam a liberdade dos mercados sem permitir que degenerem em monstros. Dispomos das ferramentas que fazem a diferença. Temos a responsabilidade de fazer a diferença. O gerenciamento da globalização é uma tarefa da qual a América não ousará esquivar-se. Trata-se do nosso maior interesse nacional atualmente, e o partido político que primeiro entender essa vocação, aquele que apresentar a plataforma mais coerente, confiável e criativa para a realização desse objetivo, terá construído a verdadeira ponte para o futuro.

Para melhor raciocinar sobre esse desafio, é necessário abandonar a linguagem política do sistema da Guerra Fria, que efetivamente não reflete as questões em jogo, e desenvolver uma nova terminologia, apropriada ao sistema da globalização. Para tanto, projetei um diagrama matricial que incorpora as quatro identidades políticas básicas opcionais no sistema da globalização (ver figura).

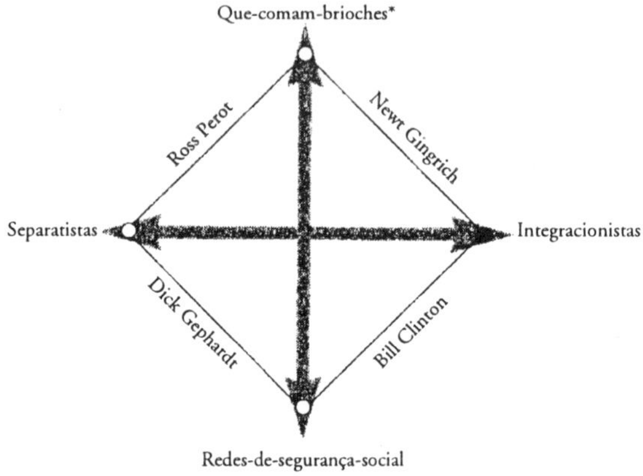

Para identificar-se a si próprio e os seus rivais nessa era de globalização, analise a matriz. O segmento horizontal da esquerda para a direita é a linha da globalização. A primeira providência é localizar-se na linha de acordo com os seus sentimentos sobre a globalização. Na extremidade direita da linha da globalização estão os "Integracionistas". São as pessoas que de fato recebem de bom grado a globalização, pois a consideram boa ou inevitável e querem promovê-la por meio de mais livre comércio, mais transações pela Internet, mais formação de redes entre escolas, comunidades e empresas, e mais correio eletrônico, de modo que sejamos capazes, em última instância, de usufruirmos a integração global 24 horas por dia, em 24 fusos horários e no ciberespaço.

Na extremidade esquerda da linha da globalização estão os "Separatistas". São as pessoas que consideram o livre comércio e a integração tecno-

---

*Alusão à observação "Que comam brioches (se não têm pão)", atribuída (injustamente?) a Maria Antonieta (1755-1793), rainha da França (1774-1793), esposa de Luís XVI, a propósito da fome de 1766 na França. Rousseau (*Confessions*, 1766) se referiu ao comentário como tendo sido de "uma grande princesa", mais tarde identificada pelo povo como Maria Antonieta. (N.T.)

lógica nem boa nem inevitável, pois ampliam as disparidades de renda, provocam a transferência de empregos, homogeinizam a cultura numa papa global e fazem com que a vida seja controlada a distância, por forças de mercado anônimas.

Assim, antes de mais nada, é preciso posicionar-se a si próprio em algum ponto dessa linha, como Separatista, Integracionista, ou algo entre os dois extremos.

Agora, observe o segmento que corre do topo para a base da matriz. É o eixo da distribuição. Representa os tipos de políticas que, na sua opinião, deveriam ser adotadas pelo governo para conviver com a globalização e com a Camisa-de-força Dourada. Na extremidade inferior do eixo situam-se os "Redes-de-segurança-social". Defino-os como aqueles que entendem que a globalização será sustentável apenas se for democratizada, em termos econômicos e políticos. Economicamente, significa desenvolver uma rede de segurança social que não se limite a tentar amortecer a queda dos retardatários, dos sem-qualificação e das tartarugas, mas que também procurem integrá-los no sistema, ajudando-os a adquirir as ferramentas e os recursos imprescindíveis à competição. Politicamente, significa encorajar a democratização nos países em desenvolvimento, em vias de globalização, pois não existe globalização sustentável sem democratização.

Evidentemente, nem todos concordam com essa abordagem. Eis por que, no alto do eixo da distribuição — ou seja, na extremidade oposta aos Redes-de-segurança-social — encontram-se os Que-comam-brioches. São as pessoas para quem a globalização consiste essencialmente em *os vencedores levam tudo e os derrotados que se virem.* Querem encolher o governo, os impostos, as redes de segurança e deixar que as pessoas realmente colham os frutos do próprio trabalho ou paguem o preço da própria incompetência. Nada torna as pessoas mais obstinadas na busca e na preservação de um trabalho, afirmam os Que-comam-brioches, do que saberem que não existem redes sociais.

Em seguida, é necessário posicionar-se a si próprio em algum ponto do eixo da distribuição, como Que-comam-brioches, Redes-de-segurança-social ou algo entre os dois extremos.

Todos os principais participantes da política americana hoje seriam mais bem compreendidos e identificados por essa matriz do que pelos velhos rótulos de democrata, republicano e independente. Bill Clinton é Integracionista e Redes-de-segurança-social. O ex-presidente da Câmara dos Deputados Newt Gingrich era Integracionista e Que-comam-brioches. Eis por que Clinton e Gingrich sempre foram aliados quanto ao livre comércio e adversários com relação às despesas com segurança e bem-estar social. O líder da minoria na Câmara dos Deputados, Dick Gephardt, é Separatista e Redes-de-segurança-social, enquanto Ross Perot é Separatista e Que-comam-brioches. Eis por que Gephardt e Perot sempre foram aliados contra o Nafta e contra a intensificação do livre comércio, mas adversários quanto às despesas com segurança e bem-estar social — Gephardt querendo gastar dinheiro com os programas de rede de segurança social e para defender os "direitos" dos trabalhadores, e não apenas aumentar as suas capacidades.

Embora esteja recorrendo a essa matriz para descrever a América de hoje, é possível adaptá-la com facilidade a qualquer país. Basta que cada um se insira na matriz e imagine o seu próprio posicionamento e o dos adversários no próximo grande debate político. Sou Integracionista e Redes-de-segurança-social. Acredito que hoje é impossível ser globalizador sem pensar como social-democrata (ou seja, Redes-de-segurança-social), pois se não equiparmos os sem-qualificação e as tartarugas da sociedade para a sobrevivência no sistema, eles acabarão produzindo um refluxo que expulsará o país do mundo. E acredito que hoje ninguém se atreve a ser social-democrata e Rede-de-segurança-social sem pensar como globalizador, pois sem a integração com o mundo jamais se promoverá geração de renda suficiente para manter o crescimento do padrão de vida e para cuidar dos retardatários.

Mas, nessa altura, sem dúvida caberia a pergunta: "O que significa ser Integracionista e Redes-de-segurança-social?" Acho que significa articular uma política de globalização sustentável, uma geopolítica de globalização sustentável — abrangendo a política externa e a política de defesa — e uma geoeconomia de globalização sustentável. Em outras palavras, significa articular uma nova visão política para um novo sistema internacional.

Política para a Era de Globalização

Comecemos com a política de globalização sustentável. Ela deve consistir em duas coisas: a primeira é uma visão do mundo, de modo que as pessoas compreendam a sua situação; e a segunda é um conjunto de programas de redes de segurança social integracionistas para lidar com a globalização.

A visão do mundo é imprescindível, porque nenhuma política é sustentável sem um público que compreenda a sua necessidade e veja o mundo com os mesmos olhos dos seus líderes. Sempre achei que Bill Clinton derrotou George Bush e Bob Dole porque a maioria dos eleitores americanos sentiu intuitivamente que estavam numa nova era e que Clinton captara bem essa realidade e expunha idéias confiáveis sobre como adaptar-se aos novos tempos — enquanto Dole e Bush não compreendiam a situação. Infelizmente, uma vez na presidência, Clinton nunca desenvolveu nem expôs plenamente a sua intuição, uma visão do mundo que devia ser repetida de forma exaustiva. Tudo começou na sua primeira semana no cargo, quando definiu o problema central dos Estados Unidos em termos de assistência médica acessível — e não de globalização sustentável.

O que Mr. Clinton deveria ter afirmado no seu discurso de posse? Algo mais ou menos assim: "Compatriotas americanos, meu mandato como presidente coincide com o fim do sistema da Guerra Fria e a ascensão da globalização. A globalização é para os anos 90 e para o próximo milênio o que a Guerra Fria foi para os anos 50 até os anos 80: se o sistema da Guerra Fria se ergueu em torno da ameaça e do desafio da União Soviética, que estava dividindo o mundo, o sistema da globalização se ergue em torno da ameaça e do desafio da rapidez da mudança tecnológica e da integração econômica, que estão unindo o mundo.

"Mas à medida que integra o mundo, a globalização também transforma o local de trabalho, o emprego, o mercado e a comunidade de todos — destruindo rapidamente os velhos empregos e colhendo novas atividades; eliminando rapidamente os antigos estilos de vida e produzindo novas formas de convívio social; extinguindo rapidamente os mercados do passado e desenvolvendo os mercados do futuro; aniquilando rapidamente os setores econômicos tradicionais e inventando os do próximo milênio. O comércio exterior, que representava apenas 13% do produto interno bruto em 1970, corresponde agora a quase 30% do PIB americano — e essa proporção continua aumentando. A mudança tecnológica agora é tão veloz que as empresas americanas lançam três diferentes modelos de computador por ano. O mundo de hoje não é apenas novo; para a maioria, é também um mundo melhor. Embora, às vezes, lutem com o sistema, a China, Indonésia, Coréia, Tailândia, Malásia, Brasil e Argentina testemunharam uma ascensão mais rápida do padrão de vida para boa parte dos cidadãos do que em qualquer outra época da História — graças à eficácia crescente dos mercados financeiros na promoção do comércio e do investimento pelas pessoas de um país nas fábricas de outro país. Na verdade, como aponta um dos meus principais assessores econômicos, Larry Summers, graças sobretudo à aceleração da globalização, mais de um quarto da humanidade desfruta agora taxas de crescimento que quadruplicarão o seu padrão de vida em uma geração. Quadruplicar! É algo sem precedentes na história econômica. E longe de se dar à custa dos Estados Unidos, esse crescimento mundial contribuiu para o mais baixo índice de desemprego na América em quase 15 anos.

"Em face desses desafios e oportunidades, os Estados Unidos necessitam de uma estratégia para tornar sustentável a globalização e para assegurar que sempre seremos capazes de competir com eficácia neste mundo. Portanto, visualize o planeta como uma roda e os seus raios. No eixo da roda situa-se o que eu rotularia de 'globalização e a rapidez da mudança econômica e tecnológica'. Ou seja, em termos simples, 'A ÚNICA COISA GRANDE' que está ocorrendo lá fora. Justamente porque esse fenômeno ocorre no centro, necessitamos de uma abordagem diferente em relação à assistência médica, ao bem-estar social, à educação, ao treinamento para o trabalho, ao meio ambiente, à regulação dos mercados, à previdência social, ao financiamento das campanhas políticas e à expansão do livre comércio. Cada uma dessas áreas precisa ser ajustada, adaptada ou reformada para capacitar-nos como sociedade a extrair o máximo dessa globalização e para atenuar os seus piores aspectos. Por exemplo, num mundo onde as pessoas trabalham em vários empregos diferentes, para várias empresas diferentes, durante toda a vida, é necessário dispor de planos de aposentadoria e pensão portáteis, de planos de assistência médica portáteis e de maiores oportunidades de aprendizado vitalício. A globalização, como em nenhuma outra época da História, exige que a sociedade se movimente com maior rapidez, trabalhe com mais inteligência e assuma novos riscos. Como seu presidente, empenho-me em duas promessas. Uma é que assumirei a responsabilidade de dotar cada um dos meus concidadãos, e a nossa sociedade em geral, com a combinação adequada de políticas integracionistas e de redes de segurança social. A outra é que serei um defensor incansável de uma legislação comercial capaz de garantir que a globalização, embora desafiando o trabalhador americano, não significará que outros se aproveitarão da nossa abertura para despejar os seus produtos na América, enquanto restringem o nosso acesso aos seus mercados.

"Não estou aqui para dizer-lhes que tudo será fácil. Na realidade, devo advertir-lhes de que o percurso será realmente árduo. Mas se conseguirmos alcançar o equilíbrio correto — e acho que conseguiremos —, seremos a vanguarda do mundo na gestão da integração na era da globalização, assim como fomos a vanguarda do mundo no gerenciamento da contenção na era da Guerra Fria. Deus abençoe a América."

Essas eram as crenças de Clinton, mas nem sempre os seus discursos. E um dos motivos pelos quais as suas propostas de assistência médica foram desfiguradas pelos seus oponentes — não a única razão, mas uma das razões — foi o fato de não estarem inseridas, de forma eficaz, numa visão clara e renovada do mundo, com a globalização no centro e as políticas de ajuste irradiando para a periferia. Em conseqüência, observa o economista Dani Rodrik, da Universidade de Harvard, "as conexões e complementaridades de todas essas áreas se perderam no debate público", tornando muito mais fácil para os ideólogos e extremistas, assim como para os populistas econômicos, os nacionalistas, os desinformados, os nacionalistas xenófobos e os oportunistas, a distorção freqüente do debate, em qualquer dos seus temas — como a reforma do comércio ou da assistência médica —, desviando-o para um beco sem saída.

Os políticos devem estar cientes de que, por várias razões, é muito fácil distorcer e transformar a globalização em demônio, e acabar, como Clinton, caindo numa situação em que, mesmo acertando na economia, se perde o controle da política, transformando-a de fator favorável em adverso. Os grandes derrotados pela globalização, os trabalhadores que perderam os empregos para robôs ou para fábricas no exterior, identificam-se entre si com muita nitidez. Assim, é fácil a mobilização contra a integração, a tecnologia ou o livre comércio. Os beneficiários da globalização, da maior abertura do comércio e dos investimentos externos geralmente não se reconhecem com tanta clareza. Quase sempre, não estabelecem a conexão entre a globalização e o aumento do padrão de vida, dificultando a sua mobilização. Alguém já ouviu um trabalhador numa fábrica de microchip comentando: "Cara, sou um felizardo. Graças à globalização, que aumenta a procura pelas exportações de alta tecnologia da América, à escassez de trabalhadores qualificados no país e às expectativas crescentes no mundo em desenvolvimento, o meu chefe terá que me dar um aumento salarial."

Outro motivo pelo qual a globalização é distorcida com tanta facilidade é o fato de as pessoas não entenderem que ela é basicamente um fenômeno da tecnologia, e não um fenômeno do comércio. Tínhamos uma recepcionista no escritório do *The New York Times* em Washington, mas a empresa eliminou o seu cargo. Ela não perdeu o emprego para um mexicano. Seu substituto foi o microchip — que passou a operar os dispositivos de correio de voz em todos os telefones do escritório. O fato é que o microchip, de qualquer maneira, eliminaria o seu emprego, com ou *sem* o comércio com o México. O mesmo microchip extinguiria o seu emprego, ainda que erguêssemos um muro de 10 metros de altura de uma a outra extremidade da fronteira mexicana. Mas os políticos relutam em reconhecer essa realidade. Nenhum deles vai se levantar e afirmar: "Levantem-se agora, desconectem o telefone, dirijam-se à janela, joguem foram o telefone e gritem: *'Não vou tolerar mais isso! Salvem os empregos americanos! Proíbam o correio de voz! Sim aos chips de batatas fritas! Não aos chips de computadores!*'" Essa não é uma mensagem política vitoriosa. É muito mais fácil berrar contra os mexicanos e as fábricas no exterior. E, evidentemente, as fábricas no exterior, em alguns casos, de fato eliminam empregos (mas nem de longe com a mesma intensidade com que a tecnologia destrói e cria empregos), constituindo uma meia verdade suficiente para justificar políticas tão emotivas e perigosas. E como são mais visíveis do que os microchips, os trabalhadores e as fábricas no exterior assumem dimensões muito maiores na nossa consciência como a origem dos problemas.

Se não educarmos o público sobre as verdadeiras características do mundo atual e não desmitificarmos a globalização, os Separatistas sempre explorarão essa confusão em seu próprio benefício. Em 1998, o presidente

Clinton não conseguiu incluir o Chile no Nafta porque uma minoria induzida pelos sindicatos, que se julgava prejudicada pela intensificação do livre comércio, desempenhou um papel muito ativo na oposição à iniciativa, enquanto a maioria que se beneficiava com a expansão do livre comércio jamais se conscientizou dessa condição e, portanto, nunca se mobilizou para defender os seus interesses.

No entanto, uma política de globalização sustentável necessita de algo mais, além de uma visão adequada do que está ocorrendo no mundo. Também precisa de um equilíbrio correto entre as diferentes políticas. Para mim, é nisso que consiste o Enredamento-de-segurança Integracionista. Nós, os Redes-de-segurança-social Integracionistas, nos consideramos capazes de fazer muitas coisas nessa era da globalização que não são tão dispendiosas, não envolvem esquemas radicais de redistribuição de renda — e tampouco programas compensatórios de bem-estar social excessivamente generosos que infringiriam as regras econômicas da Camisa-de-força Dourada —, mas que valem a pena ser feitas, para promover a estabilidade social e para evitar que a sociedade se tranque atrás de altas muralhas e janelas fechadas, num isolamento ainda mais rigoroso do que esse em que já se encontra atualmente.

O meu Enredamento-de-segurança Integracionista se concentraria na democratização da globalização, em termos educacionais, financeiros e políticos, para tantas pessoas quanto possível, mas de um modo ainda amplamente compatível com a integração e o livre-mercado. Eis o que penso:

Democratização da Globalização em Termos Educacionais: Os Redes-de-segurança-social Integracionistas defendem uma combinação de trampolins e redes de segurança para lidar com os retardatários da globalização, de forma permanente ou temporária. Como sociedade, a nossa Camisa-de-força Dourada está produzindo ouro suficiente — um superávit de US$ 70 bilhões em 1998 — para suportar ambas as atuações. As redes de segurança social para os incapazes de competir são bastante comuns — a previdência social, o Medicare, o Medicaid, os vales-alimentação e outros programas de bem-estar social — e precisam ser ampliadas para alcançar aqueles que talvez nunca consigam corresponder às exigências do Mundo Rápido. Mas é possível que os trampolins adequados possibilitem a redução do grupo dos retardatários.

Para tanto, acredito que a Casa Branca, nessa era da globalização, deva promulgar anualmente algum dispositivo legal que eu chamaria de "Lei das Oportunidades com a Mudança Rápida". Essa legislação seguiria as linhas de quaisquer políticas integracionistas que o governo estivesse adotando naquele ano — a expansão do Nafta, a renovação da condição de Nação-Mais-Favorecida para a China, ou qualquer outro esquema de livre comércio. A Lei das Oportunidades com a Mudança Rápida variaria a cada ano, mas o seu objetivo seria criar a realidade e a percepção de que o governo entende que a globalização é inevitável, mas que distribui as suas bênçãos de um modo um tanto desigual, exigindo, portanto, a constante ação governamental no sentido de ajustar os trampolins, de modo a impulsionar tantas pessoas quanto possível a uma velocidade compatível com o Mundo Rápido.

Por exemplo, em 1997-98, a minha Lei das Oportunidades com a Mudança Rápida incluiria o seguinte: projetos pilotos para o emprego público de trabalhadores temporariamente desempregados; isenções fiscais no pagamento de rescisões aos trabalhadores demitidos; consultoria de recolocação por conta do governo para todos que perderam o emprego; ampliação da Lei Kassebaum-Kennedy (*Kassebaum-Kennedy Act*), de modo que os empregados demitidos mantivessem por mais tempo os antigos planos de assistência médica; e uma campanha publicitária nacional para promover uma das melhores, mas menos divulgadas, conquistas bipartidárias do governo Clinton, a Lei de Investimentos na Força de Trabalho (*Workforce Investment Act*). Assinado em agosto de 1998, esse dispositivo consolida 150 diferentes programas governamentais de treinamento para o trabalho, em três grandes categorias: Contas de Treinamento Individual, que os trabalhadores podem utilizar para qualquer atividade de treinamento que amplie suas oportunidades de emprego; centros integrados de planejamento de carreira, abrangendo todos os tipos de programas de treinamento para o trabalho; e programas de treinamento para a juventude, com um aumento de verba de US$ 1.2 bilhão em cinco anos. Além disso, teria incluído na minha Lei das Oportunidades com a Mudança Rápida algum reforço nos empréstimos dos Estados Unidos aos bancos de desenvolvimento asiáticos, africanos e latino-americanos, para promover o treinamento de mulheres, a concessão de empréstimos a mulheres e a pequenas empresas e a recuperação ambiental em todos os países em desenvolvimento com os quais a América mantenha relações comerciais expressivas. Ainda acrescentaria uma elevação nas contribuições para as novas iniciativas da Organização Internacional do Trabalho, referentes ao desenvolvimento de alternativas para o trabalho infantil nos países em que as crianças sofrem as maiores violências. Também aumentaria as contribuições para o já existente programa de Assistência ao Ajustamento Comercial (*Trade Adjustment Assistance*), que oferece algum apoio sob a forma de renda e treinamento a qualquer um capaz de provar que perdeu o emprego por motivos comerciais. Ainda expandiria o Programa de Treinamento do Trabalhador Deslocado (que deu assistência a 660 mil pessoas em 1997) para assistir a qualquer pessoa que tenha ficado desempregada por causa do uso de nova tecnologia. Finalmente, lançaria uma campanha publicitária nacional para melhor informar as pessoas sobre o já existente Crédito Tributário para o Aprendizado Vitalício (*Lifelong-Learning Tax Credit*), que permite aos cidadãos deduzir como despesa, para efeitos de imposto de renda, até US$ 1 mil do custo de qualquer programa de educação ou treinamento em que se inscreveram para o aprimoramento da educação ou das habilidades técnicas.

Democratização da Globalização em Termos Financeiros: Não há melhor maneira de tornar sustentável a globalização do que oferecer ao maior número de pessoas possível algum interesse financeiro no Mundo Rápido. Sempre que penso nesse assunto me lembro de uma história que o jornalista russo Aleksei Pushkov me contou em abril de 1995 sobre um dos seus vizinhos em Moscou. "Ele era um motorista pobre que morava num apartamento que dava para o corredor de entrada. Todas as sextas-feiras à noite ele se embriagava e ficava cantando — muito alto, durante muito tempo — duas canções inglesas: 'Happy Nation' e 'All She Wants Is Another Baby'. Ele não tinha idéia do significado das palavras. Quando a bebedeira era pior, batia na mulher e a mulher começava a gritar. Aquilo nos deixava loucos. A minha vontade era atirar uma granada em cima dele. De qualquer maneira, cerca de oito meses depois, não sei como, ele conseguiu uma participação numa pequena oficina de conserto de automóveis. Desde então, nada de 'Happy Nation', nada de cantoria durante toda a noite, nada de agressão à mulher. Ele sai de casa todos os dias às 8h30 para o trabalho e parece satisfeito. Sabe que agora tem alguma perspectiva na vida. Minha mulher outro dia me disse: 'Ei, olha o Happy Nation' — era assim que nós o chamávamos — 'ele agora é proprietário.'"

Alguma estratégia para transformar todas as pessoas em proprietárias também deveria fazer parte da Lei das Oportunidades com a Mudança Rápida de qualquer país. Na América, isso significa iniciativas que facilitem o acesso aos investimentos de capital nas comunidades de baixa renda mais carentes, de modo que não nos limitemos a treinar pessoas para trabalhos inexistentes. Os centros das cidades americanas são mercados emergentes em tudo semelhantes a Bangladesh, e às vezes necessitam dos mesmos tipos de programas de assistência orientados para o mercado. Como apontou o subsecretário do Tesouro, Larry Summers: "Em todo o mundo, os mercados de financiamentos privados falham quando se trata dos muito pobres. Os principais bancos não procuram as comunidades pobres — pois não é aí que se encontra o dinheiro. Outras barreiras tendem a restringir artificialmente o fluxo de capital para certos bairros pobres ou grupos minoritários, criando nítidas falhas de mercado. No entanto, se as pessoas dessas áreas não tiverem acesso às operações de empréstimo e poupança, é muito mais provável que permaneçam na mesma situação."

Um meio de começar a democratizar o acesso ao capital nos Estados Unidos é revitalizar a Lei do Reinvestimento Comunitário (*Community Reinvestment Act*), que recorre à pressão governamental para estimular os bancos comerciais a efetuarem empréstimos acessíveis às comunidades carentes. Mas os bancos comerciais jamais concederão certos tipos de empréstimos. Esse é o motivo pelo qual a minha Lei das Oportunidades com Mudanças Rápidas também incluiria verbas para o novo fundo de capital de risco, com apoio governamental, destinado a comunidades de baixa e média rendas. Conhecido como o Fundo das Instituições Financeiras para o Desenvolvimento Comunitário (*Community Development Financial Institutions Fund*), o programa oferece o financiamento inicial a empreendedores dispostos a efetuar investimentos arriscados em áreas subdesenvolvidas, onde vêem possibilidades de mercado — abrangendo creches particulares, empreendimentos imobiliários de baixa renda, salões de beleza, entretenimento —, mas onde as modalidades convencionais de financiamento de capital de risco normalmente não estariam disponíveis.

Esses tipos de iniciativas transmitiriam as seguintes mensagens aos cidadãos: "Embora esteja pedindo aos trapezistas que efetuem saltos cada vez mais altos, cada vez mais rápidos e cada vez mais distantes, o governo instalará ao mesmo tempo uma rede protetora sob os trapézios. Não se trata de algo em que se permaneça para sempre, mas é uma rede suficientemente resistente e elástica para relançar muitas pessoas de volta ao espetáculo." Esse tipo de programa é muito melhor do que os donativos. Ainda que exijam algum dinheiro, os custos são muito pequenos em comparação com os benefícios decorrentes da preservação, tanto quanto possível, da liberdade e da abertura dos nossos mercados para o mundo. A minha Lei das Oportunidades com a Mudança Rápida é um preço irrisório que seria pago pela manutenção da coesão social e do consenso político com relação à integração e ao livre comércio. Daí o meu *slogan*: "Proteção, e não protecionismo. Amortecedores, e não muralhas. Pisos, e não tetos. Gestão, e não negação das realidades do Mundo Rápido."

Democratização da Globalização em Termos Políticos: Embora a democratização do acesso à globalização seja de importância fundamental, sobretudo para os países em desenvolvimento, a democratização simultânea dos sistemas políticos é igualmente importante. Esse é um dos efetivos ensinamentos da primeira década da globalização: a aceleração da sociedade a uma velocidade compatível com a globalização é um processo profundamente traumatizante, requerendo portanto, em última análise, o fortalecimento da democracia. Durante a Guerra Fria, os líderes dos países em desenvolvimento recorriam à proteção das superpotências, que proviam o seu sustento, independentemente da qualidade do governo. Mas os protetores se foram e as massas não estão dispostas a sustentar governos falidos por muito tempo. (Consulte o verbete "Indonésia" na enciclopédia.) Hoje, o líder que falha, cai — e se o povo não segurar e sustentar o líder, a queda será dura. (Consulte o verbete "Suharto" na enciclopédia.)

Como o acadêmico especialista em democracia Larry Diamond observa: "Presenciamos vários exemplos de países da América Latina, da Europa

Oriental e do Leste Asiático que depuseram pelo voto os governos que eram associados com as dores das reformas da globalização. Os novos governos efetuaram alguns ajustes em relação aos antecessores, mas mantiveram basicamente as mesmas políticas globalizantes orientadas para o mercado. Como conseguiram sustentar isso? A explicação reside no fato de que o processo democrático confere ao povo desses países um senso de propriedade em relação ao doloroso processo de reforma econômica. Não se tratava mais de algo completamente estranho que lhes era imposto de cima para baixo. O povo estava sendo consultado e era capaz de exercer opções pelo menos quanto à velocidade do processo, se não quanto à direção. Além disso, em conseqüência da possibilidade de participar do processo e de afastar do poder aqueles que, na sua percepção, atuaram de forma excessivamente dura, corrupta ou insensível, todo o processo se revestia de muito maior legitimidade política e, por conseguinte, de muito mais sustentabilidade."

Além disso, onde os partidos e líderes se alternaram no poder — e as oposições políticas entraram em cena e adotaram basicamente as mesmas políticas de liberalização econômica e de globalização dos antecessores —, o povo se convence de que de fato não há alternativa para a Camisa-de-força Dourada. Quantos líderes oposicionistas da América Latina, da Europa Oriental e do Leste Asiático assumiram o poder na década passada e constataram: "Puxa, é verdade que estamos de fato falidos. Precisamos realmente promover a abertura. As coisas são mesmo ainda piores do que eu imaginava, e temos que acelerar essas reformas, pois são a única saída. Mas vamos dar-lhes um aspecto mais humano." A democratização contribui para a aceitação da realidade. E esse é o motivo pelo qual os países que hoje melhor se ajustam à globalização não são em geral os mais bem-dotados de riquezas naturais — como a Arábia Saudita, a Nigéria ou o Irã — mas, ao contrário, os mais democráticos — Polônia, Formosa, Tailândia e Coréia. A Rússia hoje se encontra no caos em que está exatamente em decorrência do emperramento do seu desenvolvimento democrático. O país carece não apenas de sistema operacional e de software para atrair o rebanho — mas também de uma democracia suficientemente confiável para convencer o próprio povo de que o gerenciamento dos lucros e perdas do ajustamento à globalização será justo, eqüitativo e responsável.

A democratização da globalização não é apenas a maneira mais eficaz de tornar sustentável a globalização. É também a política mais ética e mais voltada para o interesse próprio, ao alcance de qualquer governo.

Geoeconomia para a Era da Globalização

Uma vez escrevi uma coluna de ficção sobre os investimentos nos anos 90 mais ou menos assim: "Então decidi fazer alguns investimentos internacionais. Sacudi a poeira do meu alemão e comprei alguns títulos de empresas alemãs. Estudei um pouco de japonês e adquiri algumas ações na Nikkei. Recebi uma dica de um garçom da Casa da China de Hunan que eu freqüento e comprei algumas ações da Bolsa de Valores de Xangai. Meu corretor tentou vender-me alguns títulos do governo libanês, mas respondi que já tinha papel de parede no meu escritório. Dei até minha contribuição para a reforma da Rússia, tirando o alfabeto cirílico da gaveta e ficando com alguns títulos do tesouro russo. Mas após todo esse treinamento em idiomas e essas exaustivas pesquisas externas, constatei que esqueci de aprender apenas duas palavras em inglês: 'Alan Greenspan.' Pois quando Greenspan de repente elevou as taxas de juros em meados dos anos 90, tornando menos atraentes os juros adicionais que eu estava recebendo com os meus títulos estrangeiros, todo o mundo começou a abandonar os mercados externos e a trazer o dinheiro para casa, e foi assim que eu me estrepei." Fui um mau investidor. Não fiz o meu dever de casa. Estava apenas procurando taxas de retorno mais altas. Não sabia o que possuía quando entrei nesses países. E não sabia o que possuía quando caí fora.

Bem, ao longo dos anos, fiquei um pouco mais esperto e passei a investir melhor o meu dinheiro. Comecei efetuando os investimentos internacionais através de um fundo mútuo especializado em mercados globais que me permitiu analisar com muito cuidado cada aplicação. Logo depois que a economia russa entrou em parafuso, em agosto de 1998, recebi uma carta do fundo — Tweedy, Browne Global — relatando que os lucros tinham diminuído um pouco em razão do tumulto geral nos mercados internacionais, desencadeado pela moratória da Rússia, mas que o fundo não caíra tanto quanto os outros, pois fizera o seu dever de casa e se mantivera afastado da Rússia. A carta do Tweedy comentou a respeito da

Rússia: "Não compreendemos investimentos em países com pouca estabilidade política, sem uma legislação de proteção aos investidores e uma moeda que seria mais bem utilizada como papel Kleenex." Sim, acrescentava a carta, em princípios de 1998 o mercado russo quintuplicou de valor e então, da noite para o dia, perdeu 80% do valor — "uma viagem completa de ida e volta". A Rússia se revelou um péssimo devedor. Não tinha sistema operacional nem software. E no final só oferecia aos investidores uma viagem de zero a 80% e mais uma vez de volta a zero.

Contei essas duas histórias porque elas refletem minuciosamente as duas maiores ameaças ao atual sistema financeiro mundial — as crises deflagradas por "maus credores" e as crises deflagradas por "maus devedores". Da mesma maneira como sempre há os viciados em drogas e os traficantes de drogas, na economia global sempre temos os maus devedores, como a Rússia, e os maus credores, como eu. A grande questão geoeconômica que precisamos enfrentar é: como estabilizar essa economia global para torná-la menos suscetível à concessão e à tomada de maus empréstimos, que hoje são capazes de tornar-se tão volumosos e tão dispersos, com tanta rapidez, que poriam em risco todo o sistema.

Comecemos com o problema dos maus devedores. Acredito que a globalização fez a todos nós o favor de derreter nos anos 90 as economias da Tailândia, Coréia, Malásia, Indonésia, México, Rússia e Brasil, pois desnudou inúmeras práticas e instituições deterioradas em países que se globalizaram prematuramente. Para mim, não é crise a divulgação das práticas corruptas da família Suharto. Também não é crise a exposição do capitalismo clientelista da Coréia. Do mesmo modo, não é crise a revelação das negociações feitas com base em informações privilegiadas da Tailândia. Todos esses sistemas teriam desabado mais cedo ou mais tarde.

Mas agora que a globalização ajudou a precipitar os acontecimentos, a questão é a seguinte: O que vamos fazer com essa oportunidade? Alguns pretendem evitar que o rebanho volte a pisotear em disparada esses países. Outros querem estimular esses países a impor controles de capital que os protejam da entrada do rebanho. Ambas as abordagens estão erradas. O Rebanho Eletrônico é a fonte de energia do século XXI. Os países precisam aprender a gerenciá-lo. As tentativas de contê-lo serão inúteis, e impedir o seu ingresso por muito tempo apenas privará o país de recursos e tecnologia, além de prolongar o capitalismo clientelista. Portanto, a abordagem geoeconômica mais adequada é concentrar-se no fortalecimento desses países que assumem maus empréstimos, para que eles novamente sejam capazes de conectar-se ao rebanho e se tornem tão resistentes quanto possível aos estouros da boiada. As debandadas ainda ocorrerão, e alguns países sem dúvida serão atingidos de forma injusta. Mas o rebanho nunca é irracional para sempre. Com raras exceções, não ataca países e não foge de países com sistemas financeiros sólidos, que perseguem políticas econômicas sólidas. Fala-se sobre a Tailândia, Coréia, Indonésia e Rússia como se esses países tivessem praticado uma economia de livro didático e o rebanho de repente houvesse fugido em disparada, sem qualquer razão. Isso é tolice. Esses países estavam assumindo maus empréstimos.

Hoje, os economistas e banqueiros debaterão os detalhes para a recuperação dos países que assumem maus empréstimos e para deixá-los resistentes aos estouros da boiada. E cada país é um caso diferente. Mas, em termos gerais, a abordagem deve abranger as seguintes quatro medidas:

A primeira medida é deixar claro para os países mal endividados que o FMI, o Banco Mundial e as instituições financeiras privadas estarão prontas para conceder empréstimos de recuperação e de reestruturação de dívidas, sob a condição — e apenas sob esta condição — de que esses devedores adotem de modo resoluto e persistente as medidas dois, três e quatro.

A segunda medida será o compromisso confiável do país mal endividado de aprimorar gradualmente o seu sistema operacional DOScapital da versão 1.0 para a versão 6.0. Evidentemente, essa providência exigirá algumas composições específicas — a prescrição será diferente para cada país — de cortes orçamentários, liquidação de empresas e de instituições financeiras ineficientes e falidas, ajustes cambiais, ajustes dos juros, estorno de créditos irrecuperáveis e cessação das práticas de capitalismo clientelista. O objetivo dessas reformas é a estabilização cambial e, finalmente, a redução das taxas de juros, para estimular a demanda interna e reconquistar a confiança do Rebanho Eletrônico no exterior.

Na verdade, a segunda medida deve incluir alguma iniciativa que efetivamente facilite para o Rebanho Eletrônico a aquisição de empresas nessas economias debilitadas. Sei que esse último ponto é controvertido. É como se eu estivesse procurando tornar o mundo mais barato e seguro para o capitalismo americano. Não é este o caso. Estou tentando tornar o mundo mais seguro para a globalução e para a destruição criativa essenciais ao capitalismo — por meio da eliminação de empresas ineficientes, substituindo-as por outras mais bem gerenciadas e capitalizadas, e que operem de acordo com os melhores padrões internacionais. Não importa se o comprador externo é americano, alemão, japonês ou indiano. Os aspectos relevantes são os padrões e a capitalização. O estado do Arizona era conhecido pelo seu sistema bancário notoriamente clientelista. O melhor que já aconteceu com os bancos do Arizona foi quando outras instituições financeiras com melhor tecnologia, mais bem gerenciadas e mais capitalizadas — de Nova York, Chicago e San Francisco — adquiriram os bancos locais. Um motivo importante pelo qual a Argentina se saiu melhor do que o Brasil nos últimos anos é o fato de que boa parte do seu sistema bancário já é de propriedade dos melhores bancos internacionais.

Conseguir o retorno do Rebanho Eletrônico ao país — com bastante confiança para efetuar investimentos de capital de longo prazo, transferir tecnologia e oferecer as melhores práticas de gestão empresarial — é um dos meios mais eficazes e rápidos para desenvolver um melhor sistema operacional local. E, francamente, o medo de que o rebanho novamente fuja em disparada é uma das mais fortes motivações de longo prazo para a preservação da disciplina e para o constante aprimoramento do sistema operacional e do software do país.

A terceira medida consiste em persuadir os países a reformar não apenas o sistema operacional mas também as instituições políticas — conter a corrupção e a evasão fiscal e melhorar o software do Estado de direito, para que, na hora de apertar o cinto, todos estejam certos de que o processo é basicamente eqüitativo e justo.

A quarta medida é o compromisso de usar parte dos recursos do FMI, ou de outras fontes de assistência, para a implementação de um mínimo de redes de segurança e para a execução de um programa de obras públicas capazes de absorver parcelas do desemprego. Em geral, essas redes de segurança básicas são os primeiros alvos a serem dilacerados pelos programas de salvamento. Os banqueiros internacionais, que tendem a se concentrar apenas na prevenção de moratórias em outros países, sem se importar com as depressões, estão se lixando para as questões das redes de segurança, na hora de ajudar os maus devedores. Essa atitude é insana. Pois, no final do dia, constata-se que a verdadeira crise desses países mal endividados — e sua ameaça efetiva ao sistema global — não é econômica, é política.

Eis o porquê: Ao expor as práticas deterioradas nos países mal endividados, a globalização não apenas arrasa os capitalistas clientelistas, como também esmaga um monte de gente pequena, que trabalhava duro, dançava conforme a música do sistema e supunha que tudo estava bem. Eles não sabiam que o país tinha fundos falsos. Mas quando o assoalho cedeu na Rússia, na Tailândia, na Indonésia e no Brasil, o desabamento produziu demissões em massa, desemprego, desinflação, contração fiscal e colapso da renda real. Esse é o motivo pelo qual se reveste de importância crítica a preservação de algumas redes de segurança e de alguns programas de emprego essenciais durante os processos de recuperação. A falta de emprego e a ausência de redes de segurança não são os melhores meios para o governo conquistar a paciência necessária à implantação das reformas e à reinserção do país na trajetória do crescimento sustentável.

Se muitas pessoas começarem a sentir fome nos grandes países, os seus líderes serão tentados, lastimavelmente, a abandonar o sistema, construir muralhas de proteção e se envolver em políticas mendicantes de desvalorizações cambiais competitivas — apesar da insensatez dessas iniciativas no longo prazo. Esses são os tipos de práticas que contribuíram para tornar tão grande a Grande Depressão e também para a eclosão da Segunda Guerra Mundial.

O outro tipo de crise econômica global que pode ameaçar todo o sistema é a dos maus credores — abrangendo bancos, fundos mútuos e fundos de *hedge* — os quais, hoje, são capazes de emprestar tanto dinheiro, a tantas pessoas, em tantos lugares, que, ao efetuarem empréstimos arriscados em grande escala e de repente tentarem recuperar o dinheiro, podem acabar causando sérios danos às boas economias e às más economias. Ao contrário da má tomada de empréstimos, que impõe uma ameaça basicamente política ao sistema, a má concessão de empréstimos numa escala global impõe uma ameaça financeira real ao sistema.

A má concessão de empréstimos se manifesta sob várias formas. Fui um mau credor quando investi nos mercados emergentes sem saber como esses países realmente operavam. Alguns dos piores credores dos últimos anos têm sido os grandes bancos. Um amigo meu que trabalha no mercado de Hong Kong observou um dia que no auge do surto asiático de prosperidade econômica, em princípios dos anos 90, o Dresdner Bank da Alemanha simplesmente instruía os seus gerentes na Ásia: "Emprestem, emprestem, emprestem; do contrário, perderemos a nossa participação no mercado." Os bancos ganham dinheiro com os empréstimos; cada banco presumia que a Ásia era desmiolada, e ninguém queria perder o mercado para o outro. E, assim, começaram a jogar dinheiro pela janela, exatamente como os traficantes de drogas. O seu lema para os países em desenvolvimento era: "Vamos, crianças, experimentem esse dinheiro. O primeiro empréstimo é de graça." Eis por que, no início de 1999, mesmo depois da crise do Sudeste Asiático e da Rússia, os 500 principais bancos das 30 maiores democracias industrializadas ainda tinham empréstimos pendentes com os países em desenvolvimento no total de US$ 2.4 trilhões. É muita alavancagem pendurada por aí.

Outra forma de má concessão de empréstimos é quando os bancos emprestam milhões de dólares aos fundos de *hedge* para que eles "alavanquem" as suas apostas. Os fundos de *hedge* levantam um dólar junto aos investidores, tomam mais US$ 9 em empréstimos bancários e usam essa alavancagem para ampliar cada uma das suas apostas em diferentes ações, títulos, derivativos e moedas em todo o mundo. Em termos gerais, não há nada de errado na alavancagem. O empréstimo hipotecário típico para a compra da casa própria é uma alavancagem. É desejável que as pessoas se beneficiem da alavancagem. É bom que as pessoas assumam riscos — até mesmo riscos malucos. É assim que as novas empresas obtêm financiamento para falirem ou para se transformarem em Microsofts. O perigo da alavancagem resulta do fato de que os volumes de dinheiro hoje disponíveis para empréstimos aos fundos de *hedge* ou aos mercados emergentes são tão grandes, e o sistema agora está de tal forma lubrificado e integrado, que mesmo os mais propensos ao risco — como o Long-Term Capital Management — cometem grandes erros capazes de desestabilizar todo o mundo.

E esse é o motivo pelo qual, desde a crise do peso mexicano de 1994-95, o impacto de cada crise financeira global sobre o sistema — e a massa de dinheiro que precisou ser mobilizada pelos governos e pelas instituições financeiras internacionais para evitar o desencadeamento de moratórias maciças em dominó — se tornou cada vez maior. Essa é uma tendência muito perigosa.

Assim, temos condições agora de equacionar o problema da má concessão de empréstimos: Queremos que os investidores assumam riscos. Mas também queremos reduzir a capacidade de cada indivíduo, banco, fundo de *hedge*, país ou macaco de imitação nos mercados financeiros de ficar tão alavancado a ponto de detonar a queda do dominó. A questão é: como?

São muitos os pretensos geoarquitetos de plantão, todos apresentando propostas sobre como reinventariam o mundo para enfrentar esse problema. Henry Kissinger afirma que os Estados necessitam reunir-se para encontrar meios de amansar os mercados. Alguns economistas acham que precisamos jogar um pouco de areia nas engrenagens do sistema — tributando certas transações com moedas ou estimulando os governos a impor controles de capital limitados. Certas figuras de mercado dizem que carecemos de um Banco Central global que regularia a economia mundial da mesma maneira como o Federal Reserve dos Estados Unidos controla a economia americana. Outros ainda pregam que devemos impor restrições aos volumes dos empréstimos bancários.

A meu ver nenhuma dessas idéias será implementada no futuro próximo, e muitas delas não passam de conversa fiada, e são geralmente propostas por aqueles que não sabem a diferença entre um fundo de *hedge* e um *hedgehog* (porco-espinho).

Gostaria de oferecer uma abordagem mais realista. Para começar, precisamos agir com cautela e humildade. Ou seja, é necessário compreender que o sistema da economia global de hoje é ainda tão novo e tão rápido que mesmo as nossas melhores mentes ainda não compreenderam plenamente o seu funcionamento e o que ocorre quando se empurra uma alavanca aqui ou se a aperta um botão acolá. Alan Greenspan tem toda uma formação acadêmica em finanças internacionais, além de ser um dos mais importantes profissionais da atualidade, mas quando lhe perguntei em dezembro de 1998 sobre o atual sistema financeiro globalizado, ele me ofereceu uma das suas raras citações oficiais que nos deixa a todos mais humildes: "Aprendi mais sobre o funcionamento desse novo sistema financeiro internacional nos últimos 12 meses do que nos 12 anos anteriores."

Quanto à proposta de jogarmos um pouco de "areia nas engrenagens" da economia global para torná-la um pouco mais vagarosa, a minha resposta seria que não considero muito inteligente jogar areia nas engrenagens de uma máquina quando mal se sabe onde estão as engrenagens. Se colocarmos areia nas engrenagens dessa máquina de aço inoxidável, lubrificada e veloz, é possível que as conseqüências não se limitem a uma ligeira desaceleração. Talvez acabemos provocando uma paralisação ruidosa e traumatizante. Além disso, onde colocar a areia, quando se tratar de um gestor de fundos em Connecticut, usando um telefone celular, um *modem* de alta velocidade e a Internet para investir no Brasil, por meio de um banco sediado no Panamá? É difícil jogar areia no microchip, para não falar no ciberespaço. Além disso, no momento em que passarmos a tributar as transações com moedas, um número ainda maior de bancos e de fundos de *hedge* fugirá dos Estados Unidos para as Ilhas Grand Cayman, que apresenta baixos teores de regulamentação, e já se destaca como o quinto maior centro bancário do mundo. (A propósito, o Long-Term Capital Management era operado de Connecticut, mas a sua sede legal era nas Ilhas Grand Cayman.) Quanto aos que pretendem reduzir os volumes de empréstimos bancários aos fundos de *hedge* ou aos mercados emergentes, eu apenas gostaria de observar que o setor bancário americano exerce um dos mais poderosos *lobbies* em Washington, e que esses bancos oporão a mais forte resistência a qualquer forma de limitação dos empréstimos que restrinja a sua capacidade não apenas de perder dinheiro, mas também de ganhar dinheiro. Tudo bem, tudo bem, você diria, então os países deveriam implementar controles de capital para que esse dinheiro quente não seja capaz de entrar e sair com tanta rapidez. Como salienta o economista do MIT Lester C. Thurow, a China hoje mantém rigorosos controles de capital e mesmo assim, em 1998, os bancos, as empresas e os indivíduos conseguiram contornar as restrições e retirar bilhões de dólares do país — recorrendo a vários artifícios — para jogar com o dinheiro no exterior, sem as rédeas do governo chinês. Se um regime autoritário como o da China não é capaz de impor controles de capital eficazes, como seria com o Brasil? Finalmente, outros ainda sugerem a criação de um Banco Central global — um Federal Reserve dos Estados Unidos para o mundo. A idéia é maravilhosa, mas não ocorrerá logo — pelo menos enquanto vivermos em 200 diferentes países com 200 diferentes governos.

E daí se conclui que nada temos a fazer? Não; a boa nova é que, na esteira da crise de 1998-99, os mercados, sem qualquer nova regulamentação ou sem um punhado de areia nas engrenagens, estão impondo uma tremenda disciplina sobre si mesmos. Percebem-se sinais dessa tendência em todos os lugares: os principais executivos de alguns dos maiores bancos do mundo — Barclays PLC, BankAmerica, United Bank of Switzerland — foram todos demitidos em 1998, depois que as suas instituições contabilizaram enormes perdas nas negociações e nos empréstimos envolvendo mercados emergentes de alto risco. E o Bankers Trust, que perdeu US$ 500 milhões em um único trimestre de 1998, sobretudo em transações com a Rússia, acabou sacrificando a própria independência: foi adquirido pelo Deutsche Bank.

Após essas decapitações, todos os grandes bancos vêm restringindo a alavancagem, eliminando os gestores de fundos que cometeram excessos, exigindo mais transparência dos seus devedores e investigando com mais cuidado não apenas os balanços de pagamentos dos mercados emergentes, mas também os sistemas operacionais, os sistemas legais e o software em geral. Em outras palavras, mesmo sem a aprovação de novas leis e regulamentos, todos no sistema estão encarando com mais seriedade a questão do gerenciamento do risco. Os bancos começaram a perguntar com mais freqüência aos gestores de fundos: "Qual é a sua exposição total, e qual é a minha vulnerabilidade como seu credor no pior cenário?" E os investidores também começaram a perguntar com mais freqüência aos gestores de fundos: "Quais são os maiores riscos que você vê para nós dois lá fora e qual é o nosso grau de proteção?" E o FMI, o Tesouro dos Estados Unidos e os gestores de fundos todos começaram a perguntar com mais freqüência aos países dos mercados emergentes: "O que vocês estão fazendo para melhorar o sistema financeiro e a fiscalização regulamentária?" e "Quais são os fluxos de fundos privados e públicos para dentro e para fora do país? Preciso dessa informação constantemente e em tempo real."

Os gestores de fundos sabem que, pelo menos no futuro próximo, para que continuem a levantar capital, precisarão exibir maior abertura aos investidores e banqueiros. Conheço o gestor de um fundo de *hedge* em Londres que, em meio à crise de 1998, informou aos clientes que acabara de instalar um *site* na Internet. O cliente precisava de uma senha para acessá-lo, mas, uma vez lá dentro, era possível visualizar em tempo real a totalidade dos investimentos do fundo, o grau de alavancagem e a situação de cada investimento. Esse gestor de dinheiro comentou comigo: "Agora sei que para atrair mais investimentos preciso oferecer maior transparência. Boa parte da alavancagem provinha de bancos que emprestavam dinheiro sem saber que outros bancos também estavam emprestando ao mesmo tempo. Os bancos agiam como idiotas. Eu dizia a mesma coisa todos os dias a 20 banqueiros diferentes e eles não percebiam a situação. Tomo dinheiro emprestado todos os dias, assim, no final de cada dia, os bancos teriam que analisar o meu endividamento total. E isso está começando a acontecer. Agora, os bancos estão exigindo: 'Não me importa onde você levantou empréstimos, mas quero saber como o meu empréstimo se enquadra no seu endividamento total.'"

Acredito que a única solução realista consiste em descobrir um meio de adotar essa abordagem criteriosa e mantê-la indefinidamente no futuro, até a implementação de um novo sistema regulador das finanças globais. Se todos, do FMI ao Merrill Lynch e à Tia Bev, apenas formulassem todas essas perguntas com maior freqüência, e as repetissem incessantemente, teríamos condições de evitar duas em cada cinco crises e de limitar o impacto de uma em cada cinco crises. Não há maior restrição ao comportamento humano do que a certeza de se encontrar sob constante observação.

"O que se procura é evitar excessos capazes de criar situações de risco que prejudiquem não apenas os que cometeram os erros, mas também um monte de espectadores inocentes", afirmou William J. McDonough, presidente do Federal Reserve Bank de Nova York, que orquestrou o socorro ao Long-Term Capital Management por banqueiros e investidores privados. "A chave é dispor, e compartilhar, da informação. Se tivermos o fluxo de informação — e às vezes é apenas o caso de formular um pouco mais de perguntas — teremos condições de dizer aos bancos sob a nossa regulamentação que esse ou aquele fundo está ficando grande demais e que os próprios bancos o estão ajudando a crescer em demasia."

Reconheço que não parece muito excitante — pedir a todos no sistema que sejam melhores reguladores e que se transformem em investidores mais espertos e em banqueiros e emprestadores mais prudentes. Mas é hora de pararmos de brincar. Não contaremos com um Banco Central global tão cedo. E num mundo composto de redes, Supermercados e Indivíduos com Superpoderes — inclusive Investidores com Superpoderes — há processos que os governos são incapazes de deter e forças que os governos não conseguem controlar totalmente. Assim, temos que trabalhar com as instituições disponíveis. É evidente que quando os mercados se impõem esse tipo de disciplina, quando os reguladores levam a sério os seus deveres e quando o FMI exerce uma supervisão atenta, essas instituições são capazes de produzir um efeito restritivo e conseguem pelo menos atenuar a alavancagem excessiva capaz de ameaçar todo o sistema.

É impossível pretender mais do que isso. Os mercados de hoje são tão grandes, tão diversificados e, com o advento da Internet, estão ficando tão velozes, que não há como imunizá-los contra as crises. A crise financeira global será a norma na era que se aproxima. Com a atual velocidade das mudanças e com tantos países em diferentes estágios de ajustamento ao novo sistema da globalização, as crises serão endêmicas. Assim, prezado leitor, gostaria de dar-lhe um conselho: aperte os cintos, coloque a poltrona em posição vertical, recolha as bandejas. Pois os períodos de prosperidade e de depressão se sucederão com maior rapidez. Acostume-se a isso e apenas tente assegurar-se de que a alavancagem do sistema não se torne tão acentuada em alguma área a ponto de precipitar a prosperidade ou a depressão em todo o sistema. Quem disser que tem um plano para eliminar todas essas crises só pode estar de brincadeira. Na realidade, neste exato momento, a próxima crise financeira global já está germinando em algum lugar.

Participar da economia global de hoje é como dirigir um carro de corrida Fórmula Um, que a cada ano fica mais veloz. Alguém sempre bate na mureta e sofre um acidente, sobretudo quando alguns pilotos há apenas alguns anos estavam montando em burros. Existem duas opções. Uma é proibir as corridas de Fórmula Um. Assim, não ocorrerão mais acidentes.

Mas também cessará o progresso. A outra é reduzir ao mínimo inevitável o impacto de cada choque, melhorando todos os aspectos da corrida. Ou seja, garantindo que sempre há uma ambulância nas proximidades, com equipes de resgate bem treinadas e com bastante sangue de diferentes tipos. (O equivalente do mercado financeiro a essa espécie de precaução é a capacidade do FMI, do G-7 e dos principais bancos centrais do mundo de, numa emergência, injetar capital nos mercados, para prevenir os colapsos que colocam em risco todo o sistema.) Ao mesmo tempo, é possível projetar carros de corrida mais resistentes ao choque. (O equivalente do mercado financeiro a essa espécie de precaução é convencer todos os investidores que aplicarem um tostão num mercado emergente a verificar se o país está desenvolvendo o sistema operacional e o software para a alocação adequada do capital e para a geração da renda necessária ao pagamento dos credores.) Também é importante dedicar-se ao melhor treinamento dos pilotos. (O equivalente do mercado financeiro a essa precaução é certificar-se de que o FMI, os investidores e os bancos estão sempre pressionando os países por informações mais precisas e oportunas sobre o desenvolvimento da economia e sobre os fluxos de capital, principalmente o dos fundos de curto prazo.) Finalmente, é necessário colocar tantos fardos de feno quanto possível ao redor da pista, para a hipótese de alguém perder o controle do carro, lembrando aos pilotos que, quando atingem o feno, já estão quase batendo na mureta. Mas cuidado com o excesso de fardos de feno, para não atrapalhar a corrida. (O equivalente do mercado financeiro a essa precaução são a constante vigilância dos órgãos reguladores, os interruptores de pregões [*circuit breakers*] e as campainhas de alarme para detectar e desmontar as situações de risco o mais cedo possível.)

Quem não aceitar essas restrições deve esquecer a Fórmula Um e praticar *jogging*. Mas cuidado, pois nessa pista de corrida os *joggers* sempre correm o risco de serem atropelados por um carro de Fórmula Um.

A Geopolítica da Globalização

Para a atual geração de americanos não é fácil apreender a importância da América para o mundo nessa era da globalização. Historicamente, os Estados Unidos se mantiveram isolados e distantes dos assuntos mundiais ou foram arrastados a um envolvimento profundo no mundo, como parte de uma cruzada moral para repelir alguma potência agressiva e ameaçadora. O isolamento é fácil de explicar e compreender. O envolvimento num mundo bipolar — com um grande e assustador urso soviético dotado de armas nucleares sempre rugindo do outro lado — foi fácil de explicar e compreender. Mas o que não é fácil de explicar e compreender é o envolvimento num mundo em que os Estados Unidos são o maior beneficiário e a única superpotência, com várias potências secundárias, que não representam qualquer ameaça imediata e visível, mas com inúmeros pequenos desafios e com a necessidade de preservação de uma globalização abstrata. Mas este é o nosso mundo, e nele não há lugar nem para o isolamento nem para uma espera passiva, até que algum adversário menor se transforme em inimigo letal.

A América, como já observei antes, é o Michael Jordan da geopolítica. É ótimo ser Michael Jordan, e, como diz o comercial, muitas pessoas apenas gostariam de ser como Mike. Mas, por melhor que fosse, Michael Jordan não era nada sem a NBA, com as suas 29 equipes e os seus contratos de transmissão mundial por televisão para a exibição das suas habilidades. Assim é com a América. Não somos nada sem o resto do mundo, e o mundo é incapaz de prosperar sem a América. Outros países querem superar a América em muitos empreendimentos. Mas, com a exceção dos Homens Zangados com Superpoderes, boa parte do mundo também compreende que, sem a América forte, o mundo seria hoje um lugar muito menos estável.

A globalização sustentável exige uma estrutura de poder estável, e nenhum país é mais essencial para essa estabilidade do que os Estados Unidos. Toda a Internet e outras tecnologias concebidas pelo Vale do Silício para transmitir sinais digitais de voz, vídeo e dados em todo o mundo; toda a integração comercial e financeira promovida pelas inovações; e toda a riqueza decorrente desse conjunto de circunstâncias ocorrem num mundo estabilizado por uma superpotência benigna, com a sua capital em Washington D.C. O fato de não existirem dois países com McDonald's que tenham guerreado entre si desde que passaram a desfrutar essa condição deve-se em parte à integração econômica, mas também resulta da presença da potência americana e da disposição da América de recorrer ao seu poderio contra aqueles que ameaçarem o sistema da globalização — do Iraque à Coréia do Norte. A mão invisível do mercado jamais funcionará sem um pulso oculto. O McDonald's é incapaz de prosperar sem a McDonnell Douglas, o fabricante do F-15 da Força Aérea americana. E o pulso oculto que sustenta a segurança do mundo para o florescimento das tecnologias do Vale do Silício se chama Exército, Força Aérea, Marinha e Corpo de Fuzileiros Navais dos Estados Unidos. Essas forças e instituições de combate são remuneradas pelos dólares dos contribuintes americanos.

Com todo o respeito devido ao Vale do Silício, as idéias e tecnologias não prosperam e se difundem por si próprias. "As boas idéias e tecnologias também necessitam de uma potência forte que as promova com exemplos e as proteja com vitórias nos campos de batalha", afirma o historiador de política externa Robert Kagan. "Se uma potência menor estivesse promovendo nossas idéias e tecnologias, elas não desfrutariam tanta aceitação global. E quando uma potência forte, a União Soviética, promoveu as suas más idéias, elas também usufruíram ampla aceitação, por mais de meio século."

Hoje, esse fato é simplesmente ignorado com muita facilidade. Para muitos executivos do Vale do Silício, não existem mais geografia ou geopolítica. Há apenas opções sobre ações e eléctrons. Quando perguntei a um típico executivo técnico, numa visita ao Vale do Silício em 1998, com que freqüência conversava sobre Iraque ou Rússia ou sobre guerras externas, ele respondeu com orgulho: "Não mais do que uma vez por ano. Não nos importamos nem mesmo com Washington. Quero conversar sobre pessoas que criam riqueza e empregos. Não quero conversar a respeito de pessoas pouco saudáveis e improdutivas. Se não dou importância aos destruidores de riqueza no meu próprio país, por que me importaria com os destruidores de riqueza de outro país?"

A visão de Washington como inimigo e do dólar pago em impostos como desperdício é simplesmente grotesca. Há um ditado no Vale do Silício segundo o qual "a lealdade é apenas um clique de *mouse*". Mas é possível que a idéia esteja sendo levada muito longe. Lá, os executivos gostam de gabar-se nos seguintes termos: "Não somos uma empresa americana. Somos a IBM EUA, a IBM Canadá, a IBM Austrália, a IBM China." Ah, é assim? Pois bem: então, da próxima vez que a IBM China enfrentar problemas na China, peçam ajuda ao Jiang Zemin. E da próxima vez que o Congresso fechar outra base militar na Ásia — e ninguém liga, pois não se importam com Washington — peça à marinha da Microsoft para garantir as rotas marítimas do Pacífico. E da próxima vez que os republicanos calouros quiserem fechar mais embaixadas americanas, conecte-se com a Amazon.com para pedir um novo passaporte.

Talvez pareça injusto que a América assuma encargo tão desproporcional pela sustentação da globalização. Isso significa que muitos são os caronas; e alguns, como os franceses, montados na nossa garupa e criticando-nos pelo caminho. São os ossos do ofício. Alguém já ouviu o Michael Jordan se queixando de ter que carregar o time ou até mesmo toda a NBA nas costas? Daí não se conclui que a América precise envolver-se em todos os lugares, o tempo todo. Há lugares grandes e importantes e há lugares pequenos e sem importância, e a diplomacia consiste em reconhecer a diferença entre os dois tipos e em saber como mobilizar os demais países, quando não for possível, ou não for aconselhável, atuarmos sozinhos. A própria razão pela qual precisamos apoiar as Nações Unidas e o FMI, o Banco Mundial e os vários bancos de desenvolvimento no mundo é o fato de possibilitarem que os Estados Unidos promovam os seus interesses sem colocar em risco vidas e recursos americanos, em todos os lugares, o tempo todo.

Evidentemente, com vistas à sustentação dessa política, os que se importarem com o internacionalismo americano precisarão constituir uma nova coalizão em sua defesa. O grupo que sustentou o internacionalismo americano durante 50 anos e reconheceu a importância da América para o resto do mundo foi o chamado Grupo Intelectual do Leste (Eastern Intellectual Establishment). Esse Grupo do Leste, se ainda existir hoje, não goza de muito prestígio junto aos congressistas e setores com a mentalidade *sou-um-idiota-com-todo-o-orgulho*, que sequer têm passaporte e que se vangloriam de que nunca saem do país. O governo, qualquer que seja o seu partido, precisará começar a reunir os novos globalizadores — dos elaboradores de software aos ativistas de direitos humanos, dos fazendeiros de Iowa aos ambientalistas atuantes — para formar uma nova coalizão do século XXI, capaz de sustentar o internacionalismo americano.

Sei que não será fácil. Os americanos estavam dispostos a pagar qualquer preço e a assumir qualquer encargo durante a Guerra Fria, pois havia a sensação nítida e imediata de que o próprio lar e o estilo de vida estavam em jogo. Mas esse não é mais o sentimento da vasta maioria, em relação à Coréia do Norte, Iraque, ou Kosovo, e embora a Rússia ainda disponha da capacidade de impor uma ameaça mortífera à América, não é esse o caso atualmente. Eis por que os americanos hoje se encontram na posição única de serem responsáveis por tudo e, ao mesmo tempo, se mostrarem relutantes em morrer por qualquer causa. Eis por que, na era da globalização, a contra-insurgência está por baixo e a vigilância está por cima. O combate corpo-a-corpo está por baixo e os mísseis *cruise* estão por cima. Os Boinas-Verdes estão por baixo e os capacetes azuis das Nações Unidas estão por cima. No mundo de hoje, ao que parece, não existe qualquer guerra externa em que a América fique em desvantagem por muito tempo; como também não há qualquer guerra interna que a América seja capaz de sustentar por muito tempo. Assim, quando o presidente americano hoje se defronta com uma ameaça militar, sua primeira pergunta não é: "Qual a estratégia mais eficaz para basicamente pôr um fim a essa ameaça?" Ao contrário, sua primeira pergunta é: "Quanto tenho que pagar para manter a CNN fora do espetáculo e esquecer a situação?" Tudo se contém mas nada se resolve.

A América é, em verdade, a derradeira hegemonia benigna e o último xerife contra a própria vontade. Mas a História também ensina que se a relutância perdurar por muito tempo, a estabilidade de todo o sistema estará sob ameaça. Paul Schroeder, professor emérito de história internacional na Universidade de Ilinois, é um dos grandes historiadores internacionais do século XX. Uma vez, ele comentou comigo: "Quem analisar a História verá que os períodos de paz relativa são aqueles em que existe uma hegemonia durável, estável e tolerável, que efetua os ajustamentos e preserva o mínimo imprescindível em termos de costumes e regras. E essa hegemonia sempre arca com uma parcela desproporcional do custo coletivo, chegando ao ponto de renunciar a oportunidades de conquista e limitar por outros meios a sua própria atuação, com o objetivo de não criar ressentimentos e de assegurar-se de que o sistema continua suportável."

Assim era, por exemplo, com o chamado sistema de Viena, de 1815 a 1848, sob o predomínio da Inglaterra e da Rússia, duas hegemonias altivas mas relativamente benignas, que impuseram as regras básicas, mas também consentiam uma boa dose de autonomia e de prosperidade locais. O mesmo ocorria com o chamado período bismarckiano, sob a Alemanha, de 1871 a 1890.

"A dificuldade", observa Schroeder, "surge quando a potência hegemônica benigna, responsável pela preservação da estabilidade do sistema, não pode ou não aceita assumir os custos desproporcionais decorrentes dessa forma de atuação, ou a sua hegemonia se torna insuportável e predatória, em vez de benigna, ou ainda quando muitos participantes se rebelam contra as suas regras e insistem num tipo diferente de sistema que talvez não favoreça a hegemonia."

É essa a situação a ser evitada. O sistema da globalização não permanecerá coeso sem uma política externa americana ativista e generosa.

As Oliveiras e a Globalização

Mas ainda que sejamos capazes de adotar a política, a geopolítica e a geoeconomia adequadas à globalização sustentável, também é imprescindível ter em mente um outro conjunto de certos aspectos quase imperceptíveis. Envolve o reconhecimento da necessidade das oliveiras em todos nós e a certeza de que também as suas exigências estão sendo objeto de proteção. Eis por que iniciei este livro com uma análise de Caim e Abel e o finalizarei com uma polêmica sobre a Torre de Babel. Qual foi o problema com a Torre de Babel? Não é esse o sonho dos globalizadores de hoje — um mundo em que todos falamos a mesma língua, temos a mesma moeda e adotamos as mesmas práticas contábeis? Foi exatamente em razão dessa mesmice que os povos dos tempos bíblicos cooperaram e construíram a Torre de Babel — uma torre que na realidade poderia chegar ao céu.

Uma tarde, eu conversava sobre essa questão com o meu amigo rabino Tzvi Marx, quando ele de repente ergueu os olhos da xícara de café e indagou: "A Torre de Babel não teria sido a primeira versão da Internet?"

Afinal, a Internet também é um tipo de linguagem universal, além das fronteiras de qualquer cultura específica. É uma forma de comunicação universal que, pelo menos na superfície, parece tornar-nos inteligíveis uns aos outros, mesmo que não falemos todos o mesmo idioma. E também possibilita que nos conectemos com todos os tipos de pessoas, com quem nunca compartilhamos um bosque de oliveiras.

Mas qual foi a atitude de Deus em relação à Torre de Babel? Ele a deteve. E como ele a deteve? Fazendo com que todos falassem línguas diferentes e, assim, não fossem mais capazes de cooperar entre si. Por que Deus agiu dessa maneira? Tzvi me deu a seguinte explicação: "Deus agiu assim porque Ele sentiu que as pessoas estavam tentando transcender suas próprias limitações humanas com a construção de uma torre que atingisse o céu, de uma forma que talvez O desafiasse. Mas Deus também destruiu a torre porque sentiu que a língua e a abordagem comuns eram, em última instância, fatores desumanizadores. Representavam a negação de todas as peculiaridades dos homens e das mulheres, em favor de uma língua universal e de um projeto universal. E, assim, a solução de Deus e a sua punição se destinavam a paralisar a torre, fazendo com que todos falassem línguas diferentes."

Essa foi a maneira pela qual Deus restabeleceu o relacionamento e o equilíbrio das pessoas com as suas oliveiras, que refletem a sua própria individualidade e seus vínculos específicos com um lugar, uma comunidade, uma cultura, uma tribo e uma família.

Sim, a globalização e a Internet são capazes de reunir pessoas que antes nunca se conectaram — como a minha mãe e os seus parceiros de bridge franceses. Mas, em vez de criar novos tipos de comunidades, a tecnologia freqüentemente traz um falso senso de relacionamento e de intimidade. É como dois *beepers* se comunicando um com o outro. Será que de fato somos capazes de nos comunicarmos uns com os outros pelo correio eletrônico, quando jogamos bridge pela Internet ou nas salas de bate-papo *online*? Ou toda essa tecnologia uniformizadora apenas nos possibilita abraçarmos mais do mundo, enquanto nos livra do trabalho árduo de construir relacionamentos e vínculos comunitários com os vizinhos da porta ao lado? Eu costumava encontrar e conversar com pessoas de todas as partes do mundo, enquanto subia as montanhas do Colorado nos elevadores das estações de esqui. Ainda subo nos elevadores, mas agora todos têm um telefone celular. Assim, em vez de encontrar pessoas de todo o mundo no elevador, apenas escuto suas conversas nos telefones celulares com os escritórios em todo o mundo. Detesto essa nova situação. O correio eletrônico não constrói comunidades — a participação nas associações de pais e professores, sim. A sala de bate-papo não constrói comunidades — o trabalho em conjunto com os vizinhos no requerimento de alguma obra pública à Prefeitura, sim. Seremos de fato capazes de construir cibercomunidades que substituirão as verdadeiras comunidades? Tenho sérias dúvidas. Eis por que, para começar, não me surpreenderei se acordar um dia e descobrir que o Todo-Poderoso embaralhou a Internet conforme fez com a Torre de Babel.

Às vezes, fico pensando sobre o que me disse o jovem kuwaitiano que conheci naquele café Internet na Cidade do Kuwait: "Quando eu era estudante, não havia Internet. O que tínhamos eram uns poucos professores liberais em cujas casas nos reuníamos tranqüilamente, para conversar sobre política. Agora, os estudantes sentam-se em casa e conversam com todo o mundo." Mas o meu jovem amigo confessou que ele e os professores não se reuniam mais como antes. Corremos o risco de, em conseqüência da internetização da sociedade, do triunfo de todas essas tecnologias em nossas vidas, e da globalização *über Alles*, as pessoas acordarem certa manhã e perceberem que não se relacionam mais umas com as outras, exceto por meio do computador. Nesse momento, as pessoas realmente se tornarão vulneráveis às fantasias dos profetas e das religiões New Age,* que acenam com a promessa de restabelecer os nossos vínculos com o próprio corpo, a própria alma e com as nossas oliveiras. E então começaremos a presenciar as revoltas *verdadeiramente* coléricas contra a monotonia e a uniformização — pessoas sendo diferentes pelo puro prazer de serem diferentes —, mas não com base em qualquer herança, raiz ou tradição histórica.

O equilíbrio do Lexus com a oliveira é algo a ser trabalhado por todas as sociedades, todos os dias. Também é tudo que há de melhor na América. O melhor da América encara com toda a seriedade as necessidades dos mercados, dos indivíduos e das comunidades. Eis por que a América, no que tem de melhor, não é apenas um país. É um valor espiritual e um modelo ideal. É o país que não tem medo de ir à Lua, mas que também ama o beisebol das crianças. É o país que inventou o ciberespaço e o churrasco no quintal, a Internet e a rede de segurança social, a proteção dos mercados de capitais (SEC) e a defesa das liberdades civis (ACLU). Esses processos

* Conjunto de movimentos de espiritualização e conscientização dos anos 80, abrangendo uma vasta gama de temas, desde a crença no espiritismo e na reencarnação até a defesa de abordagens holistas para a saúde e a ecologia. (N.T.)

dialéticos são o coração da América, e nunca devem desequilibrar-se em favor de um contra o outro. Mas também jamais devem ser vistos como conquistas definitivas. É fundamental que sejam constantemente alimentados, cultivados e preservados — e para tanto é imprescindível que apoiemos o ensino público, paguemos os impostos, compreendamos que o governo não é o inimigo e, sobretudo, conheçamos os vizinhos por cima da cerca e não pela Internet.

Nem sempre a América dá o melhor de si, todos os dias; mas quando o faz, a América é muito, muito boa. No inverno de 1994, minha filha mais velha, Orly, estava no quarto nível do grupo coral, na Burning Tree Elementary School, em Bethesda, Maryland. Na época do Natal, todos os grupos corais das escolas públicas locais se reuniram para uma grande apresentação na praça da cidade. Cheguei (no meu Lexus) para ouvir minha filha cantar. O maestro do coral era um afro-americano, e naquele festival de canções ele trajava uma roupa de Papai Noel. A primeira canção do coral naquela noite foi o clássico do Hanukká,* "Maoztzur", com a melodia de "Rock of Ages".** Assistindo à cena, e ouvindo a canção, fiquei com lágrimas nos olhos. Ao chegar em casa, minha esposa, Ann, perguntou-me como tinha sido. E eu respondi: "Querida, acabei de ver um negro, vestido de Papai Noel, regendo 400 crianças de escolas públicas que cantavam "Maoztzur", na praça de Bethesda, Maryland. Deus abençoe a América."

Uma sociedade global saudável é aquela que, o tempo todo, consegue equilibrar o Lexus e a oliveira; e hoje o melhor modelo dessa sociedade é a América. Esse é o motivo pelo qual acredito com tanta veemência que, para a sustentação da globalização, a América precisa dar o melhor de si mesma — hoje, amanhã, o tempo todo. A América não apenas pode, mas deve ser o farol de orientação e inspiração para todo o mundo. Não desperdicemos esse legado precioso.

---

* Do hebraico, inauguração. Festa da Dedicação, também chamada Festa das Luzes, que se celebra entre os judeus com luzes acompanhadas de bênçãos, de orações e de leituras bíblicas, durante oito dias, a partir de 25 do Kislev (fins de dezembro). (N.T.)

** Hino de 1832, do compositor americano Thomas Hastings, baseado em versos de 1776 do editor londrino Augustus Toplady. (N.T.)

Agradecimentos

Este livro ficou quatro anos em elaboração, e muitas pessoas me ajudaram nessa trajetória. Meu editor, Arthur Sulzberger Jr., não apenas me proporcionou a disponibilidade de tempo para escrever o livro, mas, sobretudo, me nomeou colunista de assuntos internacionais do *The New York Times*, situação que me permitiu presenciar e compreender a globalização em primeira mão. Por isso, lhe sou profundamente grato. Howell Raines, editor da página de editoriais do *The New York Times*, tem sido um grande apoio no meu trabalho e também ajudou a viabilizar este livro, motivo pelo qual também manifesto minha profunda gratidão. No entanto, seria omisso se não agradecesse também ao atual editor executivo do *The New York Times*, Joe Lelyveld, e ao seu antecessor, Max Frankel, pela criação, vários anos atrás, de uma área de cobertura para mim, entre finanças e política internacional, situação que despertou o meu interesse por muitos dos temas deste livro.

Recebi a bênção de ter muitos bons amigos, com quem ruminei muitas das idéias que compõem este livro. Ninguém me ensinou tanto sobre a história da política externa americana quanto o meu amigo Michael Mandelbaum, que leciona relações internacionais na Johns Hopkins School of Advanced International Studies. As nossas conversas semanais sobre política externa têm sido para mim um manancial de grandes estímulos intelectuais. Meu amigo Yaron Ezrahi, professor de teoria política na Universidade Hebraica de Jerusalém, me encorajou neste projeto desde o início, e muitas vezes compartilhou comigo, generosamente, os seus maravilhosos *insights* sobre teoria democrática, arte e jornalismo. Sempre extraio grandes benefícios da sua inteligência e amizade. Meu irmão de alma dos tempos do Oriente Médio, Stephen P. Cohen, do Centro para a Paz no Oriente Médio, em Nova York, não é um especialista em globalização, mas a sua mente criativa e a sua maravilhosa sensibilidade em relação à política internacional enriqueceram este livro de inúmeras maneiras. Como amigo e professor, ele é uma bênção. Meu amigo Larry Diamond, pesquisador sênior na Hoover Institution, da Universidade de Stanford, e co-editor do *Journal of Democracy*, tem sido o meu orientador em questões de democratização e teceu comentários sobre todas as fases deste livro. Uma das coisas mais afortunadas que já aconteceu comigo foi encontrá-lo no acompanhamento das eleições locais do Nordeste da China. Jim Haskel, da Goldman Sachs, telefonou-me um dia, sem mais nem menos, para comentar sobre uma coluna que eu havia escrito para o *Times*, e desde então não paramos de conversar. Ele é um profissional em arbitragem da informação e os seus comentários sobre este livro, ainda nas primeiras versões, foram de enorme proveito. Robert Hormats, vice-presidente do conselho da Goldman Sachs International, tem sido outro dos meus interlocutores regulares sobre esses temas. Ninguém tem melhor sensibilidade do que o Bob na combinação de finanças e política externa, e sempre que nos encontrávamos surgiam novas idéias. Stephen Kobrin, diretor do Lauder Institute, na Wharton School, conseguiu que eu coordenasse um seminário muito estimulante sobre este livro, com alguns dos seus colegas na Wharton, e ainda se deu ao trabalho de ler as minutas do texto. Os próprios trabalhos de Steve sobre a globalização, além dos seus comentários, foram de grande ajuda para mim. O economista do Banco Mundial Ahmed Galal, sem dúvida um dos melhores da nova geração de economistas do Egito, também se deu ao trabalho de ouvir diferentes argumentos deste livro, leu-o todo em minuta e de várias maneiras contribuiu com as suas idéias, sempre muito proveitosas.

Glenn Prickett, vice-presidente da Conservation International, acompanhou-me numa viagem às áreas ambientais ameaçadas no Brasil e me ensinou sobre todas as questões referentes a meio ambiente e globalização. Minha dívida com ele é muito grande. Jeffrey Garten, reitor da Yale School of Management, me convidou para falar sobre este livro a uma das suas turmas de graduação e tem sido uma constante fonte de *insights* sobre globalização.

O subsecretário do Tesouro Larry Summers, sua assistente Michelle Smith e eu temos mantido um diálogo constante sobre economia internacional há seis anos, e muitas das idéias deste livro nasceram com a centelha de algum *insight* lançado por Larry numa das nossas tempestades cerebrais não-oficiais. O economista Clyde Prestowitz, o secretário do Tesouro Robert Rubin, o *chairman* do Federal Reserve Board Alan Greenspan, o presidente do Banco de Israel Jacob Frenkel, o economista Henry Kaufman, o presidente do Fed de Nova York William J. McDonough, o gestor de fundos de *hedge* Leon Cooperman, o operador de títulos Lesley Goldwasser, o economista-chefe do Banco Mundial John Page, o chefe do Conselho Econômico Nacional Gene Sperling e o presidente do Banco Mundial Jim Wolfensohn, todos se deram ao trabalho de discutir comigo suas visões sobre a globalização. No setor privado, o *chairman* da Monsanto Robert Shapiro, o presidente da Cisco Systems John Chambers, o empresário de Baltimore Jerry Portnoy, o fazendeiro de Minnesota Gary Wagner e os executivos seniores da Compaq Computer, todos me concederam entrevistas indispensáveis para a elaboração deste livro.

O meu professor rabino Tzvi Marx, com o seu intelecto muito especial, foi extremamente útil na escolha de alguns aspectos culturais e religiosos da globalização. E, como sempre, o meu velho amigo professor de assuntos governamentais de Harvard Michael Sandel foi uma fonte de inspiração intelectual. O editor da *Foreign Policy* Moisés Naím, o historiador de política externa Robert Kagan, o acadêmico sobre assuntos chineses Michael Oksenberg, o colunista de tecnologia do *Wall Street Journal* Walt Mossberg, o professor da Emory University Robert Pastor, o editor gerente da *Foreign Affairs* Fareed Zakaria, Klaus Schwab, Claude Smadja e Barbara Erskine, do Fórum Econômico Mundial de Davos, e meu cunhado Ted Century, todos me estimularam neste projeto, sob diferentes formas, mas todas muito importantes.

E agora, pelo presente, absolvo todos os acima citados de quaisquer responsabilidades pelo produto final.

O leitor perceberá que faço muitas citações de duas fontes externas. Uma é *The Economist*, que tem estado muito, muito à frente de todas as demais empresas de notícias na compreensão e divulgação da globalização. A outra são os anúncios de propaganda da Madison Avenue. Por algum motivo, os redatores de propaganda demonstram uma tremenda intuição da globalização, e não hesitei em recorrer ao seu trabalho.

Finalmente, meus parceiros de golfe no Caves Valley, Joel Finkelstein e Jack Murphy, evitaram que eu enlouquecesse ao não manifestarem o mínimo interesse por este livro, mas se concentrando inteiramente em tirar o meu dinheiro nos campos de golfe.

Minha assistente e pesquisadora Maya Gorman foi fenomenal. É impressionante pensar sobre alguns dos fatos e reportagens de diferentes cantos do mundo que ela foi capaz de identificar. Sou grato a ela por todo o seu trabalho e torcida.

Minha velha equipe de edição, desde os tempos de *Beirut to Jerusalem* — meu editor Jonathan Galassi, da Farrar, Straus and Giroux, seu substituto Paul Elie e minha agente literária Esther Newberg, da International Creative Management — são os melhores no negócio, sem exceção, e fim de papo. Foi um privilégio trabalhar com eles em mais um livro.

Minhas filhas, Orly e Natalie, vararam reiteradas versões deste livro, sob a forma de preleções, e são capazes de recitar de cor trechos inteiros. Elas sempre foram uma boa diversão e uma fonte inesgotável de inspiração. Mas, como sempre, o meu primeiro e último editor foi minha esposa, Ann Friedman. Nunca ninguém teve melhor parceiro na vida, e a ela dedico este livro.